Die verblüffende Macht der Sprache

FÜR NATHALIE &
GEORG DIE
BESTEN WÜNSCHE –
WEIHNACHTEN 2016!

Hans

Hans Eicher

Die verblüffende Macht der Sprache

Was Sie mit Worten auslösen oder verhindern und was Ihr Sprachverhalten verrät

Springer Gabler

Hans Eicher
Seeham
Österreich

ISBN 978-3-658-08515-5 ISBN 978-3-658-08516-2 (eBook)
DOI 10.1007/978-3-658-08516-2

Die Deutsche Nationalbibliothek verzeichnet diese Publikation in der Deutschen Nationalbibliografie; detaillierte bibliografische Daten sind im Internet über http://dnb.d-nb.de abrufbar.

Springer Gabler

Gedruckt auf säurefreiem und chlorfrei gebleichtem Papier

Springer Fachmedien Wiesbaden ist Teil der Fachverlagsgruppe Springer Science+Business Media
(www.springer.com)

Für meinen Freund Rolf, der das Manuskript mit großer Geduld mehrmals gelesen hat und mir viele wertvolle Anregungen gab.

Warum Ihnen dieses Buch nützt

Was erwartet Sie in diesem Buch und welchen Nutzen ziehen Sie daraus? Als kleinen Vorgeschmack führe ich einige Beispiele an. Alle Beispiele in diesem Buch – Sie werden sehr viele finden – stammen aus dem realen Leben. Es sind also keine „Max-Mustermann-Beispiele“, die nur in der Theorie funktionieren.

Themenbeispiele aus dem Buch

Worte im Unternehmen und im Beruf: Welche Kommunikation wirkt sich auf die Bilanz positiv aus und was färbt sie rot ein? Welches Wording fördert die Karriere?

Worte in schwierigen Verhandlungssituationen: Mit welchen Worten konnte eine beherzte Stewardess einen Flugzeugentführer von seinem Vorhaben abbringen? Warum tötete ein völlig harmloser Durchschnittsmensch nach zwölf Worten drei Menschen? Durch welche Worte wäre dieser Dreifachmord verhinderbar gewesen?

Verräterische Worte: Wie entschlüsseln Sie die DNA der Persönlichkeit eines Menschen durch seine Sprache? Wie können verbale Tarnkappenträger enttarnt und ihre „Worttrojaner“ rechtzeitig identifiziert und unschädlich gemacht werden?

Worte in der Politik: Welcher Kommunikationsstil führt zu Wahlverlusten und zu einem schleichenden Verlust an Demokratie durch eine sinkende Wahlbeteilung? Mit welcher Rhetorik könnten Wähler gewonnen werden? Welcher Rhetorikstil untergräbt die Glaubwürdigkeit eines Politikers und ist daher Wählervertreibung?

Worte im Sport: Welche Kommunikation des Trainers mit seinen Spielern ermöglicht die Siegestore? Was hat eine toxische Wirkung auf die Spielermotivation, sodass der Gegner über den Sieg jubelt?

Worte und Gesundheit: Welche Worte stärken das Abwehrsystem eines Menschen und seine Selbstheilungskräfte? Warum können sie ihn aber auch krank machen oder Krankheiten verstärken?

Worte in der Liebe: Welche Worte können in einer Liebesziehung wie eine kostenlose Wohlfühldroge sein – hergestellt im körpereigenen Labor –, die das Vertrauen festigt? Womit gewinnt man einen Menschen für sich? Was törnt die erotischen Gefühle ab und provoziert Seitensprünge?

Das Gehirn als Alpha und Omega für das Verständnis der Sprachwirkung

Die Sprache eines Menschen ist nicht nur ein wirksames – oder unwirksames – Werkzeug, sondern kann auch ein Heilmittel, eine Waffe oder ein Gift sein. Manchmal wirkt sie sogar Wunder.

Die Beispiele in diesem Buch führen zu sofortigen Aha-Erlebnissen. Sie zeigen, wie machtvoll Worte sind und dass *jeder* Mensch über eine unsichtbare Kraft verfügt, die von seinen Worten ausgeht, auch wenn er sich dessen nicht bewusst ist und daher diese Kraft nicht richtig nutzt. Die Beispiele illustrieren die oft überraschende und verblüffende Wirkung der Worte auf den Empfänger. Im Extremfall können sie für den Absender geradezu gefährlich werden.

Dieses Buch vermittelt Ihnen, wie Sie mit Ihren Worten leichter das auslösen, was Sie eigentlich beabsichtigen – und das etwaige Gegenteil vermeiden. Dazu braucht es weder eine neue Theorie noch einen Rückgriff auf eines der vielen Kommunikationsmodelle. Denn der Dreh- und Angelpunkt für die Wirkung der Sprache ist stets das *Gehirn*. Genauer gesagt: seine Funktionsweise und die Mechanismen bei der Sprachverarbeitung. Darin liegen das Alpha und Omega des Verständnisses dafür, wie Worte wirken und was sie bewirken können.

Im Gehirn wird entschieden, was die jeweiligen Worte beim Empfänger auslösen und welche Reaktionsketten bei ihm in Gang gesetzt werden, die sein Verhalten bestimmen. Das Wissen über diese Mechanismen und seine Anwendung macht jede Kommunikation wirksamer und vor allem einfacher. Daher sind Erkenntnisse aus der Gehirnforschung die unverzichtbare Grundlage dieses Buches.

Menschen und ihre Absichten als Sprachprofiler richtig einschätzen

Unsere Sprache ist verräterischer, als gemeinhin angenommen wird. Im dritten Teil dieses Buches wird ausführlich beschrieben und entschlüsselt, was das sprachliche Verhalten über einen Menschen aussagt: über seine Persönlichkeit, die ihm täglich aus allen Poren „trieft“, wie Sigmund Freud das einmal genannt hat, sowie über die Absichten, die er verfolgt. Sie erfahren dort, wie Sie als „Sprachprofiler“ Ihre

Wahrnehmung schärfen, und warum das Ohr ein besserer Menschenkenner ist als das Auge. So werden Sie in zukünftigen Gesprächen leichter erkennen, was für ein Mensch Ihnen gegenübersitzt und welche Absichten er tatsächlich verfolgt.

Menschen richtig einschätzen zu können ist nicht nur für jeden Personalmanager bei der Neueinstellung von Mitarbeitern und bei jeder weiteren Personalentscheidung extrem wichtig. Auch in schwierigen Verhandlungen profitieren Sie davon. Darüber hinaus gibt es natürlich viele andere Situationen, in denen es für Sie ein großer Vorteil ist, wenn Sie andere Menschen aufgrund ihrer Äußerungen besser einschätzen können. Wortblender werden mithilfe des Sprachprofiling leichter durchschaut und enttarnt. Finanz- und Beziehungsbetrügern, die immer wieder in die Schlagzeilen geraten, würde ihr Handwerk beträchtlich erschwert, wenn ihre ahnungslosen Opfer rechtzeitig das Wissen anwenden, das Sie im dritten Teil dieses Buches lesen.

Ein mehrgängiges und leichtes Menü

Unsere Reise durch die spannende Welt der Worte und ihre Wirkung beginnt im Basislager: dem ersten Kapitel über den sprachlichen Alltag. Sie führt uns im zweiten Kapitel direkt zum Gipfel, nämlich ins menschliche Gehirn. Dort beobachten wir, was mit den Worten geschieht – wie sie verarbeitet werden und was sie auslösen. In den folgenden Kapiteln erwartet Sie ein mehrgängiges und leichtes Menü mit allen wichtigen Zutaten für eine wirkungsvollere Kommunikation. Ich wünsche Ihnen gute Unterhaltung beim Lesen sowie eine spannende und kurzweilige Sprachreise mit gewinnbringenden Erkenntnissen für die Kommunikation im Beruf und im Alltag.

Seeham, September 2015 Hans Eicher

Aus Gründen der Lesbarkeit wurde im Folgenden die männliche Form (z. B. Sprachkünstler) gewählt. Alle personenbezogenen Aussagen gelten jedoch stets für Frauen und Männer gleichermaßen.

Inhaltsverzeichnis

Teil I
Die unsichtbare Kraft der Sprache

1 Das Bewusstsein für die Sprachwirkung schärfen

Durch Worte kann der Mensch den anderen selig machen oder zur Verzweiflung treiben.
Sigmund Freud [1]

Worte sind unsichtbare Schallwellen. Die in ihnen liegende Kraft – aber auch Macht – wird erst in dem sichtbar, was sie beim Empfänger auslösen und welche Reaktionen sie bei ihm hervorrufen. Unsere Reise durch die Welt der Worte lässt Sie erleben, welche Auswirkungen Worte auf das Leben der Menschen und auf den Menschen selbst haben können. Oftmals völlig ungeahnte. Es ist eine Welt, die wir gut zu kennen glauben und die dennoch viele Überraschungen bereithält. Wir beginnen diese Reise im sprachlichen Alltag. Dabei wird rekapituliert, welche Hauptfunktion die Sprache hat. So schärft sich das Bewusstsein, was Sie mit Worten bei anderen bewirken können.

1.1 Die Funktion der Sprache

Menschen zu verbinden ist die wichtigste Funktion der Sprache. Dies geschieht durch den Austausch von Informationen, Erlebnissen und Erfahrungen mit anderen Menschen. Die Sprache ist jedoch nicht nur ein Werkzeug, mit dem man sich verständlich machen und mitteilen kann – was ein urmenschliches Bedürfnis ist. Jeder kann sie auch als Heilmittel einsetzen, ohne dass er deshalb Psychotherapeut sein müsste. Etwa dann, wenn Worte dazu führen, dass sich unser Gegenüber besser fühlt, motivierter ist oder neue Hoffnung schöpft. Ein äthiopisches Sprichwort formuliert das so: „Das Wort, das dir hilft, kannst du dir selbst nicht geben“. Worte

H. Eicher, *Die verblüffende Macht der Sprache*,
DOI 10.1007/978-3-658-08516-2_1

können allerdings auch als Gift oder Waffe verwendet werden, die sich letzten Endes gegen den Absender selbst richten.

1.2 Absicht und Wirkung in der Kommunikation

Eine grund- und absichtslose Kommunikation gibt es nicht. Selbst ein belangloses Alltagsgespräch hat stets einen auslösenden Grund und verfolgt, bewusst oder unbewusst, eine Absicht. Bei einem alltäglichen Gespräch könnte das Motiv im Bedürfnis nach sozialer Nähe liegen. Die unbewusste Absicht könnte sein, vom Gesprächspartner bestätigt zu werden – beispielsweise in Fragen der Kindererziehung. Eine bewusste Absicht wäre es hingegen, wenn der Gesprächspartner von der eigenen Ansicht überzeugt werden soll – etwa in einer politischen Frage.

Die Gründe für ein Gespräch und die Absichten, die damit verfolgt werden, sind vielfältig. Beides zu erkennen ist wichtig, weil Menschen anderenfalls aneinander vorbeireden und dabei die Sprache mehr oder weniger gedankenlos einsetzen. Sie verfehlt damit ihre Wirkung, und das Ergebnis sind vorwiegend Missverständnisse, verbunden mit Enttäuschung und schlechten Gefühlen. Missverständnisse treten aber häufig auf. Das beweist allein die Tatsache, dass Menschen häufig sagen „Da haben Sie mich nicht verstanden", obwohl ihr Gegenüber nicht schwerhörig ist. Oder die verwendeten Worte bewirken das Gegenteil dessen, was beabsichtigt war. So führt ein rüde ausgesprochenes „Wie oft muss ich dir das denn noch sagen!" kaum zu einer positiven, sondern meist zu einer abwehrenden Reaktion.

1.3 Worte als Edelsteine oder als wertloses Geröll

Manches von dem, was ihm ins Ohr dringt, kann den Empfänger auf die unterschiedlichste Weise verletzen. Was meist nicht ohne Folgen für den Sender bleibt. In diesem Fall trennt die Sprache die beiden. Doch dafür wurde sie von der Evolution nicht „erfunden", da eine Sprache, die Menschen trennt, keinen Evolutionsvorteil hätte. Das Gegenteil wäre der Fall, da Zusammenarbeit und Kooperation durch eine trennende Sprache unterbunden würden.

Worte können Edelsteine sein. Damit sind nicht die „schönen", aber hohlen Worte gemeint, die im Endeffekt nichts bedeuten. Sondern jene Worte, die beim Empfänger etwas auslösen, was für ihn oder für beide Seiten gewinnbringend ist, die das Leben also in irgendeiner Form erleichtern, vereinfachen oder auch bereichern. Dazu braucht es weder einen besonderen Anlass noch eine spezielle Atmosphäre. Jeden Tag bieten sich mehrere Gelegenheiten für gute Verbaltaten, außer, man lebt als Einsiedler fernab von jeder Menschheit.

Sprache kann allerdings auch negativ wirken und Dinge auslösen, die besser vermieden worden wären. Das bedeutet keinesfalls, jedes Wort auf die Goldwaage legen zu müssen. Alles, was einen irritiert oder stört – etwa im Gespräch unterbrochen zu werden –, kann und sollte man auch ansprechen. Allerdings so, dass es der andere annehmen und akzeptieren kann. Dazu sind keine mechanisch angewandten Feedbackregeln erforderlich. Es genügt zu erkennen: Welche Wirkung hätten die Worte auf mich selbst? Dann finden sich auch die passenden Worte für das Gegenüber.

Was den Umgang mit unserer Sprache anbelangt, ist wohl niemand ein Heiliger. Daher wird es immer wieder vorkommen, dass wir mit Worte etwas auslösen, was gar nicht beabsichtigt war. Oder wir fühlen uns durch Worte angegriffen, sogar verletzt und „schießen" daher verbal zurück. Das ist menschlich und daher auch unvermeidbar. Nicht immer muss jedoch alles, was auf der Zunge liegt, direkt ausgesprochen werden. Das zu entscheiden liegt bei jedem Einzelnen. Einige Beispiele in diesem Buch werden Sie dabei unterstützen. Sie sollen Ihnen helfen, auch in schwierigen Situationen richtig verstanden zu werden und ein akzeptierter Gesprächspartner zu bleiben.

1.4 Worte als machtvolle Stimmungsauslöser

Worte können in vielerlei Hinsicht machtvoll sein. Denn oftmals sind sie ein Stimmungsauslöser oder -verstärker. Freudig, motiviert und hoffnungsvoll oder niedergeschlagen, verärgert und antriebslos – einfache Worte können all diese Stimmungen hervorrufen, und davon hängt wesentlich ab, wie die Empfindenden konkret entscheiden, wie Menschen sich verhalten und welches Verhalten blockiert wird. Eine positive Stimmung in einem Verkaufsgespräch verstärkt beispielsweise die vorhandene Kauflaune. Sie lässt Menschen entscheidungsfreudiger werden und es kommt leichter zu einem Geschäftsabschluss. Eine gedrückte Stimmung nach einer Besprechung senkt die Bereitschaft der Mitarbeiter, die Gesprächsergebnisse in allen Punkten umzusetzen,

Aber auch in vielen anderen Situationen haben die verwendeten Worte einen großen Einfluss auf Menschen, wie etwa in einer Liebesbeziehung. Dort wirken zärtliche Worte wie eine kostenlose Wohlfühldroge, die im gehirneigenen Labor erzeugt wird. Gleichzeitig festigen sie das Vertrauensverhältnis zueinander. Genauso können verletzende Worte im selben Labor ein gefährliches Gift erzeugen, bis hin zum Hass.

- Als Waffe eingesetzt sind Worte schärfer als jedes Schwert und können tiefe Wunden im emotionalen Gedächtnis hinterlassen. Nicht selten sitzen sie dort ein ganzes Leben lang wie der sprichwörtliche Stachel im Fleisch. Im Gehirn gibt es leider weder eine Reset-Taste noch einen Papierkorb, dessen Inhalt unwiederbringlich gelöscht werden kann.

Worte können als Kraftstoff das Selbstvertrauen stärken und damit auf erhebliche Weise die Möglichkeiten erweitern, die ein Mensch ergreift. Oder sie rauben ihm die Energie, unterhöhlen sein Selbstbild und schränken durch das geschwächte Selbstvertrauen das Ergreifen von Chancen beträchtlich ein. Bei Kindern wiederum besteht die Gefahr, da sie in ihrer Persönlichkeit noch nicht so gefestigt sind, dass Worte ihnen ein Etikett aufdrücken, sie in eine Rolle hineindrängen, die sie nicht spielen wollen – und besser auch nicht spielen sollten.

Worte können eine heilsame Wirkung entfalten oder Krankheiten verstärken – diese vielleicht sogar auslösen. Das gilt nicht nur für den Arztbesuch. Im Fußball kann die „Zungenmacht“ des Trainers die Mannschaft beispielsweise beflügeln, hochmotiviert bis zur letzten Sekunde um den Sieg zu kämpfen – und zu gewinnen. Gleiches gilt für jede Führungskraft, die Mitarbeiter mit den richtigen Worten zusammenschweißen und zu überdurchschnittlich guten Leistungen anspornen kann. Verbale Messer, die vor ihrem Einsatz gewetzt wurden, bewirken das genaue Gegenteil: Die Leistungsbereitschaft der Mitarbeiter sinkt, der Teamzusammenhalt schwindet und mitunter brechen Teams gänzlich auseinander.

In einer geschäftlichen Verhandlung wiederum können taktisch klug eingesetzte Worte zu einem besseren Ergebnis führen, während unbedachte Äußerungen sogar den Gesprächsabbruch verursachen können. Klare und offene Worte hinterlassen beispielsweise bei einem Vorstellungsgespräch einen guten Eindruck. Leere Hülsen aus der Sprachkonserve bewirken das Gegenteil. Worte entscheiden hier also, ob der Bewerber – die fachliche Eignung vorausgesetzt – eine Zu- oder eine Absage erhält.

1.5 Worte wirken wie ein Medikament – auch mit Nebenwirkungen

Der Begriff „Wortmacht“ wird häufig nur mit wortgewaltigen politischen Vorträgen und Rednern verbunden, mit dem verbalen Schlagabtausch bei politischen Debatten und Wahlkampfveranstaltungen. Wie die oben angeführten Beispiele zeigen, ist das falsch. Vielmehr steht die Kraft, die von Worten ausgeht, jedem Menschen zur Verfügung, wenn er seine Sprache richtig einsetzt. Denn Worte wirken im Gehirn wie ein Medikament, sagt die Wissenschaft. Nur schneller und zuverlässiger. Doch sie haben auch zahlreiche unerwünschte Nebenwirkungen. Etwa dann, wenn sie bei Menschen ein Verhalten auslösen, das den eigenen Absichten entgegensteht – oder sie sogar durchkreuzt. In solchen Fällen heißt es häufig: Das habe ich nicht gewollt, damit habe ich nicht gerechnet, das war nicht vorhersehbar!

Aber stimmt das wirklich? Ich behaupte: nein. Zu einer unerwarteten Reaktion des Gesprächspartners kommt es nur dann, wenn sich jemand der Wirkung der eigenen Worte zu wenig bewusst ist. Daher beschreibt dieses Buch auch, wie diese Wirkung besser eingeschätzt, verbessert und erhöht werden kann. Wenn Sie den unmittelbaren Einsichten folgen, die Sie hier beim Lesen hoffentlich gewinnen, werden Sie die passenden Worte in den unterschiedlichsten Situationen leichter finden – und sie auch richtig dosieren können. Gleichzeitig reduzieren sich unerwünschte Nebenwirkungen, die von Worten immer ausgehen können, auf ein Minimum.

Natürlich ist es niemals der reine Wortinhalt allein, der im Kopf des Empfängers etwas auslöst. Eine ebenso wichtige Rolle für die Wirkung unserer Worte kommt der gesamten Körpersprache zu. Sie sagt oft mehr aus als der bewusst ausgesprochene Inhalt. Gleiches gilt für den Ton, in dem etwas gesagt wird, der stets Empfindungen auslöst und den rein lexikalischen Inhalt erst interpretiert.

Er ist die Begleitmusik von dem, was wir sagen, und verleiht dem Gesagten eine individuelle Melodie: ironisch, humorvoll, drohend, ermahnend, besänftigend oder aufpeitschend; um nur einige Beispiele für die Tonalitäten anzuführen, die uns beim Sprechen mit vielen Nuancen zur Verfügung stehen. Diese können wir im Gespräch einsetzen und so die Wortwirkung verstärken oder abschwächen. Meistens übernimmt das Gehirn diese Aufgabe aber selbst: Es synchronisiert den Ton mit der Absicht, die mit den Worten verfolgt wird.

1.6 Der Wortschatz ist nicht entscheidend

Worte lassen sich mit Spielkarten vergleichen. Seitdem Kehlkopf und Stimmbänder mehr als nur grunzende Urlaute hervorbringen, gilt: Je besser jemand mit Worten umgeht, desto leichter gewinnt er. Wendet sich das Blatt einmal ungünstig, so können die passenden Worte das Ass im Ärmel sein – für den Betroffenen selbst wie für sein Gegenüber oder seine Umgebung. Wer mit seiner Ausdrucksweise andere jedoch herabwürdigt oder sogar Verlierer produziert – ob mit Absicht oder nicht –, verliert am Ende meistens selbst.

Muss man ein „Sprachkünstler" sein oder über besondere rhetorische Fähigkeiten verfügen, um mit Worten die richtige oder wenigstens eine bessere Wirkung zu erzielen? Viele Menschen glauben das. Doch meine Antwort lautet: Nein, das müssen Sie nicht. Unsere Alltagssprache besteht nur aus ein- bis zweitausend unterschiedlichen Worten. Konrad Adenauer, so wurde analysiert, kam sogar mit einem Wortschatz von unter tausend Worten aus, um Deutschland als Bundeskanzler zu regieren.

Es kommt also nicht auf die Größe des aktiven Wortschatzes an, sondern vielmehr darauf, wie dieser eingesetzt und verwendet wird. Mit wenigen Worten lässt sich viel sagen und mit vielen wenig. Das Wichtigste, was Sie brauchen, um Ihren vorhandenen Wortschatz wirkungsvoll einsetzen zu können: ein klares Bewusstsein darüber, was Sie mit Worten auslösen *wollen* und was Sie damit sonst noch auslösen *können*. Dieses Buch wird Ihr Bewusstsein dafür schärfen. Den Rest erledigt das Sprachzentrum in Ihrem Kopf mehr oder weniger von sich aus. Ihr Gehirn ist klüger, als Sie glauben. Stören Sie es nicht mit tausenderlei „wenn" und „aber" bei der Arbeit. Denn es setzt das, was es als sinnvoll und nützlich erkennt, meistens auch so um, wie es sprachlich zu Ihrer Person und zur jeweiligen Situation passt. Daher ist es auch nicht notwendig, bestimmte Formulierungen auswendig zu lernen, um sie in bestimmten Situationen einzusetzen. Oder bestimmte Worte für den späteren Einsatz „vorzumerken". Das wäre sogar schädlich für die Wirkung Ihrer Kommunikation, weil Sie dann nicht mehr frei und ungezwungen mit oder zu anderen Menschen sprechen. Ihr Verhalten könnte in solchen Fällen als unnatürlich und aufgesetzt empfunden werden, eventuell sogar als wenig glaubwürdig.

Vielredner und Wortgeizhälse

Täglich werden in Deutschland über eine Billion Worte gesprochen. Sie landen entweder in den Köpfen der Menschen und lösen dort etwas aus oder verebben als wirkungslose Schallwellen. Der größte Teil entstammt der Alltagssprache. Jedes Jahr strömen geschätzte fünf bis sechs Millionen Worte aus dem Mund einer Frau oder eines Mannes – der Inhalt einer mittleren Bibliothek. Die geschlechtsspezifischen Unterschiede sind dabei gering.

Vielredner oder Quasselstrippen bringen es täglich auf rund 47.000 Worte, ganz nach dem Motto: „Ich rede, also bin ich". Einsame Wölfe, schweigsame Mitmenschen und die wachsende Zahl jener, die sich fast ausschließlich per SMS, E-Mail oder in Internetforen anderen mitteilen, schaffen hingegen gerade mal 500 Worte pro Tag. Ihre Kommunikation ist zähflüssig und mühsam. Wortgeizhälse drücken den Wert, der im Durchschnitt den Mund eines Menschen täglich verlässt, auf etwa 16.000 Wörter.

1.7 Das Wort-Sortiment und seine Wirkung

Worte, so heißt es oftmals, seien doch nur Schall und Rauch. Sofern damit Wahlversprechen gemeint sind, die nicht als echte Münze, sondern als verbales Falschgeld inflationär in Umlauf gebracht werden, mag das durchaus zutreffen. In den meisten anderen Fällen stimmt diese Aussage allerdings nicht. Zumindest nicht so, wie es im landläufigen Sinn verstanden wird. Denn der „Rauch", sprich die Wirkung von Worten, verflüchtigt oder löst sich nicht etwa in Nichts auf. Sie wird im Gehirn umgewandelt, verschlüsselt und abgespeichert.

Die codierten Worte und ihre emotionalen Begleiter führen dort ein reges und geheimnisvolles Eigenleben, das unser Leben mehr bestimmt, als uns bewusst ist. So reagiert beispielsweise jeder Mensch auf bestimmte persönliche Reizworte allergisch. Dank eines Trigger-Mechanismus im Gehirn wird ein Teil dieses verborgenen Eigenlebens im Kopf durch die jeweilige Reaktion deutlich nach außen hin sichtbar.

Worte und die Macht, die sie ausüben, begleiten uns das ganze Leben hindurch. Sie beeinflussen es auf nachhaltige Weise und in vielfältiger Hinsicht, sind manchmal für ganze Schicksalswege verantwortlich. Durch die Worte in einem Gespräch kann sich beispielsweise die geistige Klarheit erhöhen, die zu einer neuen Sichtweise führt. Aber sie können auch verdunkeln, verschleiern, verwirren und manipulieren, bis dahin, dass falsche Entscheidungen fallen. Worte können das Leben bereichern und es erleichtern, es aber auch unnötig erschweren; es von Grund auf verändern und sogar auf den Kopf stellen – in positiver wie auch in negativer Hinsicht. Worte verzeihen oder stempeln andere zu Schuldigen ab, oftmals mit weitreichenden Folgen.

Worte können aufrichten, Vertrauen herstellen und uns wie durch eine unsichtbare Nabelschnur mit anderen Menschen verbinden. Oder uns voneinander trennen, wie das Fallbeil eines Henkers. Worte können ein Doping- oder ein Schlafmittel sein. Sie bringen uns zum Lachen, aber auch zum Weinen. Worte können die Beziehung zu einem Menschen vertiefen oder sie vergiften und zerstören, Konflikte lösen oder sie heraufbeschwören. Mit Worten gewinnen wir Freunde oder schaffen uns damit Feinde. Nichts ist in dieser Hinsicht machtvoller als Worte.

Erstaunlicherweise lösen sogar Worte, die erwartet werden, dann aber nicht fallen, etwas aus, wenn beispielsweise ein simples „Danke" ausbleibt.

Ebenso verwunderlich ist es, dass gut gemeinte Worte das Gegenteil vom Beabsichtigten bewirken können. Umgekehrt sind „böse" Worte manchmal sogar imstande, durch eine „Schubumkehr" im Gehirn etwas Gutes auszulösen. Beispiele dafür finden Sie in Kap. 6.7.2.

All das und noch vieles mehr, bewirken die unsichtbaren Wellen in der Luft, die beim Sprechen erzeugt werden. Sie verwandeln sich im Gehirn in Gefühle und führen zu Gedankenketten, die bestimmte Handlungen auslösen oder blockieren. Die obigen Beispiele illustrieren, wie groß die Kraft ist, die in unseren Worten liegt, aber auch die Macht die wir mit ihnen ausüben können. Sie ist kein Privileg von talentierten und gut geschulten Rednern, die andere mitreißen können. Vielmehr steht sie jedem mit seiner Alltagssprache zur Verfügung.

In diesem Buch wird aber auch deutlich werden, wie man sich der ungewollten Macht, die andere durch Worte auf uns ausüben wollen, wirksam entziehen und sie abblocken kann.

Was landet im Gehirn, was in der Milchstraße?

Viele Worte kommen im Gehirn nie an, weil sie bedeutungsleer, schwer verständlich oder abstraktes „Gelaber" sind. Oder weil man instinktiv spürt, dass derjenige, der sie ausspricht, selbst nicht an das glaubt, was er sagt. Für die Aufrechterhaltung aller lebenswichtigen Funktionen beansprucht das Gehirn schon 25 % der Gesamtenergiemenge im Körper. Deshalb verweigert es inhaltslosen Worten oder kaum verständlichen Sätzen den Zugang: Sie sind einen zusätzlichen Glukoseaufwand nicht Wert. Stattdessen wandern die leeren oder schwer verdaubaren Worte zum einen Ohr hinein und zum anderen wieder hinaus. Als unsichtbare Schwallwellen verebben sie in den unendlichen Weiten des Alls.

Bestehen Sinn und Funktion der Sprache nicht darin, etwas auszulösen, zu bewirken oder zu verhindern? Abgesehen von der Beziehungspflege durch ein unterhaltsames Gespräch ist das ihre Hauptfunktion. Die Wirkung gesprochener Worte hängt in erster Linie von dem ab, was sie für andere Menschen bedeuten, von dem, womit in deren weit verzweigten Datennetzen des Gehirns sekundenschnell Assoziationen gebildet werden. Unsere fleißigen Gehirnarbeiter – hochspezialisierte Nervenzellen – weisen den Worten unmittelbar eine emotionale Wertigkeit zu. Anschließend lösen sie eine biologisch vorgegebene Grundreaktion aus: Zustimmung oder Ablehnung, Angriff oder Flucht, Neugier oder Desinteresse. Sind Worte im Gehirn angekommen, können sie nicht mehr zurückgeholt oder wieder eingefangen werden. Sie entfalten dort ihre kurz- und langfristige Wirkung.

Literatur

1. Freud S (2007) Vorlesungen zur Einführung in die Psychoanalyse. Fischer, Frankfurt a. M

Empfohlene Literatur

2. Schneider W (2013) Wörter machen Leute. Piper, München

2 Was Worte im Gehirn auslösen

Die gemeinsame Reise durch die Welt der Worte führt uns nun direkt ins Gehirn. Als Mastermind spinnt es hinter den Kulissen die Fäden für unser Verhalten. Wir beobachten dort, was mit den Worten nach ihrer Ankunft geschieht. Bitte schnallen Sie sich jetzt an. In Kürze sind Sie auf ultraschnellen Hochgeschwindigkeitsbahnen unterwegs. Gegen die Geschwindigkeit bei der Sprachverarbeitung bewegt sich eine Rakete, die ins All geschossen wird, wie eine Schnecke mit Kriechprothesen. Der Grund für das ultraschnelle Tempo bei der Datenverarbeitung im Kopf: Das Gehirn durchsucht dabei mehrere Millionen Kilometer Nervenbahnen, ähnlich wie bei einer Rasterfahndung. Dabei stellt es in Millisekunden Verbindungen zu den bisherigen Eindrücken und Erfahrungen in ähnlichen Situationen her, auch wenn wir diese längst vergessen haben. In den tieferen Regionen des Gehirns sind sie jedoch nach wie vor präsent. Für unsere Kommunikation hat das überraschende Folgen.

Vieles von dem, was über Kommunikation geschrieben wird, halte ich für zu einseitig und teilweise auch für überholt. Vor allem deshalb, weil die Wortwirkung auf das Gehirn entweder zu wenig oder überhaupt nicht berücksichtigt wird. Doch genau darauf kommt es an, wenn wir besser verstehen wollen, was wir mit Worten bewirken können. Denn das Gehirn reagiert bei jedem Menschen anders, immer abhängig von den bisherigen Erfahrungen, die ein Mensch gesammelt und durchlebt hat.

Doch für unsere Kommandozentrale gelten auch Gesetzmäßigkeiten, die bei jedem Menschen gleich sind. Wer sie kennt, erhöht die Wahrscheinlichkeit, mit seinen Worten an andere Menschen richtig zu liegen – und nicht daneben. Dann gehen in den anderen Köpfen auch leichter die Lichter an – weder bleibt es stockdunkel

H. Eicher, *Die verblüffende Macht der Sprache*,
DOI 10.1007/978-3-658-08516-2_2

noch brennt eine Sicherung durch, wenn wir die Kraft die in unseren Worten liegt, besser verstehen und richtig nutzen.

2.1 Jedes Gehirn interpretiert Worte anders

> Keiner versteht den anderen ganz, weil keiner bei demselben Wort genau dasselbe denkt wie der andere.
> Johann Wolfgang von Goethe

Jeder weiß aus eigener Erfahrung: Sprachliche Missverständnisse sind zwischen Menschen häufig die Regel und nicht die Ausnahme. „Sie haben mich falsch verstanden", sagt etwa der Chef zu seinem Mitarbeiter, obwohl dieser keine Hörschäden hat. Oder die Ehefrau ärgert sich über ihren Mann: „Das habe ich aber völlig anders gemeint. Du begreifst das nicht."

Selbst wenn sich zwei Menschen nur anschweigen, ist eine Fehldeutung nicht auszuschließen, da auch Schweigen verschiedene Interpretationen zulässt. Es wird beispielsweise als schuldhaft, ängstlich oder als hartnäckige Verweigerungshaltung interpretiert, als bedrückend und beklemmend, ja, sogar als aggressiv empfunden.

Kein Wunder also, dass die Ratgeberliteratur mit ihren zahlreichen Tipps zu einer besseren Verständigung von Jahr zu Jahr anwächst. Ist unsere Kommunikation dadurch besser und wirkungsvoller geworden? Klarer, einfacher und mit weniger Fehlinterpretationen behaftet? In einzelnen Bereichen vielleicht. Aber insgesamt gewinnt man den Eindruck, dass die babylonische Sprachverwirrung nicht kleiner wurde, sondern immer größer wird. Dass die Missverständnisse zunehmen statt abzunehmen. Warum ist das so?

2.1.1 Die Quelle von Missverständnissen

In jedem Gehirn sind andere Erfahrungen, Erinnerungen und Bewertungen von Erlebnissen abgespeichert. Sie werden mit dem jeweiligen Kommunikationsinhalt auf eine ganz individuelle Weise in Verbindung gebracht. Daher gibt es keine zwei Menschen, die zu einem gesprochenen Satz dieselben Assoziationen bilden. Womit die einzelnen Worte assoziiert werden, bleibt weitgehend im Dunklen, da dies unbewusst geschieht. Die eigenen Gefühle, die durch eine Kommunikation ausgelöst wurden, geben uns allerdings eine Ahnung davon, womit die Worte im Gehirn verknüpft wurden.

So wird etwa die Aussage „Aktien sind nach wie vor eine gute Kapitalanlage“ bei zwei Menschen unterschiedliche, vielleicht sogar gegensätzliche Reaktionen hervorrufen. Abhängig davon, womit diese Aussage im Gehirn des Empfängers assoziiert wird. Beispielsweise mit Kursgewinn und Dividendenausschüttung oder mit Spekulanten und Börsencrash. Das jeweilige Assoziationsspektrum ist schier unerschöpflich und vom bisherigen Leben eines Menschen abhängig. Oder genauer gesagt: Von der abgespeicherten Kopie seines Lebens im Gehirn.

2.1.2 Was bezeugen die Zeugen?

Der bewussten Erinnerung ist besagte „Lebenskopie“ im Gedächtnis nur bruchstückhaft zugänglich, wie wir wissen. Ausschnitte daraus werden oft verfälscht wiedergegeben. Nicht etwa absichtlich, wie bei einer bewussten Lüge, sondern aufgrund eines Selektionsmechanismus im Gehirn. Dieser unterdrückt alles, was nicht in das Gesamtbild passt, welches wir von uns selbst, von jemand anderem oder einer Situation haben. Das, was wir glauben wollen, wird durch diesen Mechanismus hingegen verstärkt.

Sehr eindrücklich zeigt sich dieser Selektionsmechanismus etwa bei Zeugenaussagen. Dazu das Beispiel eines Verkehrsunfalls. Ein Schäferhund lief plötzlich auf die Straße. Ein sich näherndes Auto bremste ab, ein zweiter Autofahrer dahinter konnte ein Auffahren nicht mehr verhindern. Zwei Zeugen haben aus der gleichen Perspektive den Unfall beobachtet. Trotzdem kann es zu unterschiedlichen Aussagen über den Unfallhergang kommen, da die Erinnerung selektiv abgewandelt wird. Ein Hundeliebhaber könnte zum Beispiel behaupten: „Das vordere Auto ist zu schnell gefahren“. Ein Hundegegner, der sich vom Gebell eines Nachbarhunds ständig gestört fühlt, wird den Vorfall vermutlich ganz anders schildern: „Der Schäferhund ist plötzlich auf die Straße gelaufen. Der Besitzer hat ihm nachgerufen, aber offenbar fehlt ihm die Kontrolle über seinen Hund. Der Fahrer musste eine Notbremsung hinlegen. Ihm blieb nichts anderes übrig.“

Solch unterschiedlichen Aussagen entstehen, weil das Gehirn die geschilderte Beobachtung vor dem Hintergrund der eigenen Lebensgeschichte interpretiert. Nicht viel anders verhält es sich bei scheinbar vollkommen eindeutigen Inhalten, die jedoch jeder Mensch anders empfindet, da unser Gehirn bestimmte Wahrnehmungsinhalte ausblendet, während es andere verstärkt.

2.1.3 Im Subjektiven kann es kein Richtig geben

Was wir hören, kann niemals eins zu eins das sein, was jemand gesagt und damit gemeint hat. Bevor ein gesprochener Inhalt überhaupt bewusstseinsfähig ist, wird er in den tieferen Gehirnregionen bearbeitet und auch verändert. Er wandert also nicht direkt vom Ohr in die Großhirnrinde. Der Ton, in dem etwas gesagt wird, und die begleitende Körpersprache sind bei der Sprachverarbeitung wichtige Interpretationshilfen, aber auch die Quelle zahlreicher Fehlinterpretationen.

Ein Lächeln beispielsweise kann einen Gesprächsinhalt als eine freundliche Absicht qualifizieren, oder aber als herablassend. Der Ton wiederum kann als belehrend empfunden werden. Oder – positiv gesehen – als Aufforderung. Unabhängig davon, wie er aus objektiver Sicht „richtig" aufzufassen gewesen wäre.

Da die Wirkung der Kommunikation immer subjektiv ist, gibt es hier nämlich kein Richtig oder Falsch. Denn das würde unterstellen, dass es im subjektiven Bereich etwas gibt, das objektiv richtig ist. Die Gesamtinterpretation von Inhalt, Ton und Körpersprache hängt immer von der bisherigen Lebensgeschichte eines Menschen ab, von seiner Persönlichkeit und den Erfahrungen, die er in ähnlichen oder vergleichbaren Situationen gemacht hat. Diese können zeitlich sehr weit zurückliegen. So wird beispielsweise jemand, der in seiner Kindheit oder später im Berufsleben oft zurechtgewiesen wurde, sehr sensibel auf einen erklärenden Gesprächston reagieren. Er könnte ihn beispielsweise als belehrend, bestimmend oder autoritär interpretieren, obwohl das nicht in der Absicht des Gesprächspartners lag. Ein anderer reagiert vielleicht empfindlich auf einen scherzhaften Gesprächston, weil sich in seiner Jugend Klassenkameraden häufig über ihn lustig gemacht haben und er daher keinen Spaß versteht.

2.1.4 Auf die Vorgeschichte kommt es an

Etliche Kommunikationsratgeber blenden die individuelle Vorgeschichte der Menschen, die miteinander reden, häufig aus. Sie unterstellen fälschlicherweise, dass der andere auf die „richtigen" Worte auch „richtig" reagiert – so wie es der jeweilige Autor vorgeschlagen hat. Daher bleiben die meisten Rezepte für eine bessere Verständigung durch das Medium Sprache mehr oder weniger wirkungslos. Denn die viel beschworene Beziehungsebene, die zweifelsohne für ein Gespräch besonders wichtig ist, wird nicht allein vom Verhältnis bestimmt, das Menschen durch ihre Kommunikation zueinander herstellen. Ihre jeweilige Lebensgeschichte und Biografie, ihre Interessen und persönlichen Vorlieben spielen hier eine oftmals unterschätzte Rolle.

So können beispielsweise einen Vegetarier, der aus ethischen Gründen kein Fleisch mehr essen möchte, keine „richtigen“ Worte davon überzeugen, dass Rindfleisch aus biologischer Haltung gesund sei. Bei einem Vegetarier, der aus gesundheitlichen Überlegungen auf Fleisch aus der Massentierhaltung verzichtet, wäre das eventuell möglich.

2.2 Reise ins Gehirn

Im Folgenden konzentriere ich mich auf die wesentlichen Punkte und vereinfache zum besseren Verständnis die Verarbeitungsmechanismen im Gehirn. Wer sich für die Details interessiert, findet am Ende des Kapitels Literaturhinweise.[1]

Der folgende Überblick soll Sie rasch orientieren, wie das Gehirn aufgebaut ist und welche überragende Bedeutung seiner Funktionsweise für die Kommunikation hat.

1. Unser Gehirn ist anatomisch gesehen mit einem dreistöckigen Gebäude vergleichbar. Im Erdgeschoss ist das Stammhirn, das lebenswichtige Funktionen wahrnimmt, im ersten Stock das Zwischenhirn, das die Gefühle produziert, und im zweiten das Großhirn, das für den logisch-analytisch denkenden Verstand verantwortlich ist. Die einzelnen Geschosse sind engstens miteinander verbunden. Ähnlich wie bei einem Haus, das durch eine Treppe und Leitungssysteme für Strom, Wasser usw. eine Einheit bildet. Das Kleinhirn, in dem die Bewegungsabläufe koordiniert werden, kann für unsere Zwecke außer Betracht bleiben. Es ist im Zusammenhang mit der Sprache, aber auch von seiner anatomischen Lage her betrachtet, quasi das Nebengebäude der drei anderen Gehirnregionen.
2. Die Sinnesorgane leiten die eintreffenden Wahrnehmungen aus der Außenwelt, mit Ausnahme des Riechens, nicht direkt ans Großhirn weiter. Bevor sie dort eintreffen und bewusst registriert werden können, bearbeitet sie das Zwischenhirn. Es färbt sie emotional ein und folgt dabei einem einfachen Grundschema, abhängig von der jeweiligen Bedeutung für den Menschen: gut, schlecht, bedrohlich, neutral. So entstehen zum Beispiel in einem Gespräch Freude, Ärger oder eine ausgeglichene Stimmung.
3. Die sechs biologischen Grundgefühle, sogenannte „Primäremotionen“, die das Zwischenhirn produziert, sind:

[1] Vertiefende und wissenschaftlich abgesicherte Informationen über die einzelnen Gehirnfunktionen erhalten Sie kostenlos zum Beispiel unter www.dasgehirn.info.

1. Freude und Glücksempfinden
2. Wut, Ärger und Hass.
3. Ekel und Abscheu.
4. Trauer.
5. Überraschung.
6. Angst und Furcht.

4. Letztere bezieht sich auf eine konkrete Bedrohung. Jedes dieser Grundgefühle hat ein breites Spektrum verwandter Empfindungen. Zur Freude und zum Glücksempfinden gehören zum Beispiel Zufriedenheit oder ein intensives Liebesgefühl, zur Wut leichter Ärger oder rasender Zorn; zur Überraschung als Gegenpol die Langeweile, die im Alltagsleben entsteht, wenn dem Gehirn keine Sinnesreize zugeführt werden oder es nicht mit Gedanken beschäftigt wird. Die Primäremotionen stehen in der Entwicklungsgeschichte des Menschen im Dienst der Überlebenssicherung. Wut beispielsweise löst Aggression aus, die zum Kampf gegen einen Feind eingesetzt wird. Angst führt zur Flucht vor einem übermächtigen Gegner. Fortpflanzung ist mit Glücksempfinden verbunden, sodass möglichst viele Nachkommen gezeugt werden und der Genfluss sichergestellt wird. Ekel warnt vor einer ungenießbaren Nahrung.
5. Jede Stimmung ist stets mit körperlichen Begleiterscheinungen verbunden. Ausgelöst werden sie durch körpereigene Hormone. Freude beschleunigt zum Beispiel den Herzschlag – „Das Herz hüpft vor Freude". Ärger erhöht den Blutdruck und Wut treibt ihn in gefährliche Höhen – „Ich könnte vor Wut platzen!"
6. Die einzelnen Vorgänge der Informationsverarbeitung erledigt das Gehirn in Millisekunden. Sie erfolgen unterhalb der Bewusstseinsschwelle und lassen sich willentlich nicht beeinflussen. Das bedeutet: Sie können etwa bei einem Gespräch nicht bewusst entscheiden, welches Gefühl dabei in Ihnen entsteht. Allerdings können Sie gegensteuern, falls es sich um ein schlechtes Gefühl handelt, welches das Gehirn erzeugt.
7. Emotionen beeinflussen und steuern unsere Entscheidungen – und damit das Verhalten. Nicht selten treffen wir reine Gefühlentscheidungen „aus dem Bauch heraus". In diesen Fällen dominiert das Zwischenhirn das Großhirn, das als oberste Kontrollinstanz bei Entscheidungen üblicherweise ein Vetorecht hat.
8. Nur ein winziger Bruchteil dessen, was die Sinneskanäle wahrnehmen – durch Hören, Sehen, Riechen usw. – überschreitet die Bewusstseinsschwelle. Andernfalls entstünde im Großhirn ein Datensalat. Trotzdem sind diese Wahrnehmungen im Gehirn, gemeinsam mit der emotionalen Bedeutung – gut, schlecht, bedrohlich, neutral – abspeichert. Sie bleiben weiterhin größtenteils unbewusst. Auch wenn ein Verhalten für den analytisch denkenden und schlussfolgernden

Verstand zunächst als irrational erscheint, wird es logisch nachvollziehbar, wenn man versteht, wie das Gehirn zurückliegende Erlebnisse verarbeitet hat. Das Verhalten eines Menschen ist niemals grundlos, sondern es wird von verschiedenen Gehirnmechanismen ausgelöst.

2.2.1 Die Hauptaufgabe des Gehirns: Das Überleben sichern

Das menschliche Gehirn hat aus rein biologischer Sicht vor allem eine Hauptfunktion: das Leben und Überleben eines Menschen zu gewährleisten, indem es sicherstellt, dass alle Lebensfunktionen aufrecht erhalten bleiben und das Verhalten an die jeweilige Situation angepasst wird. Den überwiegenden Teil der dazu erforderlichen Abläufe steuert der Autopilot, sprich das Stammhirn, unterhalb der Bewusstseinsschwelle. Genetisch gesehen hat das Gehirn auch die Aufgabe, durch Fortpflanzung dafür zur sorgen, dass die Gattung Mensch nicht ausstirbt.

Die Sprache stand bei ihrer Entstehung im Dienst dieser biologischen Funktionen. Die Urlaute, die unsere Urahnen ausgestoßen haben, wiesen entweder auf eine Gefahr hin, eine Nahrungsquelle oder eine Fortpflanzungsmöglichkeit. Vermutlich auch auf die eigene Befindlichkeit im Sinne von „Ich bin wütend auf dich. Nimm dich in Acht!“ oder „Alles okay! Komm, setzen wir uns ans Lagerfeuer und verzehren wir die erlegte Beute“.

Aus diesen Urlauten hat sich unsere hochdifferenzierte Sprache entwickelt. Im deutschen Sprachraum stehen uns über eine halbe Million unterschiedliche Wörter zur Verfügung, mit denen wir etwas ausdrücken oder benennen können. Nur ein winziger Bruchteil davon genügt allerdings, um uns ausreichend verständigen zu können.

Der biologische Auslöser der Sprachentwicklung liegt in der verbindenden Funktion der Sprache, durch die wir etwas differenziert und präzise mitteilen und uns mit anderen Menschen darüber austauschen können. Also Erfahrungen, Gedanken, Ideen, einen Plan für die gemeinsame Organisation eines Vorhabens und ähnliches mehr. Die Entwicklungsgeschichte der Zivilisation mit all ihren technischen Errungenschaften ist ohne eine sprachliche Differenzierung nicht im Ansatz denkbar. Durch blökende Urlaute und wild gestikulierende Hände wird eine Höhle vielleicht gemeinsam bewohnbarer gemacht oder ein Mammut leichter arbeitsteilig erlegt. Um Pyramiden, Wohnhäuser und Städte errichten zu können sowie die Versorgung ihrer Bewohner sicherzustellen, reichen Urlaute zur Verständigung natürlich nicht aus.

Schnattern wie die Hausgänse
Der österreichische Verhaltensforscher und verstorbene Nobelpreisträger Konrad Lorenz hat im Zusammenhang mit der Funktion der Sprache auf eine interessante Entdeckung hingewiesen. Er verglich die Lautäußerungen frei lebender Wildgänse mit jenen der Hausgänse. Dabei stellte er fest, dass die Wildgänse mit ihrer Sprache stets etwas bezwecken wollen, etwa auf eine Gefahr durch einen Fressfeind hinzuweisen. Die Hausgänse hingegen schnattern einfach drauf los. Ihr Geschnatter erfüllt keine erkennbare biologische Funktion [1].

2.2.2 Ohne Sinn kein Spaß

Neben den biologischen Funktionen des Gehirns, das Überleben zu sichern, ist es für den Menschen auch ein sinnsuchendes Organ. Das Gehirn möchte immer verstehen, warum etwas so ist, wie es ist. Versteht und akzeptiert es den dahinter liegenden Sinn – „Ich hab's kapiert, ist in Ordnung!" –, belohnt es sich selbst mit guten Gefühlen. Es möchte aber zum Beispiel auch wissen, warum etwas anders werden oder sein sollte, als es ist. Etwa bei erforderlichen Veränderungsmaßnahmen im Unternehmen. Versteht und akzeptiert das Gehirn den dahinter liegenden Sinn nicht, produziert es Widerstände und es werden Stresshormone ausgeschüttet. Im Privatleben ist es nicht viel anders. Es heißt dann etwa: „Ich sehe überhaupt nicht ein, warum ich das tun sollte!"

Deshalb bleiben Appelle aller Art, das Verhalten zu ändern, ohne Erfolg. Erst wenn man auf die Beweggründe für eine bestimmte Verhaltensweise einwirkt und über die Motive, die es verursachen, miteinander spricht, steigt die Chance, dass jemand doch noch „Ja" zu einer Veränderung sagt. Anderenfalls kommt es vielleicht des „lieben Friedens willen" zu Verhaltensänderungen. Doch dieser Friede ist trügerisch. Das Verhalten wird möglicherweise nur nach außen hin angepasst. Gleichzeitig wachsen die inneren Widerstände, die sich auf unterschiedliche Weise entladen. Im privaten Bereich zum Beispiel durch Streitgespräche, die scheinbar mit der Veränderung nichts zu tun haben. In beruflicher Hinsicht etwa durch fehlendes Engagement und Dienst nach Vorschrift.

Das Gehirn als sinnsuchendes Organ sucht auch nach dem Sinn des eigenen Daseins. Diese Funktion ist in ihm als metaphysisches Bedürfnis angelegt. In welcher Lebensphase das geschieht ist unterschiedlich. Die Endlichkeit des eigenen Lebens, von der jeder Mensch weiß, ist die unmittelbare Quelle für diese Sinnsuche. Auslöser sind nicht selten persönliche Krisensituationen. Das jeweilige Ergebnis der Suche nach dem Lebenssinn kann zu einem religiösen Bekenntnis führen, zu

Agnostizismus, esoterischen Welterklärungen und ähnlichem. Oder sie mündet in ein atheistisches „Glaubensbekenntnis“.

Ganz ohne einen persönlichen Glauben oder Lebenssinn, worin auch immer dieser besteht, fühlt sich kein Gehirn besonders wohl. Warum eigentlich? Im Unterschied zu den Tieren weiß jedes menschliche Gehirn: Eines Tages werden meine vielfältigen Funktionen und die zahlreichen Möglichkeiten, die sie dem Rest von meinem Körper bieten, abgeschaltet. Für den Tod sucht der Mensch eine Erklärung, die für ihn plausibel ist. Wurde sie gefunden, ist das Gehirn beruhigt. Ob gänzlich oder nur teilweise hängt davon ab, wie gut die Begründung – aus subjektiver Sicht – untermauert ist. Je tragfähiger sie ist, desto höher wird die Widerstandskraft gegen auftretende Zweifel sein. Dass diese nie völlig ausgeschlossen werden können, liegt am Gehirn selbst und seinen Funktionen. Eine davon ist die Fähigkeit, etwas bezweifeln zu können. Beispielsweise ob eine Problemlösung wirklich die beste ist oder ob es doch noch eine bessere geben könnte. „Gesunder“ Zweifel ist deshalb eine Voraussetzung für jede Form des Fortschritts in einer Gesellschaft. Auch für den einzelnen Menschen selbst: Wer zu allem Ja und Amen sagen würde, könnte sich nicht weiterentwickeln.

2.2.3 Besichtigung unseres Gehirns

In seiner äußeren Form ist das Gehirn eines Menschen für einen Laien, abgesehen von der Größe, nicht von jenem eines Schimpansen zu unterscheiden – unserem nächsten Verwandten im Tierreich. Seines ist wesentlich kleiner und wiegt nur rund 420 g, während das menschliche Gehirn zwischen 1,3 und 1,4 kg auf die Waage bringt. Würde es auseinandergefaltet und glatt gebügelt, läge zirka ein halber Quadratmeter auf dem Tisch. Damit es Platz in der Schädelhöhle findet, musste es sich auffalten, ähnlich wie eine Walnuss.

In den letzten 40.000 Jahren, also seit der Zeit, als unsere Vorfahren noch in Höhlen wohnten, hat sich unser Gehirn nicht wesentlich verändert. Wir erinnern uns: Vor zirka 30.000 Jahren starben die letzten Neandertaler im jüngeren Teil der Altsteinzeit aus – die nächsten Verwandten des modernen Menschen. Paläoanthropologen vermuten aufgrund von versteinerten Resten eines Kehlkopfs, dass sie bereits eine primitive Lautsprache besessen haben, vielleicht dem Blöcken eines Schafes ähnelnd.

Der Betriebsstoff des Gehirns ist Glukose, umgangssprachlich als Traubenzucker bezeichnet, sowie Sauerstoff. Beides wird durch den Blutkreislauf zugeführt. Vom gesamten Glukoseverbrauch im Körper beansprucht das Gehirn zwischen 25 und 30 % für sich, obwohl sein Anteil am Körpergewicht nur circa. zwei Prozent beträgt. Daher wird das Gehirn manchmal auch als „Schmarotzer“ des Körpers bezeichnet. Je mehr dieses Organ beansprucht wird, desto höher ist sein Glukoseverbrauch. Den kann es jedoch auch optimieren, indem es sich beispielsweise weigert, weiter zuzuhören, wenn sich jemand kompliziert, umständlich und weitschweifig ausdrückt. Wie ökonomisch das Gehirn arbeitet, zeigt sein Energieverbrauch von täglich circa 30 W. Das entspricht der Leistung einer Glühbirne. Wenn uns ein „Licht“ aufgeht, dürfte der Energieumsatz allerdings steigen.

2.2.4 Unser Gehirn in (Rekord-) Zahlen

Im Unterschied zu einem Haus mit mehreren Mietern kommunizieren die drei Gehirnebenen Stammhirn, Zwischenhirn und Großhirn ständig wechselseitig miteinander. Die Gesamtlänge aller Nervenverbindungen, durch die das geschieht, beträgt geschätzte sechs Millionen Kilometer. Kein Wolkenkratzer dieser Welt und kein Gebäudekomplex besitzen auch nur annähernd ein so langes Leitungsnetz. Es würde sich circa 150 Mal um die Erde spannen. Diese Zahl beruht auf Schätzungen, die zum Teil weit auseinander liegen. Die hier genannte ist die Untergrenze. Die tatsächliche liegt vermutlich weit darüber.

Die Kommunikation zwischen den drei Etagen sowie vom Gehirn zum Körper und umgekehrt erfolgt durch elektrische und biochemische Signalübertragung. Jede der rund einhundert Milliarden Gehirnzellen (Neurone) ist über Synapsen wiederum mit Tausenden anderer Neurone verbunden. Die Aufgabe der Synapsen: Sie verstärken ankommende Signale, schwächen sie ab oder blockieren sie. Anschließend leiten sie sie weiter. Das Ganze geschieht im Millisekundenbereich. Wenn Sie jemals versehentlich auf eine heiße Herdplatte gegriffen haben, dann wissen Sie, wie schnell das Gehirn reagiert und Informationen verarbeitet. Noch bevor der Schmerz und seine Ursache bewusst werden, zuckt die Hand bereits reflexhaft vom Ofen weg.

Dieses gigantische Netzwerk verfügt über eine unvorstellbare Komplexität, mit mehr als einer halben Trillion Kontaktstellen. Das ist eine Eins mit 18 Nullen. Die Anzahl der Zustände – also den Betriebsmodus –, die das Gehirn annehmen kann, schätzt man auf Zehn hoch Einhundertfünfzig. Das ist deutlich mehr als die Zahl aller Elementarteilchen im Weltraum.

Sie können bewusst den Zustand Ihres Gehirns verändern, um beispielsweise leichter kreative Gedanken zu finden: Führen Sie ihm neue Sinnesreize zu! Etwa durch einen kurzen Spaziergang oder eine kleine Denkpause in der Betriebskantine, mit der das Brüten über einer Problemstellung unterbrochen wird. Während solcher „Ablenkungen" arbeitet das Gehirn im Hintergrund weiter an möglichen Lösungen.

Das Gehirn mit einem Supercomputer zu vergleichen ist ein Vergleich, der auf beiden Beinen hinkt. Er unterschätzt die Möglichkeiten des Gehirns und überschätzt jene der stählernen Bit- und Byte-Maschine. Zugegeben: Ein Computer kann viele Dinge wesentlich schneller und besser erledigen als der Mensch, etwa Rechenoperationen ausführen oder Grafiken und Simulationsmodelle erstellen.

2.2.5 Führung durch ein interessantes Gebäude

Wie Sie zu Beginn von Kap. 2.2 erfahren haben, ähnelt der Aufbau unseres Gehirns einem dreistöckigen Haus. Im untersten Stockwerk befindet sich das Stammhirn. Es bildet die Schnittstelle zwischen dem Rückenmark, das in der Wirbelsäule als Teil des zentralen Nervensystems im Spinalkanal verläuft, und den anderen Gehirnregionen. Seine Hauptaufgabe besteht in der Steuerung aller lebenserhaltenden Grundfunktionen, wie Herzschlag, Blutdruck und Atmung. Auch der Fortpflanzungstrieb und die Instinkte sind dort angesiedelt. Eine gravierende Verletzung in diesem entwicklungsgeschichtlich ältesten Gehirnteil hat den sofortigen Tod zu Folge.

Wie empfindlich das Stammhirn im Unterschied zu anderen Regionen im Gehirn und im Körper ist, zeigt ein Vergleich: Wenn uns der Fuß durch eine ungünstige Sitzhaltung einschläft, ist die Ursache dafür ein Nerv, dessen Versorgung mit Sauerstoff gestört ist. Wir stehen auf und bewegen uns. Durch die verbesserte Blutzufuhr wacht der Fuß wieder auf. Wird bei einem Schlaganfall die Blutzufuhr im Großhirn unterbrochen, das sich zwei Etagen oberhalb des Stammhirns befindet, so kann beispielsweise die Sprachproduktion massiv beeinträchtigt sein. Abhängig davon, welche Region vorübergehend unterversorgt war und wie lange dieser Mangelzustand anhielt, ist eine teilweise oder gänzliche Wiederherstellung der beeinträchtigten Sprachfunktionen möglich. Wird allerdings die Blutzufuhr im Stammhirn vorübergehend unterbrochen, so schläft, um beim Vergleich mit dem Fuß zu bleiben, das ganze Gehirn ein – und wir sind tot.

Die Poststelle im ersten Stockwerk

Im ersten Stock unseres Gehirns befindet sich das Zwischenhirn. Seine Hauptaufgaben bestehen darin, alle Informationen, die dort über die Sinneskanäle eintreffen (optisch, akustisch usw.) zu bearbeiten und für das Großhirn im zweiten Stock „lesbar" zu machen. Dies geschieht durch den *Thalamus*, der aus zwei taubeneigroßen Hälften besteht und ein vorgeschalteter Filter ist. Er entscheidet, welche Informationen für den Organismus so wichtig sind, dass sie unbedingt ins Bewusstsein gelangen müssen. Daher wird er als „Tor zum Bewusstsein“ bezeichnet. Nur wesentliche Informationen dürfen passieren. Alle anderen werden unterdrückt, damit im Großhirn kein Datenchaos entsteht.

Im Zwischenhirn wird des Weiteren der Stoffwechsel reguliert, der Sexualtrieb gesteuert und das Immunsystem stimuliert. Auch die Steuerung der Aufmerksamkeit – was ist interessant, was weniger? – erfolgt von dieser Stelle aus. Ebenso werden hier die neurovegetativen und hormonellen Stressantworten geformt. Zum Beispiel die Erhöhung des Blutdrucks, die Beschleunigung des Herzschlags, die Steigerung der Atemfrequenz, um damit dem Blut mehr Sauerstoff zuzuführen, die Verengung oder Erweiterung der Blutgefäße oder die Hemmung der Darmtätigkeit. Der Körper wird auf diese Weise optimal für den Kampf oder die Flucht vorbereitet. Denn so viel ist klar: Wer kämpfen oder flüchten muss, braucht Energie. Die Verdauung ist jetzt nicht so wichtig.

Das Problem dabei: Im Unterschied zu unseren Vorfahren aus der Urzeit können wir die bereitgestellte Energie für Kampf oder Flucht zu wenig oder überhaupt nicht abarbeiten. Wir schlagen bei einem Streitgespräch niemandem eine Keule über den Kopf. Und wir sprinten nicht in rekordverdächtigem Tempo aus dem Büro eines Kunden oder des Chefs, wenn wir uns durch seine Worte persönlich angegriffen und beleidigt fühlen. Im zweiten Teil des Buches wird näher darauf eingegangen, wie Stress, der durch Kommunikation ausgelöst wird, verhindert werden kann. Falls er bereits entstanden ist, wird dort auch beschrieben, wie die Stresshormone in sozial verträglicher Weise abgebaut werden können – statt die Stressspirale weiter nach oben zu drehen.

Wie ein doppelter Ring mit Strukturen bis weit in das Großhirn hinein liegt das *limbische System* um den Thalamus. Bei der Entstehung der Grundgefühle – Wut, Trauer, Angst, Freude, Hass, Ekel usw. – spielt das limbische System eine überragende Rolle. Hier geht, was die Wirkung der verbalen Kommunikation anbelangt, sozusagen die Post ab. Es kann unsere Stimmung heben oder in den Keller schicken. Die zentrale Schaltstation – quasi der „Postausgang“ – ist der *Hippocampus*. In jeder der beiden Gehirnhemisphären gibt es einen solchen, der in seinem Aussehen einem Seepferdchen ähnelt. Daher stammt auch der lateinische Name. Anatomisch sind die zwei Hippocampi jedoch im Schläfenlappen des Großhirns angesiedelt. Also im nächsten Stockwerk. Ebenso die *Amygdala*, die auch als Mandelkern bezeichnet wird und die bei der emotionalen Bewertung einer Situation und der Entstehung von Angst wesentlich beteiligt ist.

Bei der Sprachverarbeitung hat das limbische System vor allem die Aufgabe, die eintreffenden Informationen – Wortinhalt, Ton und nonverbale Signale – emotional einzufärben; abhängig von der Bedeutung, die sie für uns haben. Erst dann werden sie ins nächste Geschoss weitergeleitet, dort vom Großhirn „gehört" – also bewusst wahrgenommen – und gemeinsam mit der gefühlsmäßigen Wirkung abgespeichert. Für das Gehirn gibt es keine „wertfreie" Kommunikation, sondern nur eine wertvolle, die in irgendeiner Form nützlich ist, eine negativ bewertende, die zu einer Angriffs- oder Abwehrreaktion führt, und eine, die keine Reaktion erfordert.

Die emotionale Einfärbung bei der Verarbeitung der Sprache wird stets von den entsprechenden körperlichen Reaktionen begleitet, die durch Hormone – biochemische Sendboten – ausgelöst wurden. Sie werden als Wohl- oder sogar als Glücksgefühl bewusst wahrgenommen. Oder sie dringen als unangenehme Empfindungen ins Bewusstsein vor. Das Großhirn interpretiert dann, was die jeweiligen Gefühle verursacht hat. Bei dieser Ursachenforschung verhält es sich, was die schlechten Gefühle anbelangt, selten gerecht. Die Auslöser werden leichter woanders gefunden als bei sich selbst. Daher hören wir ein „Mea culpa" außerhalb der Kirchen und Gerichtssäle nicht allzu oft.

Das körpereigene Drogenlabor

Die biologische Basis für alle Gefühle sind Hormone. Ihre Produktion wird im ersten Stock des Gehirns gesteuert oder direkt dort durchgeführt, wie das beispielsweise bei den Endorphinen der Fall ist. Das sind Morphine, die Schmerzen lindern oder vorübergehend unterdrücken; insbesondere nach einer schweren Verletzung. Aber auch bei körperlichen Extrembelastungen, wie etwa bei einem Marathonlauf, setzt sie das Gehirn frei und verursacht damit trotz geschwollener Füße ein Glücksempfinden – einen Runner's High. Entstehen euphorische Gefühlzustände, sind die Endorphine dafür mitverantwortlich. Eine Alternative zum Marathonlauf ist intensives Küssen. Wie bei vielen anderen positiven Erlebnissen wird auch hier dieses Hormon freigesetzt und in die Umlaufbahn des Körpers gebracht.

Der Mensch besitzt mit den Hormonen ein körpereigenes Drogenlabor. Ein Belohnungszentrum, das bereits aktiv wird, wenn wir etwas Positives erwarten. Zum Beispiel anerkennende Worte für eine Leistung, die nicht als selbstverständlich vorausgesetzt und empfunden wird. Solche Worte dürfen aber nicht inflationär im Umlauf sein, weil ihre Wirkung dann abstumpft und gleich Null wäre. Eine konkrete und nachvollziehbare Begründung für eine Leistung stimuliert hingegen unser Drogenlabor, gute Gefühle zu produzieren. Zum Beispiel könnte sie so lauten: „Durch Ihren überdurchschnittlichen Einsatz bei der Messe sind wir zu vielen guten Kundenkontakten gekommen. Es sind mehr, als ich erhofft hatte. Danke, es war nicht selbstverständlich, wie Sie sich eingesetzt haben."

Dieses Labor produziert aber auch Hormone, die sich als Gift erweisen können. Vor allem bei einer länger andauernden negativen Stressbelastung. Auf die Kommunikation bezogen sind dies beispielsweise ständige Streitsituationen, verbale Attacken oder herabsetzende und zynische Bemerkungen zu einer Person, die ihr Selbstwertgefühl aushöhlen.

Nun zu den wichtigsten Hormonen und ihre Wirkung. Produziert das Gehirn den biochemischen Botenstoff Dopamin, so fühlen wir uns durch diesen „Glückssaft" hervorragend. Er lenkt unsere Aufmerksamkeit wie ein Scheinwerfer auf alles, was angenehm und erfreulich ist. Gleichzeitig steigert dieses Glückshormon unsere Motivation. Anerkennende Worte lösen beispielsweise die Dopamin-Produktion aus, wenn sie ehrlich gemeint sind.

Wird das Hormon Serotonin produziert, so fühlen wir uns ausgeglichen und innerlich zufrieden. Gleichzeitig dämpft dieser Stoff Ängste. Beispiel: Die Worte eines Kunden, der sich nach längerem Zögern zum Kauf entschlossen hat, führen unmittelbar zur Produktion von Serotonin. Oxytocin wiederum ist ein vertrauensbildendes Hormon, durch das sich die Kooperationsbereitschaft erhöht. Eine Formulierung wie „Wollen wir das Problem gemeinsam lösen, ich bräuchte dazu Ihre Unterstützung" kann beispielsweise ein Trigger für die Ocytocin-Produktion sein. Sie stärkt auch die partnerschaftlichen Bindungen. Manche sprechen daher von einem „Treuehormon". Außerdem wirkt es einer Überproduktion des Sexualhormons Testosteron, vorwiegend bei Männern, entgegen. Seitensprünge sind so weniger wahrscheinlich.

Auf Rezept gibt es das Treue erhöhende Oxytocin allerdings nicht ohne Weiteres. Das ist die schlechte Nachricht für betrogene Ehefrauen oder Ehemänner. Doch auch mit Worten lässt sich die Erotik beleben und damit die Treue steigern. Umgekehrt gilt: Die Sprache kann auch abtörnen. Dann ist sie geradezu eine Aufforderung für eine Frau, einem Ehemann die Hörner aufzusetzen. Etwa weil er sprachlich unsensibel ist oder als „Weichei" nervt, wenn er einmal pro Woche wissen will: „Hasi, ist wirklich alles in Ordnung zwischen uns beiden, da wir ansonsten Gesprächsbedarf hätten?" Umgekehrt gilt dies natürlich auch für einen Mann: Das Sprachverhalten der Frau kann sein Fremdgehen begünstigen. Mehr darüber erfahren Sie in Kap. 11.2.

In Stresssituationen und bei psychischen Belastungen wird das Hormon Cortisol freigesetzt. Es ist das wichtigste Stresshormon, das in die Blutbahn ausgeschüttet wird, wenn uns beispielsweise jemand anschreit oder mit Worten herabsetzt und verletzt. Cortisol aktiviert den Stoffwechsel, fördert die Glukosebereitstellung und macht uns auf diese Weise fit für den Kampf oder die Flucht – unser urzeitliches Erbe. Gleichzeitig blockiert es aber bei Dauerstress die Immunabwehr, sodass beispielsweise die Infektionsgefahr steigt. Liegen Menschen beruflich oder privat ständig verbal miteinander im Clinch, erhöht das die Cortisol-Produktion. Ein chronischer Überschuss begünstigt auch Übergewicht und Diabetes. Aufgrund einer lang andauernden Stressbelastung ist allerdings auch der gegenteilige Effekt zu beobachten: Ein Cortisol-Mangel, der beim Burnout-Syndrom regelmäßig festgestellt werden konnte.

Adrenalin, ein weiteres Stresshormon, hat eine ähnliche Wirkung. Es sorgt für die rasche Bereitstellung von Energiereserven. Produziert wird es im Nebennierenmark, aber der Produktionsauftrag kommt direkt aus dem Zwischenhirn, dort, wo auch die Gefühle entstehen. Wenn eine herausfordernde Aufgabe zu bewältigen ist, die wir uns grundsätzlich zutrauen, entsteht positiver Stress.

▶ Durch die hormonauslösende Wirkung der Sprache bekommen wir einen Eindruck davon, wie sehr sie die Leistungsbereitschaft und die abgerufene Leistungsfähigkeit eines Menschen beeinflussen kann. Sie wirkt sich auf das Wohlbefinden und damit direkt auf die Gesundheit aus. Sie ist Heilmittel und Gift gleichermaßen. Denn ein Streit oder demütigende Worte, um nur zwei negative Beispiele zu nennen, führen im Gehirn und damit auch im Körper zu unerwünschten Reaktionen. Ein chinesisches Sprichwort drückt das so aus: „Ein böses Wort holen hundert Pferde im Galopp nicht zurück."

Der zweite Stock im Kopf: Denken, Reden und Vernunft

Beim Blick in den zweiten Stock unseres Gehirns sehen wir die walnussförmige Großhirnrinde, die auch als Neocortex bezeichnet wird. Sie besteht aus sechs Schichten, die wie bei einer Zwiebel aufeinanderliegen. Hier werden die bewussten Denkvorgänge erledigt und hier erfolgen zum Beispiel die Detailplanung bestimmter Vorhaben und die Kontrolle ihrer Ausführung.

Im zweiten Stock befindet sich sozusagen das geräumige Büro des Vorstandsvorsitzenden, der die Berichte der unteren Ebenen entgegennimmt, Anordnungen treffen kann und ihre Ausführung überwacht. Aber wie in einem realen Unternehmen wird der Boss auch im Gehirn nicht immer über alles richtig informiert. Manches wird zurückgehalten, vielleicht um ihn nicht unnötigerweise aufzuregen, weil es sich ohnehin von selbst erledigen könnte. Seine Entscheidungen können auch kritisiert und nur teilweise oder überhaupt nicht befolgt werden.

Im Gehirn kann angesichts einer bestimmten Situation, die eine Entscheidung erfordert, ein Widerstreit von Gefühl und Verstand entstehen; zwischen den Großhirnzentren und den limbischen Strukturen im Zwischenhirn. Welche Zellverbände in einem solchen Zwiespalt den Sieg verbuchen und sich am Ende durchsetzen können, bleibt offen. Doch es gilt das Prinzip: The Winner takes it all, die getroffene Entscheidung ist also entweder verstandesbetont oder rein vom Gefühl geleitet. Die Ambivalenz zwischen Ratio und Emotion ist damit beendet, das Hin- und Herpendeln zwischen den nördlichen und südlichen Gehirnregionen – zwischen Großhirn und Zwischenhirn – kann aufhören. Wofür man sich entschieden hat, wird jetzt umgesetzt. Ohne dabei auf weitere Einwände seitens des Verstands oder des Gefühls zu achten. Alles andere würde einen Menschen handlungsunfähig machen. Ein Schritt vor und sofort wieder einen zurück – wo kämen wir da hin! Eine der beiden Gehirnregionen muss daher irgendwann ein Machtwort sprechen. Die inneren Vorgänge, die dazu führen, sind uns nicht bewusst. Nur das Ergebnis tritt ins Bewusstsein.

Das Großhirn ist in erster Linie für unsere intellektuellen Fähigkeiten verantwortlich: bewusstes, differenziertes und analytisches Denken, Sprachproduktion und Sprachverständnis, Urteils- und Unterscheidungsfähigkeit, Vor- und Nachteile abwiegen, lesen, schreiben und rechnen – um nur die wichtigsten anzuführen.

In der vorderen Stirnhirnrinde befindet sich der Sitz der Vernunft. Sie hat bei Entscheidungen natürlich ein Wörtchen mitzureden. Am liebsten möchte sie allerdings stets das Zepter in der Hand behalten. Denn die Vernunft ist auch ein klein wenig selbstgefällig, da sie von ihrer höchsten Ebene aus alles in der Vogelperspektive betrachten kann – aber nicht immer alles im Griff behält. Denn kein Mensch handelt ausschließlich rational, auch wenn die reinen Sachlogiker das vielleicht glauben wollen.

Exkurs: Aufstand der Gladiatoren

Manchmal wird die Vernunft von den mächtigen Zellverbänden im Zwischenhirn, die unsere Gefühlswelt erzeugen und ihre biologische Grundlage sind, kurzerhand vom Thron gestoßen. Wir handeln in diesem Fall irrational und gegen die Vernunft. Gute Vorsätze, wie man vernünftigerweise handeln sollte, brechen wie ein Kartenhaus in sich zusammen. Eine Situation, die wohl jeder in der einen oder anderen Weise kennt.

Da wäre etwa das Beispiel zu nennen, in dem der Widerstand eines Ehemannes gegen die verführerische Stimme einer Bürokollegin nicht lange hält. „Dank“ der Sexualhormone, die dafür gerne als alleinige Ausrede herhalten müssen. Unsere chemischen Sendboten können die Vernunft vorübergehend ausschalten. Beispielsweise dann, wenn die Ehefrau bei den Komplimenten eines Kollegen, der noch dazu George Clooney entfernt ähnlich sieht, denkt: „Einmal ist keinmal.“

Ein weiteres Beispiel für die ausgeübte Dominanz des Zwischenhirns über das denkende Großhirn: Als aufgeklärte Menschen wissen wir, dass man bei einem Streitgespräch nicht laut werden oder die beleidigte Leberwurst spielen sollte. „Bringt doch nichts!“, empfehlen wir anderen für solche Situationen, „Ihr müsst vernünftig miteinander reden. Euch in Ruhe aussprechen. Am besten bei einem

Glas Rotwein.“ Sind wir selbst die handelnden Akteure, können einige „Reizworte“ genügen und unser Wissen, wie man sich vernünftigerweise verhalten sollte, löst sich urplötzlich in Luft auf. Der Wein kann dann in der Flasche bleiben. Wir verlieren die Kontrolle über die Reaktionsmöglichkeiten und tun genau das, wovon wir anderen abgeraten haben. Ist das schlimm? Nicht immer, aber menschlich. Wir sind schließlich keine Verhaltensautomaten ohne Gefühle. Gehen beispielsweise bei einem Streit die Emotionen mit uns durch wie aufgeschreckte Pferde mit ihrem Wagenlenker so hat das limbische System der Vernunft das Zepter entrissen. Der „Cäsar“ im Kopf – die Vernunft – wurde von seinen „Gladiatoren“ – den Gefühlen – vorübergehend entmachtet. Dem nach unten gesenkten oder nach oben gestreckten Daumen wird also nicht immer Folge geleistet.

Vor allem Männer neigen dazu, im Verstand ihren gehorsamen Diener zu sehen. Doch selbst Menschen, die als nüchtern, trocken und als rein sachorientiert gelten, werden mehr von ihren Gefühlen gesteuert, als ihnen vielleicht bewusst ist. Die vermeintlich servile Vernunft ist in Wahrheit oftmals ein williger Knecht der Gefühlswelt. Aber weil der Diener das nicht wahrhaben will, sonnt er sich lieber weiterhin in wohlgefälliger Selbsttäuschung. Klar, wer will schon gerne ein Knecht sein?

Sollten Sie hier vehementen Einspruch erheben, weil Sie von der Regentschaft des Verstands im Leben überzeugt sind, so erleben Sie gerade live bei sich selbst, wie das Gefühl – die Vehemenz – dem Verstand den Einspruch befiehlt. Dieser sammelt nun fleißig Argumente, die angeblich gegen die Dominanz der Emotionen im Leben der Menschen sprechen – und findet sie natürlich auch. Denn von den emotionalen Zentren im Gehirn will er ja nicht für „dumm“ gehalten werden. Nachdem die Argumente gefunden sind, stellt sich das gute Gefühl ein, mit dem Widerspruch Recht gehabt zu haben. Darin besteht die „Belohnung“ der emotionalen Zentren, mit der sie den Verstand überlisten, indem sie ihn glauben lassen, er sei der wahre Boss!

Logisch wirklich nachvollziehbar können die rationalen Einwände hier allerdings nicht sein, da wir aus der Gehirnforschung wissen: Gedanken, die durch Worte ausgelöst wurden, werden zunächst emotional eingefärbt. Erst dann dürfen sie die Bewusstseinsschwelle überschreiten. Die Emotionen haben also stets ihre mächtigen „Finger“ im Spiel, wenn wir Entscheidungen treffen.

Der analytische Verstand ist natürlich nicht immer den Gefühlen eines Menschen untergeordnet. Als oberste Kontrollinstanz spielt er bei Entscheidungen eine wichtige Rolle, sofern ihn die „Gefühlsgladiatoren“ nicht vorzeitig ausschalten.

Sind wir schlechten Stimmungen machtlos ausgeliefert?

Positive und negative Gefühle werden beim Menschen auf dreierlei Weise ausgelöst:

1. Durch die Wahrnehmungen aus der Außenwelt über die Sinnesorgane. Sie werden im Zwischenhirn emotional bewertet, wie bereits beschrieben wurde. In der verbalen Kommunikation arbeiten Auge und Ohr eng zusammen. Sie liefern dem Gehirn die Daten über den sprachlichen Inhalt, über den Ton, in dem er ausgesprochen wurde, sowie über die begleitende Körpersprache. Das Zwischenhirn färbt den Ton – humorvoll, ermahnend, zynisch usw. – entsprechend seiner Bedeutung emotional ein. Wird zum Beispiel eine Aussage des Gesprächspartners in einem zynischen Tonfall beantwortet, entsteht bei ihm automatisch ein ärgerliches Gefühl. Gleiches gilt für die Gestik und Mimik, wie etwa einen verächtlich verzogenen Mund oder das symbolische Wegwischen eines Vorschlags durch eine Handbewegung, was als Dominanzsignal gewertet wird.
2. Durch die eigenen Gedanken, die das Zwischenhirn emotional einfärbt, wenn etwa über einen Gesprächsinhalt grüblerisch nachgedacht wird.
3. Durch Wahrnehmungen aus dem Inneren des Körpers. Ein unruhiges Herz kann zum Beispiel Angst verursachen.

In der Kommunikation entstehen Gefühle und Stimmungen durch die emotionale Einfärbung ihrer jeweiligen Inhalte. Die aufwärts führenden Nervenbahnen leiten die eingefärbten Inhalte vom ersten in den zweiten Stock des Gehirns weiter – wo sie bewusst werden. Ist man den so entstandenen Stimmungen mehr oder weniger wehrlos ausgeliefert, falls sie negativ sind? Müssen wir verärgert, wütend, enttäuscht oder traurig sein? Vorübergehend ja, bis die Hormone, durch die sie ausgelöst wurden, wieder abgebaut sind.

Negative Gefühle können aber auch zum Dauerbrenner werden, falls sich das Großhirn gedanklich immer wieder damit beschäftigt – und sie so verstärkt. In diesem Fall leiten die abwärts führenden Nervenbahnen die Gedanken vom Großhirn an das Zwischenhirn im ersten Stock weiter. Dort werden sie emotionalisiert und postwendend an das Großhirn als schlechtes Gefühl zurückgesandt. Es entsteht ein Teufelskreis: Die Gedanken lösen schlechte Gefühle aus, die ihrerseits zu negativen Gedanken führen usw. Beispielsweise so: „ Warum sagt er das zu mir? Das habe ich wirklich nicht nötig. Ich muss mir das nicht sagen lassen. Aber was soll ich machen? Er hat es nun einmal gesagt. Er versteht mich eben nicht. Aber warum eigentlich? War ihm nicht bewusst, wie sehr mich das trifft? Wieso nicht?“

In solchen Fällen wird es nicht gelingen, durch allgemeine positive Gedanken den Teufelskreis zu durchbrechen und sich damit selbst zu beschwichtigen – „Das wird schon wieder werden“, „Kopf hoch“ und ähnliches mehr. Nützlicher, weil wirkungsvoller, sind vier gedankliche Schritte.

1. Den „Aufstand der Gladiatoren“, bei dem die Emotionen den logisch denkenden Verstand dominieren oder ihn sogar ausschalten, bewusst akzeptieren. Beispiel: „Es ist völlig okay, dass ich wütend, traurig etc. bin.“
2. Selbsterkenntnis betreiben und sich fragen: „Wodurch genau wurde der Aufstand meiner Gladiatoren verursacht? Was hat mich – zum Beispiel in einem Gespräch – konkret gestört und warum?“
3. Die gedankliche Botschaft ans Zwischenhirn zu den aufständischen Gladiatoren senden: „Ihr könnt euch wieder beruhigen, weil ich eine Lösung für das Problem finden werde“.
4. Falls erforderlich: Mit dem Verursacher der schlechten Gefühle darüber sprechen, wie sie zukünftig in der Kommunikation vermieden werden könnten.

2.2.6 Das Sprachzentrum – unser Heiligtum

Im Großhirn befinden sich die beiden Hauptkomponenten des Sprachzentrums. Sie wurden nach ihren Entdeckern benannt: Das Wernicke- und das Broca-Areal. Das motorische Broca-Areal ist für die Sprachproduktion verantwortlich, also für das Sprechen. Es ist im Stirn- oder Frontallappen lokalisiert. Das sensorische Wernicke-Areal im Schläfen- oder Temporallappen sorgt für das Sprachverständnis. Bei linkshändigen Menschen können diese beiden Areale entweder in der rechten oder der linken Gehirnhälfte lokalisiert sein. Im Regelfall findet man sie in der dominanten Hemisphäre; bei Rechtshändern also in der linken Großhirnhälfte.

Da die Sprachbildung das Sprachverständnis voraussetzt, kooperieren das Wernicke- und das Broca-Areal eng miteinander. Bei bestimmten sprachlichen Aufgaben werden außerdem Aktivitäten beider Großhirnhälften und der unterhalb ihrer Rinde befindlichen Gebiete festgestellt.

▸ Unser Sprachzentrum ist für jeden ein persönliches Heiligtum. Es wird spätestens als solches erkannt, wenn seine Funktionen teilweise oder ganz ausfallen, etwa nach einem Schlaganfall.

Die Hörbahn endet im Großhirn. Dort werden die eintreffenden Signale decodiert und als Wortbedeutung erkannt. Alles, was durch die Nervenbahnen dorthin transportiert wurde – Geräusche, Töne, Worte – ist im ersten Stockwerk des Gehirns bereits bearbeitet und mit emotionalen Markern versehen worden. Unwichtiges wurde dabei aussortiert und Wichtiges verstärkt.

Geschuldet ist diese Vorgangsweise unserem biologischen Erbe: Geräusche und sprachliche Urlaute mussten damals unverzüglich nach einem simplen Muster identifiziert werden: Bedeuten sie eine Gefahr oder sind sie harmlos? Sind sie gut oder schlecht für mich? Versprechen sie Lust oder Ärger? Muss ich flüchten oder kämpfen, mich verteidigen oder angreifen?

Zum Reflektieren, was die Urlaute bedeuten könnten, blieb in einer stets unsicheren und gefährlichen Umgebung keine Zeit. Die emotionale Einfärbung der sprachlichen Signale musste eindeutig sein. Sie durfte keinen Zweifel darüber lassen, was in der jeweiligen Situation zu tun war – sofort und nicht erst später. Ursprachliche Missverständnisse hätten böse, meist tödliche Konsequenzen gehabt.

Durch die Umwandlung, die emotionale Anreicherung und die Filterfunktion im Zwischenhirn kommen Worte, Töne und Geräusche niemals im Original in der Großhirnrinde an. Wir hören daher weder das Gezwitscher eines Vogels oder das Brüllen eines Löwen im Ausgangszustand, sondern nur in der jeweiligen Bedeutung für uns. In Kombination mit der visuellen Erfassung einer Geräuschquelle entsteht die Reaktion darauf. Am Beispiel des Löwen: Im Zoo freut es uns, wenn der Löwe sein Nickerchen unterbricht und brüllt. In der freien Wildbahn löst sein Brüllen Angst aus.

Mit dem sprachlich produzierten Original könnten wir außerdem nichts anfangen. Denn Worte sind Schallwellen, die von den Stimmlippen im Kehlkopf erzeugt, in den Mund-, Rachen-, und Nasenhöhlen moduliert und in der Luft weitergeleitet werden. Auf einem Sonogramm, das akustische Ereignisse optisch darstellt, können wir die Schallwellen sehen. Dieses Gerät wird zum Beispiel von der Kripo bei der Sprachanalyse von Drohanrufen verwendet.

Das Gehirn verwandelt die Schallwellen, die durch das Sprechen (oder Singen) entstehen, auf komplizierte Weise in Wortbedeutungen, mit denen wir „arbeiten" können. „Hohle Luft" bleiben sie nur dann, wenn sie für uns nichts bedeuten, wie das bei einer Fremdsprache der Fall ist, die man nicht beherrscht. Oder wenn etwas sehr allgemein und wenig konkret ausgedrückt wird.

Es ist keine philosophische Gedankenspielerei, sondern eine biologische Tatsache: Was sich außerhalb unseres Kopfs abspielt, können wir niemals im Original erkennen, sondern nur das, was unser Gehirn daraus macht. Jeder Mensch konstruiert sich so seine persönliche Wirklichkeit und lebt deshalb in seiner eigenen Welt. Durch die Sprache vermitteln wir anderen Menschen davon einen ungefähren Eindruck, sodass sie unsere subjektive Welt betreten und wir uns mit ihnen verständigen können. Zu manchen dieser Welten werden wir allerdings keinen

Zugang finden, da sie für uns fremd und bizarr sind. Wie zum Beispiel jene Welt, die bei schweren psychischen Erkrankungen entsteht und die bei den Betroffenen zu unverständlichen Wortneubildungen führen kann – etwa zu dem Wort „Käsevorstellmatratze". Im Unterschied zu kreativen Wortschöpfungen, beispielsweise „Geisterfahrer", haben diese Neologismen jedoch keinen erkennbaren Bezug zur sozialen Realität.

Unser subjektives Bild der Wirklichkeit hängt von den Eigenschaften der Sinneskanäle ab, die bei Tieren zum Teil völlig anders sind als beim Menschen. Die Welt, die uns umgibt, ist zwar real vorhanden, aber die Art, wie wir sie wahrnehmen, ist ein reines Gehirnprodukt.

Stellen Sie sich vor, Sie könnten sich mit einem Pferd, einer Katze und einem Hund in ihrer Sprache unterhalten. Diese Tiere haben, so wie der Mensch, Augen und Ohren. Sie können riechen, tasten und schmecken. Allerdings liefern ihre Sinnesorgane andere und zum Teil bessere Informationen von ihrer Umwelt an das Gehirn. Beim Hund ist das bekanntermaßen der Geruchssinn, der aber keine roten Farbtöne erkennen kann. Grün wird von Pferden wiederum nur als Grauton wahrgenommen. Die Sinneszellen der Netzhaut von Katzen sprechen auf andere Wellenlängen an als die von Menschen. Die Welt erscheint für sie daher grün-gelb und blau-violett.

2.2.7 Das emotionale Elefantengedächtnis

Worte transportieren nicht nur eine Information von A nach B. Vielmehr hinterlassen sie auch Spuren im emotionalen Gedächtnis, die sehr tief sein können, sowohl in positiver als auch in negativer Hinsicht. Wir tauschen also nicht nur neutrale Wortpakete miteinander aus, sondern wir lösen mit den Worten auch Gefühle aus.

Die vorangegangenen Abschnitte haben beim Lesen die Glukoseproduktion in Ihrem Gehirn gesteigert. Das ist auch gut so, weil es damit die Zusammenhänge zwischen Sprache und den Funktionen im Gehirn, die sie verarbeiten, bestens verstehen kann. Nun möchte ich Ihnen durch einen Selbstversuch zeigen, wie Sie das emotionale Elefantengedächtnis live bei sich erleben können. Das Experiment wird Ihr körpereigenes Drogenlabor stimulieren, Ihnen gute Gefühle vermitteln und Sie geistig erfrischen. Dabei geht es um das Zusammenwirken mehrerer Gehirnareale, konkret um die Bildung von Assoziationsketten in Ihrem Gehirn aufgrund von Höreindrücken, sowie um die Empfindungen, die damit verknüpft sind.

Denken Sie bitte an ein Lied, das Sie vor vielen Jahren gehört haben und das Ihnen besonders gut gefiel. Sie können auch eine Passage aus einer Oper oder aus einem Konzert ausprobieren, wenn Ihnen Unterhaltungsmusik nicht sehr liegt.

Wählen Sie eine Situation aus, in der Sie nicht alleine waren und in der dieser Song bzw. dieses Stück gespielt wurde. Beispielsweise in der Anwesenheit von Freunden, Ihres Mannes oder Ihrer Frau. Schließen Sie nun die Augen und spielen Sie das Lied geistig vor sich ab. Summen Sie die Melodie mit und singen Sie leise den Refrain, falls Sie ihn noch im Ohr haben.

Wie Sie vermutlich registrieren konnten, assoziiert Ihr emotionales Gedächtnis ganz bestimmte Erlebnisse aus jener Zeit, in der Sie dieses Lied hörten. Die Situation, in der Sie das getan haben, steht plötzlich wieder klar vor Ihren Augen. Erlebnisse werden wachgerufen, die längst vergessen geglaubt waren; begleitet von den damals erlebten Gefühlen, die hoffentlich sehr angenehm waren und es noch immer sind.

Falls keine Emotionen wachgerufen wurden, probieren Sie es ein zweites Mal und spielen Sie das gewählte Lied auf Youtube ab. Je intensiver die so entstandenen Gefühle sind, umso plastischer werden die Erinnerungen an damals sein; an die Zeit, in der Sie sich gut, vielleicht sogar sehr gut gefühlt haben, wenn Sie „Ihren" Song hörten.

Mit diesem kleinen Experiment konnten Sie einen Eindruck gewinnen, wie das emotionale Gedächtnis arbeitet. Alles, was für uns positiv oder negativ besetzt ist, vergisst es nicht. Im übertragenen Sinn haben wir dafür ein Elefantengedächtnis. Es setzt, wie bei einem Puzzlespiel, die einzelnen Elemente der jeweiligen Situation zusammen, die angenehm oder unangenehm war, und lässt sie uns nachempfinden.

Wenn Rock-Opas wie die Rolling Stones und Altstars wie der verstorbene Udo Jürgens, der das 80. Lebensjahr bereits überschritten hatte, Konzertsäle füllen können, so ist das eine bewundernswerte Leistung. Das Phänomen ihrer vollen Hallen erklärt sich darin, dass die Fans alte Hits live hören wollen. Deshalb besteht ein Großteil des Publikums aus einer treuen Fangemeinde, die unbedingt die alten Nummern auch nach dreißig oder mehr Jahren wieder hören will. Also spielen die Stones zum Beispiel den „Midnight Rambler" aus dem Jahre 1969. Bei Udo Jürgens durfte natürlich sein „Griechischer Wein" von 1974 nicht fehlen. Warum eigentlich? Sind diese Songs nicht schon längst out? Für die Fangemeinde auf keinen Fall. Ihre Stars aktivieren damit die guten Gefühle von damals, die in der Kombination mit dem Gruppenerlebnis im Saal zu einem vorübergehenden Glücksrausch führen. Ausgelöst durch die Belohnungszentren im Zwischenhirn, die reichlich Dopamin ausschütten und das Gehirn damit regelrecht überschwemmen.

Lachen und Humor regen ebenfalls die Produktion des biochemischen Botenstoffs Dopamin an, der für eine ausgezeichnete Stimmung sorgt. Auch Sex oder Kokain sorgen für eine erhöhte Dopamin-Produktion. Wenn wir gute Gespräche führen, geschieht das Gleiche. Daher können wir auf Menschen, bei denen wir uns wohlfühlen, sozusagen „süchtig“ werden. Denn das Gehirn merkt sich den angenehmen Zustand, der durch die Begegnung mit einem Menschen entstanden ist. Nun versucht es, diesen positiven Zustand immer wieder herzustellen und sich damit zu belohnen. Daher halten gute Freundschaften ewig; und deshalb ziehen uns bestimmte Menschen an, während uns solche abstoßen, die vorwiegend Stress auslösen. Das Gehirn versucht die Begegnung mit ihnen zu vermeiden, um nicht unnötigen Stressreaktionen ausgesetzt zu werden. Wird zum Beispiel ein Telefonat nicht angenommen, weil die Erfahrung sagt, dass der Anrufer nervt, so hat dies einen biologischen Grund: Das Gehirn schützt sich vor Stress. Lässt sich das nicht verhindern, schottet es sich gegen solche Menschen mit einem Schutzmechanismus ab. Wer sich der Kommunikation mit Menschen entzieht, die an Nichts und Niemandem ein gutes Haar lassen können, wird gesünder und glücklicher leben. Gleiches gilt für Zeitgenossen, die mit ihrem Wortsadismus verbales Gift in ihrer Umgebung verspritzen. Sie zu meiden ist reiner Selbstschutz. Vielleicht wäre ihnen gegenüber aber auch ein klarer Hinweis angebracht: „Achtung, deine Worte gefährden mein Wohlbefinden und können damit auch meiner Gesundheit schaden. Deiner übrigens auch!“

Zurück zu unserem kleinen Experiment, bei dem Sie sich an eines Ihrer Lieblingslieder zurückerinnerten. Die „Hardcore-Variante“ dieses Experimentes möchte ich Ihnen nicht unterschlagen. Auch auf die Gefahr hin, dass Sie in wenigen Momenten dieses Buch wütend in die Ecke werfen. Die Hardcore-Version nämlich besteht darin, sich ein negatives Kommunikationserlebnis zu vergegenwärtigen. Zum Beispiel eine Situation, in der Sie jemand verbal verletzt oder beleidigt hat. Dabei stellen Sie fest, wie die schlechte Stimmung von damals wiedererlebt wird. Gleichzeitig werden Sie begleitende Körperreaktionen bemerken, wenn der Ärger von einst aufs Neue in Ihnen hochsteigt. Diese Reaktionen vermitteln uns eine Ahnung davon, wie schädlich bestimmte Worte für die Gesundheit sein können, falls wir ihnen ständig ausgesetzt sind.

Spurenbildung im emotionalen Gedächtnis

Verletzende Worte, die im emotionalen Gedächtnis mit einem roten Marker und drei Ausrufezeichen versehen wurden, sind für den betroffenen Menschen Reizworte. Nicht selten sogar ein ganzes Leben lang.

Aber auch ganze Sätze können emotional markiert sein und unabsehbare Nachwirkungen haben. Wenn beispielsweise Eltern zu ihrem Kind unbedachterweise sagen: „Aus dir wird nie etwas Ordentliches werden, so dumm wie du dich anstellst!“ Oder wenn der Chef zu einem Mitarbeiter meint: „Darf ich ehrlich sein? Ich glaube nicht, dass Sie die Fähigkeiten haben, um diese Aufgabe zufriedenstellend bewältigen zu können!“ Diese Worte bleiben für den Betroffenen unvergessen und werden häufig nicht verziehen. Die Folgen können Rachegefühle sein, schwere Vorwürfe oder stiller Groll, der sogar Krankheiten mit auslösen kann – um nur drei Beispiele zu nennen.

Im emotionalen Gedächtnis sind selbstverständlich nicht nur negative Erinnerungen, gemeinsam mit den Worten, die sie ausgelöst haben, abgespeichert. Auch motivierende Worte hinterlassen dort tiefe Spuren. Wenn wir zum Beispiel vorübergehend den klaren Blick für unsere Möglichkeiten verloren haben und uns jemand mit seinen Worten hilft, sie wiederzufinden. Einige von ihnen werden zu persönlichen Schlüsselworten, die mit guten Gefühlen assoziiert sind. Bei jedem Menschen lauten diese Worte anders. Alles, was damit – unbewusst – in Verbindung gebracht wird, ist positiv besetzt. Manche Menschen bezeichnen sie sogar als „Zauberworte", weil sie bei sich erlebt haben, dass durch Worte eine emotionale Befindlichkeit fast auf magische Weise positiv verändert wurde.

Wenn beispielsweise Ihr Kind stark daran zweifelt, das Abitur bestehen zu können, können die Worte „Falls du das Abitur nächste Woche nicht auf Anhieb schaffst, haben wir trotzdem volles Vertrauen in deine Fähigkeiten und stehen immer hinter dir" es dem Heranwachsenden in seinem weiteren Leben sehr erleichtern, schwierige Situationen zu bewältigen.

2.2.8 Die sprachliche „Lieblingsspeise" des Gehirns

Bis zu 80 % der Sinneseindrücke, die das Gehirn verarbeitet sind visueller Natur. Zurückzuführen ist das auf unser biologisches Erbe, konkret auf den Übergang vom Vierbeiner zum Zweibeiner. Vermutlich mussten sich unsere Urahnen in der Savanne aufrichten, um Feinde, Nahrungsquellen und Fortpflanzungsmöglichkeiten besser orten zu können. Der Geruchssinn verlor somit an Bedeutung und bildete sich zurück. Dafür entwickelte sich der Sehsinn weiter und die dafür zuständigen Areale im Gehirn wurden größer. Menschen sind daher biologisch gesehen in erster Linie Augenwesen. Unser Gehirn liebt alles, was bildhaft und anschaulich ist. Denn das kann es am besten und leichtesten verarbeiten.

Daraus ergibt sich für die Kommunikation: Wir sind schneller von etwas überzeugt, wenn wir „im Bilde" sind. Die Macht des Wortes ist deshalb immer auch eine Macht der Bilder, die durch Worte erzeugt werden. Sie können suggestiv, verführerisch oder einfach nur einleuchtend sein. Durch eine bildhafte Sprache wird das Gesagte, aber auch das Geschriebene, wesentlich besser verstanden. Man erinnert sich besser daran, weil Bilder stets Gefühle auslösen und sich dadurch die Gedächtnisspuren tiefer ins Gehirn eingraben. Ein nüchterner und völlig emotionsloser Sprachausdruck ist wie ein Vampir: Er saugt dem Sprachempfänger die Energie aus den grauen Zellen. Das Resultat: Die Konzentration sinkt und der mehrmalige Blick auf die Uhr ist eindeutig – „Ich möchte gehen!"

Schon vor über 30 Jahren konnte mit neurophysiologischen Experimenten nachgewiesen werden, dass durch eine bildhafte Ausdrucksweise nicht nur die Hörzellen im Ohr, sondern auch die Sehzellen in der Netzhaut aktiviert werden. Die Wirkung des Gesagten für das Gehirn wird also verstärkt und kann von ihm besser aufgenommen, verarbeitet und verstanden werden. Bemerkenswert ist diese biologische Tatsache auch deshalb, weil die Sinneszellen spezialisiert sind: Eine Hörzelle ist beispielsweise nur für das Hören zuständig und eine Riechzelle nur für den Geruch. Daher kann niemand mit seiner Nase sehen oder mit seinen Ohren riechen. Die Sehzellen scheinen hier eine Ausnahme zu machen: Bildhafte Worte und treffende Vergleiche regen diesen Sinneskanal an, elektrische Signale ins Sprachzentrum abzufeuern.

Der bekannte Spruch „Ein Bild sagt mehr als tausend Worte" ist eine passende Metapher für den Mehrwert, der entsteht, wenn zum Beispiel ein Vortrag mit einer grafischen Darstellung angereichert wird. Dies kann auch durch eine bildhafte Ausdrucksweise erreicht werden. Bilder zählen gemeinsam mit konkreten, klaren und einfachen Worten zur Lieblingsspeise des Gehirns. In Kap. 7 erfahren Sie Näheres über die praktische Anwendung dieser Erkenntnis im Beruf.

Welche Ausdrucksweise das Gehirn „hasst"

Je abstrakter etwas ausgedrückt wird, umso höher ist der Übersetzungsaufwand, der von den grauen Zellen im Kopf geleistet werden muss, und umso größer ist Glukosebedarf, den das Gehirn als Schmarotzer des Körpers ohnehin ständig optimieren muss. Wenn etwas umständlich formuliert oder erklärt wird, zieht es sich gleichsam in einen Schmollwinkel zurück. Dort beschäftigt es sich lieber mit etwas anderem. Oder das Gehirn döst so lange vor sich hin, bis der schwer verständliche Gesprächspartner fragt: „Hören Sie mir eigentlich noch zu?". „Natürlich", lügt der Angesprochene, der sich keine Blöße geben will, nickt zustimmend mit dem Kopf und lächelt freundlich. Diese Reaktion ist verständlich: Niemand will sich blamieren, indem er eingesteht, den Inhalt nicht verstanden zu haben, der auf komplizierte Weise vor ihm ausgebreitet wurde. Vor allem dann nicht, wenn von ihm erwartet wird, dem jeweiligen Inhalt intellektuell folgen zu können.

Aber auch derjenige, der über die Köpfe anderer hinweg spricht und dem deshalb nicht zugehört wird, lügt. Er belügt zwar nicht andere, sondern sich selbst, indem er annimmt, dass seinen schwer zu verstehenden Ausführungen irgendjemand gerne folgt. Das tun wohl nur „Gehirnmasochisten" die sich abquälen, schwer verständliche Sprachkost einigermaßen richtig verdauen zu können. Die Rache des chaotisierten Gehirns für diese Zumutung: ein verwirrter Kopf, der nichts von dem tatsächlich verstanden hat, was so kompliziert ausgedrückt wurde. „Mir schwirrt jetzt der Kopf", heißt es in diesen Fällen häufig. Kein Wunder, bei den vielen sprachlichen Seitenwegen, verschlungenen Nebengeleisen und holprigen Pflasterstraßen, auf denen sich jede umständliche Kommunikation bewegt.

Um besser verstanden zu werden, ist es auch wichtig zu wissen, dass das Gehirn mehrere Gedanken, die nicht direkt miteinander zu tun haben, sehr schwer verarbeiten kann. Seine Arbeitsweise ist sequenziell; es kann nur einen Gedanken aufnehmen und nicht zwei unterschiedliche Gedanken gleichzeitig denken. Daher sind Gedankensprünge, zum Beispiel in einem Gespräch, für das Gehirn Schwerstarbeit. Davon verabschiedet es sich möglichst rasch und wechselt in den Stand-by-Modus – die Zuhörbereitschaft sinkt dramatisch ab.

Außerdem: Der Arbeitsspeicher bei der Aufnahme sprachlicher Inhalte liegt bei rund 20 Worten. Wenn diese schwer verständlich sind, bleiben sie im Arbeitsspeicher und erschweren die Aufnahme weiterer Worte. Daraus folgt für jeden Menschen, der mit seiner mündlichen Kommunikation besser verstanden werden will, jeden Gedanken einzeln „abzuarbeiten" und Gedankensprünge oder ausführliche Exkurse zu vermeiden, kurze Sätze und einfach verständliche Worte zu verwenden, damit der Arbeitsspeicher aufnahmefähig bleibt. Seitdem wir in einer beschleunigten Zeit leben, hat sich auch das Sprechtempo vieler Menschen erhöht. Wer hier einen Gang zurückschaltet, wird besser verstanden. Der Arbeitsspeicher im Gehirn hat nun genügend Zeit, die Worte zu verarbeiten und sie anschließend in den Langzeitspeicher zu verschieben.

Bei Stress: Kommunizieren wie im Cockpit

Flugzeugkatastrophen wie der Absturz der Birgenair-Maschine 1996 in der Dominikanischen Republik oder die Kollision des KLM-Jumbos mit der Pan-Am Boeing 747 in Teneriffa 1977, dem schwersten Flugunglück aller Zeiten, sind auch auf eine mangelhafte Kommunikation zurückzuführen – im Cockpit und mit dem Tower. Das Forschungskolleg GIHRE (Gruppeninteraktion an hochriskanten Arbeitsplätzen) fand unter anderem heraus, dass die Teamleistung im Cockpit, in OP-Sälen oder in Kontrollräumen von AKWs unter Stress verbessert wird, wenn kurze Wörter verwendet werden. Lange Wörter belasten das Arbeitsgedächtnis, wodurch die Fehlerrate steigt. Eine der Daumenregeln der Experten des GIHRE-Kollegs, die 2004 das „Weißbuch für verbesserte Kommunikation" der Öffentlichkeit präsentierten, lautet daher: Speak Simply, was beispielsweise erreicht wird, indem man in Stresssituationen nur einfache Ja-/Nein-Fragen und keine W-Fragen stellt (Was? Warum? Wann? etc.), außerdem Menschen, die unter Stress stehen, nur auf Sachen anspricht, mit denen sie gerade beschäftigt sind.

Auch ein autoritärer Ton kann in solchen Situationen fatale Folgen haben: Der KLM-Pilot setzte 1977 in Teneriffa unter Zeitdruck den Start durch, indem er barsch befahl: „Wir starten jetzt!“ Er ignorierte die missbilligenden Töne aus seinem Team, wie die Auswertung des Voice-Recorders ergab. Das kostete 574 Menschen das Leben [2].

Wer in stresshaften Situationen ähnlich kommuniziert wie ein Kapitän, der Copilot oder der Flugingenieur im Cockpit, der verhindert einen „Absturz“ der Kommunikation in gravierende Missverständnisse beim Empfänger. Bei emotionsgeladenen Konflikten ist ein „Crash“ weniger wahrscheinlich, wird auf autoritäre Töne verzichtet.

2.2.9 Gehirnegoismus und Gehirnaltruismus

Aus biologischer Sicht ist die menschliche Sprache, sofern sie über die für das Überleben der Menschen notwendigen Funktionen hinausgeht, ein reines Luxusprodukt. Oder anders ausgedrückt: Freunden ein Erlebnis schildern oder mit Bekannten ein unterhaltsames Gespräch führen zu können, gehört nicht zu den Hauptaufgaben des Gehirns. Ebenso wenig eine Rede zu halten, einen spannenden Krimi, eine berührende Liebesgeschichte oder ein Sachbuch zu schreiben.

Für das Gehirn bedeutet diese Form der Sprachproduktion stets einen Mehraufwand an Glukose und Sauerstoff. Es stellt beides leichter bereit, wenn es sich davon entweder einen sofortigen und direkten Nutzen, oder einen späteren indirekten Nutzen verspricht. Beispielsweise ist die Wertschätzung durch Freunde als interessanter und positiv gestimmter Gesprächspartner der sofortige und direkte Nutzen. Der indirekte liegt in dem Zugehörigkeitsgefühl, das durch die sprachliche Beziehungspflege entsteht. Der spätere Nutzen könnte zum Beispiel darin bestehen, bei Freunden ein offenes Ohr zu finden, falls man mit ihnen ein Problem besprechen möchte. Weniger, um von ihnen gute Ratschläge zu erhalten, sondern um sich verstanden zu fühlen.

Das Gehirn stellt sich immer die Frage: Was habe ich davon, wenn ich jemandem zuhöre oder etwa einem Vorschlag in einem Gespräch folge? In dieser Hinsicht ist es ausgesprochen egoistisch. Daher ist es für die Verständigung mit anderen Menschen in vielen Situationen durchaus nützlich, wenn Sie Ihrer Kommunikation die folgenden Fragen voranstellen: Was hat der andere davon, wenn er mir zuhört? Was will ich damit bei ihm bewirken und vielleicht auch auslösen, falls das in meiner Absicht liegt? Klare Antworten auf diese Fragen sorgen für Klarheit im Kopf der Gesprächspartner. Auf diese Weise wird der Egoismus des Gehirns in der Kommunikation positiv genutzt. Natürlich gilt das nicht für belanglose Alltagsgespräche oder einen freundschaftlichen Gedankenaustausch, durch die wir mit anderen Menschen beziehungsmäßig verbunden bleiben.

Vielleicht ist Ihnen das nicht unbekannt: Sie sprechen mit einem Menschen, den Sie gut kennen, und wissen nicht, worum es ihm eigentlich geht, obwohl Sie spüren, dass es für ihn wichtige Dinge sind. Doch was genau meint er? Sie müssen ihm alles „aus der Nase ziehen" und kommen trotzdem zu keinem klaren Ergebnis, warum Sie mit ihm weitersprechen sollten. Nach zwanzig Minuten schwirrt Ihnen der Kopf und Ihre Gedanken driften in ein fernes Nirwana ab. Soeben haben Sie den Egoismus des Gehirns in der Kommunikation live bei sich selbst erlebt. Da es keinen Nutzen erkannt hat, weiter zuzuhören, beschäftigt es sich lieber mit etwas anderem.

Wäre das menschliche Gehirn ausschließlich auf den persönlichen Vorteil aus, gäbe es die Menschheit schon längst nicht mehr. Eine Welt voller Egoisten hat keinen Bestand. Unsere Vorfahren mussten sich zu Urhorden zusammenrotten, um überleben zu können. Als nackte, einsame Affen wären sie sonst erfroren, verhungert oder von Fressfeinden zu einer Mahlzeit verarbeitet worden, und die Fortpflanzung wäre ebenfalls gescheitert.

Aus den Urhorden wurde in einer langen Entwicklungsreihe schließlich die arbeitsteilige Gesellschaft, in der jeder andere braucht. Selbst ein Eremit ernährt sich nicht nur von Heuschrecken und wildem Honig. Kurzum: Ganz ohne andere Menschen auszukommen wäre auch heute kaum denkbar. Die Vorstellung, so wie Robinson Crusoe auf einer unbewohnten Insel zu leben, mag für diejenigen verlockend klingen, die gelegentlich ans „Aussteigen" denken. Wie lange sie das tatsächlich aushalten würden, sei dahingestellt. Daniel Defoe, der englische Autor dieses weltberühmten Romans aus dem Jahr 1719, hat dem Robinson einen Weggefährten zur Seite gestellt, den Farbigen „Freitag". Offenbar war er sich bewusst, dass sein Held anderenfalls verrückt werden oder nicht überleben würde.

Wie zügelt die Natur den Gehirnegoismus?

Das Überleben der Menschheit setzt die Bereitschaft der Menschen zur Zusammenarbeit mit anderen voraus. Wie bewerkstelligt das die Evolution und wie schafft sie den Ausgleich zum Selbsterhaltungstrieb des einzelnen Menschen, der sich auch als Egoismus ausdrückt?

Egoismus als notwendiger Selbsterhaltungstrieb und Altruismus als Rücksichtnahme auf die Interessen anderer verstanden sind zwei Gegenspieler, jedoch ähnlich dem Beugen und Strecken der Beine, ohne die jede Form der Bewegung empfindlich eingeschränkt wäre. Beides ist dafür notwendig. Wenn Egoismus und Altruismus in einem gesunden Verhältnis zueinander stehen, achtet jeder auf sich selbst und ist gleichermaßen bereit, mit anderen zu kooperieren – ohne dabei immer nur den eigenen Vorteil im Auge zu haben. Das Ich bleibt wichtig, aber das Wir wird nicht mit Füßen getreten.

Vom Standpunkt der Evolution aus gesehen ergibt das einen Selektionsvorteil. Nur-Egoisten schlagen anderen die Köpfe ein und beginnen damit bei den Nur-Altruisten, die zur völligen Selbstaufgabe bereit sind. Anschließend gehen sie wie Kannibalen aufeinander los und toben dabei ihren Egoismus hemmungslos aus, bis der letzte Kopf gerollt ist.

Nein, entschied die Evolution, das kann ich nicht zulassen. Das wäre der Anfang vom Ende einer weiteren Entwicklung des Menschen. Ich muss sie dazu bringen, dass sie verstehen, was in anderen vor sich geht und wie sie sich in deren Lage hineinversetzen können. Dann werden sie sich besser verständigen können und produktiver miteinander umgehen. Ohne dass sie alle zu Heiligen werden. Gesagt und getan, entschied die Evolution und ging ans Werk. Das Resultat sind Zellverbände in der Großhirnrinde des Menschen, die beispielsweise im Sprachzentrum nachgewiesen werden konnten: die sogenannten Spiegelneuronen.

2.2.9.1 Die Bedeutung der Spiegelneuronen für die Kommunikation

Die Hauptfunktion von Spiegelneuronen besteht darin, die Gefühle und Stimmungen anderer Menschen im eigenen neuronalen System abzubilden – sie zu spiegeln. Von dieser Funktion stammt auch ihr Name ab. Als spezialisierte Nervenzellen bilden sie ein Resonanzsystem, durch das wir mit den Emotionen anderer Menschen mitschwingen können. Gefühle sind bekanntlich ansteckend. Ihre neurobiologische Grundlage sind die Spiegelneuronen. Ohne sie wären wir Roboter ohne einen Funken Empathie; eiskalte Egoisten, die über Leichen gehen würden, wenn sich daraus ein persönlicher Vorteil ziehen ließe.

Aber im Gegenteil: Wir lachen und freuen uns mit anderen und teilen ihre Trauer. Wir empfinden Mitleid, wenn wir uns in ein fremdes Schicksal hineinversetzen, und fühlen mit, wenn jemand über etwas wütend ist. Diese Vorgänge vollziehen sich unterhalb der Bewusstseinsschwelle. Erst wenn wir lachen, traurig sind oder uns mitärgern, wird uns das Ergebnis der Aktivität dieser Neuronengruppe bewusst.

Wenn Sie einen unbekannten Menschen freundlich anlächeln, zum Beispiel in der Straßenbahn oder in einem Restaurant, so wird dies meist erwidert. Sein Resonanzsystem spürt den positiven Impuls, den Sie mit Ihrem Lächeln aussenden, und verursacht für Sekundenbruchteile ein gutes Gefühl bei ihm, das sein Zurücklächeln auslöst. Wenn sich ein Mann und eine Frau bei ihrer ersten Begegnung verliebt anlächeln, so kann dies sogar die eigentliche Geburtsstunde eines neuen Lebens sein – das eines gemeinsamen Kindes.

Entdeckt wurden die Spiegelneuronen erst in den frühen Neunzigerjahren von dem Neurophysiologen Giacomo Rizzolatti an der norditalienischen Universität Parma. Zunächst wurden sie bei Makakenaffen nachgewiesen, später auch beim Menschen. Wie kam es zu dieser bahnbrechenden Entdeckung?

Das Forschungsteam um Rizzolatti untersuchte bei den Affen die Planungs- und Ausführungskoordination bestimmter Handlungsabläufe im Gehirn. Dazu wurde mit elektronischen Messgeräten festgestellt, welche Neuronen im Gehirn der Makaken aktiv werden, wenn sie die Erdnüsse auf einem Tisch sehen und danach greifen. Zur großen Überraschung der Wissenschaftler feuerten dieselben Neuronen Signale ab, wenn der Affe nur beobachtete, wie einer der Forscher nach den Erdnüssen griff.

Das führte zu folgender Erkenntnis: Wenn eine Handlung beobachtet wird, entsteht im Gehirn des Beobachters dieselbe neurobiologische Aktivität, als würde er die Handlung selbst ausführen. Bereits ein handlungstypisches Geräusch genügt dafür. Beim Menschen wird diese Zellgruppe sogar aktiviert, wenn nur über eine Handlung gesprochen wird, auch ohne sie auszuführen. Sie wird nur im Gehirn nachvollzogen und abgebildet.

Die Spiegelneuronen zeigen im Kontakt mit Menschen deren inneren Gefühlszustand an. Sie sind die Grundlage für das Einfühlungsvermögen. Sie werden aktiviert, wenn wir selbst fühlen, planen und handeln, und sie spiegeln uns diese Vorgänge von anderen. Das Gehirn dechiffriert dabei die körpersprachlichen Signale ebenso wie feine Nuancen im Ton – etwa in einem Gespräch. Auf diese Weise fertigt es ein Spiegelbild vom inneren Zustand eines Menschen. Konzentriertes Zuhören ist allerdings die Voraussetzung dafür.

Funktionieren bei der Gattung der „rücksichtslosen Egoisten" die Spiegelneuronen nicht richtig? Oder liegt bei ihnen eine andere Funktionsstörung im Gehirn vor? Auf diese Fragen gibt es noch keine gesicherten Erkenntnisse. Vom Standpunkt der Evolution aus gesehen, die Egoismus und Altruismus ausbalanciert, steht allerdings fest: Die hemmungslosen Egoisten sind nicht ganz dicht im Kopf.

Wie gut sich Egoismus und Altruismus im Gehirn koppeln lassen, beweist die ARD Fernsehlotterie. Durch ein Los können die Teilnehmer viel Geld gewinnen und gleichzeitig wird damit einen Beitrag zur Unterstützung von Menschen geleistet, die fremder Hilfe bedürfen. Diese Verknüpfung von zwei gegensätzlichen Motiven könnte man fast als genial bezeichnen. Der Aktion ist weiterhin viel Erfolg zu wünschen.

2.2.9.2 Die Nutzung der Spiegelneuronen in der Kommunikation

Für die Kommunikation in den unterschiedlichsten Situationen hat die Existenz der Spielneuronen eine dreifache Bedeutung.

1. Wer mit beiden Ohren zuhört, und nicht nur mit einem oder einem halben, wird andere besser verstehen und in der Folge auch von ihnen besser verstanden werden. Denn durch die Spiegelneuronen spürt jeder Mensch, ob das Gegenüber in einem Gespräch bei ihm als Person und bei der Sache ist, um die es geht. Damit wird dem Gesprächspartner Wertschätzung vermittelt, die beste Grundlage für eine gute Beziehung zwischen Menschen. Wer hingegen in Gedanken woanders herumhüpft, tut das Gegenteil. Auch dies wird instinktiv vom Gegenüber wahrgenommen, und ein oberflächlich gezeigtes Interesse wird als solches erkannt. Gleiches gilt für ein einschmeichelndes und berechnendes Lob, das von den Spiegelneuronen identifiziert und von einem echten Lob unterschieden werden kann. Das Gehirn reagiert darauf sauer und ist frustriert. Die so entstandene Enttäuschung ist kein guter Nährboden für die weitere Beziehung.
2. Aber auch das Zuhören mit beiden Ohren kennt Qualitätsunterschiede. Hohe Qualität bedeutet, zuzuhören, ohne „Hellsehen" oder Gedankenlesen, das den anderen voreilig interpretiert. Ist letzteres der Fall, wird das Signal ausgesendet: „Ich weiß bereits, worum es dir geht. Den Rest kannst du dir daher sparen."
   Hellseher dieser Art nehmen Menschen gerne das Wort aus dem Mund und sind mit vorschnellen Ratschlägen rasch zur Hand. Ihre körpersprachlichen Botschaften einer drängenden Ungeduld spüren andere natürlich – beispielsweise durch die feinen Bewegungen des Mundes, der sich zum Sprechen öffnen will. Auf das Gegenüber hat das eine ähnliche Wirkung wie ein gelegentlicher Blick auf die Uhr, obwohl niemand einen Termin hat. Das wäre eine geringe Kommunikationsqualität. Gleiches gilt, wenn der Gesprächspartner nur als Stichwortgeber gesehen wird: Einige seiner Worte sind, obwohl er noch etwas oder vielleicht auch etwas ganz anderes sagen wollte, der willkommene Anlass für das Abfeuern der eigenen Wortkaskaden. Bei Debatten im Fernsehen wird Ihnen so etwas sicherlich schon öfters aufgefallen sein. Die Worttsunamis mancher Teilnehmer spülen wie eine Springflut die Meinung von Andersdenkenden hinweg. Durch diese verbalen Ergüsse werden weder neue Erkenntnisse gewonnen noch die Gedanken der Zuseher in irgendeiner Weise befruchtet. Und von einer Gesprächskultur sind diese Menschen meilenweit entfern.
3. Gute Zuhörer sind im alltäglichen Leben, aber auch in vielen beruflichen Situationen gefragte Menschen. Wenn jemand sagen kann, was ihm wichtig ist, und ein anderer zuhört, schüttet das Gehirn des Sprechers Hormone aus, durch die sich Wohlbefinden einstellt. Er fühlt sich gut verstanden und wertgeschätzt – dank der Spiegelneuronen, die dieses Gefühl vermitteln. Sich aussprechen zu können kann auch eine entlastende Funktion haben. Nämlich dann, wenn jemandem etwas anvertraut werden kann, ohne direkt Lösungsvorschläge zu erhalten.

2.2.9.3 Das Münchhausen-Areal

Die besten Zuhörer finden sich dort, wo sie am allerwenigsten vermutet werden: unter den Finanzbetrügern, wenn es ums Geld geht, sowie unter den Beziehungsbetrügern in Sachen Liebe. Diese Menschen nutzen die Funktion der Spiegelneuronen sehr zielstrebig für ihren eigenen Vorteil aus. Sie stellen zunächst geschickte Fragen, dann hören sie extrem gut zu. Das fördert die Vertrauensbildung, der Gesprächspartner öffnet sich und gibt immer mehr von sich preis. Da die Spiegelneuronen einen Abdruck von der Gefühlswelt des ahnungslosen Opfers vermitteln, spüren Betrüger genau, worauf er oder sie „abfährt". Der Rest ist für erfahrene Betrüger reine Routine.

Bei notorischen Lügnern und Wortblendern könnte man sich die Frage stellen, ob es ein Münchhausen-Areal im Gehirn gibt, das bei diesen Menschen besonders ausgeprägt ist. Entdeckt wurde es zwar noch nicht, doch falls es existierte, so hätten wir vermutlich alle ein kleines Münchhausen-Areal für die kleinen und harmlosen Notlügen. Allerdings reagiert das Gehirn beim Lügen wie Pinocchio mit seiner Nase, die immer länger wird, wenn er die Unwahrheit sagt. Der Grund: Das Gehirn verändert seinen Zustand und aktiviert innere Funktionsabläufe, die sich nicht gänzlich verbergen lassen. Bei Menschen, die uns an der Nase herumführen, verlängert sich zwar nicht dieser Gesichtsteil. Dafür ändern sich aber Nuancen im Klang der Stimme sowie die Mimik und Gestik. Wenn wir „unverdächtige", aber gezielte Fragen stellen, können wir den Antworten als eher wahr oder eher falsch einordnen.

Die Spiegelneuronen leisten uns bei der Unterscheidung von Wahrheit und Lüge wertvolle Dienste. Im dritten Teil des Buches werden sie uns daher ein weiteres Mal begegnen. Dort geht es um die Frage, wie sich die Erkenntnisse über diese hochspezialisierten Nervenzellgruppen beim Sprachprofiling praktisch anwenden lassen und wie sie uns wertvolle Aufschlüsse über einen Menschen sowie seine (wahren) Absichten liefern können.

2.2.9.4 Die Spiegelneuronen in der Theologie

Ein befreundeter Fundamentaltheologe sagte vor einigen Monaten, als wir uns über die Funktion der Spiegelneuronen unterhielten: „Sie sind offenbar die biologische Grundlage, warum sich Menschen uns Priestern gerne anvertrauen. Vorausgesetzt, es besteht bei ihnen ein Bezug zum Glauben. Pastoren hören gut zu und versuchen, die Situation des anderen zu verstehen, ohne voreilige Empfehlungen auszusprechen oder unerwünschte Bewertungen abzugeben. Das spüren die Menschen natürlich. Und wir spüren, was in ihnen vorgeht. Dank der Spiegelneurone."

Ich stimmte ihm zu und antwortete in einem humorvollen Ton: „ Nur im Beichtstuhl drosselt das Gehirn ihre Aktivität. Es schützt sich damit selbst. Denn die

Sünden, die dort gebeichtet werden, will es wahrscheinlich nicht immer gänzlich nachvollziehen." „Da könntest du Recht haben", meinte er. In einem wieder sachlich gewordenen Tonfall fügte ich hinzu: „Durch die Spiegelneurone erhalten wir allerdings auch einen Eindruck davon, wie intensiv ein Priester an das glaubt, was er uns beispielsweise in einer Predigt sagen will; ob er tief davon überzeugt ist, oder ob er im Innersten daran zweifelt. Aber wie ich aus den Gesprächen mit dir weiß, gehört zum Glauben auch der Zweifel. Durch einen vernunftbegabten Verstand lässt er sich jedoch überwinden."

2.2.10 Die Aktivierungsausbreitung von Worten

Unser Gehirn ist ein gigantisches neuronales Netzwerk, in dem die Nervenzellen unaufhörlich miteinander kommunizieren, ohne sich eine einzige Urlaubsminute zu gönnen. 24 h am Tag arbeiten sie völlig lautlos. Im gesamten Leben eines Menschen werden dabei Trilliarden von Informationen ausgetauscht, umgeformt, weitergeleitet oder blockiert. Leere oder nichtssagende abstrakte Sprachhülsen werden aus der Fülle sprachlicher Informationen vom Gehirn gnadenlos aussortiert. Sie sind nur Datenmüll, um den es sich nicht weiter kümmern muss.

Mit den Worten, die für einen Menschen eine Bedeutung haben, beschäftigt sich hingegen das Gehirn sehr intensiv. Davon bekommen wir nichts mit, da diese Vorgänge die Bewusstseinsschwelle nicht erreichen. Erst das Verarbeitungsergebnis wird uns bewusst, beispielsweise ein alltägliches „Alles klar, ich habe verstanden". Oder in Form eines ausgelösten Stimmungsbildes mit den körperlichen Begleitreaktionen, etwa Freude und ein Lächeln, eine gedrückte Stimmung und herabhängende Schultern, Wut und eine lauter werdende Stimme.

Was genau passiert da eigentlich im Kopf? Welcher Prozess läuft im Gehirn ab, wenn wir miteinander kommunizieren?

Worte rufen Erinnerungen wach und gleichzeitig die damit verknüpften Gefühle. Bei dem kleinen Selbstexperiment in Kap. 2.2.7, konnten Sie am Beispiel einer Melodie oder eines gesungenen Textes erleben, wie auch sehr lange zurückliegende Empfindungen wieder aktiviert werden können.

Worte führen im Gehirn stets zu einer assoziativen Aktivierung. Das gilt im Übrigen auch für alle anderen Sinneseindrücke, wie Töne, Geräusche, Bilder, Gerüche usw. Bei dieser Aktivierung lösen Worte eine Vorstellung verbunden mit Bildern in uns aus, die wir bereits früher bei ähnlichen Worten hatten. Die Bilder wiederum rufen andere Vorstellungen wach. Es kommt zu einer sich ausbreitenden Aktivitätskaskade im neuronalen Netzwerk. Das, was jemand zu uns sagt, bahnt sich bei der Reise durchs Gehirn seinen eigenen Weg. Dabei dockt es an Erinnerungen an, die am „Wegesrand“ liegen, längst vergessen schienen und die, vom Standpunkt der Logik aus gesehen, nicht unbedingt zusammengehören müssen.

Woran denken Sie beim Wort „Liebe“?
Zum besseren Verständnis der Sprachverarbeitung im Gehirn schlage ich Ihnen ein kleines Gedankenexperiment vor. Was fällt Ihnen spontan ein, wenn Sie an das Wort „Urlaub“ denken? Was bei „Liebe“ und was bei „Gesundheit“? Alles, was Sie damit in Ihrer Vorstellung verbinden, wurde durch diese Worte gebahnt und löst die unterschiedlichsten Gefühlsschattierungen aus. Bei jedem Menschen führen die genannten Worte zu anderen Vorstellungen und Empfindungen. Ein kerngesunder Mensch zum Beispiel verbindet mit dem Wort „Gesundheit“ andere Vorstellungen als ein chronisch Kranker. Ein Frischverliebter assoziiert mit dem Wort „Liebe“ völlig unterschiedliche Vorstellungen als ein Mensch mit Liebeskummer.

Das Gehirn geht bei der Sprachverarbeitung assoziativ vor. Wenn Sie jetzt die zwei Worte „Messer“ und „Hals“ lesen, stellt es automatisch eine Verbindung zwischen ihnen her. Daraus bildet es eine Vorstellung, die wiederum eine andere auslöst. Vielleicht haben Sie in Ihrem Freundes- oder Bekanntenkreis einen Menschen, dem eine unangenehme Entscheidung abgezwungen und im übertragenen Sinn das Messer an den Hals gesetzt wurde. Oder Sie landen gedanklich bei der „Halsabschneiderei“, die mit überzogenen Preisen eines bestimmten Produktes in Verbindung gebracht wird. Die Möglichkeiten, welche Assoziationen unbewusst mit den beiden genannten Worten verknüpft werden, sind vielfältig und vor allem höchst individuell.

Die jeweiligen Vorstellungen ändern vorübergehend auch den Betriebsmodus im Gehirn. Abhängig davon, woraus sie bestehen, mit welchen Gefühlen sie verknüpft und wie intensiv sie sind. In unserem Beispiel der Worte „Messer“ und „Hals“ könnte das Ärger sein oder vielleicht sogar Wut. Wären Sie gerade an elektronische Messgeräte angeschlossen, könnte man sehen, dass zahlreiche körperliche Parameter durch diese Worte verändert werden: Blutdruck, Puls, Atemfrequenz, Hautwiderstand usw. Würde das Gehirn mit einem bildgebenden Verfahren gescannt, beispielsweise durch die Magnetresonanztomografie (MRT), so ließe sich beobachten, wo diese Veränderungen ihren Anfang nehmen: im ersten Stockwerk des Kopfes – unserem Zwischenhirn.

Worte bahnen sich ihren Weg im Gehirn
Der beschriebene Vorgang der Aktivierungsausbreitung von Worten wird in der Literatur als „Priming“ (Bahnung) beschrieben. Der israelisch-US-amerikanische Wissenschaftler Daniel Kahneman, der bisher als einziger Psychologe den Wirtschaftsnobelpreis erhielt, hat sich damit intensiv beschäftigt. Die praktische Be-

deutung des Priming ist allgemein wenig bekannt, obwohl es für die Kommunikation extrem wichtig ist. Hier einige Beispiele:

- Wie lässt sich durch Priming ein berufliches Gespräch oder eine geschäftliche Verhandlungssituation in die gewünschten Bahnen lenken? Welche „Priming-Worte" sind dafür nützlich? Welche sind vielleicht schädlich, weil sie „falsche" Vorstellungen wecken? „Wir streben eine *faire Lösung* an" führt im Gehirn zu anderen Assoziationen als beispielsweise „Das wäre eine *Notlösung* für uns".
- Mit welchen Worten wird eine Rede oder ein Vortrag eröffnet und eingeleitet? Welche Vorstellungen und Begleitgefühle möchte jemand durch den Inhalt auslösen (primen)?
- Wie kann in einem privat geführten Gespräch das körpereigene Drogenlabor durch Priming veranlasst werden, gute Gefühle bereit zu stellen? Wie vermeidet man das Gegenteil? Dieselbe Frage stellt sich natürlich auch in beruflicher Hinsicht, etwa bei Gesprächen zwischen der Führungskraft und einem Mitarbeiter. Aber auch dann, wenn eine Konfliktsituation bereinigt werden soll, statt sie unter den Teppich zu kehren, wo sie als schwelender Konflikt viel Unheil anrichten kann.

In verschiedenen Kapiteln dieses Buches komme ich auf die vielfältige Bedeutung des Primings zurück. Vor allem beim Sprachprofiling lässt sich durch diesen assoziativen Vorgang im Gehirn sehr viel über einen Menschen in Erfahrung bringen: Wenn Sie wissen, welche Worte zu welchen Assoziationen bei einem Menschen führen, lüften Sie den Vorhang zu seiner Gedanken- und Fantasiewelt. Dies kann, wie wir im dritten Buchabschnitt sehen, sehr verräterisch für ihn sein.

Was ein gutes Essen im Gehirn „primen" kann

Priming spielt auch in vielen anderen Gebieten, die mit Sprache zu tun haben, eine wichtige Rolle. Die in feinsten Nuancen abgestimmten Worte bei Werbetexten beispielsweise sollen absatzfördernde Vorstellungen auslösen. Der Verfasser eines Romans will die Fantasiewelt des Lesers innerhalb des Genres in der gewünschten Weise anregen.

Selbst bei einer kurzen E-Mail, die nicht nur aus verstümmelten Satzbruchstücken besteht, ist es nicht unwesentlich, was der erste Absatz primt. Das Priming kann eine freundliche und rasche Antwort auslösen, weil beispielsweise um eine konkrete Unterstützung bei der Lösung einer Problemstellung ersucht wird. Oder die ersten Sätze in einer E-Mail lösen eine unerwartet heftige Reaktion aus, weil sie einen Vorwurf enthalten. Wenn der Sender nicht rechtzeitig erkennt, in welcher

Weise der Empfänger vom Inhalt betroffen sein oder welcher Nutzen entstehen wird, kann das Gehirn des Empfängers dessen Finger ganz schnell befehlen, die erhaltene Nachricht in den Papierkorb zu befördern.

Priming-Vorgänge beziehen sich aber nicht nur auf die Sprache. In der Psychologie wird darunter verstanden, dass die Verarbeitung von Sinnesreizen – sehen, hören, riechen usw. – durch die vorangegangenen Reize beeinflusst wird. Einige Beispiele: Ein gutes Essen führt zu einer guten Stimmung und diese wiederum zu einem angenehmen Gespräch. Eventuelle Misstöne werden dabei leichter „überhört" als nach einem Essen, das nicht geschmeckt hat. Eine unangenehme Diskussion und die entstandene Gefühlslage klingen in einem anschließenden Telefonat nach. Möglicherweise reagiert man ungewollt gereizt auf bestimmte Äußerungen. Die Interpretation einzelner Inhalte des Telefongespräches wurde durch die unmittelbar vorangegangene, jedoch nicht damit zusammenhängende Situation gefärbt.

2.2.11 Wann schaltet das Gehirn die Scheinwerfer an?

Das Gehirn schützt sich vor Reizüberflutungen aller Art, beispielsweise durch Werbebombardements, mit einem speziellen Mechanismus namens „selektive Wahrnehmung": Alles, was für einen Menschen generell oder aktuell von Bedeutung ist, erhöht seine Aufmerksamkeit. Sie fokussiert die Wahrnehmung auf das, was für ihn wichtig ist – wie ein Scheinwerfer. So verbessert sich die Informationsaufnahme und -verarbeitung. Alles Übrige blendet das Gehirn mehr oder weniger aus oder unterdrückt es, sodass es nicht ins Bewusstsein gelangt.

Diesen Mechanismus kennen Sie bestimmt aus dem Alltag. Wenn Sie zum Beispiel ein neues Auto kaufen wollen, fällt Ihnen das jeweilige Modell vor dem Kauf des Fahrzeuges im Straßenverkehr leichter auf. Schwangere Frauen, die ihr erstes Kind erwarten – oder sich eines wünschen –, sehen plötzlich mehr Kinderwägen als zuvor. Deren Anzahl ist vermutlich nicht wesentlich größer geworden, doch durch die selektive Wahrnehmung werden sie deutlicher wahrgenommen.

Ein drittes Beispiel, eines für den Selbstversuch: Lesen Sie in einer Tageszeitung oder blättern Sie in einem Magazin, wenn Sie hungrig sind. Beobachten Sie, was dann geschieht. Mit großer Sicherheit Folgendes: Sie nehmen alle Worte, die mit Essen zu tun haben, besser wahr als die übrigen. Falls Sie beispielsweise Banker oder Gymnasiallehrer sind, so wird sich Ihr Blick in einem allgemeinen Zeitungsartikel, in dem die Worte „Lehrer" oder „Bank" genannt sind, darauf richten. Diese Worte stechen für Sie hervor. Bei Bildern, die mit Banken oder Schule zu tun haben, geschieht das Gleiche.

Durch die selektive Wahrnehmung werden also aus der Fülle aller verfügbaren Informationen jene besser wahrgenommen, die für uns wichtig sind – oder die wir dafür halten. Bei Körperempfindungen wird das besonders deutlich. Hat jemand zum Beispiel ohne ersichtlichen Grund Magenschmerzen, so richtet sich die Aufmerksamkeit auf den Schmerz und die möglichen Ursachen. Bei Menschen, die zur Hypochondrie neigen, genügen dafür bereits kleinste Anzeichen einer gesundheitlichen Beeinträchtigung, etwa ein harmloses Herzstolpern.

Die selektive Wahrnehmung ist ein biologisches Erbe des Gehirns aus der Urgeschichte des Menschen. Damals war es überlebenswichtig, sich auf eine Gefahr voll konzentrieren zu können:

- In optischer Hinsicht, indem die Pupillen geweitet werden, um dem Gehirn eine höhere Informationsdichte zu vermitteln. Auch heute lässt sich das noch beobachten: Bei jeder negativen Stressreaktion werden die Pupillen größer; und die vor Schreck geweiteten Augen kennt jeder Krimileser.
- Auch in akustischer Hinsicht zwingt das Gehirn den Menschen, sich voll und ganz auf die Gefahrenquelle zu fokussieren. Sie können dieses urgeschichtliche Erbe beispielsweise in folgender Situation beobachten: Sie sitzen in einem Restaurant und führen mit Freunden eine angeregte Unterhaltung. An einem der Nachbartische spricht ein Ihnen Unbekannter Ihren Vor- und Zunamen aus, so leise, dass Sie ihn gerade noch wahrnehmen können. Ihre Aufmerksamkeit richtet sich automatisch und schlagartig auf das dortige Gespräch. Nicht weil eine unmittelbare Bedrohung davon ausgeht, sondern weil etwas sozial Bedrohliches über Sie gesagt werden könnte – etwa eine Verleumdung.

Hinsichtlich der Kommunikation wird uns dieser Scheinwerfermechanismus noch öfters in den folgenden Kapiteln begegnen. Er lässt sich in vielfältiger Weise nutzen, privat und beruflich. Zum Beispiel in einem Verkaufsgespräch, das sich auf die Aspekte konzentriert, die für den Käufer besonders relevant sind – und nicht unbedingt auch für das Produkt.

Der Scheinwerfermechanismus hat jedoch auch seine Schattenseiten, indem etwa bestimmte Wahrnehmungsinhalte ausgeblendet werden, die nicht als wichtig erscheinen, während andere betont werden. So entsteht die Gefahr, bedeutsame Inhalte zu überhören, etwa bei Auswahlgesprächen mit Bewerbern. Die Steuerung der Aufmerksamkeit durch die selektive Wahrnehmung lässt uns bevorzugt das hören, was die eigene Erwartungshaltung bestätigt. Je größer sie ist, umso eher werden jene Inhalte in einem Gespräch ausgeblendet, die der Erwartung widersprechen könnten.

Worte werden im Gehirn nicht nur verarbeitet und dann abgespeichert, sondern sie lösen dort ein Verhalten aus oder blockieren es. Im nächsten Kapitel beleuchten wir die rätselhaften Verbindungen zwischen der Sprachwirkung sowie der Persönlichkeit eines Menschen und seinen verhaltenssteuernden Bedürfnissen und Motiven.

Literatur

1. Lorenz K (1998) Er redete mit dem Vieh, den Vögeln und den Fischen. Dtv, München
2. Zeit Online (21/2004) Im Cockpit nur mehr Cäsars Sprache

Empfohlene Literatur

3. Amen DG (2010) Das glückliche Gehirn. Goldmann, München
4. Eagleman D (2013) Inkognito. Die geheimen Eigenleben unseres Gehirns. Campus, Frankfurt a. M.
5. Frazetto G (2013) Der Gefühlscode: Die Entschlüsselung unser Emotionen. Hanser, München
6. Häusel H-G (2005) Think Limbic! Die Macht des Unbewussten nutzen und verstehen. Haufe, Freiburg
7. Kahneman D (2014) Schnelles Denken, langsames Denken. Pantheon, München
8. Precht RD (2012) Die Kunst, kein Egoist zu sein. Goldmann, München
9. Swaab D (2013) Wir sind unser Gehirn: Wie wir denken, leiden und lieben. Knaur, München
10. Watzlawick P (1995) Wie wirklich ist die Wirklichkeit? Piper, München

3 Wie aus Worten Verhalten entsteht

Ob am Anfang das Wort war, wie die Bibel verkündet, oder ob es die Tat gewesen ist, wie es in Goethes Faust heißt, das wissen wir nicht. Fest steht allerdings, dass Worte Taten auslösen, seit es die Sprache gibt – von den Urlauten unserer Vorfahren bis in die Jetztzeit. Darin besteht ihre biologische Funktion.

Was sind die auslösenden Gründe für das Verhalten eines Menschen? Dieses Thema beschäftigt die Menschheit wohl seit Tausenden von Jahren. Im engeren Sinn steht hier die Frage im Mittelpunkt, warum sich jemand in einer bestimmten Situation so verhält, wie er es eben tut, und nicht anders. Warum bleibt beispielsweise ein Diskussionsteilnehmer bei einem verbalen Angriff auf seine Person ruhig und besonnen, während ein anderer emotional antwortet und „in den Saft geht"? Liegen solche Unterschiede zwischen Reaktionsweisen an der Persönlichkeit und den Eigenschaften eines Menschen, an der aktuellen Stimmungslage oder an seiner Intelligenz? Muss ein Mensch zwangsläufig so handeln und reagieren, weil er keine andere Wahl hat? Diese Fragen klärt Kap. 3. So lässt sich besser verstehen, wie Worte ein Verhalten auslösen, es bestimmen oder blockieren können.

3.1 Das Rätsel der Verhaltensunterschiede

In den letzten hundert Jahren entstanden unzählige wissenschaftliche Modelle, die das „Warum" des Verhaltens eines Menschen auf unterschiedliche Weise erklären. Eine verwirrende Begriffsvielfalt verkompliziert die Vergleichbarkeit der Aussagen dieser Modelle, wie folgende Beispiele deutlich machen: Charakter, Persönlichkeit, Temperament, Eigenschaften, das Unterbewusste, Motive, Instinkte, in-

H. Eicher, *Die verblüffende Macht der Sprache*,
DOI 10.1007/978-3-658-08516-2_3

nere Antreiber, Einstellung, Emotionen, Psyche, Geist, Intelligenz, kognitive Verstandesfunktionen, Seele (im religiösen Sinn verstanden), genetische Veranlagung, frühkindliche und verhaltensprägende Umwelt.

Außerhalb der Wissenschaft gibt es sogar die Meinung, das Sternkreiszeichen und die Aszendenten bestimmen, wie sich ein Mensch verhält. In der christlichen Terminologie wiederum spielen der „Heilige Geist" und sein Gegenspieler „Satan" eine wichtige Rolle für die Erklärung des menschlichen Verhaltens.

Abhängig vom jeweiligen Erklärungsmodell wird die Frage, bis zu welchem Grad der Mensch einen freien Willen hat, unterschiedlich beantwortet. Steht zum Beispiel die Macht der Gene, sprich die genetische Veranlagung im Fokus, engt sich der Verhaltensspielraum durch freie Willensentscheidungen ein. Damit wäre biologisch weitgehend vorgegeben, wie sich ein Mensch beispielsweise in einem Streitgespräch verhält: ob er sich schmollend zurückzieht, ob er die „Wasserkraft" der Tränen einsetzt, um das Gegenüber umzustimmen, oder ob er mit seinen Worten Öl ins Feuer gießt und sie zum Brandbeschleuniger werden.

Manche Gehirnforscher und einige Philosophen spekulieren sogar, dass es keinen absolut freien Willen gäbe. Ausgangspunkt für diese Annahme ist unter anderem die folgende Beobachtung: Im Gehirn können bereits elektrische Impulse registriert werden, die eine Handlung einleiten und ihr vorausgehen, bevor die entsprechende Absicht bewusst wird, diese Handlung auch konkret ausführen zu wollen. Wenn Sie beispielsweise eine Tasse Kaffee trinken möchten, wird Ihnen das erst bewusst, nachdem Ihr Gehirn bereits die entsprechenden physiologischen Vorbereitungen für die dafür notwendigen Bewegungsabläufe vorgenommen hat – zur Kaffeemaschine gehen usw. Dies klingt so, als ob Ihr Gehirn entschieden hätte, dass Sie einen Kaffee trinken sollen und Ihnen das anschließend als Gedanken bewusst macht. Andere Wissenschaftler wiederum vertreten die These, das Gehirn könne in der Entwicklung so gepolt worden sein, dass sich ein Mensch gar nicht anders verhalten könne, als er sich tatsächlich verhält. Sein Gehirn ließe ihm praktisch keine andere Wahl. Mir stellt sich hier die Frage: Wozu hat die Evolution dann den Menschen als ein vernunftbegabtes Wesen mit einem Bewusstsein und dem Verstand ausgestattet, der Entscheidungen treffen kann, der Recht von Unrecht und Gut von Böse trennen kann? Durch einen Witz wird die Spekulation, dass selbst psychisch gesunde Menschen keinen absolut freien Willen hätten, jedoch ad absurdum geführt: Ein psychisch unauffälliger Einbrecher steht vor Gericht. Er sagt zum Richter: „Ich bin unschuldig, weil ich mich gegen den Impuls meines Gehirns nicht wehren konnte, diese Tat zu begehen. Es war nicht meine freie Willensentscheidung, in die Villa einzubrechen." Der Richter antwortet: „Das gestehe ich Ihnen durchaus zu. Ich würde Sie deshalb auch gerne freisprechen.

Leider habe auch ich keinen freien Willen. Der Impuls meines Gehirns lautet: Zwei Jahre Gefängnis, unbedingt."

3.1.1 Wovon das Verhalten eines Menschen abhängt

Die vielen Versuche innerhalb und außerhalb der Wissenschaft, Menschen einer bestimmten Typologie zwingend zuordnen, sind in letzter Konsequenz zum Scheitern verurteilt. Solche Typologien sind zwar sehr populär, doch Tatsache ist, dass sich keine zwei Menschen finden lassen, die gleich denken, fühlen und handeln. Es gibt derzeit also rund 7,2 Mrd. „Typen" auf unserem Planeten. Keiner von ihnen hat einen identischen Gehirninhalt. Daher kann es auch keine Verhaltenszwillinge geben, die sich schematisch einer Typologie zuordnen ließen.

Persönlichkeitstypologien suggerieren, man könne Menschen damit nicht nur besser verstehen und einordnen, sondern sogar vorhersehen, wie sich ein Mensch verhält und typischerweise reagieren würde. All diesen Typologien ist jedoch gemeinsam, dass sie nur gewisse Teilaspekte menschlicher Verhaltensweisen abbilden: ob sich ein Mensch in einem Gespräch eher introvertiert oder extravertiert verhält, ob er gewissenhaft und zuverlässig ist oder zur Oberflächlichkeit neigt. Gänzlich falsch sind solche Typologien nie. Doch es ist bislang keiner überzeugend gelungen, Menschen mit allen individuellen Eigenschaften in ihrer Gesamtheit zu erfassen und abzubilden. Dies ist wenig überraschend, da es in der Wissenschaft keine Einigung darüber gibt, woraus die Persönlichkeit besteht; was sie prägt und formt und welcher Anteil dabei den Genen tatsächlich zuzuschreiben ist.

3.1.1.1 Verhalten und Persönlichkeit

Unter dem Begriff „Persönlichkeit" lässt sich die Summe der Eigenschaften und die Wertehaltung eines Menschen verstehen, die seine Einstellung zu wichtigen Fragen des Lebens bestimmt. Von der Persönlichkeit hängt sein Verhalten maßgeblich ab. Sie entsteht in einem nicht gänzlich geklärten Wechselspiel zwischen der genetischen Ausstattung und den frühen Lebenserfahrungen. Im Alter von sechs bis acht Jahren sind ihre Grundfeste errichtet, auch wenn das Gehirnwachstum noch nicht gänzlich abgeschlossen ist. Auf diesem Fundament baut ihre weitere Entwicklung auf. Im Gehirn selbst gibt es allerdings kein scharf abgegrenztes Areal, das auf der anatomischen Landkarte als Sitz der Persönlichkeit bezeichnet werden könnte. Sie entsteht im Zusammenwirken der einzelnen Gehirnregionen. Neuere Forschungsergebnisse zeigen: Das Gehirn ermöglicht bis ins hohe Alter neue Lernerfahrungen. Daher kann sich ein Mensch Zeit seines Lebens persönlich weiterentwickeln. Seine Grundpersönlichkeit bleibt dabei jedoch sehr stabil.

Wenn Sie bereits an einem Klassentreffen teilgenommen haben, ist Ihnen vermutlich aufgefallen, dass sich die hervorstechenden Persönlichkeitszüge der einstigen Schulkameraden nicht merklich verändert haben. Es kann natürlich sein, dass ein früherer „Heißsporn" in seinem Kommunikationsverhalten nun etwas gemäßigter wirkt und ein schüchterner Mitschüler später verbal überzeugen kann. Beides ist das Resultat einer Entwicklung in Teilbereichen seiner Person in Abhängigkeit von sozialen Lernerfahrungen. Die Grundpersönlichkeit, deren Eigenschaften bereits im frühen Alter sichtbar sind und die im Lauf der Jahre immer deutlicher hervortreten, ändert sich jedoch nicht. Nur schwere psychische Erkrankungen, etwa die Schizophrenie, oder gravierende Lebenskrisen – sieht man von religiösen Bekehrungen ab – können sie in den Grundfesten erschüttern und zu ihrer nachhaltigen Veränderung führen. Je älter ein Mensch wird, desto deutlicher zeigen sich seine in der Kindheit ausgebildeten Grundeigenschaften. So wird beispielsweise ein Mensch, der auf neue Situationen immer offen zuging, dies auch im Alter tun und sich neue Interessensgebiete erschließen. Oder, um ein zweites Beispiel zu nennen: Ein früh vorhandenes und stark ausgeprägtes Sicherheitsstreben kann später zum Altersgeiz mutieren, obwohl dafür keine wirtschaftliche Notwendigkeit besteht.

Prägender Kommunikationsstil der Eltern
Der überwiegend eingesetzte Kommunikationsstil der Eltern und der frühen Bezugspersonen wirkt sich prägend auf den ihrer Kinder aus. Er kann zum Beispiel lösungsorientiert und wertschätzend oder konfliktvermeidend und schuldzuweisend sein. Das Kommunikationsverhalten der Eltern spiegelt sich in ihren Kindern deutlich und unverkennbar wider. Vermittelt ein Mensch mit seiner Sprache vorwiegend Wertschätzung, so lässt sich davon ausgehen, dass ein wertschätzender Umgang in seiner Familie die Regel war. Ein negatives Beispiel hingegen: Spielt ein Gesprächspartner gerne den Ankläger, saß er als Kind selbst häufig auf der „Anklagebank". Der Kommunikationsstil der Eltern spielt also eine große Rolle, wie ihre Kinder die Sprache später als Erwachsene einsetzen; als Werkzeug und Taktgeber zur Lösung von Problemstellungen und als Medium, das bei anderen Menschen gute Gefühle auslöst – was wie ein Heilmittel wirken kann. Oder Sprache wird immer wieder als Waffe verwendet, die Menschen verletzt, ihr Selbstwertgefühl untergräbt und ihre Person sowie ihr Verhalten mit Worten negativ bewertet.

3.1.1.2 Verhaltenssteuernde Bedürfnisse
Von der Persönlichkeit eines Menschen und seinen Eigenschaften wird bestimmt, welche speziellen Bedürfnisse in ihm entstehen und auf welche Weise sie befrie-

digt werden. Selbst bei den biologisch vorgegebenen Grundbedürfnissen, wie essen und schlafen, gibt es unterschiedliche Gewohnheiten und Vorlieben.

► Die Persönlichkeit ist der Ausgangspunkt für die Interessen eines Menschen und für seine Bedürfnisse und Motive, die ihn – bewusst oder unbewusst – antreiben. Je wichtiger dabei ein Ziel für einen Menschen ist, umso intensiver ist sein Streben, den gewünschten Zielzustand zu erreichen. Hält jemand ein Ziel für nicht erreichbar, obwohl es innerhalb des Möglichen liegt, wirken Worte wie „Das schaffst du nie!" gleichsam als Befehl und Aufforderung an das Gehirn, von diesem Ziel wieder abzulassen. „Negatives Hellsehen" hat die gleiche Wirkung. Das sind Gedanken, die einen Menschen glauben lassen, er könne ein Ziel nicht erreichen, beispielsweise: „Ich fürchte, da habe ich keine Chance."

Die Bedürfnisse und Wünsche eines Menschen sind stets von Gefühlen begleitet. Anderenfalls wären es nur abstrakte Vorstellungen, die keine Bedeutung für das eigene Verhalten hätten. Gute Gefühle wie Freude und Hoffnung wirken wie ein Brennstoff für das Verhalten und motivieren, an einem Ziel festzuhalten. Entstehen schlechte Gefühle, wie Ängstlichkeit und Mutlosigkeit, so wird die Energiezufuhr für das Verhalten gedrosselt und ein Ziel meist aufgegeben. Viele Bedürfnisse sind vorwiegend emotionaler Natur, zum Beispiel Wertschätzung und Anerkennung zu erhalten oder als der Mensch, der man ist, verstanden und akzeptiert zu werden.

Da es keine zwei gleichen Menschen gibt, sind ihre Bedürfnisse und Motive, die dem Verhalten zugrunde liegen, auch niemals völlig identisch. Selbst eineiige Zwillinge unterscheiden sich hier, indem sie beispielsweise nicht denselben Beruf ausüben und ihre Ehepartner sehr unterschiedlich im Wesen und Aussehen sein können.

Ungeachtet der vielen Erklärungsmodelle über das menschliche Verhalten basiert die Verhaltenssteuerung durch das Gehirn auf einem einfachen Grundmechanismus: Die Persönlichkeit eines Menschen bestimmt, welche persönlichen Bedürfnisse er hat, und das Gehirn entscheidet vor dem Hintergrund des abgespeicherten Wissens und der vorhandenen Erfahrungen, in welche Weise diese Bedürfnisse am besten erfüllt werden könnten. Bei solchen Entscheidungen, die ein Mensch auch weitgehend unbewusst treffen kann, wird der erforderliche Aufwand dem erwarteten Nutzen gegenübergestellt. Fällt der Saldo positiv aus, ist der Nutzen also größer als der Aufwand, löst das Gehirn jenes Verhalten aus, das am erfolgversprechendsten erscheint. Ist der Saldo ungewiss, weil ein Restrisiko besteht, ob ein Verhalten zum Erfolg führt, zeigt sich das als Zögern und als gespaltene Gefühlslage – als Ambivalenz: „Soll ich, soll ich nicht?" Menschen, die generell entscheidungsfreudiger und nicht allzu risikoaversiv sind, werden sich dann trotzdem entscheiden. Vorsichtige und sehr bedächtige Menschen schieben hingegen eine Entscheidung auf, wenn ungewiss bleibt, ob ihr Verhalten Erfolg haben wird.

Wurde das jeweilige Verhalten ausgelöst, so hat dieses stets das Ziel, die vorhandenen Bedürfnisse auf eine individuelle Weise zu befriedigen. Misslingt das, so ist das Gehirn frustriert und der Mensch enttäuscht.

Nachdem das Verhalten eines Menschen stets der Ort ist, an dem bewusst oder unbewusst getroffene Entscheidungen sichtbar werden, lässt sich schlussfolgern: Das Verhalten kann niemals lügen. Ganz im Unterschied zu den Worten, die beschönigen können oder die ganz einfach nicht der Wahrheit entsprechen.

Wenn man die zahlreichen und oft sehr unterschiedlichen Bedürfnisse, Vorlieben und Interessen, die einen Menschen antreiben, kennt, lassen sich seine Handlungsweisen besser verstehen. Dieses Wissen ist sehr wertvoll für jede Form der Kommunikation, da sich nun gezielt auf die jeweiligen Bedürfnisse des Gesprächspartners – oder von Zuhörern – eingehen lässt. Die Kommunikation nimmt so leichter den gewünschten Verlauf. Sie scheitert hingegen, wenn Bedürfnisse nicht erkannt, fehlinterpretiert oder gar missachtet werden. Diesen Punkt halte ich für wesentlich wichtiger, als darüber zu rätseln, welche Persönlichkeit ein Gesprächspartner sein könnte und wie daher die Kommunikation auf ihn abzustimmen ist. Ich rate auf meinen Seminaren den Teilnehmern sogar davon ab, Menschen in ein Kästchen zu stecken, auf dem das Etikett des jeweiligen Persönlichkeitsmodells klebt, beispielsweise „dominanter Typ“, „sachlicher Typ“, „emotionaler Typ“ usw. Durch solche Kommunikationskrücken entsteht leicht die Gefahr, einem Menschen gegenüber nicht offen genug zu bleiben. Vielmehr verleiten sie dazu, mehr den „Typen“ zu sehen, statt einen individuellen Menschen mit konkreten Bedürfnissen und Erwartungen im Gespräch.

Persönlichkeit bestimmt „Schicksal“

Da die Vorlieben, Neigungen und Interessen eines Menschen von seiner Persönlichkeit abhängig sind, bestimmt sie weitgehend seinen Lebensweg – sein „Schicksal“: Durch sie entscheidet sich, welche Ziele er verfolgt und was er unterlässt, was er anziehend findet oder abstoßend, welche Wertvorstellungen er teilt und welche nicht usw.

Zufall und Schicksal werden häufig miteinander gleichgesetzt. Oder es wird angenommen, der Zufall würde vom vorgezeichneten Schicksal einen Menschen bestimmt, das sich nur als Zufall maskiert. Im zwischenmenschlichen Bereich lässt sich beides jedoch klar unterscheiden, wie ich an einem Beispiel zeigen möchte. Wenn Sie zufällig einen Menschen kennenlernen, der in Ihrem Leben eine große Bedeutung bekommt, etwa weil Sie sich ihn verlieben, so war der Zeitpunkt und der Ort, an dem das geschah, ein Zufall – etwas, das nicht geplant gewesen ist. Die Tatsache, dass Sie sich ihn verlieben und dieser Zufallsbegegnung nicht „widerstehen“ wollen und können, wird durch Ihre Persönlichkeit und die bestehenden Bedürfnisse bestimmt. Darin besteht der Schicksalsanteil dieser Begegnung, und dieser entscheidet zu einem wesentlichen Teil darüber, wie das weitere Leben verläuft. Gleiches gilt etwa auch in beruflicher Hinsicht, wenn beispielsweise ein Mensch, den man zufällig kenngelernt hat, zum Mentor und Förderer wird.

3.2 Kommunikationsbedürfnisse richtig erkennen

Jede Kommunikation verfolgt eine Absicht, und diese beruht auf einem oder mehreren Bedürfnissen. Eine völlig absichtslose Kommunikation gibt es nicht. Je besser auf die Bedürfnisse eingegangen wird, die ihr zugrunde liegen, umso zufriedenstellender wird sie für beide Seiten verlaufen. Sollen Worte ein bestimmtes Verhalten auslösen, ohne damit jemanden manipulieren zu wollen, ist es sogar unumgänglich, bedürfnis- und damit gehirngerecht zu kommunizieren. Die folgenden zwei Beispiele aus dem Alltag verdeutlichen, was geschieht, wenn Bedürfnisse missachtet werden.

Die missverstandene Tochter
Die sechzehnjährige Tochter erzählt ihrer Mutter, sie hätte einen festen Freund, der um vier Jahre älter ist als sie. Ihr Bedürfnis besteht darin, die Mutter – von Frau zu Frau – ins Vertrauen zu ziehen. Nachdem die Tochter die ersten Sätze ausgesprochen hat, äußert die Mutter ihre Besorgnis, wie problematisch es wäre, in diesem Alter bereits ein Kind zu bekommen. Die Tochter beschwichtigt: „Das ist mir bewusst. Ich bin schließlich kein kleines Kind mehr.“ Das Gespräch wird zunehmend emotionaler und ein Wort ergibt das andere. Bis die Tochter schließlich aufsteht und sagt: „Ich wollte dir eigentlich nur erzählen, wie gut ich mich mit Tom verstehe und hatte vor, ihn euch demnächst vorstellen. Ein klasse Typ. Ich dachte, du würdest dich darüber freuen, ihn kennenzulernen. Doch stattdessen weist du mich nur darauf hin, was alles passieren könnte.“ Anschließend verlässt sie die elterliche Wohnung und fährt zu ihrem Freund. Die Mutter schickt ihr eine SMS hinterher: „Ich verstehe dich durchaus. Aber leider verstehst du mich nicht.“ Die Tochter antwortet: „Verstehen sieht anders aus.“

In diesem Beispiel lösten die Worte der Mutter bei ihrer Tochter ein Verhalten aus, das sie sicherlich nicht gewollt hat. Wäre sie auf das Bedürfnis der Tochter eingegangen, hätte sich diese verstanden gefühlt und die Mutter ins Vertrauen gezogen; sie vielleicht sogar um einen Rat ersucht. Das Gespräch wäre jedenfalls besser verlaufen und die Tochter würde sich anders verhalten haben. Mit wenigen Worten wäre es der Mutter möglich gewesen, zu Beginn des Gespräches ein einladendes Signal zu senden, dass sie bereit ist, auf das Bedürfnis der Tochter gerne einzugehen. Beispielsweise so: „Wie habt ihr euch kennengelernt? Ich bin gespannt, was du mir von diesem Tom erzählen wirst. Frisch verliebt zu sein, ist ein wunderbares Gefühl. Vielleicht möchtest du anschließend hören, wie ich deinen Vater kennengelernt habe."

Was eine Ehefrau im Gespräch erwartet hätte
Die Ehefrau erzählt beim Abendessen ihrem Mann, sie habe mit dem neuen Marketingleiter, ihrem Chef, Ärger. Er sei sehr bestimmend und sie wolle sich von ihm nicht bevormunden lassen. Im Großen und Ganzen weiß die Ehefrau, wie sie damit umgehen wird. Ihr ausschließliches Bedürfnis in diesem Gespräch ist, sich den Ärger von der Seele zu reden. Nach wenigen Minuten unterbricht der Ehemann ungeduldig die Schilderungen seiner Frau und schlägt ihr vor, wie sie sich am besten verhalten könnte. „Das wäre durchaus eine Möglichkeit", antwortet sie. „Doch ich komme damit auf meine Art und Weise zurecht." Ohne darauf einzugehen antwortet ihr Mann: „Trotzdem würde ich an deiner Stelle klarstellen, mit diesem Verhalten nicht einverstanden zu sein." „Lass mich nur machen", wehrt seine Frau ab, worauf er antwortet: „Wozu erzählst du mir das eigentlich, wenn du auf meine Vorschläge nicht eingehst?" Seine Frau steht nach diesen Worten auf und sagt: „Ich räume jetzt auf. Du kannst dir in der Zwischenzeit ja die Nachrichten ansehen." „Bist du mir etwa böse?", fragt ihr Mann. „Nein", antwortet seine Frau, „wenn du mir einfach nur zuhören würdest, wäre das allerdings schön für mich."

In diesem Beispiel hätte der Mann mit den richtigen Worten das Gespräch und damit das Verhalten seiner Frau in eine andere Richtung drehen können. Beispielsweise so: „Ich höre dir gerne zu und verstehe deinen Ärger. Erzähl' mal. Wenn du möchtest, können wir anschließend gerne darüber sprechen, wie du aus meiner Sicht mit deiner Situation am besten umgehen könntest – nur falls du das willst." Die Antwort darauf hätte klargestellt, worin das Hauptbedürfnis in diesem Gespräch seitens der Frau bestand. Andererseits hätte sie zu Gesprächsbeginn aber auch klar ihr Bedürfnis ausdrücken können: „Bitte höre mir einfach nur zu."

3.2.1 Das Bewusstsein über die Erwartungshaltung schärfen

Ein geschärftes Bewusstsein über die Erwartungshaltung des Gesprächspartners an die Kommunikation verbessert das Ergebnis jeder Kommunikation. Dies gilt auch für eine berufliche Besprechung, für eine Rede oder Präsentation. Hinter jeder

Erwartungshaltung stehen immer konkrete Bedürfnisse. Werden diese nicht klar geäußert, besteht die Gefahr einer Fehlinterpretation durch den Empfänger. Mit einfachen Fragen seinerseits lassen sie sich jedoch klären, beispielsweise „Worum geht es dir?", „Was erwarten Sie von diesem Gespräch?" oder „Wie kann ich zur Klärung Ihrer Frage beitragen?"

In einem Verkaufsgespräch, um ein anderes Beispiel zu nennen, ist es nützlich, die Erwartungshaltung des Kunden beim ersten Kontakt zu kennen: Möchte er sich nur über das Unternehmen und die Produkte einen Überblick verschaffen? Will er sich auch über die Preise informieren oder nur die technischen Details erfahren? Falls ja, würde der Interessent es höchstwahrscheinlich ablehnen, wenn er in ein Verkaufsgespräch verwickelt würde. Für die weitere Kommunikation mit ihm wäre das negativ. Vermutlich würde er sich rasch wieder verabschieden, um – aus seiner Sicht – nicht weiter sprachlich bedrängt zu werden. Die Worte des Verkäufers beeinflussen also das Verhalten des Kunden.

3.2.2 Die acht Wirkfaktoren in der Kommunikation

Ein identischer oder vom Inhalt her sehr ähnlicher Sprachinhalt kann auf das Verhalten von Menschen gänzlich anders wirken und völlig unterschiedliche Reaktionen auslösen. Dieses Phänomen wollen wir in der Folge näher beleuchten. So können negative Reaktionen eines Gesprächspartners oder von Zuhörern leichter vermieden und Ihre Sprachwirksamkeit erhöht werden.

Die Wirkung der verwendeten Worte auf das menschliche Gehirn hängt davon ab, wann, wo und wie etwas gesagt wird, wer es sagt und zu wem. In diesem Kontext können acht Einflussfaktoren unterschieden werden, die meist in wechselseitiger Beziehung zueinander stehen. Auf die bekannten Axiome in der Kommunikationswissenschaft, die vor allem mit dem österreichisch-amerikanischen Wissenschaftler Paul Watzlawick verbunden werden, gehe ich dabei nicht ein. Denn in diesem Buch stehen die Wortwirkungen auf das Gehirn im Mittelpunkt und nicht kommunikationstheoretische Überlegungen. Gleichwohl sind diese Axiome sehr wertvoll für das grundlegende Verständnis der Kommunikationsabläufe, wie etwa das Axiom „Man kann nicht *nicht* kommunizieren."

1. Das **Beziehungsverhältnis**. In welcher Beziehung steht der Empfänger zum Sender? Ist sie gut oder schlecht und wie wichtig ist sie für ihn? Besteht eine gute und wichtige Beziehung zu einem Menschen, so hat beispielsweise die Äußerung „Ich würde diese Entscheidung überdenken" eine andere Wirkung als bei einer schlechten oder unwichtigen Beziehung. Im ersten Fall wird eine

Entscheidung höchstwahrscheinlich überdacht. Dies kann zu einem anderen Verhalten führen. Im zweiten Fall zuckt der Angesprochene vielleicht nur mit den Schultern und denkt: „Ich bleibe trotzdem bei meiner Entscheidung." Die Verbesserung einer Beziehung zum Empfänger hat automatisch eine höhere Sprachwirksamkeit zur Folge – er hört stärker auf die an ihn gerichteten Worte.

2. Die **gesellschaftliche Stellung** und der **berufliche Status** des Senders. Den Worten eines Menschen, der gesellschaftlich anerkannt ist und der als kompetent gilt, wird leichter vertraut als im umgekehrten Fall. Ein Beispiel: „Mehr Bewegung würde Ihnen gut tun" sagt der Arzt, obwohl der Befund seines Patienten beim Routinecheck einer Vorsorgeuntersuchung unauffällig ist und die gemessenen Werte in Ordnung sind. Daraufhin geht der Untersuchte mit einem Bekannten aus der Nachbarschaft regelmäßig walken. Der Bekannte wundert sich über den Gesinnungswandel, da er seinen Nachbarn schon mehrmals mit den gleichen Worten dazu eingeladen hatte. Menschen, denen ein Expertenstatus zugeschrieben wird, können sich wie jeder andere auch natürlich irren. Ihre Aussagen kritisch zu hinterfragen, etwa bei einer ärztlichen Diagnose, kann daher im Zweifelsfall zu einer besseren Entscheidung führen als der blinde Glaube an eine Expertenaussage.
3. Die **Grundstimmung** beim Empfänger zum Zeitpunkt der Kommunikation und seine **Tagesverfassung**. Die Frau sagt in einem einladenden Ton zu ihrem Ehemann, der schlecht gelaunt ist: „Lass uns shoppen gehen. Sicherlich finden wir eine sportliche Hose mit einem passenden Jacket für dich". Aufgrund seiner miesen Stimmung antwortet der Mann: „Dir gefällt scheinbar nicht, was ich anziehe." Bei einer guten Stimmung hätte die Antwort vielleicht gelautet: „Prima Idee. Und du bekommst ein schönes Kleid von mir." Wenn Ihr Gesprächspartner schlechter Laune ist, brauchen Sie Ihre Worte nicht unbedingt auf die Goldwaage zu legen. Sie sorgfältiger als üblich zu wählen wird allerdings sehr vorteilhaft für die Kommunikation mit ihm sein.
4. Die **Erwartungshaltung** des Empfängers an die Kommunikation. Dieser Punkt wurde zu Beginn von Kap. 3.2.1 bereits beschrieben. Wenn Sie die Erwartungshaltung des Kommunikationspartners falsch einschätzen, misslingt oder verschlechtert sich die Kommunikation.
5. Die **Situation**, in der etwas gesagt wird. Die gleichen Worte in zwei unterschiedlichen Situationen können eine völlig andere Wirkung haben, wie das folgende Beispiel zeigt. *Situation 1*: Zwei Arbeitskollegen unterhalten sich in der Kantine über das Abteilungsklima. „Die Situation hat sich etwas verbessert", sagt der eine. Worauf der andere antwortet: „ Letzte Woche hattest du aber eine ganz andere Auffassung". „Man kann seine Meinung ja bekanntlich ändern", meint sein Kollege und lächelt vielsagend. *Situation 2*: Bei einer Besprechung fragt

der Chef, wie die Mitarbeiter das Abteilungsklima beurteilen. „Die Situation hat sich etwas verbessert“ antwortet der Mitarbeiter, so wie in der Situation 1. Als sein Kollege nun dasselbe sagt wie in der Kantine – „Letzte Woche hattest du aber eine ganz andere Auffassung“ – reagiert der Angesprochene darauf mit einem bösen Blick. Nach der Besprechung fragt er seinen Kollegen in einem aggressiven Tonfall: „Wolltest du mich vor unserem Chef bloßstellen, oder warum hast du das gesagt? Es war höchst überflüssig.“

Findet die Kommunikation nicht nur unter vier Augen statt, ist die Wirkung des Gesagten auf den Angesprochenen und die Mitanwesenden immer eine besondere Überlegung wert. Negative Reaktionen können so leichter vermieden werden. Wird beispielsweise eine Mitarbeiterleistung im Beisein von Kollegen vom Vorgesetzten hervorgehoben, kann dies bei ihnen die Frage auslösen: „Sind unsere Leistungen weniger wert als seine?“ Motivationsfördernd wäre das nicht.

6. **Mimik** und **Gestik**. Ebenso wie die feinen **Stimmnuancen**, die beim Sprechen entstehen, drücken sie aus, wie ein Gesprächsinhalt gemeint ist – ironisch, humorvoll, ermahnend usw. Dies bestimmt auch die Reaktion und das Verhalten beim Empfänger. So werden beispielsweise ein belehrender Ton oder ein erhobener Zeigefinger zu einer Abwehrreaktion führen.

   Auf die nonverbalen Botschaften reagieren die Spiegelneuronen im Gehirn des Empfängers sehr sensibel. Diese Signale steuert das vegetative, autonome Nervensystem und sie unterliegen nicht der willentlichen Kontrolle. Daher qualifiziert sie das Gehirn des Empfängers als „ehrlich“. So wird zum Beispiel ein abschätziger Blick des Empfängers einer Antwort beim Sender Ärger auslösen. Dieser wird sein weiteres Verhalten gegenüber dem Gesprächspartner bestimmen.

   Da auch der Tonfall die Einstellung des Senders zum Empfänger zeigt und einiges über seine Gefühlslage verrät, reagiert der Empfänger entsprechend darauf. Beispielsweise zupft ein unterdrückter Ärger an den Stimmbändern und verändert den Klang der Stimme, die gepresst klingt. Die Reaktion des Gegenübers könnte beispielsweise sein: „Etwas ist nicht in Ordnung mit dir, das spüre ich doch. Nun sag’ schon, was dich stört!“

   Driften Mimik oder Gestik vom sprachlichen Inhalt ab, ist das Gehirn irritiert und qualifiziert den Inhalt als nicht glaubwürdig. Ein typisches Beispiel ist das „amerikanische“ Lächeln eines Menschen: Die Mundwinkel gehen mechanisch nach oben, um damit Freundlichkeit zu signalisieren, aber die Augen lächeln nicht mit. Bei einem echten Lächeln sind die Augen jedoch stets beteiligt. Bei jedem Auseinanderdriften von Sprachinhalt und den nonverbalen Begleitsignalen warnt das Gehirn des Empfängers: „Achtung, verhalte dich lieber vorsichtig. Bezweifle, was du von diesem Menschen hörst." Das wäre beispielsweise dann der Fall, wenn Ihnen jemand ausdrücklich zustimmt und seine Mundwinkel verziehen sich gleichzeitig nach unten. Wie Sie solche deutlich erkennbaren Widersprüche richtig interpretieren und warum sie oftmals übersehen werden, erfahren Sie in Teil 3 dieses Buches.

7. Die **Einstellung** des Gesprächspartners zu einem Thema, über das gesprochen wird sowie seine grundsätzliche **Wertehaltung**. Ihr liegen stets emotionale Bewertungskriterien zugrunde: Was hält er für gut und daher richtig, was für schlecht und daher falsch? Befindet sich das, was zu ihm gesagt wird, mit seiner Überzeugung im Einklang, ist sofortige Zustimmung zu erwarten. Falls nicht, ist mit einer ablehnenden Haltung zu rechnen, die entweder direkt bekundet oder aus gesprächstaktischen Überlegungen zunächst verschwiegen wird.
   Ein einfaches Beispiel: Der Satz „Jetzt gibt es neue Sojaprodukte, die den Fleischkonsum auch in geschmacklicher Hinsicht überflüssig machen", löst bei einem Vegetarier vielleicht die Frage aus: „Welche meinst du?". Werden dieselben Worte als Aufforderung an einen eingeschworenen Fleischesser gerichtet, seine Essvorlieben zu überdenken, so könnte die ironische Antwort lauten: „Danke für die News von der Körnerfraktion. Aber ein zartes und energiespendendes Steak ist mir lieber als deine Sojalaibchen." Wie ein solches Gespräch weiter verlaufen wird, lässt sich erahnen.
   Die Einstellung eines Menschen zu den Dingen, die ihm wichtig sind, und seine Grundüberzeugungen ändern sich nicht ohne Weiteres. Auch wenn es immer wieder Menschen gibt, die mit dem verbalen Vorschlaghammer andere überzeugen wollen, sie mit Vernunftappellen umstimmen oder gar zu bekehren versuchen.
   Ist die Einstellung des Gesprächspartners zu dem Thema bekannt, über das mit ihm gesprochen wird, lassen sich unbedachte Worte und dahinter lauernde Fettnäpfchen vermeiden. Dies bedeutet keinesfalls, jemandem nach dem Mund zu reden. Vielmehr werden so unnötige Widerstände in der Kommunikation vermieden. Kennt man die Überzeugung des Gegenübers nicht, können neutral gestellte Fragen Aufschluss über sie geben: „Wie ist Ihre Grundsatzmeinung zu diesem Punkt?", „Wie denken Sie über diese Situation?", „Was ist Ihre Einstellung zu dieser Sache?" usw. Solche Fragen helfen nicht nur, Fettnäpfchen zu vermeiden, sondern sie öffnen den Gesprächspartner und erhöhen seine Bereitschaft, eine anders lautende Meinung leichter zu akzeptieren – statt sie reflexartig abzuwehren.
8. Die **Assoziationen**, die beim Empfänger durch das Gesprochene ausgelöst werden. Dieser Vorgang läuft automatisch und unbewusst bei jeder Kommunikation ab. Dabei spielen die Bahnungseffekte im Gehirn – das Priming – eine

besondere Rolle, wie wir bereits in Kap. 2.2.10 gesehen haben: Jeder Sprachinhalt bahnt den Weg zu den abgespeicherten Erinnerungen, die mit dem Inhalt in Verbindung stehen oder gebracht werden. Bereits ein einziges Wort kann zu einer Assoziationskette führen und unvorhergesehene Reaktionen auslösen. Das geschieht immer dann, wenn dieses Wort für einen Menschen emotional aufgeladen ist und daher eine ganz spezielle Bedeutung für ihn hat. Das Beispiel im folgenden Kapitel zeigt, wie machtvoll Emotionen sind, die durch die Kommunikation entstehen, und wie sehr sie das Verhalten eines Menschen bestimmen können.

3.3 Worte bestimmen das Verhalten langfristig

Wie mächtig Worte sein können, indem sie sogar langfristig das Verhalten eines Menschen bestimmen, zeigt sich auf vielfältige Weise. Im positiven Fall etwa dadurch, dass sich jemand noch nach vielen Jahren an ein Gespräch erinnert; daran, was zu ihm gesagt wurde und was die Worte bei ihm auslösten. „Ich habe anschließend die richtige Entscheidung getroffen, da ich bestärkt wurde, mich selbstständig zu machen", heißt es vielleicht nach klärenden und ermutigenden Worten. Oder: „Seit dem Gespräch mit dir vor über drei Jahren gehe ich viel offener mit einer neuen Situation um." Worte können das Verhalten aber auch negativ beeinflussen und über einen langen Zeitraum hinweg darauf einwirken – dank des emotionalen Elefantengedächtnisses. Das folgende Beispiel, in dem acht Worte wie eine Waffe wirkten, verdeutlicht dies.

„Dein Oberarm hätte auch ein Fuß werden können!"
Bei einem Flugzeugabsturz vor 15 Jahren in Braunschweig, auf dem Weg zu einer Präsentation in Wolfsburg, zog ich mir einen Wirbelbruch zu. Dabei schrammte ich nur knapp an einer Querschnittslähmung vorbei. Seitdem lasse ich regelmäßig meine Rückenmuskulatur in einer physiotherapeutischen Gemeinschaftspraxis massieren. Die Inhaberin der Praxis ist Mitte vierzig und hat ein selbstsicheres Auftreten. Während ich auf die Behandlung meines Rückens wartete, unterhielten wir uns. Ich erzählte ihr kurz, dass ich an einem Buch über die Wirkung der Sprache arbeite. „Interessant", meinte sie, „da könnte ich Ihnen ein Beispiel von mir erzählen. Einige falsche Worte können genügen und man wundert sich, was durch sie ausgelöst wird. Wenn Sie wollen, können Sie es im Buch verwenden." „Schießen Sie los", antwortete ich, „Sie machen mich neugierig." Dann erzählte sie:

„Vor zehn Jahren hatte ich einen Freund, in den ich sehr verliebt war. Wir feierten an einem warmen Sommertag meinen Geburtstag. Freunde waren eingeladen und es herrschte eine ausgelassene Stimmung. Es gab weder einen Streit noch hatte irgendjemand zu viel getrunken. Ich trug damals eine Bluse mit sehr kurzen Ärmeln. Plötzlich sah mich mein Freund an und meinte mit einem Blick auf meinen Oberarm, der auch damals zwar kräftig, aber nicht dick war: ‚Daraus hätte eigentlich auch ein Fuß werden können.' Diese Worte kamen aus heiterem Himmel und sie haben mich wie ein Pfeil durchbohrt. Daraufhin habe ich ihn verlassen, was er nicht verstand. Wenn ich daran denke, fühle ich mich noch heute verletzt und werde wütend. Jedenfalls trage ich seitdem keine kurzärmelige Oberbekleidung mehr. Nimmt jemand das Wort ‚Oberarm' in den Mund, muss ich unwillkürlich daran zurückdenken."

Nachdem sie das erzählt hatte, brachte sie mir ein Glas Orangensaft. Während sie es vor mir abstellte, zitterten ihre Hände leicht und die Wangen waren etwas gerötet. Klare Anzeichen einer Stressreaktion, die sie mir im Gespräch auch bestätigte. Der Vollständigkeit halber sei erwähnt, dass diese sympathische Frau glücklich verheiratet ist und mit beiden Beinen im Leben steht.

Als ich dieses Beispiel bei einem Kommunikationsseminar schilderte, sagte in der Pause eine Teilnehmerin zu mir, eine Diplomingenieurin Anfang dreißig: „Das kann ich sehr gut nachvollziehen. Meine Beine wurden in der Pubertät von Mitschülern als Storchenbeine bezeichnet. Zehn Jahre lang trug ich daraufhin entweder lange Röcke oder Hosen. Erst als ich mir immer wieder bewusst machte, dass es sich nur um dummes Gerede von Jugendlichen handelte, hatte diese emotionale Verletzung keine Wirkung mehr auf mich. Mein Mann hat mir dabei sehr geholfen. Als ich nach längerem Zögern erstmals wieder einen kurzen Rock gekauft hatte, sagte er zu mir: ‚Für mich hast du die schönsten Beine der Welt.'"

Emotionale Wunden schließen

Diese beiden Beispiele zeigen einmal mehr, wie sich bereits wenige Worte schädlich auf einen Menschen auswirken können. Vielleicht ließe sich hier einwenden, die Physiotherapeutin sei besonders sensibel und sie reagierte überempfindlich, da sie ihrem Freund den Laufpass gab. Dem ist entgegenzuhalten, dass nahezu jeder Mensch durch herabsetzende Kommentare zu seinem Äußeren verletzbar ist. Vor allem dann, wenn zum „Kommentator" eine persönliche Beziehung besteht und seine negative Meinung daher nicht als Schall und Rauch empfunden wird. Das Gehirn schüttet in diesem Fall Stresshormone aus, die zwangsläufig zu einem Abwehrverhalten führen – Flucht oder Kampf.

Wie wichtig Menschen ihr Äußeres ist, zeigt allein schon die Tatsache, dass es einen Spiegel gibt. Auch die boomende Schönheitsindustrie und der wachsende Zulauf, den die kosmetische Chirurgie zu verzeichnen hat, sprechen hier eine deutliche Sprache. Ebenso, dass ein aufrichtiges und spontanes Kompliment blitzartig ein Lächeln in das Gesicht eines Menschen zaubern kann. Bei jeder Form einer vermittelten Wertschätzung, wofür das Kompliment nur ein einfaches Alltagsbeispiel ist, produziert das Zwischenhirn automatisch Wohlfühlhormone. Durch sie wird ein fruchtbarer Boden für die weitere Kommunikation aufbereitet.

▶ Unbedacht ausgesprochene Worte, die einen Menschen verletzen, können leider nicht vollständig ungeschehen gemacht werden. Die entschuldigenden Worte „Das war doch nicht so gemeint" mögen für die emotionale Verletzung vielleicht ein kleines Trostpflaster sein, allerdings nicht mehr. Denn der Verletzte wird sich fragen: „Warum hast du es dann so gesagt?"

Eine emotionale Wunde, die durch Worte entsteht, lässt sich nur mit einem offenen Eingeständnis ohne rechtfertigende Relativierung heilen – was Menschen oftmals sehr schwer fällt. Dieser Heilungsversuch könnte beispielsweise so klingen: „Ich bin ein ziemlicher Dummkopf, wenn ich so etwas zu dir sage und dich damit verletze. Leider kann ich das nicht mehr rückgängig machen. Würdest du mir bitte verzeihen?" Wird eine solche Entschuldigung angenommen, überschreibt sie die Spurrillen im emotionalen Gedächtnis, die durch beleidigende und demütigende Worte dort hinterlassen wurden. Gänzlich gelöscht werden sie jedoch nicht.

Literatur

1. Asendorpf JB, Neyer FJ (2012) Psychologie der Persönlichkeit. Springer, Berlin
2. Hüther G (2013) Bedienungsanleitung für ein menschliches Gehirn. Limitierte Sonderausausgabe, die zwei weitere Grundlagenwerke dieses Autors enthält (Die Macht der inneren Bilder. Biologie der Angst). Vandenhoeck & Ruprecht, Göttingen
3. Roth G (2011) Persönlichkeit, Entscheidung und Verhalten. Klett-Cotta, Stuttgart
4. Watzlawick P (2011) Menschliche Kommunikation: Formen, Störungen, Paradoxien. Huber, Bern

Teil II
Die erstaunliche Wirkung von Worten

Die verhinderte Flugzeugentführung – Umgang mit schwierigen Menschen

4

Wie lassen sich in herausfordernden oder schwierigen Situationen die Weichen in einem Gespräch so stellen, dass es doch den gewünschten Ausgang nimmt? Funktioniert ein solches Tuning auch bei Menschen, die als sehr schwierig gelten, oder mündet die Kommunikation mit ihnen zwangsläufig in einen Konflikt? Dieses Kapitel schildert unterschiedliche Beispiele aus realen Lebenssituationen, die Antworten auf diese Fragen geben. Dabei wird beleuchtet, wie durch die Wortwirkung im Gehirn das jeweilige Verhalten des Gegenübers ausgelöst wird.

4.1 Die Flugzeugentführung

Vor zehn Jahren lernte ich den ehemaligen Chef der österreichischen Eliteeinheit „Cobra", Brigadier Wolfgang Bachler kennen. Diese Antiterroreinheit kommt, ähnlich wie die deutsche GSG 9, bei schweren Gewaltverbrechen zum Einsatz; beispielsweise bei bewaffneten Banküberfällen mit Geiselnahme. Bachler ist auch der Erfinder der „Air-Marschalls". Das sind Beamte der Cobra, die in Zivilkleidung Flüge in Gebiete begleiten, bei denen die Gefahr besteht, dass politisch motivierte Täter ein Flugzeug entführen. Für sein Konzept haben sich mehrere Staaten interessiert. Darunter auch die USA [1].

Am Rande eines Seminars für Führungskräfte aus der Wirtschaft, das Bachler und ich gemeinsam durchführten, sprachen wir über das Thema Verhandlungsführung mit Geiselnehmern. Er erzählte mir dazu ein ungewöhnliches Beispiel einer Flugzeugentführung in den USA. Sie fand vor dem Terroranschlag auf das New Yorker World Trade Center 2001 statt. Was war passiert?

H. Eicher, *Die verblüffende Macht der Sprache*,
DOI 10.1007/978-3-658-08516-2_4

Auf einem inneramerikanischen Linienflug drang ein Passagier kurz nach dem Start in das Cockpit ein. Damals war es für einen Passagier noch möglich, ohne größere Schwierigkeiten in das Cockpit einer Linienmaschine zu gelangen. Er hielt eine Bierflasche mit abgeschlagenem Hals in der Hand. Den scharfen Glasrand setzte er dem Piloten an die Kehle und befahl: „Ändern Sie den Kurs. Wohin, das erfahren Sie noch!"

Kurz darauf betrat eine Flugbegleiterin das Cockpit, um Kaffee zu servieren. Die beherzte Frau fragte den Entführer mit ruhiger Stimme: „Warum machen Sie das?" Seine Antwort: „In meinem Leben ist mir noch nicht allzu viel geglückt. Aber dieses Mal ziehe ich die Sache durch!" „Gibt es in Ihrem Leben überhaupt nichts, woran Sie sich gerne erinnern?", wollte sie wissen. Er antwortete: „Das Einzige, woran ich wirklich gerne zurückdenke, ist ein Zug." „Was für ein Zug?", fragte die Stewardess. „Als ich ein Kind war, hat mir mein Onkel zu meinem achten Geburtstag einen Spielzeugzug geschenkt", lautete die Antwort des Entführers. Die Flugbegleiterin sagte daraufhin: „Ich hätte als Kind auch gerne mit einem Zug gespielt. Leider hat mir niemand einen solchen Zug geschenkt, da ich ein Mädchen war. Erzählen Sie mir doch bitte von Ihrem Zug."

Dann erzählte der Entführer ausführlich von diesem Zug, seinem Onkel und der damaligen Situation, als er ihn geschenkt bekam. Es entwickelte sich ein längeres Gespräch zwischen ihm und der Stewardess. Schließlich ließ der Mann von dem aberwitzigen Plan ab, die Boeing 737 zu entführen. Eine Stunde später landete das Flugzeug sicher am Bestimmungsflughafen und der Entführer wurde den polizeilichen Behörden übergeben. Die Sache endete also glimpflich.

4.1.1 Analyse der sprachlichen Schlüsselelemente

Wie das Gespräch zwischen dem Entführer und der Flugbegleiterin im Detail verlaufen ist, wissen wir nicht. Aber das ist auch nicht sonderlich wichtig, weil diese kurze Schilderung bereits drei sprachliche Schlüsselelemente enthält, die wesentlich dazu beitrugen, dass sich der Entführer von seinem Vorhaben abbringen ließ. Bei der Verhandlung mit Geiselnehmern spielen sie eine wichtige Rolle. Auch dort geht es darum, wie mir Wolfgang Bachler bestätigte, zunächst „den Zug" der Geiselnehmer zu suchen. Darauf aufbauend wird mit ihnen verhandelt. In jeder schwierigen Verhandlung, in der die Fronten möglicherweise verhärtet sind, helfen drei Schlüsselfragen sehr, Bewegung in das Verhandlungsgespräch zu bringen. Details über die sprachliche Diplomatie bei Verhandlungen lesen Sie in Kap. 5.5.

Die Flugbegleiterin fragte mit ruhiger Stimme nach dem *Motiv* für die Entführung („Warum machen Sie das?"). Durch ein panisches „Bitte tun Sie das nicht!"

hätte sie es nicht erfahren. Dafür wäre der Stresslevel ihres Gegenübers weiter erhöht worden und die Situation hätte sich zugespitzt. Nun aber konnte sie an seinen Beweggrund für diese Tat anknüpfen und so einen Zugang zu ihm und seinem Tatmotiv finden. Dieses spielt bei der Verhandlungsführung mit Geiselnehmern eine große Rolle. Geht es ihnen beispielsweise um eine Geldforderung? Wollen sie befreundete Strafftäter aus dem Gefängnis freipressen? Sind es Suizidbomber, die beabsichtigen, sich aufgrund religiöser Motive in die Luft zu sprengen?

Die *erste Schlüsselfrage* bei jeder schwierigen Verhandlung lautet daher: *Was sind die Hauptmotive meines Verhandlungspartners für seine jeweilige Position?*

Die Stewardess signalisierte dem Entführer Interesse an seiner Person und dass sie ihn nicht als gefährlichen Verbrecher oder als Wahnsinnigen sieht. Sie stellte zu ihm eine *persönliche Ebene* her. Ihm sei in seinem bisherigen Leben nicht allzu viel geglückt, wie der Mann sagte. Das lässt die Vermutung zu, dass es eine seltene Ausnahme war, wenn sich jemand für ihn als Mensch interessierte. Deshalb war er auch bereit, das Gespräch in der kurz beschriebenen Weise fortzuführen.

Bei einem Banküberfall mit Geiselnahme, um ein weiteres Beispiel zu nennen, wird während der Verhandlung versucht, eine persönliche Ebene zwischen den Geiseln und Tätern herzustellen. Unter anderem deshalb, um sie vor Übergriffen zu schützen. Nimmt eine der Geiseln beispielsweise aufgrund einer Erkrankung Medikamente ein, so wird der Verhandlungsführer der Sondereinheit dem Geiselnehmer sagen: „Unter den Mitarbeitern der Bank ist ein Mann, der mit Vornamen Günther heißt. Er hat Diabetes. Fragen Sie diesen Günther bitte, ob er seine Medikamente bei sich hat." Der Geiselnehmer wird, falls er dieser Aufforderung Folge leistet, die Bankangestellten fragen: „Wer von euch heißt Günther?" Hätte der Verhandlungsführer statt „Günther" den Nachnamen genannt, beispielsweise „Mayer", so stünde dies dem Ziel entgegen, eine persönliche Ebene zwischen dem Geiselnehmer und den Geiseln herzustellen. „Wer von euch heißt Mayer" ist viel unpersönlicher als „Wer heißt Günther". Es gibt zahlreiche andere einsatztaktische Elemente bei kritischen Verhandlungen, doch ist die *zweite Schlüsselfrage* für eine schwierige Verhandlungssituation ist wohl klar geworden: *Wie kann ich eine persönliche Ebene und Beziehung zu meinem Verhandlungspartner herstellen?* So erzählte mir beispielsweise der ehemalige österreichische Bundesminister für Inneres, Caspar Einem, dass bei verhärteten Fronten – etwa in Tarifverhandlungen – die Spitzenverhandler einen „österreichischen Lösungsweg" beschreiten: In einer vertraulichen Vieraugenunterredung beim „Heurigen", das sind typische Wiener Weinlokale, klären sie, welche persönlichen Hindernisse einer guten Verhandlungslösung entgegenstehen und wie diese überwunden werden können.

Mit der Aufforderung, ihr von seinem Zug zu erzählen, hat die Flugbegleiterin die Gedanken des Entführers auf ein für ihn erfreuliches Erlebnis gelenkt. Instinktiv, mit viel Gespür für die Situation, vermutlich auch ohne den bewussten Vorsatz, hat sie damit sein emotionales Gedächtnis „angezapft". Darin war das Wort „Zug" positiv besetzt und mit angenehmen Erinnerungen verknüpft. Durch den Priming-Vorgang im Gehirn, bei dem einzelne Worte Assoziationsketten auslösen, entstanden gute Gefühle beim Entführer und der biochemische Vorgang, der ihnen zugrunde liegt, wurde damit aktiviert. Sein Gehirn schüttete Wohlfühlhormone aus und der Stresspegel ging sukzessive zurück. Die Situation entspannte sich im weiteren Gesprächsverlauf, bis der Mann schließlich von seinem gefährlichen Vorhaben abließ.

Die *dritte Schlüsselfrage* für eine schwierige Verhandlungssituation: *Mit welchen Äußerungen lenke ich die Gedanken meines Gegenübers auf eine für ihn positive Situation, ohne dabei meine eigene Verhandlungsposition zu gefährden?*

Dieses Beispiel verdeutlicht, was sich mit Worten im Kopf eines anderen Menschen – angesichts einer sehr heiklen Situation – auslösen lässt. In vielen beruflichen und in den meisten privaten Lebenssituationen haben wir es in der Hand, was wir mit der Sprache im Gehirn anderer auslösen – „triggern" – und welches Verhalten daraus entsteht. Dies ist davon abhängig, worauf wir ihre Gedanken in einem Gespräch hinlenken. Welche Bilder dadurch im Kopf entstehen, sehen wir erst in der jeweiligen Reaktion. Sie können sich als Vorteil erweisen, so wie bei der verhinderten Flugzeugentführung. Aber auch als ein Nachteil, wie im Weiteren beschrieben wird.

Jeder Mensch hat einen „Zug"

Im übertragenen Sinn hat jeder Mensch seinen „Zug". Etwas, worauf er besonders stolz ist oder was für ihn eine ganz spezielle Bedeutung hat. Das können zum Beispiel die eigenen Kinder sein, ein Haustier, besondere Leistungen, spezielle Interessensgebiete oder Hobbys; kurzum alles, was eine hohe emotionale Wertigkeit für einen Menschen besitzt, was ihm sehr wichtig ist, worauf er „abfährt" und worüber er auch sehr gerne spricht. „Wovon das Herz voll ist, redet der Mund", wie es in der Bibel sehr treffend heißt und was Psychologen nur bestätigen können.

▶ Im emotionalen Gedächtnis sind jene Dinge, die für einen Menschen bedeutsam sind, mit warmen und hellen Farben bildhaft abgespeichert. Sie bringen Licht in sein Leben. Wenn Sie mit einem Menschen darüber sprechen, leuchten seine Augen. Das vermittelt Ihnen einen Eindruck von dem Glanz dieser Bilder, die es in sein Leben abstrahlt; auch von den guten Gefühlen, die sie bei ihm auslösen.

Wer in den „Zug“ eines Menschen quasi „einsteigt“, sich für diesen also interessiert, stellt das Signal für das weitere Gespräch dadurch auf Grün. Wer diesen „Zug“ jedoch durch unbedachte Worte bremst, unterbindet das Wiedererwachen der guten Gefühle, die damit verbunden sind. Damit wird das Signal in der Kommunikation auf Rot gestellt. Etwa durch scheinbar harmlose, aber bagatellisierende Bemerkungen wie „Weiß ich doch schon längst“, „Hast du mir bereits erzählt“, „Das ist nichts Neues für mich“ oder „Das haben Sie bereit vorhin gesagt“. Wird dieser „Zug“ in irgendeiner Weise abgewertet, zum Beispiel durch die Äußerung „So interessant ist das auch wieder nicht“, steigt das Risiko, sich einen Gegner zu schaffen. Und fallen über den „Zug“ des Gesprächspartners eindeutig negative Worte, kann sogar eine Feindschaft entstehen, wie das folgende Beispiel zeigt.

4.1.2 Ein Alleinerbe wird enterbt

Während meiner Studienzeit analysierten wir in meiner zweiten Studienrichtung „Psychopathologie und Psychiatrie“ die Fallgeschichte eines Mannes, der seinen Selbstmordversuch überlebt hatte. Ich schrieb darüber eine Seminararbeit. Aus ihr zitiere ich auszugsweise. In dieser Fallgeschichte geht es um einen damals 50-jährigen alleinstehenden Abteilungsleiter aus der Chemiebranche. Er war in einer psychiatrischen Klinik wegen seiner depressiven Verstimmungen zur Behandlung und stand uns Studenten im Hörsaal für Fragen zur Verfügung.

Der Auslöser für seinen Suizidversuch: Als er eines Tages am Abend nach Hause kam, begrüßte ihn sein Hund nicht so wie gewohnt, indem er mit dem Schwanz wedelte, um ihn herum tänzelte und dazu freudig bellte. Vielmehr lag er im Wohnzimmer und nahm von seinem Herrchen keinerlei Notiz. Der depressive Patient schilderte dies so: „‚Nicht einmal mein Hund freut sich, wenn er mich sieht‘, dachte ich. Daraufhin habe ich eine Packung Schlaftabletten geschluckt. Ich bin jetzt allerdings froh, überlebt zu haben. Das verdanke ich meiner Mutter, die unerwartet bei mir vorkam, mich regungslos am Bett liegen sah und sofort die Rettung verständigte. Warum mich mein über alles geliebter Hund an diesem Abend nicht begrüßte, erfuhr ich später. Er hatte eine Gastritis bekommen.“

Dann fuhr er fort: „Aber stellen Sie sich vor, was mein Neffe zu mir sagte, als er mich in der Klinik besuchte. Ich erzählte ihm, was den Selbstmordversuch ausgelöst hatte. Daraufhin meinte er: ‚Das blöde Tier. Nur wegen eines Hundes nimmt man sich doch nicht das Leben. Wenn er das Herrchen nicht begrüßen will, gibt es eben einen Tag lang kein Futter für ihn. So einfach ist das.‘“

Die Reaktion des Patienten auf diese Äußerung seines Neffen war die folgende: „Sobald ich die Klinik verlassen habe, ändere ich das Testament. Mein Neffe ist bisher der Alleinerbe gewesen. Er wird keinen einzigen Schilling erben und ich will ihn nie mehr zu Gesicht bekommen."

Die biologische Ursache für diese harte Reaktion: Die verletzende Äußerung des Neffen führte zu einer Veränderung des Hormonspiegels im Gehirn des Onkels; die ausgeschütteten Stresshormone bedingten eine Abwehr- und Angriffsreaktion, so wie dies in Kap. 2.2.6 beschrieben wurde. Diese fällt umso heftiger aus, je tiefer die psychische Verletzung ist. Der Kontaktabbruch des Onkels zum Neffen kann somit als Fluchtreaktion interpretiert werden, mit der er sich vor weiteren psychischen Verletzungen durch seinen Verwandten zu schützen versucht.

Eine Extremreaktion
Wie extrem Menschen in Bezug auf das reagieren können, was für sie eine hohe emotionale Wertigkeit einnimmt, zeigt ein trauriger Fall aus dem Jahr 2013. In den österreichischen Medien erregte er großes Aufsehen [2].

Die Polizei suchte in Niederösterreich seit längerem einen Wilderer. Eines Nachts ertappte man ihn auf frischer Tat. Daraufhin flüchtete er mit seinem Auto und durchbrach eine errichtete Straßensperre. Ein Polizist gab mehrere Schüsse auf den flüchtenden Wagen ab. Darin befand sich auch der Hund des Wilderers, einem 55-jährigen Transportunternehmer, der nach dem Tod seiner Frau sehr zurückgezogen lebte. Nach Angaben eines Nachbarn und Freundes liebte der Mann seinen Hund geradezu abgöttisch. Das Ganze endete mit einer furchtbaren Bluttat: Der Gesuchte erschoss drei Sicherheitsbeamte und einen Sanitäter. Anschließend richtete er sich selbst. In diesem Fall waren sicherlich mehrere Komponenten für die Wahnsinnstat ausschlaggebend. Eine davon, vermutlich der Auslöser, dürfte der Hund gewesen sein, um den sich der Transportunternehmer nach seiner Inhaftierung nicht mehr hätte kümmern können. Bevor er sich das Leben nahm, erschoss er seinen Hund.

4.1.3 Negative Erlebnisse nicht wiederbeleben

Den meisten Menschen bleiben negative Erlebnisse nicht erspart. Im Gehirn sind sie als Bilder abgespeichert, die mit dunklen Farben gemalt wurden. Oder anders ausgedrückt: Nahezu jeder Mensch hat auch einen „Zug", der für ihn eine sehr negative Bedeutung hat. Er besteht aus unangenehmen oder bedrückenden Erlebnissen. Im emotionalen Gedächtnis sind sie nach wie vor präsent und in der Erinnerung nur teilweise verblasst. Sie werfen einen Schatten in das Leben eines Menschen und sollten durch andere im Gespräch besser nicht wiederbelebt werden. Sollte eine solche unangenehme Situation doch eintreffen, sind derartige

Gespräche umgehend abzubrechen. Der Betroffene tut gut daran, dem Gegenüber zu sagen, dass er „Wühlmäuse" nicht sonderlich schätzt, die vergessen Geglaubtes wieder ausgraben, obwohl er nicht daran erinnert werden möchte.

Das Gehirn hat leider kein Immunsystem, mit dem es schädliche Worte abwehren kann, die negative Erlebnisse wieder ins Gedächtnis rufen. Beispielsweise durch Äußerungen wie: „Warum hast du dich damals so entschieden? Das verstehe ich auch heute noch nicht". Oder: „Erinnerst du dich an den Streit im letzten Jahr? Was du damals zu deiner Frau gesagt hast, war nicht schön und ein großer Fehler". Oder: „Bei der Diskussion vor drei Monaten sahst du ganz schön alt aus. Da hätte ich von dir mehr erwartet."

Solche Worte verbreiten sich wie Viren im Kopf, zirkulieren dort und lösen unangenehme Empfindungen aus. Menschen, die es nicht lassen können, durch ihre Wortviren immer wieder schlechte Gefühle in anderen zu wecken, meidet man wohl besser. Anderenfalls besteht die Gefahr, von diesen Sprachbazillen angesteckt und emotional in unschöner Weise infiziert zu werden.

4.2 Den „Zug" des Gesprächspartners erkennen

Wer einen Menschen gut kennt, dem ist bekannt, woran sein Herz hängt und womit er sich gedanklich gerne beschäftigt. Er weiß auch, was für ihn eine ähnliche Bedeutung hat wie der Spielzeugzug für den Flugzeugentführer. Bei Menschen, die man neu kennenlernt, etwa durch einen geschäftlichen Kontakt, fehlt dieses Wissen.

In einem Gespräch lässt sich herausfinden, was sein „Zug" ist. Ein wertschätzendes Interesse an der Person des Gesprächspartners stellt rasch eine persönliche Beziehung zu ihm her. Diese Grundeinstellung ist gleichzeitig der Schlüssel, um mehr über ihn als Mensch in Erfahrung zu bringen.

Die Gefahr ist groß, dass der „Zug" des Gegenübers nicht richtig erkannt wird, falls man von sich selbst und den eigenen Vorlieben ausgeht. Hängen beispielsweise im Büro eines potenziellen Kunden verschiedene Urkunden an der Wand, die ihn als Sportschützen oder Marathonläufer auszeichnen, könnten sie ignoriert werden, wenn Sie selbst an diesen Sportarten keinerlei Interesse haben. Durch die einfache Frage „Seit wann betreiben Sie diesen Sport?" oder „Wie sind Sie auf diese Sportart gekommen?" entsteht jedoch gleich zu Beginn einer Begegnung ein gutes Kommunikationsklima. Die Antwort lässt sich nicht nur mehr über den Gesprächspartner erfahren, sondern Ihre Frage löst in seinem Kopf – durch das Priming – auch positive Gefühle aus. Bei Geschäftskontakten ist dies zweifelsohne ein Vorteil. Eine Äußerung wie „Sie sind aber ein guter Sportschütze" wirkt hingegen anbiedernd.

Der biologische Grund für ein gutes Gesprächsklima liegt in den Wohlfühlhormonen, die das Gehirn eines Menschen stets produziert, während er über etwas spricht, das für ihn wichtig und gut ist. Die Voraussetzung ist allerdings ein aufrichtiges Interesse des Gesprächspartners. Ein vorgetäuschtes Interesse wird über die Spiegelneuronen im Gehirn identifiziert; der Gesprächspartner wird dann als unehrlich eingeschätzt, Misstrauen entsteht und die Kommunikationsbeziehung verschlechtert sich.

4.2.1 Vom Hauptabteilungsleiter zum Geschäftsführer

Welche positiven Folgen es haben kann, wenn das Gespräch auf den „Zug" des Gegenübers gelenkt und darauf mit Interesse eingegangen wird, zeigt das folgende Beispiel. Ein vierzigjähriger Hauptabteilungsleiter in einem Elektronikunternehmen, mit dem ich beruflich in Kontakt stehe, plante 2014 einen Karrieresprung. Er hatte sich bei einem Unternehmen als Geschäftsführer beworben und wollte das Sondierungsgespräch mit dem Alleineigentümer gut vorbereiten. Daher beauftragte er mich zu Beginn dieses Jahres, ihn für dieses Gespräch zu coachen.

Wir besprachen, wie wichtig es sei, rasch eine persönliche Beziehungsebene zum Eigentümer des Unternehmens herzustellen. Dieser hatte das 70. Lebensjahr überschritten und führte die von ihm gegründete Firma auf eine fast familiäre Weise, wie aus seiner näheren Umgebung zu hören war. Da sein Unternehmen zugleich sein Lebenswerk zu sein schien, schlug ich vor, im Sondierungsgespräch möglichst rasch darauf Bezug zu nehmen, ihn zu fragen, wie er sich idealerweise die Fortführung seines Lebenswerkes vorstellen würde und welche Erwartungen er dabei an den neuen Geschäftsführer hätte. Das Wort „Lebenswerk" sollte dabei als „Trigger-Wort" für die Auslösung guter Gefühle beim Gegenüber verwendet werden. Weiterhin schlug ich bei diesem Coaching dem Hauptabteilungsleiter vor, seine fachlichen Fähigkeiten erst im Gesprächsverlauf ins Spiel zu bringen und nicht bereits zu Beginn des Gespräches bei seiner persönlichen Vorstellung, so wie er es ursprünglich vorhatte.

Eine Woche später fand das Gespräch mit dem Eigentümer des Unternehmens statt. Anschließend traf ich den Bereichsleiter zu einem Follow-up des Coaching. „Es hat bestens funktioniert", resümierte er die Begegnung mit dem Firmeneigentümer. „Als ich ihn nach den einleitenden Worten auf sein Lebenswerk ansprach, entstand rasch eine Wellenlänge zwischen uns beiden. Er erzählte mir von den Schwierigkeiten der Gründungsjahre und blühte förmlich auf, als wir darauf zu sprechen kamen, wie die Firma durch ihn sukzessive zum Erfolg geführt wurde. Anschließend diskutierten wir über seine Erwartungen an den neuen Geschäftsführer. Nach zwei Stunden war die Sache gelaufen und wir sind uns einig geworden. Ich werde diese Aufgabe in drei Monaten übernehmen."

4.2.2 Die Kommunikation mit schwierigen Menschen

Lassen sich auch bei schwierigen Menschen die Weichen im Gespräch richtig stellen? Was sind überhaupt schwierige Menschen? Bei dieser Frage wird vermutlich jeder Leser an ganz unterschiedliche Verhaltensweisen und Situationen denken. Woran denken Sie gerade? Vielleicht an Menschen, die sich in einem Gespräch abweisend, arrogant, belehrend, jähzornig und dominant verhalten? Oder an solche, die einen nicht zu Wort kommen lassen, so als ob sie eine Lizenz zum Reden dazu ermächtigen würde? Oder sind es die Dauerpessimisten, die an nichts ein gutes Haar lassen können? Oder sind es die Berufsskeptiker, die alles in Zweifel ziehen und einen Rucksack voller Bedenken mit sich herumtragen? Solche Menschen erinnern an „Buridans Esel". In der gleichnamigen Erzählung ist der Esel verhungert, weil er sich nicht entscheiden konnte, welchen der beiden gleich großen Heuballen, zwischen denen er stand, er zuerst fressen sollte. Der Umgang mit solchen Menschen ist natürlich schwierig. Ebenso mit jenen, die verschlossen sind und die sich nicht in die Karten blicken lassen wollen. Die Liste schwieriger Verhaltensweisen ließe sich beliebig fortsetzen.

Mit Menschen, die allgemein als schwierig gelten, will niemand freiwillig etwas zu tun haben. Sie werden eher gemieden. Beruflich ist das allerdings nicht immer möglich, weil solche Menschen ja zum Beispiel Kunden oder Arbeitskollegen sein könnten. Wie geht man mit ihnen am besten um?

Ein allererster Rat: Beziehen Sie daher das schwierige Verhalten des Gegenübers nicht unmittelbar auf sich, sondern sehen Sie darin eine Eigentümlichkeit des Gegenübers. Würden Sie sein Verhalten direkt auf Ihre Person beziehen, wäre es nur allzu verständlich, wenn Sie darauf abweisend reagierten. Das würde die Kommunikation natürlich beträchtlich erschweren, falls sie nicht ohnehin frühzeitig beendet wird oder in einen Streit mündet.

Hinter jedem, auch jedem schwierigen Verhalten stehen konkrete Bedürfnisse und Motive, die es auslösen. Hier einige konkrete Beispiele. Ein dominantes Gesprächsverhalten beruht häufig auf dem Bedürfnis, den Ton anzugeben und als Alphatier zu gelten, das seinen Führungsanspruch zeigt. Verschlossenheit kann darauf hinweisen, dass jemand sehr vorsichtig ist oder über sich denkt, er sei kein besonders interessanter Gesprächspartner. Die Reserviertheit kann aber auch eine

Taktik sein, um das Gegenüber im Unklaren zu lassen – etwa in einer Verhandlung. Ein aufbrausendes Verhalten wächst oft aus dem Bedürfnis, andere Menschen einzuschüchtern. Hinter Arroganz steht oftmals das unbewusste Motiv, das eigene Selbstwertgefühl zu stärken, das auf äußerst wackeligen Beinen steht. Denn in ihrem subjektiven Empfinden werden arrogante Menschen innerlich größer, wenn sie andere kleiner machen. Wie Sie erkennen, welche Bedürfnisse hinter dem Verhalten eines Menschen stehen, wird in Kap. 13.4 ausführlich behandelt.

Eine neutrale Einstellung einnehmen
Wenn es Ihnen gelingt, hinter der Verhaltensfassade eines als schwierig geltenden Gesprächspartners trotzdem den Menschen zu sehen, erleichtert das die Kommunikation mit ihm sehr. Da er über seine Spiegelneuronen eine ablehnende Haltung spüren würde, ist es wichtig, ihm gegenüber neutral zu bleiben und seine Person nicht gedanklich negativ zu bewerten. Das wird nicht immer leicht sein. Doch es hilft bestimmt, wenn Sie bei der Begegnung mit einem schwierigen Zeitgenossen beispielsweise über ihn denken: „Er ist anders als die meisten Menschen, die ich kenne. Aber anders ist nicht falsch, sondern eben nur anders. Ich finde sicherlich einen Zugang zu ihm." Oder: „Wenn andere ihn für schwierig halten, bedeutet das nicht unbedingt, dass er auch mir gegenüber ein schwieriges Verhalten zeigen wird. Falls doch, so werde ich damit richtig schon umgehen können."

Eine neutrale Einstellung gegenüber Personen, die als schwierig eingeschätzt werden, weckt deren Vertrauen. Denn sie sind es gewohnt, auf eher ablehnende Haltungen zu treffen. Außerdem sendet man durch eine neutrale Haltung, die sich in der Körpersprache und im Gesprächston widerspiegelt, ein wichtiges Signal: „Ich lasse mich von dir nicht provozieren, einschüchtern oder irritieren." Bei dominanten Menschen ist ein solches Signal besonders ratsam, da sie instinktiv spüren, wie weit sie bei ihrem Gegenüber gehen können, und gerne seine Grenzen austesten.

Fehlinterpretationen und ihre Gefahren
Ein schwieriges Verhalten kann auch fehlinterpretiert werden, wie das folgende Beispiel aus der Praxis eines Pharmaberaters zeigt. Er schilderte es bei einem Seminar im vergangenen Jahr, das ich für einen Pharmakonzern abhielt.

Einer der Ärzte war immer sehr wortkarg. Er saß hinter seinem PC und schien an den Gesprächen kaum ein Interesse zu haben. Als der Pharmaberater das Betreuungsgebiet wechselte, war er froh, diesen Arzt an eine Kollegin abgeben zu können. Gemeinsam besuchten sie diesen Arzt, um die zukünftige Ansprechpartnerin vorzustellen. Die Reaktion des Facharztes war sehr erstaunlich für die beiden Berater. Er sprang von seinem Stuhl auf und sagte: „Ich finde es äußert schade, dass Sie das Gebiet wechseln. Die Gespräche mit Ihnen empfand ich stets als sehr angenehm. Ich wünsche Ihnen jedenfalls viel Erfolg in Ihrem neuen Betreuungsgebiet."

Man verhält sich gegenüber als schwierig geltenden Menschen unbewusst anders als bei jenen, die als problemlos gelten. Durch das eigene Verhalten wird das Verhalten des Gegenübers im Sinne der eigenen Erwartungshaltung beeinflusst und es kommt zu dem bekannten Phänomen einer sich selbst erfüllenden Prophezeiung. Ihr Resultat ist eine trügerische Erkenntnis: „Ich habe ohnehin bereits von vorneherein gewusst, wie dieser Mensch ist und wie er sich verhalten wird, was sich nun in einem Gespräch mit ihm nur bestätigte."

Eine neutrale Haltung gegenüber als schwierig geltenden Gesprächspartnern ist allein natürlich nicht ausreichend, um mit ihnen besser zurechtzukommen. Sie ist allerdings eine gute Ausgangsbasis für die Kommunikation mit ihnen. Im Gespräch selbst braucht es darüber hinaus die passenden Worte. Dazu einige Beispiele.

Beispiel 1 Bei einer Besprechung versucht ein rechthaberischer Arbeitskollege, seinen Vorschlag als den besten durchzusetzen. Die Reaktion darauf könnte sein: „Das ist sicherlich ein guter und gangbarer Weg. Ich hätte noch einen anderen Lösungsvorschlag, den ich gerne mit dir besprechen möchte. Deine Meinung dazu ist mir sehr wichtig. Wollen wir ihn kurz durchgehen?"

Beispiel 2 Ein Dauerredner lässt einen kaum zu Wort kommen und hört auch nicht richtig zu. Darauf könnte beispielsweise in einem neutralen Ton die Frage gestellt werden: „Ich finde interessant, wie Sie darüber denken. Interessiert Sie, was meine Meinung zu diesem Thema ist?"

Beispiel 3 Ein Kollege, der als verschlossen gilt, kann darauf direkt angesprochen werden, ohne vorwurfsvollen Ton und ohne Verallgemeinerung: „Ich würde zu dir gerne ein etwas offeneres Arbeitsverhältnis haben. Was kann ich dazu beitragen?" Oder: „Du bist manchmal eher zurückhaltend zu mir. Liegt es an meiner Person?"

Beispiel 4 Ein Gruppenleiter schiebt immer wieder überfällige Entscheidungen hinaus. Seine Arbeitsweise wird teilweise als „nervige Pedanterie" abqualifiziert. Statt ihn unter Druck zu setzen, was vermutlich zu keiner guten Entscheidung bei ihm führen würde, fragt ihn sein Chef: „Sie überlegen offenbar sehr sorgfältig, was die beste Lösung wäre. Das ist auch gut so. Was brauchen Sie noch für Ihre Entscheidungsfindung? Kann ich Sie dabei in irgendeiner Weise unterstützen?"

Beispiel 5 Ein Kunde beschwert sich am Telefon lautstark und droht mit der Presse, falls seine Reklamation nicht umgehend zu seiner vollen Zufriedenheit erledigt wird. Im Regelfall steigt in einer solchen Situation der Stresspegel des Beschwerdeführers innerhalb der ersten Minute an und die Erregungskurve flacht nach wenigen Minuten wieder ab, nachdem er seinen Ärger loswurde. Jetzt ist der richtige Zeitpunkt, um beispielsweise zu antworten: „Ich verstehe Ihre Situation. Es tut mir leid, dass das passiert ist. Ich kümmere mich sofort um eine zufriedenstellende Lösung. Ist das für Sie Ordnung?" „Ja", antwortet der Kunde. „Trotzdem behalte ich es mir vor, einen negativen Kommentar auf einer Kundenplattform im Internet abzugeben." Mögliche Antwort: „Das ist natürlich Ihr gutes Recht. Jetzt erledige ich Ihre Reklamation. Es wäre schön, wenn wir Sie als Kunden nicht verlieren würden."

Dominantem Gesprächsverhalten entgegentreten
Bei Menschen, die sich sehr dominant verhalten, kann es durchaus erforderlich sein, ihnen klar aufzuzeigen, wo die rote Linie verläuft, die sie nicht überschreiten sollten. Anderenfalls drücken sie ihren Gesprächspartner immer mehr an die Wand. Wichtig ist dabei, im Ton neutral und freundlich zu bleiben, um nicht unnötig zu provozieren. Dazu ein Beispiel aus meiner Berufspraxis.

Ein Seminarteilnehmer schilderte mir eine Situation, die für ihn sehr unangenehm war. Als Außendienstmitarbeiter vertreibt er eine spezielle Planungssoftware und besuchte einen Neukunden in Hamburg. Der dortige Einkäufer sah sich kurz das ihm übergebene Angebot an und sagte: „Sie sollten sich dieses Angebot noch einmal gründlich überlegen. Lassen Sie sich etwas einfallen, bis ich wieder zurückkomme. Ich gehe jetzt einen Kaffee trinken." Daraufhin stand er auf und verließ den Raum. Angesichts dieses provokanten und einschüchternden Verhaltens gibt es nicht allzu viele Alternativen. Es stillschweigend hinzunehmen, wäre die schlechteste, weil das vom Einkäufer als Unterwerfungsgeste gewertet würde. „Kopf einziehen und durch!" – dieses Verhalten also einfach zu akzeptieren – ist geradezu eine Einladung für den Einkäufer, die Bedingungen für eine Auftragserteilung zu diktieren.

„Ich mache Ihnen einen Vorschlag", sagte ich zu dem Außendienstmitarbeiter. „Es braucht allerdings etwas Mut um ihn umzusetzen. Aber Sie haben dabei nichts zu verlieren. Höchstens einen Auftrag, an dem Sie ohnehin nichts verdienen würden oder bei dem Ihre Firma sogar drauflegt." „Aber wir könnten doch bei möglichen Folgeaufträgen einen Gewinn machen", wandte er ein. „Das ist eher unwahrscheinlich", entgegnete ich. „Sobald der Preis einmal im Keller ist, bleibt er meistens auch dort. Das zeigt die Praxis. Warum sollte man Ihnen bei weiteren

Bestellungen einen besseren Preis als beim Erstauftrag zugestehen? Das ist leider eine Illusion, der manche Außendienstmitarbeiter unterliegen.“

Anschließend schlug ich ihm Folgendes vor. „Wenn Sie Ihr Kunde in Hamburg bei Ihrem nächsten Besuch wieder allein im Besprechungsraum zurücklassen will, um Kaffee trinken zu gehen, akzeptieren Sie das nicht. Stehen Sie auf und sagen Sie in einem freundlichen Ton: ‚Ich bin seit zwei Stunden unterwegs. Ein Kaffee würde auch mir gut tun. Ich begleite Sie gerne zum Kaffeeautomaten oder in die Kantine.‘“

Vier Wochen später erhielt ich von diesem Seminarteilnehmer eine E-Mail. Darin stand, dass sich der Hamburger Einkäufer beim Zweitbesuch ähnlich verhielt wie beim ersten Mal. Er habe zunächst überrascht reagiert, als ihn der Außendienstmitarbeiter in die Kantine begleiten wollte, dann aber gemeint: „Okay, kein Problem. Kommen Sie einfach mit. Reden wir in der Betriebskantine kurz über Ihr Angebot und klären wir die Details anschließend in meinem Büro.“

Das Verhandlungsgespräch verlief viel besser als beim Erstbesuch und der Auftrag wurde unter Dach und Fach gebracht. Der Preis sei für beide Seiten letztlich akzeptabel gewesen.

Sind schwierige Menschen Psychopathen?

Schwierige Menschen werden im alltäglichen Sprachgebrauch oftmals leichtfertig mit dem Etikett „Psychopath“ bedacht und damit abgewertet. Dieser Begriff stammt aus dem psychiatrischen Vokabular. Er beschreibt Menschen mit gravierenden Persönlichkeitsstörungen, wie etwa einem hochgradigen Narzissmus oder mit paranoider Streitsucht. Meistens verbergen sich diese Störungen hinter der Maske der Normalität. Ein Extrembeispiel ist der US-amerikanische Serienmörder Dennis Rader. Er war Kirchenratpräsident seiner Glaubensgemeinde und führte ein völlig unauffälliges Leben.

Diese Maske trägt häufig auch sehr charmante Züge, um Menschen für sich einnehmen zu können. Das unterscheidet Psychopathen sehr deutlich von jenen Menschen, die als schwierig bezeichnet werden, denn sie sind eher selten zu ihrer Umgebung charmant. Lässt ein Psychopath seine Maske fallen, ist er nicht nur schwierig, sondern völlig unberechenbar. Solche Menschen terrorisieren ihre Umgebung zum Beispiel durch unbegründete Beschuldigungen. Oder sie setzen andere bewusst herab und versuchen, sie auf die unterschiedlichste Weise klein zu machen. Es ist daher verständlich, wenn der nähere Umgang mit ihnen gemieden wird, sobald sie ihr wahres Gesicht zeigen.

Menschen, die als schwierig eingeschätzt werden, sind eher selten Psychopathen. Ihr Verhalten ist im Vergleich geradezu harmlos. Mit den richtigen Worten lässt sich zu schwierigen Menschen durchaus ein Zugang finden – so wie es in diesem Kapitel beispielhaft beschrieben wurde.

Ob man auch selbst in manchen Situationen für andere schwierig ist? Die ehrliche Antwort auf diese Frage wird vermutlich „Ja" oder „Könnte durchaus sein" lauten. Diese Erkenntnis führt zu mehr Toleranz gegenüber schwierigen Menschen. Sie baut eine Brücke zu ihnen, auf der eine tragfähige Kommunikationsbasis errichtet werden kann.

Im nächsten Kapitel geht es um die Frage, wodurch Widerstände in einem Gespräch oder bei einer Verhandlung entstehen können und wie bestehende Widerstände leichter überwindbar sind. Sie lesen dort, wie durch die Anwendung wichtiger Grundprinzipien der Diplomatie „sanfte Sieger" entstehen.

Literatur

1. Bachler W, Gnaiger P (2004) Das Cobra-Prinzip. Ecowin, Salzburg
2. Zeitschrift „Profil" vom 18. März 2014: Wilderer von Annaberg: Die letzten Jahre des Alois H

5 Wie die Sprache Widerstände produziert oder überwindet

In der Sozialpsychologie wird ein Phänomen beschrieben, das „Reaktanz" heißt. Darunter wird eine Abwehrreaktion des Gehirns verstanden. Sie entsteht, wenn jemand auf die freie Willensentscheidung eines Menschen einwirkt. Ein typisches Beispiel für das Auftreten von Reaktanz: Sie fahren auf der Autobahn und überholen eine LKW-Kolonne. Während des Überholvorgangs blinkt Sie ein Drängler mit der Lichthupe an, hupt nervös und gestikuliert wild mit seinen Händen, wie Sie im Rückspiegel sehen. In solchen Fällen reduzieren viele Autofahrer bewusst das Tempo, um sich damit für das Drängeln zu revanchieren, und tippen mit dem Zeigefinger auf den Kopf, wenn sie das Auto schließlich überholt.

Reaktanz wird in den meisten Fällen durch die Sprache provoziert: überreden wollen, die eigene Meinung aufzwängen, Suggestivfragen stellen, drohen, „verhören", Besserwisserei, ermahnende Gewissensappelle und Wortbombardements mit den unterschiedlichsten Absichten. Diese Formen der Kommunikation unterbinden ein gutes Gesprächsklima und sie verhindern, dass gute und tragfähige Lösungen durch ein Gespräch entstehen, bei dem eine Problemstellung im Mittelpunkt steht. Die Kuh bleibt somit auf dem Eis.

5.1 Druck erzeugt stets Gegendruck

Jeder Versuch einer unerwünschten Einflussnahme auf die eigenen Entscheidungen lässt psychischen Druck entstehen. Die Reaktion darauf ist Widerstand, der sich in den verschiedensten Äußerungen zeigt. Etwa durch ein hartnäckiges „Nein, das kommt nicht in Frage", obwohl jemand nicht grundsätzlich anderer Meinung ist.

H. Eicher, *Die verblüffende Macht der Sprache*,
DOI 10.1007/978-3-658-08516-2_5

Oder: „Dem stimme ich auf keinen Fall zu und Ihre weiteren Argumente interessieren mich nicht.“ Oder ein gesprächsbereites „Ich bin hier anderer Auffassung“.

Nicht immer entlädt sich der Widerstand jedoch nach außen. Man kann auch „Ja“ sagen und trotzdem „Nein“ denken. Der innere Widerstand maskiert sich dann als scheinbare Zustimmung. Etwa deshalb, weil keine weitere Diskussion gewünscht ist oder eine Auseinandersetzung vermieden werden möchte. Oder es ist ohnehin bereits geplant, das Gegenüber, beispielsweise einen aufdringlichen Verkäufer, bei nächster Gelegenheit mit einer Ausrede abzuservieren: „Danke für Ihre Informationen. In nächster Zeit bin ich leider schwer erreichbar. Bei Bedarf komme ich wieder auf Sie zu.“

Unser Gehirn mag es überhaupt nicht, wenn uns jemand überreden oder von etwas abbringen will. *Überzeugen* lässt es sich hingegen gerne, wenn es darin einen Vorteil sieht. Das Gehirn ist ein wahres Wunderwerk. Es möchte im Regelfall selbst erkennen, was die jeweils beste Lösung für seinen Benutzer ist. Menschen, die das bei ihren Gesprächspartnern unterschätzen, indem sie diese mitunter für dumm halten, spielen dann gerne den Besserwisser und Oberlehrer. Damit beweisen sie allerdings, dass sie selbst nicht zu den Klügsten gehören, was den Umgang mit Menschen betrifft. Unsere Steuerzentrale im Kopf verwehrt sich nachdrücklich gegen jeden Versuch von Besserwissern, die auf unerbetene Weise Einfluss nehmen wollen. Nachdem Denken beim Menschen zu den vornehmsten Aufgaben des Gehirns zählt, lässt es sich auch von niemandem vorschreiben, wie es zu denken hat oder hätte. Widerstand entsteht also immer dann, wenn uns etwas aufgezwungen werden soll.

Gehirnwäschen und Umerziehungsmaßnahmen Selbst das Ergebnis einer Gehirnwäsche, bei der Zwang ausgeübt wird, zeigt nur solange eine scheinbare Wirkung nach außen, bis dieser wegfällt. Anschließend „reinigt“ sich das Gehirn von den Auswirkungen fremder Einflussnahme und stellt den vorhergehenden Zustand wieder her. Oder der innere Widerstand gegen eine fortwährende Gehirnwäsche wächst und entlädt sich schließlich durch massive Gegenwehr. Mit dramatischen Folgen für die „Gehirnwäscher“.

So haben bekanntermaßen die kommunistischen Machthaber in den ehemaligen Ostblockstaaten es nicht vermocht, den Bürgern ihren katholischen Glauben „auszutreiben“, etwa in Polen. Das Gegenteil war der Fall: Der ausgeübte Druck auf die gläubige Mehrheit der Bevölkerung hat sie in ihrem Glauben bestärkt. Er wurde schließlich zu einer Quelle des Widerstandes gegen die Staatsmacht. Umerziehungsmaßnahmen scheitern auf lange Sicht immer. Neben Honecker & Co. ließen sich viele weitere Beispiele aus der jüngeren Vergangenheit anführen. Der Leser kennt sie aber ohnehin.

5.2 Unser persönliches Königreich

Der freie Wille eines Menschen ist sein Königreich. Davor warnt ein Schild mit der Aufschrift „Eintritt verboten“. Wer trotzdem verbal immer wieder in dieses persönliche Heiligtum hineinstapft, provoziert Abwehr und Widerstand. Dabei gilt eine einfache Formel, die wie ein Naturgesetz wirkt: Je unerwünschter der Zutritt, desto heftiger ist der Widerstand. Als praktische Erkenntnis gilt für das Berufsleben, aber auch für viele andere Situationen: Wer Menschen niederargumentiert und auf sie einredet wie ein Wasserfall, um sie von etwas zu überzeugen, scheitert damit kläglich.

Das Abwehrverhalten eines Menschen zeigt sich darin, dass er trotz scheinbar einleuchtender Argumente nicht umzustimmen ist. Deren einleuchtende Wirkung entfalten sie jedoch ohnehin nur für ihren Verwender. Bei dem Appell „Sei doch bitte vernünftig!“ denkt das Gehirn des Gegenübers: „Bin ich auch. Aber nicht so, wie du es willst!“

Ist das Widerstandspotenzial groß, so wehrt sich jemand mit Händen und Füßen gegen das, was ihm eingeredet werden soll: „Nein, das mache ich sicherlich nicht (so)!“, „Das kommt für mich auf keinen Fall in Frage!“. „Völliger Quatsch, was Sie da sagen“ oder „Das glauben aber wohl nur Sie“. Die Trotzvariante äußert sich in einem „Jetzt erst recht nicht!“. Das gilt nicht nur für Kinder, sondern auch für Erwachsene.

Um diese Widerstände nicht zu provozieren, empfiehlt es sich, Worte zu vermeiden, die nach einem „Sie sollten“, „Du musst“, „Sie hätten besser“ und ähnlichem klingen. Auch auf eine emotionale Argumentationsführung verzichtet man lieber im Gespräch, beispielsweise „Ein intelligenter Mensch wie Sie wird das sicherlich einsehen können“. Gerade weil er intelligent und kein Dummkopf ist, wird er sich nicht unkritisch einer anderen Überzeugung anschließen.

Das Leben ist kein Gerichtssaal Im Gerichtssaal gehören emotionalisierte Fragen und Argumente zum unverzichtbaren Werkzeug von Staatsanwälten und Verteidigern. Aber das Leben ist zum Glück kein Gerichtssaal, in dem andere verhört und abgeurteilt werden. Wer es dazu umfunktionieren will, nimmt Menschen gerne ins „Kreuzverhör“, indem er sie sprachlich bedrängt. Bei den Betroffenen werden in solchen Fällen die emotionalen Zentren im Gehirn aktiv. Sie formen einen Befehl, den das Sprachzentrum exekutiert. Er lautet: „Abgelehnt!“

- Fühlt sich ein Mensch angeklagt, wird er sich verteidigen und dem anderen nur selten Recht geben. Im Zweifelsfall entscheidet er meist für sich – „In dubio pro reo“ – und nur ausnahmsweise für den „Ankläger“.

Im Angriff wird oftmals die beste Verteidigung gesehen. Eine Lösung im Gespräch rückt dann in weite Ferne, da sich die Streitspirale immer weiter nach oben schraubt: Auf den Angriff folgt der Gegenangriff, der wiederum einen Angriff auslöst. Eine Rechtfertigung, zu der sich jemand gedrängt fühlt, kann dabei am Anfang stehen. Da sie oftmals als eine Art „Teilgeständnis" interpretiert wird, hilft sie nicht weiter. Denn der andere ist kein Berufsrichter, der Geständnisse immer positiv bewertet. Er ist auch kein Priester, der die Absolution erteilen kann, wurde ein unterlaufener Fehler eingestanden. Rechtfertigen muss man sich nur vor Gericht oder vor dem lieben Gott – falls der Betroffene an ihn glaubt, sonst nicht. Ohnehin sind Rechtfertigungen ziemlich sinnlos, wie vorhin kurz begründet wurde. Wozu sich lange erklären, wenn es einfacher und besser wäre, die Kommunikation in geordneten Bahnen verlaufen zu lassen – statt sie anzuheizen oder abzuwürgen? Angesichts eines Vorwurfes zu einem begangenen Fehler ließe sich beispielsweise antworten: „Wollen wir eine Lösung suchen oder einen Schuldigen finden? Ich wäre für das erste und hätte einen Vorschlag, wie wir in Zukunft vorgehen könnten. Wenn Sie damit einverstanden sind, schildere ich Ihnen zunächst kurz den Hintergrund, wie es zu diesem Fehler kam."

Sollte der Gesprächspartner auf diesen konstruktiven Vorschlag nicht eingehen und stattdessen auf dem Vorwurf herumreiten, so outet er sich als Mensch, der gerne den Richter über andere spielt und Schuldgefühle bei ihnen auslösen will. In solchen Fällen ist es vermutlich das Beste, das Gespräch auf dieser Basis nicht fortzusetzen und die Rolle eines „Büßers" abzulehnen.

Das Gehirn nicht unnötig provozieren Die oftmals gut gemeinte Formulierung „Ich an deiner Stelle würde unbedingt", auf die meist ein Ratschlag folgt, um den *nicht* gebeten wurde, kann ebenfalls Widerstand wecken. „Denn an meiner Stelle bist du nicht", denkt sich der Empfänger des Ratschlags, „daher kannst du nur wissen, wie du dich in einer ähnlichen Situation verhalten würdest." Deshalb wird der wohlmeinende Rat beim anderen kaum etwas bewirken können.

Suggestivfragen aus dem Sprachschatz zu verbannen ist eine gute Entscheidung. Sie betteln geradezu um ein Nein. Eine solche Frage wäre: „Sie denken doch ganz bestimmt auch so wie ich, oder?" Im Verkauf steigert die Aussage „Ich bin mir sicher, das wird Sie bestimmt überzeugen!" nicht das Interesse des Kunden. Vielmehr nährt sie seine Befürchtung, überredet zu werden. Daher wird ein solcher Satz auf Widerstand stoßen.

Lässt sich jemand trotzdem zu etwas überreden, was er eigentlich nicht wollte – zum Beispiel eine unrentable Altersvorsorge abzuschließen –, wird die Fehlentscheidung im Nachhinein häufig bedauert. Bevor das Bedauern oder die Reue eintritt, spielen die Pro- und Contra-Argumente für eine getroffene Entscheidung

Pingpong im Gehirn. Sie teilen es quasi in zwei Hälften. Die eine rechtfertigt die Entscheidung – „War nicht unbedingt falsch!“ – während die andere widerspricht: „Hättest du besser nicht, weil…!“ Der innere Spannungszustand steigt und es wird nach Pro-Argumenten gesucht. Sie sollen untermauern, dass die Entscheidung richtig war. Niemand gesteht sich gerne ein, falsch entschieden zu haben. Doch der innere Gegenspieler fahndet ebenfalls nach Gründen, die als Gegenbeweis genutzt werden können. Gewinnt dieser die Oberhand, wird die Entscheidung nachträglich bereut. Anderenfalls wird sie vor sich selbst schöngeredet und anderen gegenüber verteidigt. In der Sozialpsychologie wird dieser Vorgang im Gehirn als „kognitive Dissonanz“ beschrieben.

5.3 Der Umgang mit Ja-aber-Menschen und Bedenkenträgern

Wenn das Gehirn etwas nicht einsehen kann oder nicht versteht, warum etwas anders werden oder sein soll, reagiert es sprachlich mit einem „Ja, aber!“ statt mit einem „Warum eigentlich nicht?“. Im „Aber“ stecken die Bedenken, da sich der jeweilige Sinn, etwa eines konkreten Vorschlags zu einer Veränderung, noch nicht erschlossen hat. Erst nachdem das „Warum“ geklärt ist, denkt es über das „Wie“ ernsthaft nach: „Wie mache ich in Zukunft etwas anders, so wie es vorgeschlagen wurde? Was würde dann besser funktionieren und welcher Vorteil ergäbe sich daraus?“

Ein Beispiel aus dem Vertriebsbereich in einem mittelständischen Unternehmen. Der Verkaufsleiter sagt bei einer Besprechung mit seinen Außendienstmitarbeitern: „Wir sollten die Neukundenakquisition vorantreiben. Wir brauchen mehr Kontakte.“ Ein Mitarbeiter wirft ein: „ Das ist grundsätzlich richtig, aber das würde zu Lasten der Betreuung unserer Stammkunden gehen. Bei ihnen sinken dann möglicherweise die Umsätze.“ Der Verkaufsleiter antwortet: „ Ich wollte jetzt besprechen, wie wir das vermeiden könnten.“ Der Mitarbeiter: „Ja, aber ich sage gleich vorweg, ich kann mich nicht vierteilen.“

Hinter dieser abwehrenden Haltung des Mitarbeiters verbergen sich aus seiner Sicht gute Gründe für seine Bedenken, die in Ruhe unter vier Augen besprochen werden sollten. Anderenfalls gleitet diese Besprechung in eine frustrierende Auseinandersetzung ab. Dem Mitarbeiter ist natürlich klar, was der Sinn einer Neukundengewinnung für das Unternehmen ist. Trotz höherem Provisionseinkommen, welches zu erwarten wäre, erkennt er jedoch für sich selbst keinen Sinn darin. Daraus entsteht seine Abwehr. Die Gründe liegen vielleicht in seinem Privatleben. In einem ruhigen und sachlichen Gespräch zwischen Mitarbeiter und Verkaufsleiter lassen sich die jeweiligen Gründe herausfinden und akzeptable Lösungen fixieren, mit der beide Seiten leben können.

Sollten Sie mit einem penetranten „Ja-aber-Menschen“ zu tun haben, bei dem diese innere Haltung chronisch ist, nützt es Ihnen wenig, sich über sein ständiges „Aber“ zu ärgern. Was verständlich wäre, etwa weil Sie einen langjährigen Mitarbeiter haben, der mit seinen Einwänden Ihren Blutdruckwert auf 180 treibt und so Ihre körperliche Gesundheit gefährdet. Versuchen Sie bei seinem nächsten „Ja, aber!“ ruhig zu bleiben. Sprechen Sie mit ihm über seine persönlichen Hintergründe, die zu dem jeweiligen Aber geführt haben. Zeigen Sie ein aufrichtiges Interesse für seine subjektiven Gründe, auch wenn Sie diese für unberechtigt halten mögen. Das weckt bei Ihrem Gesprächspartner die Bereitschaft, Ihre Sichtweise zumindest zu akzeptieren. Resultat: Die Aufnahmebereitschaft für Ihre sachlichen Argumente erhöht sich.

Ein taktisches Verständnis, bei dem das Interesse nur vorgespielt wird, um den anderen „weich zu klopfen“ würde allerdings rasch durchschaut werden. Das steigert die „Ja-aber-Salven“, statt sie aufzulösen.

Von den Bedenkenträgern, die stets mit einem „Ja, aber“ kontern, sind die „Anarchos“ zu unterscheiden. Sie lehnen sich grundsätzlich gegen alles und jeden auf. Wie der bekannte russische Wanderprediger Rasputin wollen sie andere von ihrer immerwährenden Protesthaltung überzeugen. Gegen fundamentalistische Gutmenschen, deren Moralvorstellungen ihren erhobenen Zeigefinger versteift haben, und gegen alle anderen unter uns lebenden Rasputins ist kein Kraut gewachsen. Das Original war scheinbar sogar gegen Gift immun.

Das „Ja, aber“ streichen In einem Gespräch und bei jeder Diskussion kann ein „Ja, aber“ meinen, dass jemand anderer Auffassung ist. Das ist auch völlig in Ordnung. Trotzdem kann es Widerstände einleiten, weil das „Aber“ signalisieren könnte: „Ich weiß es besser als du!“ Niemand mag es, wenn sich jemand – auch nur andeutungsweise – über ihn stellt. Das vielleicht lästige „Ja, aber“ lässt sich vermeiden, wenn stattdessen Begriffe wie „gleichwohl“, „gleichermaßen“, „dennoch“ oder „andererseits“ verwendet werden. Das „Gleich“ in den ersten beiden Vorschlägen signalisiert dem Gehirn des Gesprächspartners: „Wir denken in einer Sache ähnlich.“ Das verbindet und erleichtert die Kommunikation.

Wird das „Aber“ durch ein „Und“ ersetzt, was nahezu immer möglich ist, nimmt der Gesprächspartner den Einwand leichter an. Das nachstehende Beispiel zeigt, wie sich die Wirkung auf den Angesprochenen verändern kann, wenn eine kleine sprachliche Korrektur erfolgt: Aus dem „Aber“ wurde ein „Und“, aus dem „Sie“ ein „Wir“; „zwar“ und „grundsätzlich“ wurden weggelassen.

- Trennende Ausdrucksweise: „Da gebe ich Ihnen zwar grundsätzlich Recht, aber Sie dürfen nicht übersehen, dass …"
- Verbindende Ausdrucksweise: „Da gebe ich Ihnen Recht, und wir dürfen nicht übersehen, dass…"

Menschen, die eher selten eine zustimmende Haltung einnehmen, fällt es generell schwer, andere zu bewegen, ihren Argumenten zuzuhören. Die Widerstände, die ihnen entgegenwehen, sind jedoch größtenteils sprachlich von ihnen selbst provoziert. Geht es um Lösungsmöglichkeiten, die am besten gemeinsam gefunden werden, entstehen durch Rechthaberei nur Schwierigkeiten. Die Kuh kann nicht vom Eis geholt werden, sondern wird nur hin- und hergeschoben. Permanente Rechthaber begeben sich dafür mit aufs Glatteis. Darauf rutschen sie, symbolisch gesprochen, aus, weil ihren Ideen nicht Gehör geschenkt wird.

5.4 Sprachliche Hardliner und verbale Softies

Sprachliche Rambos und verbale Hardliner gehen davon aus, dass durch ihre „klaren Ansagen" jeder verstehen kann, wie sie denken, was sie wollen oder von anderen einfordern. Ihre Sprache ist kurz und bündig. Sie trifft klare Bewertungen und folgt dabei einem simplen Schema: gut oder schlecht; gefällt mir oder gefällt mir nicht. Der entscheidende Nachteil bei diesem Kommunikationsstil im zivilen Leben: Menschen, die es gewohnt sind, selbstständig zu denken – und das ist sicherlich eine Mehrheit –, fühlen sich durch den diktatorischen Sprachstil und die unüberhörbaren Kommandotöne der Hardliner überfahren. Doch wer das eigene Ego betont statt das gemeinsame Wir ins Zentrum zu rücken, muss mit erheblichen Widerständen rechnen. Oder anders gesagt: Wer im Gespräch die Gegensätze in den Mittelpunkt stellt und Trennendes sät, erntet Widerspruch.

Das andere Extrem sind die verbalen Softies, die keinen klaren Standpunkt vertreten. Als Konjunktivspezialisten bleiben sie mit „könnte", „würde", „sollte" usw. mehr oder weniger unverbindlich. Reicht der Konjunktiv nicht aus, werden weitere sprachliche Weichspüler eingesetzt, um sich nicht festlegen zu müssen: eventuell, vielleicht, vermutlich, wahrscheinlich, gegebenenfalls, unter Umständen usw. Mit diesen schwammigen Formulierungen, gleicht die Sprache einem übervorsichtigen Tanz auf rohen Eiern. Ihre Gesprächspartner wissen nie genau, woran sie an ihnen tatsächlich sind, da sie selbst auf klare Fragen ausweichend antworten. Ein solches Verhalten kann natürlich auch eine Taktik sein, so wie wir es von Politkern kennen, die sich bewusst nicht festlegen und möglichst viele Hintertürchen offen lassen wollen. Es kann aber auch die Befürchtung sein, für die eigene Meinung kritisiert zu werden. In beiden Fällen können einfache Fragen den Gesprächspartner aus der Reserve locken, ohne ihn zu provozieren: „Darf ich erfahren, wie Ihr konkreter Standpunkt ist?", „Mir ist nicht klar genug, wie Sie darüber denken, könnten Sie mit bitte auf die Sprünge helfen?" oder „Was genau meinen Sie mit diesem Punkt?"

- Sprachliche Hardliner und verbale Softliner sind die zwei Extrempole auf der Kommunikationsskala. Sie haben eines gemeinsam: Die Sprache wird von ihnen nur auf reduzierte Weise in ihrer ursprünglichen und wichtigsten Funktion eingesetzt, nämlich um Menschen miteinander zu verbinden, auch wenn sie eine andere Meinung vertreten. Während die Hardliner durch ihren zu direkten und angriffslustigen Kommunikationsstil Widerstände hervorrufen, ist bei den Sprachsofties ihre unverbindliche Art der Auslöser dafür.

Menschen, die sich in einem Gespräch winden und drehen wie ein glitschiger Aal, wirken wenig vertrauensvoll. Ihren Aussagen wird daher misstraut. Darin liegt die Quelle des wachsenden Widerstandes gegen ihre Person. Im Gehirn des Empfängers lösen unverbindliche und ausweichende Worte das Gefühl aus, auf die Worte des Senders sei kein Verlass. Geschuldet ist dies unserem biologischen Erbe. Man stelle sich unsere urzeitlichen Ahnen vor, die ständig dem Überlebenskampf ausgesetzt waren. Nur durch klare und verbindliche Sprachsignale – verbal und nonverbal – konnte dieser gewonnen werden. Unverbindliche und mehrdeutige Signale im Sinne von „vielleicht" oder „durchaus denkbar" angesichts von Gefahren oder unbekannten Nahrungsquellen hätten lebensbedrohende Konsequenzen nach sich ziehen können. Spricht dieser Gesichtspunkt nicht in gewisser Weise für die sprachlichen Hardliner, die nur ein „Ja oder Nein" und kein „Sowohl als auch" zu kennen scheinen? Durchaus nicht, wie der folgende Absatz zeigt.

Die Menschen sind als soziale Wesen auf Zusammenarbeit angewiesen. Das ist in unserem biologischen Erbe genetisch verankert. Daher können und sollen wir unsere Gedanken mit anderen teilen, sie ihnen aber nicht aufzwingen. Ein einzelner Mensch kann sich wesentlich leichter irren als eine Gruppe von Menschen; vorausgesetzt natürlich, es ist bei ihnen ein ähnlicher Wissensstand vorhanden. Abgesehen von akuten Gefahrensituationen, bei denen keine Zeit für eine ausführliche Diskussion bleibt – etwa bei dem Brand eines Hauses –, ruft ein bestimmendes Sprachverhalten im zivilen Leben stets Widerstände hervor.

5.5 Bessere Gesprächsergebnisse durch Diplomatie

Die Welt der Diplomatie ist nicht mit dem Alltag im Privatleben oder in einem Unternehmen zu vergleichen. Ein Diplomat, der einen Staat repräsentiert ist nicht der Vorgesetzte des Diplomaten eines anderen Landes. Er arbeitet auch nicht im selben Unternehmen. Nach einem Gespräch oder einer Verhandlung gehen beide wieder getrennte Wege. Das macht es wesentlich leichter, Gesprächstüren offen zu lassen und freundliche Formulierungen zu verwenden, die keinerlei Widerstände in der Kommunikation aufkeimen lassen.

Einige wichtige Grundsätze im diplomatischen Umgang können auch von uns allen sinnvoll angewandt werden. Gemeint ist damit ein kluges Gesprächsverhalten, nicht ein Taktieren oder der Austausch von netten, aber unverbindlichen Floskeln – so wie dies der Diplomatie manchmal zu Unrecht unterstellt wird.

Die diplomatischen Formulierungsbeispiele, die Sie im Folgenden lesen, sind als Anregung gedacht. Um beim Gesprächspartner eine positive Wirkung mit den Aussagen zu erzielen, sollten Sie diese an Ihren Sprach- und Gesprächsstil anpassen, gegebenenfalls auch an Ihren Dialekt und an regionale Besonderheiten des sprachlichen Ausdrucks. Anderenfalls würden solche Formulierungen unnatürlich klingen. Adaptieren Sie meine Beispiele also so, wie sie am besten zu Ihrer Person passen. Dieser Anwendungsvorschlag gilt selbstverständlich auch für alle anderen Formulierungsbeispiele in diesem Buch.

Grundsatz 1: keine Verlierer produzieren Treiben Sie niemanden in die Enge oder stellen ihn bloß, sondern lassen Sie den Gesprächspartner stets sein Gesicht wahren. Es sei denn, Sie möchten sich ganz bewusst einen Gegner oder sogar einen Feind schaffen. Vermutlich will das niemand, und trotzdem geschieht es immer wieder. Offensichtlich ist diesen Menschen nicht bewusst, dass Gegner, wann immer ihnen dies möglich ist, sich für den erlittenen Gesichtsverlust revanchieren werden. Eine Äußerung wie „Mit dieser Meinung stehen Sie aber völlig allein da" wäre sehr undiplomatisch. Sie brüskiert den Empfänger und wird ihn zu einer entsprechenden Gegenreaktion veranlassen, die für den weiteren Gesprächsverlauf oder die Zusammenarbeit sicherlich nicht förderlich ist.

Eine unterschiedliche Meinung lässt sich zum Beispiel so ausdrücken: „Ich respektiere, dass Sie in diesem Punkt anders denken als ich. Vielleicht lässt sich im Verlauf des Gespräches eine Brücke finden, die wir gemeinsam überqueren wollen." Oder: „Lassen Sie uns eine Wegstrecke suchen, die wir beide gehen können". Oder: „Einen unterschiedlichen Standpunkt halte ich für etwas ganz natürliches. Danke, dass Sie ihn so klar formuliert haben. Das macht es für uns beide einfacher, Lösungen auszuschließen, die unseren Standpunkten widersprechen würden."

Grundsatz 2: Kompromissbereitschaft signalisieren Allerdings nicht um jeden Preis oder im Sinne eines „faulen“ und kurzfristigen Kompromisses. So könnte man zum Beispiel dem Gesprächspartner eine der folgenden Fragen stellen: „Wie es scheint, befinden wir uns in einer Sackgasse – was könnte uns aus Ihrer Sicht herausführen?“ oder: „Welche Lösungsmöglichkeiten wären für Sie noch denkbar?“ oder „Falls wir einen Kompromiss anstreben: Wie könnte dieser aussehen?“ oder „Was halten Sie davon, wenn wir einen tragfähigen Kompromiss suchen? Vielleicht sollten wir zunächst klären, was seine Eckpfeiler sein könnten. Wie denken Sie darüber?“

Liegen die Verhandlungspositionen sehr weit auseinander, klären Diplomaten in einem vertraulichen Vieraugengespräch, worin der kleinste gemeinsame Nenner bestehen könnte – die sogenannte „Bottom Line.“ Dabei werden die Karten offen auf den Tisch gelegt. Hier mit Trümpfen in der Hinterhand zu taktieren oder gar zu bluffen ist in Diplomatenkreisen verpönt. Es würde den sofortigen Gesprächsabbruch zur Folge haben.

Grundsatz 3: Das Gemeinsame betonen und als Ausgangsbasis für das weitere Gespräch nutzen Dies läuft auf die Frage hinaus, in welchen Bereichen man gleich oder ähnlich denkt wie ein Gesprächs-, Verhandlungs- oder Diskussionspartner. Daraus leitet sich ein möglicher Ansatz ab, der die gemeinsame Auffassung zu einem bestimmten Themenbereich unmissverständlich ausdrückt. Sprachlich könnte die Gemeinsamkeit beispielsweise so signalisiert werden: „Da denke ich genauso wie Sie. Vor allem, was das Grundsätzliche zu diesem Thema betrifft.“ Oder: „Ich teile uneingeschränkt Ihre Meinung in dieser Hinsicht.“ Oder: „Ich denke, in diesem Punkt haben wir die gleiche Überzeugung.“ Oder: „Hier vertreten wir wohl denselben Standpunkt.“ Oder: „Unsere Sichtweise scheint in dieser Frage sehr ähnlich zu sein.“ Oder „Dieser Aussage pflichte ich bei“, „Dem schließe ich mich an“, „Hier gehen wir konform“.

Wie Sie sehen, gibt es in diesem Grundsatz eine Vielzahl möglicher Formulierungen, die allesamt insbesondere der Vertrauensbildung dienen. Außerdem animieren sie den Gesprächspartner, sich näher über die Dinge zu äußern, die er für gut und richtig findet. Während er darüber spricht, produziert sein Gehirn Wohlfühlhormone, und das gute Gefühl, welches dadurch entsteht, wird unbewusst mit Ihnen in Verbindung gebracht. Dieser biologische Vorgang ist sicherlich ein Vorteil für den weiteren Verlauf des Gespräches oder einer geschäftlichen Verhandlung. Überdies erfährt man so mehr über sein Gegenüber, seine Denkweise und Wertehaltung. Dieses Wissen erweist sich als sehr nützlich, da so besser auf das Gegenüber eingegangen werden kann und leichter Argumente zu finden sind, die ihn überzeugen können.

Grundsatz 4: Offen für andere Auffassungen bleiben Ein Diplomat würde niemals von einer „besten Lösung“ sprechen – oder sie sogar als solche präsentieren –, falls sie nur seiner eigenen Sichtweise entspricht und ohne erkennbare Einbindung der Gesprächspartner bei der Entscheidungsfindung entstand.

Das Wort „Vorschlag“ fand schon vor langer Zeit Eingang in die Sprache der Diplomaten. Dort ist es sozusagen ein „Klassiker“ im sprachlichen Umgang miteinander. Diplomaten konfrontieren ihre Verhandlungspartner nicht mit fertigen Lösungen, die sie für die einzig richtigen halten. Sie wissen, dass dies zwangsläufig Widerstände bei ihrem Gegenüber hervorrufen würde. Daher sprechen sie stets von einem Vorschlag, einer Möglichkeit und Lösungsvariante oder einem denkbaren Weg.

Auch außerhalb der Diplomatie wird das Wort „Vorschlag“ immer häufiger eingesetzt. Wenn Sie jemandem etwas vorschlagen, so besteht für diesen Menschen Wahlfreiheit: Er kann zustimmen oder ablehnen und eventuell andere Lösungsmöglichkeiten zur Diskussion stellen. „Vorschlag“ signalisiert eine Gesprächsbereitschaft, da etwas noch nicht endgültig entschieden ist. Von einer „besten“ oder „optimalen“ Lösung zu sprechen, ohne zu wissen, wie die davon betroffenen Menschen darüber denken, wird häufig ihren Widerstand erregen. Sie werden das Ergebnis nicht mittragen oder überhaupt rundweg ablehnen, wenn zuvor niemand wissen wollte, wie ihre Sichtweise dazu ist. „Mich fragt ja keiner“ oder „Hätte der Chef vorher unsere Meinung eingeholt, wäre das wohl besser gelaufen“ sind zwei typische Aussagen von Menschen, die sich übergangen oder überfahren fühlen. Sie klingen nach Frustration und nicht nach Motivation.

Auch in der häuslichen Diplomatie lässt sich das Wort „Vorschlag“ gut einsetzen und verhindert reflexartig vorgebrachte Widerstände gegen alles, was einseitig ausgedacht wurde. So hört es sich beispielsweise besser an, wenn von einem Urlaubsvorschlag gesprochen wird, statt von einer tollen Urlaubsidee, die den Familienmitgliedern unbedingt schmackhaft gemacht werden soll. Der Vorschlag führt leichter zu einem „Warum eigentlich nicht?“. Die Idee, von der zunächst nur der Urheber überzeugt ist, löst wahrscheinlich eine gegensätzliche Reaktion aus: „Warum ausgerechnet dorthin?!“

Grundsatz 5: Zustimmen und bestätigen In einem Gespräch, bei einer Diskussion oder einer Verhandlungssituation gibt es immer wieder einzelne Punkte, mit denen man durchaus übereinstimmen kann. Selbst bei gegensätzlichen Meinungen oder Standpunkten lassen sich solche Punkte finden. Häufig werden sie aber nicht konkret an- und ausgesprochen. Oftmals liegt das an der Annahme, zustimmende Äußerungen würden den Verdacht wecken, sich damit „einschleimen“ zu wollen. Ein Diplomat würde niemals eine „Schleimspur“ legen, um damit sein Gegenüber einzuwickeln. Eine solche Vorgehensweise funktioniert nicht in der hohen Diplomatie, sondern wird als billige Absicht durchschaut. Andere Menschen wiederum befürchten, durch bestätigende Äußerungen an den Gesprächspartner die eigene Verhandlungsposition zu schwächen, eine vertretene Auffassung dadurch zu relativieren und als „schwach" zu gelten, wenn sie zustimmen. Das Gegenteil ist allerdings der Fall. Gerade aus einer Position der inneren Stärke heraus sind Menschen bereit, anderen auch zuzustimmen und sie in ihrer Meinung zu bestätigen. Je schwächer hingegen das Selbstwertgefühl eines Menschen ist, umso weniger ist er dazu geneigt.

Ein betont selbstbewusstes Auftreten spricht im Regelfall für ein geringes Selbstwertgefühl. Solchen Menschen fällt es besonders schwer, Zustimmung auszudrücken und andere zu bestätigen, da sie sich ihres eigenen Wertes nicht so sicher sind, wie sie vorgeben.

Zustimmende Worte, die aufrichtig gemeint sind, setzen im Gehirn des Empfängers Hormone frei, die ein gutes Gefühl bewirken. Dies erleichtert zweifelsohne die Kommunikation. Einige Beispiele für bestätigende Worte: „Da gebe ich Ihnen inhaltlich durchaus Recht", „Dem kann ich gerne zustimmen", „Was Sie sagen, bestätigt sich auch durch meine Erfahrung", „Ihrer Meinung teile ich im Wesentlichen", „Diese Sichtweise kann ich uneingeschränkt bejahen" oder „Ich greife Ihren weiterführenden Gedanken von vorhin gernc auf."

Der ehemalige österreichische Spitzendiplomat und versierte Verhandler Albert Rohan sieht in der Bejahung und Zustimmung einen wichtigen Katalysator zur Beschleunigung der Vertrauensbildung unter den Verhandlungspartnern. Oder anders gesagt: Schädliches Misstrauen wird durch beipflichtende Worte und die signalisierte Übereinstimmung zu einzelnen Gesprächspunkten in Vertrauen umgewandelt.

Grundsatz 6: Negative Bewertungen vermeiden Insbesondere jene aus einer moralischen Gutmenschperspektive. Dieser Punkt bezieht sich auf alle Äußerungen des Gesprächs-, Verhandlungs- oder Diskussionspartners und natürlich auch auf seine Person.

Die Person von der Sache zu trennen, so wie dies in vielen einschlägigen Ratgebern immer wieder empfohlen wird, ist schwierig und im Grunde genommen in der Praxis kaum möglich. Vor allem dann nicht, wenn die Auffassungsunterschiede groß sind und die Meinungen hart aufeinanderprallen. Wird beispielsweise ein Vorschlag negativ bewertet, so betrifft dies indirekt, aber automatisch die Person, die den Vorschlag ausgesprochen hat. Niemand denkt: „Mein Vorschlag wurde als zu wenig durchdacht bezeichnet, aber das hat nichts mit mir persönlich zu tun." Mit wem sonst? Vielleicht mit dem „Sachareal" im Gehirn, das die negative Bewertung seiner Arbeit von der übrigen Person des Gehirnbesitzers strikt trennt? Dieses Areal existiert aber leider nicht.

Die Trennung von Person und Sache nach dem Motto „Ihre Idee ist nicht zielführend, aber beziehen Sie das bitte nicht auf sich als Person" funktioniert wohl nur in der Theorie. Menschen sind keine Automaten, die sich ohne Gefühle über eindeutig zu verstehende Zeichen- und Zahlenabfolgen verständigen können. Im Zwischenhirn des Empfängers werden negative Bewertungen seiner Äußerungen und Gesprächsbeiträge stets emotional eingefärbt. Anschließend landen sie im Großhirn als bewusster Gedanke, der etwa so lauten könnte: „Das was *ich* gesagt und gedacht habe, wurde negativ bewertet." Kurzum: Das Gehirn des Empfängers interpretiert die Kritik an einem Kommunikationsinhalt immer auch als eine Kritik an der eigenen Person. Selbst dann, wenn dies vom Sender nicht beabsichtigt und auch nicht so ausgedrückt wurde. So gesehen gibt es keine absolut wertfreie und nur beschreibende Kommunikation.

Ein Beispiel einer negativen Bewertung in Sachfragen, die sich indirekt auch auf die Person bezieht: „Das ist kein geeigneter Weg, den Sie vorschlagen, weil dabei einige wichtige Punkte ausgeblendet bleiben. Das kann so nicht funktionieren." Damit wird dem Gegenüber vermittelt: „Was Sie sich überlegt haben, ist unbrauchbar, und ich kenne die wichtigen Punkte, um die es hier geht – Sie aber nicht." Eine bessere Formulierung, weil sie keine Kritik beinhaltet, wäre beispielsweise: „Das ist einer von mehreren Wegen. Lassen Sie uns kurz die wichtigsten Punkte rekapitulieren, die wir für erfolgversprechend halten. Anschließend lässt sich entscheiden, welchen Weg wir für den besten halten und umsetzen."

Einige weitere Beispiele für wertende Aussagen: „Das ist eine schlechte Alternative", „Ihre Argumentation ist falsch", „Diese Idee ist unbrauchbar" oder „Ich habe schon deutlich bessere Vorschläge von Ihnen bekommen".

Bewertungsneutral könnten diese vier Aussagen beispielsweise so formuliert werden: „Welche Alternativen gibt es noch?", „Meine Argumentation geht in eine etwas andere Richtung", „Gibt es zusätzliche Ideen, die uns weiterhelfen könnten?" und „Ein zweiter Vorschlag mit einem Szenario ‚Best Case, Worst Case' könnte unsere Entscheidung absichern."

Abschließend ein Beispiel aus dem Privatleben. Die Mutter sagt zu ihrem vierzehnjährigen Sohn: „Du lügst mich an. Wenn du mir nicht die Wahrheit sagst, sehe ich keine Möglichkeit, etwas für dich zu tun." Alternativformulierung: „Wenn wir offen darüber sprechen, finden wir sicher eine gute Lösung für uns beide. Was hältst du davon?"

Grundsatz 7: Die eigene Sichtweise nachvollziehbar machen Dem Gesprächspartner soll vermittelt werden, wie die eigene Auffassung entstand. Es geht hier keinesfalls um eine Rechtfertigung, sondern um eine kurze und nachvollziehbare Erklärung. Ob er sie teilt, ist eine andere Frage. Für alles, was ein Mensch denkt und sagt, gibt es in seiner subjektiven Sichtweise immer gute Gründe. Wenn sie der Gesprächspartner kennt, erhöht dies sein Verständnis für einen vorgebrachten Standpunkt sowie die Bereitschaft zum Dialog.

Dazu einige Beispiele aus der beruflichen Praxis:

- „Ich bin dabei dem Grundsatz gefolgt, der kürzeste Weg führt am schnellsten ans Ziel. Worin er aus meiner Sicht bestehen könnte, möchte ich kurz erläutern."
- „Zu dieser Überzeugung bin ich gekommen, nachdem ich zwei gegensätzliche Meinungen eingeholt und die Pro und Contras abgewogen habe. Auf sie möchte ich jetzt näher eingehen."
- „Bei diesem Vorschlag war für mich ausschlaggebend, dass er bei den betroffenen Mitarbeitern Akzeptanz findet und keine Widerstände auslöst. Warum ich annehme, dies würde so sein, lässt sich in drei Punkten zusammenfassen."
- „Hier ist für mich ein hoher Qualitätsanspruch das Entscheidungskriterium. Wie wir diesem gerecht werden können, habe ich auf einer Folie überblicksartig dargestellt. Ich darf sie kurz kommentieren."

Sollte der Gesprächspartner nicht von sich aus ansprechen, worauf sein Standpunkt basiert, lässt sich dies durch eine neutrale Frage in Erfahrung bringen: „Mir wäre wichtig zu erfahren, wie Sie zu dieser Meinung gekommen sind, damit ich Ihren Standpunkt besser verstehe. Was war dabei für Sie ausschlaggebend?" Eine provokante Fragestellung wie „Wie kommen Sie überhaupt zu einer solchen Meinung?" sollte tunlichst vermieden werden.

Jeder dieser sieben Grundsätze der Gesprächsdiplomatie ist eine Einladung an den Gesprächspartner, gemeinsam mit Ihnen nach der besten Lösung in der jeweiligen Situation oder für die gestellte Aufgabe zu suchen. Sie wirken wie ein freundlicher Aufruf an seine grauen Gehirnzellen: „Denkt bitte mit, denn dafür seid ihr geschaffen worden!" Diesem Appell leisten sie auch gerne Folge – wenn man sie lässt und nicht den Eindruck vermittelt, auf ihr Mitwirken verzichten zu können.

In den meisten Fällen öffnen diplomatische Formulierungen die Tür für das Verständnis der eigenen Position und für die vertretene Meinung. Damit ist der Weg geebnet, um durch Argumente überzeugen zu können; und Widerstandsmauern entstehen erst gar nicht. Die wirksame Anwendung jeder Gesprächsdiplomatie setzt natürlich voraus, dass der Gesprächs- oder Verhandlungspartner keine unfairen „Spielchen" treibt, er andere über seine wahren Absichten also nicht hinwegtäuschen will.

- Diplomaten werden auch als „sanfte Sieger" bezeichnet. Sie erzielen bessere Gesprächs- oder Verhandlungsergebnisse als Menschen, die sich mit der sprachlichen Brechstange durchsetzen wollen. Vor allem sind ihre Ergebnisse tragfähig und nicht nur ein kurzfristiges Resultat, das wieder umgestoßen werden könnte. Ein „harter Sieger" muss hingegen stets damit rechnen, dass sein errungener Sieg zu Lasten anderer Menschen keinen dauerhaften Bestand hat.

Im Berufsleben, aber auch im privaten Bereich mit sprachlicher Diplomatie sanft zu gewinnen, heißt nicht, auf feinste Sprachnuancen zu achten und jedes Wort auf die Goldwaage zu legen. Das wäre so, als ob beim Hinabsteigen einer Treppe jede Beinbewegung beobachtet würde und man dadurch schließlich stolpert und hinfällt. Das Gewicht von Worten lässt sich auf keiner Waagschale ermitteln. Nur der Empfänger weiß, ob sie für ihn gewichtig sind. Die sprachliche Diplomatie hingegen vermeidet unerwünschte Widerstände und löst bestehende leichter in Zustimmung auf.

Was im Extremfall geschehen kann, wenn durch die Sprache Widerstände beim Gegenüber auf die Spitze getrieben werden, lesen Sie im nächsten Kapitel. Dort werden Sie Zeuge eines Dreifachmordes, der mit zwölf Worten ausgelöst wurde. Sprachliche Diplomatie hätte ihn verhindern können.

Empfohlene Literatur

1. Jonas K, Stroebe W, Hewstone M (2014) Sozialpsychologie. Springer, Berlin
2. Naumann F (2004) Die Kunst der Diplomatie. Rowohlt, Reinbek, Hamburg
3. Rohan A (2002) Diplomat am Rande der Weltpolitik. Molden, Wien

6 Die Zunge als Waffe

Besitzen Menschen zwei Gesichter? Gib es eine helle und eine dunkle Seite in ihrer Persönlichkeit? Einen guten Dr. Jekyll und einen bösen Mr. Hyde, wie in der oftmals verfilmten Novelle des schottischen Schriftstellers Robert Louis Stevenson? Dieser Eindruck lässt sich beispielsweise gewinnen, wenn bei einem heftigen Ehestreit sehr verletzende Worte fallen, die von einem zuvor noch liebevollen Menschen nicht erwartet worden wären. Offenbart dieser Mensch damit sein „wahres" Gesicht? Mitnichten. Er zeigt nur ein anderes Gesicht. Die Ursache dafür liegt in der Sprache und ihrer Verarbeitung im Gehirn.

Die an einen Menschen gerichteten Worte und der Ton, der sie begleitet, bringen in seinen emotionalen Gehirnanteilen unterschiedliche Saiten zum Klingen. Auch die nonverbalen Signale, etwa ein vorwurfsvoller Blick oder eine verächtlich verzogene Mundpartie, spielen eine wichtige Rolle bei der Sprachwirkung. Alles zusammen – Wortinhalt, Ton und Körpersprache – löst eines von sechs Grundgefühlen beim Empfänger aus: Wut, Angst, Freude, Trauer, Ekel oder Überraschung. Diese Emotion bestimmt dann seine Reaktion und entscheidet darüber, ob eine gute oder eine weniger gute Seite von ihm sichtbar wird – welches „Gesicht" ein Mensch also zeigt.

Fast ausnahmslos wirkt hierbei das Echoprinzip: Wie jemand in den Wald hineinruft, so schallt es zurück. Wenn Worte wie „Musik in den Ohren" eines Menschen klingen, so ist damit zu rechnen, dass er sich von seiner besten Seite zeigen wird. Wer einen Menschen anschreit, wird kaum eine freundliche Antwort erhalten. Wird die Zunge als Waffe verwendet, ist wohl nur bei einem Heiligen oder einem Märtyrer mit einer verständnis- oder sogar liebevollen Reaktion zu rechnen. Obwohl das Echoprinzip allgemein bekannt ist und als etwas Selbstverständliches

H. Eicher, *Die verblüffende Macht der Sprache*,
DOI 10.1007/978-3-658-08516-2_6

angesehen wird, gerät es allzu häufig in Vergessenheit; insbesondere in Streitsituationen und bei Konflikten.

6.1 Jeder Streit löst im Gehirn Alarm aus

Bei negativen Bewertungen der Person und aggressiven Äußerungen während eines Streits schaltet das Gehirn der Streitenden auf den Angriffs- und Verteidigungsmodus um. Eine emotional aufgeladene Situation kann sich rasch hochschaukeln, kommt es zu wechselseitigen Vorwürfen und Anschuldigungen – was meistens der Fall ist. Wählt das Gehirn bei einem der Beteiligten den Fluchtmodus, so führt dies zu einem Rückzugsverhalten mit beleidigter Miene, welches beim Streitpartner ein schlechtes Gefühl hinterlässt; vielleicht sogar ein Schuldgefühl.

Harmoniebedürftige Menschen wählen häufig den Rückzug, sofern sie nicht ohnehin jeglichem Streit grundsätzlich aus dem Weg gehen. „Du weichst mir aus", sagt in solchen Situationen beispielsweise der Ehepartner oder Arbeitskollege. „Ich will mich mit dir doch nicht streiten", antwortet der Angesprochene und zieht sich eventuell in einen Schmollwinkel zurück, falls er verbal attackiert wurde.

Möglicherweise lösen sich entstandene Differenzen durch „Aussitzen" mehr oder weniger von selbst. Sofern man sich gänzlich zurückzieht und so lange abwartet, bis die emotionalen Wogen geglättet sind. Jedenfalls lässt es sich leichter in umgänglicher Weise miteinander reden, wenn sich die ursprünglichen negativen Gefühle verflüchtigt haben.

Andererseits beschäftigt sich oftmals das Gehirn während des Aussitzens auch weiterhin mit der unangenehmen Situation, die entstanden ist. Es werden Annahmen über den vermeintlich „Schuldigen" getroffen, der den Streit angeblich verursacht hat. Ebenso werden Vermutungen über seine möglichen Beweggründe angestellt und Urteile darüber gefällt. All das kann im Gehirn ein reges Eigenleben führen und zu einer Verschärfung der Situation beitragen. Aus einem Streit wird so ein ernsthafter Konflikt.

Dazu ein Beispiel. Während eines Ehestreites verlässt der Mann in einer emotional aufgeladenen Situation wortlos den Raum. Seine Frau denkt: „Er möchte mir vorschreiben, wie ich mich gegenüber meiner Mutter verhalten soll. Damit löste er den Streit aus und nun entzieht er sich der weiteren Diskussion. Wenn dieses Thema wieder auf den Tisch kommt, wofür ich sorgen werde, sage ich meinem Mann, dass ich es umgekehrt nicht akzeptieren kann, wenn seine Eltern Einfluss auf die Erziehung unserer Kinder nehmen wollen." Der Ehemann währenddessen denkt: „Wozu soll ich mich wegen meiner Schwiegermutter streiten? Bei ihrem nächsten Besuch gehe ich joggen. Das Problem löst sich damit für mich von selbst. Außerdem muss meine Frau selber wissen, wie sie mit ihrer Mutter umgeht. Da will ich mich nicht einmischen."

Die Annahme der Ehefrau, ihr Mann wolle ihr vorschreiben, wie sie mit ihrer Mutter umgehen soll, führt bei ihr zu Gedankenketten, die negative Gefühle auslösen. Das spricht gegen die Absicht des Ehemannes, eine unangenehme und vielleicht sogar belastende Situation auszusitzen. Besser wäre es, Annahmen zu vermeiden, in sein Gegenüber nicht voreilig etwas hineinzuinterpretieren und diesen Menschen auch nicht damit zu konfrontieren. Der Gedanke, dass alles möglicherweise anders sein kann als angenommen wird, reduziert ein vorhandenes Streitpotenzial und drosselt die Produktion von Stresshormonen. Dann lässt es sich auch leichter über jene Punkte reden, die als störend empfunden werden – bevor es zu einem Streit kommt.

Vorschlag 1: Waffenruhe vereinbaren

Kommt es zu einem Streit, was sich nicht immer vermeiden lässt, so hilft es, rechtzeitig eine zehnminütige „Waffenruhe" zu vereinbaren. Also bevor die gegenseitigen Anschuldigungen und wechselseitigen Vorwürfe bereits böses Blut vergossen haben. In einer bewusst herbeigeführten Streitpause klingen die Emotionen teilweise wieder ab und das Gehirn kann so leichter in einen gemäßigten Modus umschalten. In der anschließenden Fortsetzung des Gespräches sind die Köpfe einigermaßen „ausgeraucht". Nun besteht zumindest die Chance, einzulenken und den einen oder anderen Grundsatz einer diplomatischen Gesprächsführung aus Kap. 5.5 anzuwenden. Auf diese Weise verringert sich die Gefahr erheblich, dass die weniger guten Saiten bei einem Menschen zum Klingen gebracht werden – beim Gegenüber ebenso wie bei einem selbst. Bei jedem ernsthaften Streit ist die Vernunft weitgehend außer Kraft gesetzt. Sie wird von den ausgelösten Emotionen sozusagen überrollt. Als Resultat produziert das Sprachzentrum verletzende und provozierende Worte, die einen Streit weiter anheizen. In diesem Fall wird die Zunge zur angreifenden und gefährlichen Waffe. Manchmal sogar zu einer tödlichen, wie wir in diesem Kapitel noch sehen werden.

Schuldig oder unschuldig?

Außer in eindeutigen Fällen sehen sich Menschen nur selten als die eigentlichen Verursacher einer Situation, die zu einem Streit führte. Schuld daran ist meist der andere – er oder sie, aber doch nicht ich! Da beide Beteiligten so denken und sich unschuldig fühlen, trägt entweder keiner eine Schuld oder beide. Wäre eigentlich logisch, oder? Sinnvoll ist es allemal, in einer Streitsituation das Wort „Schuld" und alles, was danach klingt – „du hast damit angefangen" usw. – zu vermeiden. Die Verwendung solcher Worte wird bei Menschen, die sich unschuldig fühlen, nur zu Rechtfertigungs- und Verteidigungsversuchen führen. Auf diese Weise dreht sich der Streit im Kreis oder es entsteht eine Streitspirale, die ihn weiter in die Höhe schraubt. Wechselseitige Schuldzuweisungen sind die emotionale Nahrung, durch die eine verbale Auseinandersetzung am Leben erhalten wird. Auf diese Weise endet sie jedoch nicht, sondern sie wird zum Dauerbrenner. Daher sind gegenseitige „Freisprüche" und der Verzicht auf belastende Schuldzuweisungen – auch wenn sich jemand im Recht fühlt – der Anfang vom Ende eines Streites.

Vorschlag 2: Vorschläge anwenden!

Die vielen wohlbekannten Tipps für ein „richtiges" Streiten wird wohl kaum ein vernünftig denkender Mensch in Frage stellen wollen: ruhig zuhören, sich in die Situation des anderen hineinversetzen, die Vergangenheit ruhen lassen, keine Pauschalierungen und Verallgemeinerungen treffen usw. Diese Ratschläge führen meist auch zu guten Vorsätzen, wie sich jemand bei einem – nächsten – Streit verhalten will. Doch welches Streitgespräch bleibt völlig emotionslos? Wie soll man dabei zum Beispiel ruhig zuhören können? Spätestens wenn die Emotionen hochkochen, geraten alle Vorsätze wieder rasch in Vergessenheit. Würden die Tipps, wie ein Streitgespräch richtig geführt wird, allerdings bereits vor einem Streit zur Anwendung kommen, so käme es selten zu heftigen verbalen Auseinandersetzungen, durch die tiefe Gräben zwischen Menschen aufgerissen werden können. Auch die Zahl der Rosenkriege bei Ehescheidungen würde sich dadurch deutlich reduzieren. Der wichtigste Tipp zur Vermeidung eines unnötigen Streites besteht also darin, die Tipps für ein Streitgespräch anzuwenden, bevor es zu einem solchen überhaupt kommt.

Misstöne im Gehirn

Worte, die einen Menschen beschämen, demütigen oder auf eine andere Weise verletzen, wirken unerwünscht auf seine emotionalen Gehirnanteile ein. Ähnlich wie bei einer Gitarre oder einer Geige, deren Saiten unkundige Hände verstimmen, entstehen dadurch Misstöne im Gehirn. Das bleibt nicht ohne Folgen. Gleiches gilt, wenn sich jemand ins Unrecht versetzt fühlt. Das zeigen die zahlreichen Nachbarschaftsstreitigkeiten. Scheinbare Kleinigkeiten, wie etwa Laub, das vom anliegenden Grundstück auf das eigene fällt, führen zu unbedachten Äußerungen und Verhaltensweisen, die oft sogar vor Gericht enden. Ansonsten friedliche Menschen werden plötzlich zu unversöhnlichen Streithähnen und zeigen sich von einer völlig anderen Seite, als Freunde, Bekannte und selbst die eigene Familie es von ihnen gewohnt sind.

6.2 Zwölf Worte lösen einen Dreifachmord aus

Worte können Ungeahntes auslösen und dramatische Folgen haben, die wie ein böser Albtraum sind, aus dem es kein Erwachen gibt. Davon handelt das folgende Fallbeispiel eines Dreifachmordes. Um bei den Angehörigen keine vernarbten Wunden aufzureißen, wurde es anonymisiert. Aus demselben Grund sind einige unwesentliche Details verändert worden. Die auslösenden Worte der Tat, die bei der Gerichtsverhandlung durch den Täter zu Protokoll gegeben wurden, blieben jedoch unverändert. Ich habe damals an mehreren Verhandlungstagen aus beruflichem Interesse teilgenommen. Vielleicht nehmen Sie sich ein paar Minuten Zeit, bevor Sie weiterlesen, um zu überlegen, wie Sie grundsätzlich mit einer sehr ernsthaften Konfliktsituation umgehen würden. Würden Sie einen Kompromiss anbieten, von Ihrem Standpunkt teilweise abrücken, ihn vielleicht sogar aufgeben, wenn die Situation keine andere Lösung zulässt? Oder würden Sie auf Ihrem Standpunkt beharren, weil das Ihr gutes Recht ist und Sie ihn daher mit allen Mitteln durchsetzen wollen? Klar, bei der Antwort auf solche Fragen kommt es immer auf die jeweilige Situation und die daran Beteiligten an. Trotzdem erfahren Sie durch Ihre Antworten etwas über Ihre generelle Einstellung zum Umgang mit Konflikten. Diese Einstellung kann es Ihnen erleichtern oder erschweren, einen Konflikt zu lösen. Was damit im Einzelnen gemeint ist, wird in der weiteren Schilderung und Analyse noch deutlich werden.

Kurz zur Vorgeschichte dieser Bluttat, die mehrere Jahre zurückliegt und sich in einer westeuropäischen Kleinstadt ereignet hat. Ein 55-jähriger Abteilungsleiter einer Bank führte einen scheinbar alltäglichen Rechtsstreit. Dabei ging es um Schadenersatzansprüche wegen Baumängel bei seinem neu errichteten Haus.

Der Beklagte war ein Maurermeister, der den Rohbau dieses Haus erstellt hatte. Der eingeklagte Betrag: 35.000 €. Es wurden zwei Gutachten erstellt, die sich in Bezug auf die behaupteten Baumängel zum Teil widersprachen. Trotzdem erhielt der Kläger Recht. Einige Wochen nach der Urteilsverkündung verstarb der Maurermeister bei einem selbst verschuldeten Verkehrsunfall. Inklusive der eingeklagten Summe hinterließ er Schulden in Höhe von rund 50.000 €. Für seine hinterbliebene Ehefrau, die mit dem 22-jährigen Sohn auf einem Bauernhof wohnte und nur ein kleines Einkommen hatte, bedeutete dies mehr oder weniger das finanzielle Aus.

Die Frau des Verstorben ersuchte den Kläger, von den 35.000 € eine noch ausstehende Schwarzgeldzahlung von 9000 € abzuziehen und mit einer Ratenzahlung für die verbleibende Summe von 26.000 € einverstanden zu sein. Dieser erklärte jedoch, er wisse nichts von einer Schwarzgeldvereinbarung, und drohte ihr mit der Versteigerung des Bauernhofes, falls sie nicht innerhalb der nächsten drei Monate die gesamte Summe an ihn zahlen würde.

Im folgenden Monat kam es zu zwei Gesprächen zwischen dem Sohn des Maurermeisters und dem Abteilungsleiter der Bank. Dabei erklärte ihm der Sohn die finanzielle Notlage der Mutter und wie sehr sie der Gedanke belasten würde, dass der Bauernhof versteigert werden könnte. Er selbst sei derzeit arbeitslos, aber gemeinsam mit seiner Mutter könne er monatlich 400 € für eine Ratenzahlung aufbringen. Das zweite Gespräch endete mit einem heftigen Streit, bei dem der leitende Bankmitarbeiter den Sohn aufforderte, sich rasch und ernsthaft um eine Arbeitsstelle zu bemühen. Dann könne er gemeinsam mit der Mutter einen Bankkredit aufnehmen und die 35.000 € an ihn bezahlen. Würde er sich nicht umgehend eine Arbeit suchen, trage er sogar eine Mitschuld, wenn es zu einer Versteigerung des Bauernhofes kommen würde, was nach dem derzeitigen Stand der Dinge wohl unausweichlich sei. Der Sohn verließ daraufhin wutentbrannt das Haus des Klägers.

Das auslösende Moment

Zwei Wochen nach diesem Streit erlitt seine Mutter angesichts ihrer prekären Situation einen Nervenzusammenbruch. Sie wurde in ein Krankenhaus eingeliefert. Ihr Sohn rief den Kläger an und ersuchte ihn um einen weiteren Gesprächstermin. Dieser lehnte zunächst ab. Als ihm der Sohn eine Lösung in Aussicht stellte, wie er rasch zu seinem Geld kommen könne, willigte er schließlich ein. Es wurde vereinbart, sich am kommenden Samstag im Haus des Bankmitarbeiters zu treffen, um dort über die mögliche Lösung zu sprechen. Eine solche gab es allerdings nicht. Sie war lediglich ein Vorwand des Sohnes, um ein weiteres Gespräch führen zu können. Er hegte die Hoffnung, vielleicht doch noch auf Verständnis für eine Ratenzahlung beim Kläger zu stoßen.

Gegen 10:00 Uhr öffnete der Bankangestellte die Tür seines Hauses und ließ den Sohn des Maurermeisters eintreten. Noch im Vorraum stehend forderte er ihn auf, ohne Umschweife zu erklären, wann mit der Zahlung der 35.000 € zu rechnen sei. Als der Sohn vom Nervenzusammenbruch seiner Mutter erzählen wollte, wurde er barsch unterbrochen. Es fielen Worte wie „Das interessiert mich nicht. Jeder muss sehen, wo er bleibt. Nächste Woche will ich das Geld haben oder der Bauernhof wird versteigert. Und jetzt verschwinde sofort!"

Der Sohn entgegnete darauf wütend, dass sein Gegenüber das bitter bereuen würde. Anschließend wandte er sich voller Zorn um und wollte das Haus verlassen. Der Bankmitarbeiter verstellte ihm jedoch die Eingangstür und sagte: *„So einer wie du droht mir nicht ungestraft. Ich rufe die Polizei."* Daraufhin zog der Angesprochene ein mitgebrachtes Jagdmesser aus seinem Jacket und tötete den Bankmitarbeiter mit drei Stichen in die Brust. Wie er später vor Gericht angab, wollte er mit dem Messer nur drohen, aber nicht töten. Die Ehefrau des Ermordeten befand sich während des Streites gemeinsam mit ihrer Tochter im ersten Stock des

Hauses. Sie wollte offenbar aufgrund der lauten Worte im Erdgeschoss nach dem Rechten sehen und betrat circa eine Minute später den Vorraum. Dort sah sie, was passiert war. Der Täter stach ihr mit dem Jagdmesser zweimal in den Hals. Die Frau war sofort tot. Anschließend geriet er in einen sogenannten „Blutrausch", wie der Gerichtsgutachter später feststellte, bei dem ein Mensch nicht mehr zurechnungsfähig ist.

Der 22-jährige Mann ging in den ersten Stock, um nach weiteren Familienangehörigen zu suchen. Dort fand er die Tochter des soeben getöteten Ehepaares und erstach sie mit dem Jagdmesser. Anschließend tranchierte er ihr damit den Kopf. Kurz darauf verständigte er die Polizei und bat um seine Verhaftung. Er ließ sich, vollständig in Tränen aufgelöst, widerstandslos festnehmen und wurde in zweiter Instanz rechtskräftig zu 22 Jahren Gefängnis verurteilt. Das Strafausmaß begründete sich durch drei Punkte:

a. den Tatbestand des Vorsatzes, da der Täter ein Jagdmesser bei sich trug,
b. durch eine außergewöhnlich heftige Gemütserregung, die aus allgemeiner Sicht verständlich und nachvollziehbar ist und
c. durch den eingetretenen Blutrausch, bei dem ein Mensch das Unrecht seiner Tat nachweislich nicht mehr erkennen kann.

Der Gerichtsgutachter stellte zur Person des Täters fest, dass dieser psychisch völlig unauffällig war und keine psychiatrische Erkrankung vorlag. Bis zum Tatzeitpunkt war er weder straffällig geworden noch als aggressiv oder gewaltbereit aufgefallen. Ganz im Gegenteil: Seine Freunde bestätigten, er könne keiner Fliege etwas zuleide tun. Sie waren bestürzt und fassungslos über diese Bluttat. Während seiner Aussagen vor Gericht wurde der Täter, den ich als schlanken Mann mit einer schlaksigen Figur und einem „Milchgesicht" in Erinnerung habe, immer wieder von Weinkrämpfen geschüttelt.

6.2.1 Analyse der Tatauslöser – Umgang mit Konflikten

Bei der folgenden Analyse geht es ausschließlich um die Frage, welche Rolle die Sprache in einem Konfliktfall spielt und wie sie präventiv dazu beitragen kann, einen Konflikt nicht eskalieren zu lassen. Um keine Missverständnisse aufkommen zu lassen: Dabei wird selbstverständlich in keiner Weise unterstellt, der 55-jährige Bankangestellte, gegen den sich die Tat in erster Linie richtete, würde eine Art Mitschuld daran tragen. Der beschriebene Mord kann selbstverständlich durch nichts gerechtfertigt werden. Aber er gewährt uns einen tiefen Einblick in die Konflikteskalation und welche überragende Bedeutung dabei die Sprache hat.

6.2.1.1 Alarmstufe Rot im Gehirn

Jede angespannte Situation bei einem Konflikt versetzt das Gehirn in eine maximale Alarmbereitschaft. Es schaltet auf Alarmstufe Rot, setzt große Mengen Stresshormone frei und steht nun unter Hochspannung. In Sekundenschnelle ist es ab jetzt bereit, eine Abwehrreaktion gegenüber einer empfundenen Bedrohung einzuleiten: Kampf oder Flucht, mit dem Ziel der Verteidigung und des Schutzes. Evolutionär gesehen ist die Flucht meist die bessere Wahl, um das Leben zu schützen. Doch es gibt viele Situationen, in denen ein Angriff als die beste Verteidigung gilt. Darauf zu vertrauen, ein Konfliktgegner könne eingeschüchtert und zur Flucht nach hinten bewegt werden, kann sich als gefährlicher Irrtum erweisen. Ein wichtiger Grundsatz – vielleicht sogar der wichtigste – bei jedem ernsthaften Konflikt: Den Konfliktgegner und seine Reaktionsmöglichkeiten niemals unterschätzen. Eine eigene vermeintliche Stärke verführt geradezu dazu, sich in Sicherheit zu wägen und das auch noch demonstrativ auszuspielen – ohne dabei zu registrieren, wie demütigend oder beschämend dies für das Gegenüber sein kann.

Bei scheinbar unverständlichen Amokläufen – zum Beispiel an amerikanischen Schulen – spielt die zu spät erkannte Konflikteskalation als tatauslösendes Moment eine wesentliche Rolle, was hier nicht näher analysiert werden soll. Wenige demütigende Worte können dann bereits genügen und eine tödliche Uhr beginnt im Gehirn des Amokläufers zu ticken.

- Was ein Mensch für bedrohlich hält, hängt ausschließlich von seinem subjektiven Empfinden ab. Diese Bedrohung kann bei einem Konflikt zum Beispiel bedeuten, einen vertretenen Standpunkt aufgeben zu müssen, obwohl er für wichtig und richtig gehalten wird; Einfluss und Macht zu verlieren, einen empfindlichen Prestigeverlust oder finanzielle Nachteile zu erleiden. Alles, was ein Mensch als eine Gefahr für sich oder sein Selbstwertgefühl empfindet, löst eine Abwehrreaktion aus.

In dem geschilderten Beispiel hing die angedrohte Versteigerung des elterlichen Bauernhofes wie ein Damoklesschwert über der Mutter und ihrem Sohn. Er fühlte sich für sie verantwortlich, nachdem sein Vater tödlich verunglückt war. Sein Gehirn befand sich daher in andauernder Alarmbereitschaft. Wie konnte er die Bedrohung abwehren, welche Möglichkeiten standen ihm zur Verfügung? Die zwei Gespräche mit seinem späteren Opfer ließen seine Hoffnung nach einer Einigung schwinden und sein Stresspegel stieg unaufhörlich an. In solchen zugespitzten Situationen, in denen kein Ausweg mehr möglich scheint, schaltet das Gehirn zwangläufig auf den Angriffsmodus um. Durch eine Fluchtreaktion hätte die empfundene Bedrohung nicht abgewehrt werden können. Das irrationale Motiv des Dreifachmordes aus der Sicht des Täters: Sind die drei Menschen tot, die meine Mutter finanziell ruinieren können, kann sie nicht mehr ruiniert werden.

6.2.1.2 Eine Hintertür offenlassen

Bei jedem ernsthaften Konflikt trägt eine angebotene Hintertür für den Konfliktgegner wesentlich dazu bei, dass die Situation nicht eskalieren kann. Er sollte nicht den Eindruck gewinnen, mit dem Rücken zur Wand zu stehen, sondern erkennen, dass es einen Ausweg für ihn gibt. Für die Kommunikation bedeutet das, dem Konfliktbeteiligten klar die Bereitschaft zu signalisieren, mit ihm gemeinsam nach einer friedlichen Lösung suchen zu wollen und dass eine weitere Auseinandersetzung nicht gewünscht wird. In unserem Fallbeispiel gab es zu keinem Zeitpunkt eine solche Hintertür. Vielmehr wurde mit der unmissverständlichen Ankündigung, die Polizei verständigen zu wollen, eine Tür zu einem weiteren Konfliktfeld aufgestoßen: die mögliche Festnahme des 22-jährigen arbeitslosen Mannes mit unbekannten Folgen für ihn. Auch bei weniger dramatischen Konflikten wirken Androhungen stets konfliktverstärkend, da sie Öl ins Feuer gießen.

Bevor es zu diesem Dreifachmord kam, hätte das Signal für eine Deeskalation beispielsweise so lauten können: *„Ich verstehe deine Situation. Lass mich darüber nachdenken. Wir finden eine Lösung."* Diese drei Sätze bestehen ebenfalls nur aus zwölf Worten – so wie die tatsächliche Äußerung des Opfers: *„So einer wie du droht mir nicht ungestraft. Ich rufe die Polizei."*

Stellt man die beiden Aussagen gegenüber, so lässt sich ihre unterschiedliche Wirkung auf den Empfänger erahnen, der sich in einer hoch angespannten und emotionsgeladenen Situation befand. Die hier als Beispiel angeführte Formulierung für eine Konfliktentschärfung reduziert die Stressdosis beim Empfänger. Sie wirkt auf ihn beruhigend und besänftigend, da sie ein Einlenken erkennen lässt. Das Gehirn senkt nun die Alarmbereitschaft von Rot auf Gelb. Die Originalaussage des Opfers katapultiert hingegen das ohnehin hohe Stresslevel des Gegenübers auf einen Extremwert.

Ein „Friedensangebot" bei einem verschärften Konflikt, so wie es in dem obigen Formulierungsbeispiel zum Ausdruck kommt, setzt meist die Bereitschaft voraus, auf etwas zu verzichten. Im Unterschied zu einem Kompromiss, bei dem das beide Seiten in einer Art Tauschgeschäft tun, kann dies auch einen einseitigen Verzicht bedeuten, also keine unmittelbare Gegenleistung zu erwarten, sondern die längerfristige Beziehung zum Konfliktgegner oder seine möglichen Abwehrreaktionen in den Vordergrund der Überlegung zu stellen. In unserem Analysebeispiel hätte ein solcher einseitiger Verzicht darin bestanden, nicht auf der sofortigen Bezahlung der 35.000 € zu beharren, sondern einer Ratenzahlung zuzustimmen und den Zinsverlust in Kauf zu nehmen. Vermutlich würden die drei Opfer dann noch leben, da der Täter und seine Mutter eine monatliche Rückzahlung angeboten hatten.

6.2.1.3 Die Abwehrreaktionen des Gehirns rechtzeitig erkennen

Bei einem sich zuspitzenden Konflikt gibt es äußere Anzeichen der eingeleiteten Abwehrreaktion des Gehirns. Sie weisen darauf hin, ob der Konfliktgegner bereits unter Strom steht. Die Stimme beispielsweise wird lauter, höher oder sie versagt und ein Mensch ist buchstäblich sprachlos geworden. Nonverbale Signale wären beispielsweise ein „roter" Kopf durch einen ansteigenden Blutdruck, eine geballte Faust als Drohgebärde, leicht zitternde Hände als Ausdruck großer innerer Anspannung und Unruhe, stark aneinander gepresste Lippen, ein vorgeschobener Unterkiefer, eventuell verbunden mit einem Zähnefletschen, das die erhöhte Aggressionsbereitschaft signalisiert, zusammengekniffene Augen und ein drohender Blick, der in ein Blickduell mit einem intensiven Augenkontakt mündet. Ähnlich wie beim Showdown im Boxen, bei dem sich die beiden Kämpfer vor Beginn der ersten Runde direkt gegenüberstehen und ihr Blick zeigen soll: „Du besiegst mich nicht!"

Sind derartige Anzeichen äußerlich erkennbar, können bereits einige wenige Worte genügen und das Gehirn gibt den Befehl für den Angriff auf den Gegner – körperlich oder verbal. Die verbalen Attacken auf das Gegenüber können sich gegen seinen eingenommenen Standpunkt, aber auch direkt gegen seine Person richten. Bei persönlichen Angriffen ist mit einer wesentlich heftigeren Reaktion zu rechnen, als wenn ein Standpunkt bekämpft wird. Denn dieser ist grundsätzlich veränderbar, wenngleich nicht durch einen verbalen Angriff, sondern durch überzeugende Argumente. Werden die Person oder einzelne Persönlichkeitseigenschaften angegriffen, so fühlt sich ein Mensch jedoch elementar bedroht, da diese nicht veränderbar sind. In dem Beispiel des Dreifachmordes war die demütigende Äußerung des Opfers „So einer wie du droht mir nicht" ein Angriff auf die Person des Täters, die damit abgewertet wurde. Diese sieben Worte wirkten auf sein Gehirn wie eine ätzende Säure. Ihm wurde damit vermittelt: „Du bist ein Nichts gegen mich und meine Möglichkeiten." Sein ohnehin labiles Selbstwertgefühl und sein geringes Selbstvertrauen erhielten einen zu harten Stoß.

6.2.1.4 Ein scheinbarer Rückzug kann gefährlich sein

Wird ein Konfliktgegner, der auf seinem Standpunkt beharrt und ihn auch durchsetzen kann, als unüberwindbar eingeschätzt, so kommt es zu einem vorläufigen Rückzug. Vorläufig deshalb, weil sich niemand in einer Verliererrolle wohlfühlt.

Jeder Verlierer sucht daher nach einer passenden Gelegenheit, um sich für seine erlittene Niederlage zu revanchieren – es dem „Sieger" heimzuzahlen. Durch die Revanche wird die psychische Balance wiederhergestellt, die nach einer Niederlage aus dem Lot geriet. Rachemotive in allen Formen beruhen auf diesem Prinzip. Sie speisen sich aus dem Wunsch nach Vergeltung und Ausgleich und sind der Versuch, eine erlittene emotionale Verletzung damit zu „heilen".

Besonders groß ist die Gefahr einer Revanche, wenn in einem Konflikt ein Standpunkt nach dem Motto „Koste es, was es wolle" durchgesetzt wird und der Konfliktgegner dadurch sein Gesicht verliert. Das zu vermeiden ist ein wesentlicher Grundsatz, sogar ein unumstößliches Dogma jeder Gesprächsdiplomatie. Anderenfalls entstehen große Konfliktherde. In unserem Fallbeispiel hatte der Täter ganz offensichtlich einen Gesichtsverlust in dem sich hochschaukelnden Konflikt erlitten. Aus seiner Perspektive sah er sich überdies auch gegenüber der Mutter als ein Verlierer, falls er keine Einigung mit dem Konfliktgegner zustande bringen würde.

6.2.1.5 10 plus 1 kann 1000 sein

Die Gesetze der Mathematik und der Logik haben in der Psychologie eines Menschen keine Geltung. Daher lässt sich das Verhalten eines Menschen unter rein logischen Gesichtspunkten nicht, oder nicht hinreichend, erklären. Es wird daher als irrational bezeichnet. Auch zukünftiges Verhalten kann nicht am Reißbrett exakt vorausberechnet werden.

Bei jedem Konflikt spielen Gefühle eine besonders wichtige Rolle für die Steuerung des Verhaltens. Den Beteiligten ist dies oftmals nicht bewusst. Ihre rationalen Argumente können objektiv zwar richtig sein, aber trotzdem zu Reaktionen führen, die logisch nicht wirklich nachvollziehbar sind. Wäre es anders, gäbe es wesentlich weniger Konflikte, die eskalieren, da die sachlichen Argumente rechtzeitig überzeugen könnten. Würden die Menschen rein rational entscheiden, bräuchten wir auch keine Mediatoren.

In der Mathematik ist 10 + 1 immer 11. Bei Menschen ist das anders. Worte wirken im Gehirn nicht nach mathematischen Regeln, sodass man ausrechnen könnte, wie viele verletzende Worte ein Mensch verträgt oder wie viele positive Worte er braucht, um sich – wieder – gut zu fühlen. Daher lässt sich bei einem Konflikt in der Kommunikation natürlich auch nichts verrechnen, etwa so: „Ich habe drei ‚böse' Worte zu meinem Gegenüber gesagt und fünf zurückbekommen. Also kann ich noch zwei verwenden, dann stimmt die Rechnung." Natürlich denkt niemand in einer solchen Weise.

Worte wirken auf das Gehirn nicht additiv, sondern sie verstärken einander. Daher kann nach zehn verletzenden Worten das elfte Wort eine „Explosion" auslösen. Ähnlich wie bei einem Dampfkessel, dessen Ventile verstopft sind, entlädt sich der innere Druck bei einem Menschen dann auf unkontrollierte Weise. Was beim Dampfkessel die Ventile sind, ist beim Menschen das verständnisvolle Ohr eines anderen Menschen, bei dem ein Teil des vorhandenen Druckes kontrolliert abgelassen werden kann. Im Konfliktfall wirkt ein signalisiertes Verständnis für die Situation des Kontrahenten, der vielleicht in der schwächeren Position ist, stets druckreduzierend.

Besonders wenn sich bei einem Konflikt sehr viel Wut in einem Menschen aufgestaut hat, ist die Wahrscheinlichkeit groß, dass sich diese aufgrund weniger Worte, die an ihn gerichtet werden, explosiv entlädt. Menschen lassen sich dann beispielsweise zu wüsten Drohungen hinreißen und kündigen an, das Gegenüber „fertig zu machen". In unserem Fallbeispiel hatten wir gesehen, wie zwölf Worte das Fass zum Überlaufen brachten. Sie lösten eine völlig unerwartete und irrationale Reaktion aus, die drei Menschen das Leben kostete. Der Bibelspruch „Tod und Leben steht in der Gewalt der Zunge" (Spr. 18,21), hat sich hier in einem nicht religiösen Sinn auf traurige Weise bewahrheitet.

6.2.2 Psychische Dickhäuter, Choleriker und Mimosen

Ähnlich wie bei einem Baum, der sich mit einer dicken Rinde gegen Fressfeinde schützt, haben sich viele Menschen eine „dicke Haut" zugelegt. Diese unsichtbare „Hornhaut" ist in ihren Kindheits- und Jugendjahren aufgrund von psychischen Verletzungen entstanden. Sie umgeben sich damit wie mit einem Schutzpanzer, um sich vor zukünftigen Verletzungen besser schützen zu können.

Doch diese Panzerung kann bei einem ernsthaften Konflikt jederzeit aufbrechen. Dann entladen sich die sorgsam verborgenen Gefühle, die nicht verletzt werden sollten, auf eine eruptive Weise. Völlig unerwartet brechen sie wie heiße Lava aus einem schlafenden Vulkan hervor und lösen bei diesen psychischen Dickhäutern Reaktionen aus, mit denen niemand gerechnet hatte. Wird bei ihnen ein wunder Punkt berührt und geschieht dies vielleicht sogar absichtlich, um jemanden aus der Reserve zu locken, kann eine Konfliktsituation blitzschnell kippen und eskalieren. Dieser wunde Punkt ist im emotionalen Gedächtnis sozusagen ein „Schläfer", der auf ein Zeichen wartet, um aktiv werden und „losschlagen" zu können. Auch bei Menschen, die in ihrer stoischen Ruhe scheinbar nichts erschüttern kann, ist nach provozierenden Äußerungen daher mit verbalen Sturmwellen zu rechnen.

Im Unterschied zu den psychischen Dickhäutern sind Menschen, die als „cholerisch" bezeichnet werden, hypersensibel. Ihr gehirneigenes Abwehrsystem ist stets in Alarmbereitschaft, um mit einer aggressiven Reaktion und mit Drohgebärden die Umgebung einschüchtern zu können. Nachdem sie „Dampf" abgelassen haben, lässt sich meist vernünftig mit ihnen reden, sofern nicht während des Druckabbaus unbedachte Worte fallen, die ihren inneren Druck weiter erhöhen. Das angeblich cholerische Temperament ist nichts anderes als ein sichtbarer Schutzpanzer, der andere Menschen warnt: „Seid vorsichtig, was ihr zu mir sagt. Ihr wisst genau, wie ich auf die falschen Worte reagieren kann!"

Menschen mit einer dünnen Haut bezeichnet man auch als Mimosen. Wie diese Pflanzengattung reagieren sie sehr empfindlich: Die Mimose verschließt sich nach einer Berührung; sensible Menschen sind leicht eingeschnappt und ziehen sich in ihr Innerstes zurück, wenn Worte sie unangenehm berühren. Ihre Reaktion auf verletzende Äußerungen entlädt sich also nicht cholerisch nach außen. Vielmehr werden die schlechten Gefühle, die dadurch bei ihnen ausgelöst wurden, unterdrückt. Es kommt zu keiner angemessenen Reaktion, die klar signalisiert: „Es wurde eine rote Linie überschritten, bis hierher und keinen Millimeter weiter."

Da menschliche Mimosen bei niemandem anecken und daher solche Signale nicht aussenden wollen, sind sie typische Konfliktvermeider. Sie fürchten verbale Auseinandersetzungen, gegen die sie sich nicht adäquat zur Wehr setzen können, in denen sie daher drohenden Verletzungen schutzlos ausgeliefert sind. Aufgrund ihrer „sozialen Bisshemmung" schlucken sie eine Antwort, die ihnen vielleicht auf der Zunge liegen würde, lieber hinunter. Ärger und Wut fressen diese Menschen in sich hinein. Dies kann zu depressiven Verstimmungen führen und im Extremfall sogar mit einem Selbstmord enden. Nämlich dann, wenn sich die unterdrückte Aggression als Autoaggression äußert. Der Kern solcher depressiven Verstimmungen kann ein belastendes Gefühl der Hilf- und Machtlosigkeit gegenüber jenen Menschen sein, die sie fortwährend mit Worten attackieren und verletzen. Es gehört noch zu den Mysterien der Gehirnforschung, welcher biochemische Vorgang dafür verantwortlich ist, dass sich Wut im Gehirn in Trauer verwandeln kann und daher kein aggressives Abwehrverhalten ausgelöst wird.

Traurige Gefühle können sich aber tatsächlich auf aggressive Weise entladen, können in große Wut, ja sogar in Hass umschlagen, der den Verstand ausschaltet. Die Zielrichtung der Aggression sind vor allem jene Menschen, durch die sich jemand zutiefst verletzt fühlt. Oder schwere depressive Verstimmungszustände führen zu einer Verzweiflungstat, bei der die Autoaggression unschuldige Menschen durch einen erweiterten Suizid in den Tod reißt. Ein trauriges und aktuelles Beispiel ist der absichtlich herbeigeführte Absturz einer Linienmaschine von Germanwings durch den Copiloten Andreas L. im März 2015 in Frankreich. Sie kostete alle 149 Passagiere das Leben.[1]

[1] Der absichtlich herbeigeführte Absturz, der den Airbus durch den Aufprall an eine Bergwand atomisierte, wurde von Lufthansa Vorstand Kay Kratky am 29. März 2015 in der Talk-

- Wird darauf verzichtet, Worte als Waffe einzusetzen und die Sprache als Angriffsmittel zu verwenden, reduziert sich das Risiko einer Konflikteskalation. Daher steht in der „Packungsbeilage" für den Umgang mit Konflikten: Wertschätzend und auf Augenhöhe kommunizieren. Dieser Anwendungshinweis schützt nicht nur vor unerwünschten Nebenwirkungen und unvorhersehbaren Risiken. Er erleichtert es vor allem den Konfliktbeteiligten, für statt gegen eine Lösung zu sein. Im besonderen Maße gilt das für cholerisch reagierende Menschen und psychische Dickhäuter mit einem verletzbaren Kern. Aber auch bei sensiblen Mimosen, die Konflikten aus dem Weg gehen wollen, sie dadurch jedoch nicht lösen, ist dieser Hinweis für den richtigen Umgang mit ihnen hilfreich.

6.3 Nachbarschaftskonflikte

Nachbarschaftskonflikte enden häufig vor Gericht – zu häufig. Im österreichischen Fernsehen berichtet eine Sendereihe mit dem Titel „Am Schauplatz Gericht" darüber. Ausführliche Dokumentationen zeigen, wie beispielsweise eine Lärmbelästigung, die durch ein Gespräch rechtzeitig geregelt werden könnte zu mehrjährigen Gerichtsverfahren mit Klagen und Gegenklagen führt.

In den allerseltensten Fällen handelt es sich bei Nachbarn um Menschen mit einer pathologischen Streitsucht, die ständig Ärger verursachen, um ihre Frustrationen irgendwie ausleben und bei anderen abladen zu können. Nachbarn sind meist auch keine Soziopathen mit einem gestörten Sozialverhalten, die sich in die Lage anderer überhaupt nicht hineinversetzen können und deren Spiegelneuronen einen Defekt aufweisen. Vielmehr sind sie häufig ganz normale Menschen, die durchaus gesprächsbereit wären, wenn vor Beginn eines Konfliktes die richtigen Worte gefunden und der passende Ton angeschlagen würde. Nachdem sich die Standpunkte verhärtet haben, ist es dafür aber oftmals zu spät. Nun beharren beiden Seiten starrköpfig und rechthaberisch auf ihren eingenommenen Standpunkt – sehr zur Freude der Anwälte. Dort, wo vorher mehr oder weniger Frieden herrschte, wütet nun ein zermürbender Kleinkrieg mit wechselseitigen Vorwürfen und Unterstellungen: „Sie haben das Ganze losgetreten. Warum, das wissen Sie selbst am besten!" Oder: „Das machen Sie absichtlich, um mich aus meiner Wohnung zu vertreiben!"

Nachbarschaftskriege sind vielfach ein Machtkampf, bei dem beide Seiten verlieren, aber hohe Kriegskosten bezahlen – Verlust von wertvoller Zeit, innerer

show „Günther Jauch", ARD bestätigt.

Ruhe und auch Geld. Lassen sich solche Konflikte vermeiden? In den meisten Fällen schon, wenn die drei folgenden Punkte bedacht werden:

1. *Bei einer mehrmaligen nachbarschaftlichen Störung rasch das Gespräch suchen.* Ein langes Abwarten erhöht den eigenen Ärger und verhindert, bei einem späteren tatsächlichen Gespräch ruhig bleiben zu können. Vorwurfsvolle oder aggressive Untertöne sind dann nahezu unvermeidbar. Sie bringen beim Gegenüber ähnliche emotionale Saiten zum Klingen wie bei einem selbst.
2. *Die Wahl der richtigen Worte in Verbindung mit einem neutralen Tonfall,* um ohne Umschweife nachvollziehbar machen zu können, warum etwas stört. Dazu zwei Beispiele mit jeweils unterschiedlichen Formulierungen – einer konfliktverhindernden und einer konfliktauslösenden.

Beispiel 1, konfliktverhindernd: „Durch die etwas zu laute Musik können wir uns im Garten nicht in Ruhe unterhalten. Ginge es auch etwas leiser? Darum wollte ich Sie bitten. Bei unserem nächsten Grillabend brate ich für Sie ein Kotelett mit, okay? Eine gute Nachbarschaft ist mir wichtig."

Konfliktauslösend: „Ihre lärmende Musik stört uns, wenn wir uns im Garten aufhalten. Nehmen Sie mehr Rücksicht auf uns. Schließlich leben Sie hier nicht allein!"

Beispiel 2, konfliktverhindernd: „Wenn am Vormittag Ihr Hund länger im Freien bellt, wacht unser Baby auf. Wir mögen Hunde, daher habe ich für ihn ein Leckerli mitgenommen. Sie verstehen sicherlich unsere Situation. Es ist vor allem für meine Frau nicht leicht, wenn unsere kleine Birgit aufwacht und schreit."

Konfliktauslösend: „Das Kläffen Ihres Hundes weckt ständig unser Kind auf. Am Vormittag ist das Gebell besonders lästig. Stellen Sie das bitte ein und sperren Sie den Hund am Vormittag weg. Ich nehme an, Sie wollen auch weiterhin in Frieden mit uns leben!"

3. *Die ersten Sätze sind bei einem Gespräch über den Störanlass entscheidend,* da sie im Gehirn des Gegenübers unterschiedliche Reaktionen triggern – gesprächsbereit, abweisend, verteidigend, angreifend usw. Diesem Trigger-Mechanismus liegen Bahnungseffekte im Gehirn zugrunde. In Kap. 2.2.11 wurden sie als „Priming" beschrieben, bei dem wenige Worte ganze Assoziationsketten hervorrufen, die Gefühle auslösen und somit die jeweilige Reaktion des Angesprochen bestimmen. Das Gehirn des Senders synchronisiert die ersten Sätze in einem Gespräch automatisch mit dem dazugehörigen Tonfall und der passenden Körpersprache. Anschließend werden sie als sprachliches „Gesamtwirkpaket" abgesendet.

Freundliche oder neutral beschreibende Worte lassen sich nicht in einem ärgerlichen Tonfall und mit einer vorwurfsvollen Miene aussprechen. Gleiches gilt für den umgekehrten Fall. Sie können das probeweise vor dem Spiegel versuchen, indem Sie beispielsweise etwas Unfreundliches sagen und dabei ein freundliches Gesicht machen wollen – es funktioniert nicht.

Daher sind unfreundliche Worte mit einem aggressiven Ton und einer vorwurfsvollen Miene meist ein konfliktauslösendes Trio. Ein unechtes, gequält wirkendes „saures" Lächeln, in Verbindung mit unehrlichen Höflichkeitsphrasen, die das Gegenüber „entwaffnen" sollen, wird vom Empfänger instinktiv durchschaut – dank der Spiegelneuronen.

Die richtige Wahl der Worte hängt in solchen Situationen von der eigenen Einstellung ab, mit der das Gespräch gesucht wird: Will ich mich als der Stärkere in Szene setzen, der etwas notfalls auch erzwingen wird? Möchte ich mein Gegenüber einschüchtern und ihm signalisieren: Mit dir steige ich jederzeit in den Ring? Oder sehe ich mich als einen Menschen, der seinem Nachbarn auch bei auftretenden Schwierigkeiten, aus einer grundsätzlichen Einstellung heraus, die Hand entgegenhält? In diesem Fall lässt sich auch unmissverständlich sagen, was und warum etwas als störend empfunden wird, ohne dass dadurch ein Konflikt entstehen muss.

Menschen, die diese drei Punkte als zu idealistisch sehen, denken bei ihren Konfliktgegnern vermutlich an streitsüchtige Soziopathen, die nur ein Gericht in die Schranken weisen kann. Oder an Menschen, mit denen man weder reden kann noch will, da dies einen Sprung über den eigenen Schatten bedeuten würde. Solche Menschen gibt es natürlich. Daran besteht kein Zweifel. Die große Mehrheit unserer Nachbarn, deren Verhalten manchmal als störend empfunden wird, will jedoch genauso wenig wie wir selbst in Unfrieden leben.

Würde dies öfters bedacht, bevor die Zunge in Bewegung gesetzt wird, gäbe es deutlich weniger Streitfälle zwischen Nachbarn, die manchmal skurrile Züge tragen und absurd anmuten. Die zitierte Sendereihe „Am Schauplatz Gericht" berichtet darüber ausführlich. Auf Youtube finden Sie Auszüge. Sie sind eine wahre Fundgrube für jeden Menschen, der die Psychologie der Konfliktentwicklung sozusagen live miterleben und besser verstehen möchte, und geben einen praktischen Anschauungsunterricht, wie aus minimalen Störanlässen ein Flächenbrand im Zusammenleben entsteht. Der Auslöser für ein starrköpfiges, uneinsichtiges und rechthaberisches Verhalten ist in den meisten dieser Fälle die Zunge, die als spitze Waffe verwendet wird.

6.4 Konfliktverstärkende Worte in der Politik

Jeder diplomatische Neuling weiß: In der Außenpolitik trägt die Sprache der Diplomatie wesentlich zur Entschärfung, Verhinderung oder Lösung eines Konfliktes zwischen Staaten bei. Wenn die Diplomatie bei einem Konflikt versagt, setzen meist andere Mittel die Politik fort – dann haben Waffen das Sagen.

Im Land der unbegrenzten Möglichkeiten, in den USA, wird das diplomatische Einmaleins in der Außenpolitik offenbar bewusst ignoriert, wenn sich daraus innenpolitisches Kapital schlagen lässt. So hat der amerikanische Präsident Obama öffentlich erklärt: „Russland ist eine regionale Macht." Damit wurden sicherlich nicht nur der russische Präsident Putin und seine Regierung provoziert, sondern eine ganze Nation in ihrem Stolz verletzt. Wollte Obama damit signalisieren, dass er keine „lahme Ente" ist, wie Politiker in den USA bezeichnet werden, die nicht mehr zu einer Wahl antreten können? Oder hat die säbelrasselnde Waffenlobby diese Worte in sein Redeprotokoll diktiert, die alle Obama-Versteher laut beklatschen? Es liegt auf der Hand: Solche Worte wirken konfliktverstärkend und animieren Putin dazu, sein Land als mehr als eine regionale Macht darzustellen – unter anderem durch Aufrüstung. Obama nimmt durch eine solche Äußerung billigend in Kauf, dass sie weitere Menschen im Ukrainekonflikt das Leben kosten kann.

Es wäre zu hoffen, dass der nächste amerikanische Präsident für die Krisenherde dieser Welt weder ein angriffslustiger Falke noch eine watschelnde Ente ist, sondern eine Friedenstaube. Aber eine solche Hoffnung ist auch angesichts der Enthüllungen ehemaliger CIA-Offiziere äußerst naiv. Diese belegen sehr eindrücklich, wie die Weltöffentlichkeit durch die amerikanischen Regierungen immer wieder systematisch desinformiert und gezielt getäuscht wird. Darüber berichtet beispielsweise der ehemalige CIA-Offizier Ray McGovern in einem Interview, das auch auf Youtube veröffentlicht wurde und in dem die Ukrainekrise im Mittelpunkt steht [3].

Wer sich das abgehörte vertrauliche Telefonat zwischen der US-Diplomatin Viktoria Nuland und ihrem amerikanischen Kollegen in der Ukraine, Jeffrey Payette, vom Januar 2014 anhört, weiß, dass ihr „Fuck the EU" kein persönlicher Ausrutscher war, sondern die wahre Gesinnung im Umgang mit einem Konflikt verrät. Auf Youtube finden Sie dieses Telefonat in deutscher Übersetzung [4].

6.5 Das „verletzte" Wasser

Wirken sich Worte auch auf Pflanzen aus? Wachsen sie besser und werden Blumen noch schöner, wenn jemand liebevoll mit ihnen spricht? Erreicht man durch „böse" Worte vielleicht sogar das Gegenteil? Antworten darauf finden sich vor allem in der esoterischen Literatur, obwohl dieses Thema nicht nur Esoteriker beschäftigt. Eine repräsentative Emnid-Umfrage ergab, dass immerhin rund ein Drittel aller Deutschen sich dazu bekennt, mit Pflanzen zu reden. 49 % der Bundesbürger sind sogar überzeugt davon, dass Pflanzen Gefühle haben und auf gute Worte positiv und „dankbar" reagieren [5].

Wie ist das bei den Tieren? Geben Kühe eventuell mehr und eine fettere Milch, wenn im Stall Mozartsymphonien gespielt werden und sie der Bauer täglich lobt? Könnte sein. Jeder Haustierbesitzer weiß zum Beispiel, wie positiv Hunde auf lobende Worte reagieren. Sie verstehen zwar nicht den Wortinhalt, aber sie identifizieren seine Bedeutung aufgrund der Tonschwingungen, die beim Sprechen erzeugt werden – dem Klang der Stimme – und aufgrund der Art der Schallwellen, die Worte immer sind. Delphine erkennen einzelne Artgenossen nur aufgrund des Signaturpfiffes. Elefanten tun dies durch den trompetenden Kontaktruf und reagieren nervös, wenn sich ihnen ein unbekannter Dickhäuter nähert.

Aber spricht sogar Wasser auf Töne, auf Musik und Worte an, obwohl es kein Nervensystem wie die Tiere und kein Reizleitungssystem wie die Pflanzen hat? Mit dieser Frage beschäftigte sich der verstorbene Forscher und Alternativmediziner Masaru Emoto seit den 1990er-Jahren.

Emoto untersuchte mit seinem Team unter Laborbedingungen, wie sich Tonschwingungen auf das Wasser und seine Molekülstruktur auswirken. Mit der von ihm entwickelten Wasserkristallfotografie konnte er beweisen, wie durch Worte die Kristallstruktur des Wassers verändert wird. Seine zahlreichen Experimente muten teilweise auf den ersten Blick etwas sonderbar an. Doch das Ergebnis ist überraschend. So beschimpfte er zum Beispiel in mehreren Versuchsdurchgängen und in unterschiedlichen Sprachen ein Glas Wasser mit Worten wie „hässlich", „dreckig", „Du bist dumm", „Du machst mich krank" oder „Ich werde dich umbringen". Ein anderes Glas Wasser wurde mit positiven Worten bedacht und gelobt: „Du bist sehr schön", „Danke, dass es dich gibt" und „Ich liebe dich".

Das Wasser, welches gelobt wurde, blieb frisch und konnte auch noch nach einigen Tagen getrunken werden. Bei dem beschimpften Wasser war das Gegenteil der Fall. Die jeweiligen Wasserproben wurden eingefroren und unter dem Mikroskop mit 500-facher Vergrößerung fotografiert. Dabei zeigte sich, wie das Wasser auf die unterschiedlichen Schwingungen der Sprache, die bei positiven und negativen Worten entstehen, reagiert: Negative Worte enthalten eine disharmonische Energie, die auf Wasserkristalle eine zersetzende Wirkung ausübt und zu zerstörten, chaotischen Formationen führt. Bei positiven Worten entstehen hingegen harmonische Kristallformationen. Fotos, die diesen Unterschied deutlich erkennen lassen, finden Sie in den Büchern von Emoto und im Internet [6]. Seine Erkenntnisse werden von der Wissenschaft im Westen allerdings eher skeptisch gesehen, während sie in Japan teilweise in den Schulunterricht einfließen.

Der Körper eines Menschen besteht bekanntlich zu mehr als 50 % aus Wasser, und das Gehirn reagiert auf gesprochene Worte empfindlich wie ein Seismograf. Daher ist es durchaus denkbar, dass sie auch zu Veränderungen auf molekularer Ebene im Blut, in der Lymphe und in den Zellen führen können. Ob verbindende Worte einen „Handschlag" der Moleküle im Körper bedingen und verletzende Worte den Streit auf mikrobiologischer Ebene fortsetzen, wurde noch nicht wissenschaftlich erforscht. Anzunehmen wäre das jedoch, nachdem nicht nur gemobbte Menschen leidvoll erfahren müssen, welche krankmachende Wirkung Worte entfalten können. So wie umgekehrt jeder, der einen Streit oder einen Konflikt durch versöhnliche Worte beenden konnte, weiß, wie gut er sich hinterher fühlte.

6.6 Jammerclubs und Glaspropheten

Worte werden nicht nur bei einem Streit, einem Konflikt oder in der politischen Auseinandersetzung als Waffe eingesetzt, sondern auch dann, wenn ein Mensch den „Jammeritis-Virus" verbreitet, der aus klagenden Worten besteht. Dieser hat die Wirkung einer Waffe: Er greift die gute Stimmung anderer Menschen an und er schlägt eine Delle in ihr positives Grundgefühl. Möglicherweise werden sie durch diesen Virus sogar infiziert, falls sie sich nicht rechtzeitig von den Jammernden abwenden. Im Club der chronischen Pessimisten und Allzeitnörgler sind die Infizierten bestens aufgehoben, da ein gemeinsames Schimpfen und Lamentieren über die vielen unhaltbaren Zustände in dieser Welt vereint. Dies führt zu dem guten Gefühl, endlich von jemandem verstanden zu werden. Die hoffungsvolleren Fälle unter ihnen verlassen diesen Club allerdings wieder, nachdem sie erkannten: Die beklagten Umstände können sich nur dann verändern, wenn dagegen etwas unternommen wird und sie nicht nur pauschal kritisiert werden. Die verbleibenden Clubmitglieder feiern weiterhin ihre Selbstmitleidspartys.

Menschen, die im Kopf permanent eine schwarze „Heino-Brille" tragen, verbreiten mit ihren Worten nur äußerst selten eine gute Stimmung – falls überhaupt. Das wäre auch schwer möglich, da Denken und Sprache sehr eng miteinander verbunden sind. Dunkle Gedanken können daher nicht zu stimmungsaufhellenden Worten führen. Im Unterschied zum bekannten Volkssänger Heino, der mit seinen Liedern bei seinen Anhängern stets für eine gute Laune sorgt, verderben die Schwarzmaler anderen durch ihre Klagelieder die Stimmung und schicken sie dorthin, wo sich die eigene Stimmung befindet: in den Keller.

Eingefleischte Pessimisten sitzen stimmungsmäßig nie „hoch auf dem gelben Wagen", vielmehr sind sie offenbar unter seine Räder geraten. Solche Menschen jammern ständig über dieses und jenes, obwohl sie weder krank sind noch ein Unrecht erleiden oder eine depressive Episode durchstehen müssen. Menschen, die tatsächlich Probleme haben, beschweren sich selten ohne Unterbrechung darüber, sondern sie versuchen, diese auf ihre Weise zu lösen.

Das Glas ist für die notorischen Unheilspropheten weder halbvoll noch halbleer, sondern gänzlich trocken, während am Boden dieses Glases klar geschrieben steht, wer angeblich daran schuld ist, dass kein Tropfen mehr vorhanden ist: Die Anderen. Wer auch immer sie sein mögen.

Menschen, die alles krank jammern und in ihrem Klageritus verharren, stecken die engere Umgebung durch ihre missklingenden, kakofonen Töne unweigerlich gefühlsmäßig an. Das Unangenehme, was sie permanent zur Sprache bringen, nährt das Unangenehme im Kopf desjenigen, vor dem es ausgebreitet wird. Es führt in seinen emotionalen Gehirnanteilen zu disharmonischen Dissonanzen und nicht zu angenehmen Wohlklängen. Daher ist es nur allzu verständlich, wenn sich Menschen von den Miesmachern distanzieren und ihnen nach Möglichkeit gänzlich aus dem Weg gehen. Denn all die Versuche, auch die positiven Aspekte einer Sache aufzuzeigen, sind zum Scheitern verurteilt. Sie führen nur reflexartig zum Anführen von zwei negativen Gesichtspunkten. Gleiches gilt für Vorschläge, wie eine missliche Situation vielleicht gelöst werden kann oder wie man sie besser in den Griff bekommen könnte. Dieses reflexartige Kontern mit Gegenargumenten erinnert an die Schlange Hydra aus der griechischen Mythologie: Wird ein Kopf abgeschlagen, wachsen zwei weitere nach.

Bei näherem Hinhören ist deutlich zu erkennen, dass für Menschen, die sich ständig beklagen, stets die eigene Person und Befindlichkeit im Zentrum steht. Nur sehr selten zeigen sie auch Interesse für die Situation des Gegenübers. Es handelt sich bei ihren Klageliedern also um eine besondere Form des Egoismus.

Ein Mensch, der sich fortwährend beklagt, versucht sich auf diese Weise psychisch zu entlasten. Gleichzeitig belastet er damit jene, die ihm zuhören und vor denen er alles ausschüttet, was ihn in seiner düsteren Weltsicht im Allgemeinen und im Besonderen stört. Und das kann sehr viel sein. Das Waschen von schmutziger Wäsche, bei dem ausgeplaudert wird, welche anvertrauten Fehler andere begangen haben, gehört dazu. Solche Menschen dürfen sich daher nicht beschweren, wenn ihre Umgebung einen großen Bogen um sie macht, den persönlichen Kontakt vermeidet und die Handynummer ändert.

Lässt es sich nicht verhindern, von einem Menschen mehr oder weniger grundlos angejammert zu werden, so können zwei Reaktionen sein Klagelied, zumindest vorübergehend, zum Verstummen bringen.

Reaktion 1 besteht aus einer Frage: „Welche Möglichkeiten haben Sie in Betracht gezogen, um den beklagten Umstand zu verbessern?" Oder: „Wodurch lässt sich diese negative Situation verändern und was könnte Ihr Beitrag dazu sein?"

Reaktion 2 bezeichne ich als die „Strategie des Gegenjammerns". Darunter ist zu verstehen, dass man sich über etwas anderes beklagt als das Gegenüber und aufzählt, was einen selbst alles stört. Meistens will dieser Mensch das nicht hören, da er seine schlechten Gefühle in der Zuhörerrolle nicht mehr abladen kann. Deshalb verabschiedet er sich im Regelfall sehr rasch.

6.7 Gute Worte, schlechte Wirkung – böse Worte, gute Wirkung

In allen Situationen, die einen Konflikt heraufbeschwören könnten, spielt die Wortwirkung im Gehirn eine besonders wichtige Rolle. Gut gemeinte Worte lösen beim Empfänger aber nicht immer eine positive Reaktion aus. Ob sie für ihn tatsächlich positiv sind, wird in seinem Kopf entschieden und nicht durch den Absender.

Widerstände und Abwehrreaktionen gegen die scheinbar guten Worte treten vor allem dann auf, wenn sie indirekt in die Wahlfreiheit eines Menschen eingreifen und er sich bevormundet fühlt. In diesem Fall werden die gut gemeinten Worte als negativ empfunden, obwohl dies weder gewollt noch beabsichtigt ist.

Weder Kinder noch Erwachsene mögen es, wenn andere zu wissen glauben, was gut und richtig für sie wäre und dies auch noch ungefragt äußern. Dagegen setzen sie sich zur Wehr, da jede Bevormundung ihr selbstständiges Denken infrage stellt und bei Kindern sogar empfindlich untergraben kann.

Dazu ein einfaches Beispiel: „Setz unbedingt eine Mütze auf, es ist kalt draußen", fordert die Mutter ihre 13-jährige Tochter auf und meint fünf Minuten später in durchaus guter Absicht: „Vergiss die Mütze und deine Handschuhe nicht, ansonsten verkühlst du dich". „Wie oft willst du mir das noch sagen", antwortet die Tochter leicht gereizt, „das weiß ich auch selbst. Ich bin schließlich kein dreijähriges Kind." Mit dieser Antwort wehrt sich die Tochter gegen die empfundene Bevormundung durch die Mutter, die das auch anders ausdrücken könnte: „Laut Wetterbericht hat es heute früh minus fünf Grad. Willst du deine Mütze aufsetzen?" Eine solche Formulierung signalisiert der Tochter: „Du hast die Wahlfreiheit, dich so zu bekleiden, wie du es für richtig hältst."

Ein harmloses Beispiel, könnte man denken. Ganz so harmlos wie auf den ersten Blick ist es allerdings nicht. Menschen, die dazu neigen, andere zu bevormunden, tun das nicht nur im Einzelfall, sondern bei jeder sich bietenden Gelegenheit. Kinder, die sich dagegen zur Wehr setzen, verteidigen damit nur ihre Fähigkeit, selbstständig Entscheidungen zu treffen. Ihre durchaus sinnvolle Reaktion wird häufig als Trotzreaktion missverstanden. Je besser allerdings selbstständiges Denken und Entscheiden gefördert werden, umso eigenständiger sind Kinder klarerweise später als Erwachsene. Eine fortwährende Bevormundung bewirkt hingegen das Gegenteil, später als Erwachsene werden diese Kinder Entscheidungsprobleme haben werden. Durch Rückfragen wollen sie sich immer wieder absichern, um sich „richtig" zu verhalten und nur ja keinen Fehler zu begehen. Entscheidungen, die sie selbst treffen sollten, wälzen sie ab – beispielsweise auf Vorgesetzte.

Eine ständige verbale Bevormundung ist wie eine Waffe, die sich gegen das eigenständige Denken und die damit verbundene Urteils- und Entscheidungsfähigkeit eines Kindes richtet. Der Widerstand gegen diese Bevormundung durch die Eltern kann zu einer inneren Protesthaltung bei Kindern führen, die sich bis ins Erwachsenalter fortsetzt. Dann tun sie immer wieder exakt das Gegenteil von dem, was die Eltern für gut und richtig halten. In der Entwicklungs- und Erziehungspsychologie wird dies als „Gegenidentifikation" beschrieben: Kinder, die sich mit den Standpunkten der Eltern nicht identifizieren können, setzen ihre eigenen Standpunkte dagegen. Das kann beispielsweise dann der Fall sein, wenn überehrgeizige Eltern ihrem Kind immer wieder verdeutlichen wollen, wie wichtig gute Noten sind, und sie mehr oder weniger erwarten, es müsse zu den Klassenbesten gehören. Die hohe Erwartungshaltung der Eltern und ihre gut gemeinten Worte, mit der sie diese äußern, begünstigen Versagensängste. Sie können sogar in einen Schulabbruch münden. Oder das Kind wird damit in die Rolle eines „Strebers" gedrängt, die es einengt und in der es sich nicht wohlfühlt. Der Versuch, aus einer derartigen Rolle auszubrechen, ist daher nur allzu verständlich. Falls dieser scheitert, beklagen sich solche Kinder später als Erwachsene häufig, sie hätten ihre Kindheits- und Jugendjahre mehr oder weniger versäumt. Das Wort „Musterschüler", als Etikett aufgedrückt, kann zu einer dauerhaften Belastung für ein Kind werden, sodass es aus dieser Wortschublade flüchtet, in die es verbal hineingepresst wurde.

- Durch verständnisvolle Gespräche der Eltern mit dem Kind oder Jugendlichen über die beiderseitigen Sichtweisen kann einer möglichen Gegenidentifikation vorgebeugt werden.

6.7.1 Gregorianische Choräle im Kuhstall

Entspricht der ausgeübte Beruf nicht den Neigungen und Interessen eines Menschen, sinkt die mit der Berufswahl verbundene Lebenszufriedenheit verständlicherweise ab. In den vergangenen zwanzig Jahren sind mir bei Seminaren und Coaching-Gesprächen immer wieder Menschen begegnet, die mit ihrer Berufswahl unzufrieden waren. Die Erwartungshaltung ihrer Eltern und die gute Absicht, die hinter ihren Worten stand, spielten dabei eine wesentliche Rolle. Einige Beispiele für eine missglückte Berufswahl, die auf diesen Punkt zurückzuführen ist:

- Ein Anwalt schilderte mir, er wäre lieber Architekt geworden und er hätte für diesen Beruf auch die entsprechende Begabung besessen. Nach dem Wunsch seines Vaters sollte er aber eines Tages dessen Kanzlei übernehmen. „Den großen Mandantenstamm habe ich letztlich auch für dich und deine Zukunft aufgebaut“, so der Vater zu seinem Sohn, der sich in der Welt der Paragrafen nicht besonders gut aufgehoben fühlte.
- Ein Arzt hätte lieber Anthropologie statt Medizin studiert. Die Eltern hatten ihn aber immer wieder vor der Gefahr eines „brotlosen Studiums“ gewarnt. Falls er sich trotzdem dafür entschieden hätte, wäre ihre finanzielle Unterstützung während des Studiums infrage gestellt gewesen.
- Eine Unternehmerin, die gerne Kinderärztin geworden wäre, ließ sich „breitschlagen“, wie sie mir sagte, das elterliche Unternehmen zu führen. Als einziges Kind ihrer Eltern hatte ihr Vater sie immer wieder beschworen, diese Aufgabe zu übernehmen. Da sie ihn nicht enttäuschen wollte, gab sie ihren eigentlichen Wunsch schließlich auf.
- Und ein 35-jähriger Landwirt, der als ältester Sohn eine große Landwirtschaft von den Eltern übernahm – übernehmen „musste“ –, sah seine eigentliche Berufung darin, Pfarrer zu werden.

All diese Menschen gaben den Widerstand gegen die gut gemeinten Absichten der Eltern irgendwann auf und ließen sich schließlich von deren Sichtweise überzeugen; von dem, was diese für gut und richtig für ihre Kinder hielten. Richtig zufrieden mit dem jeweiligen Beruf war jedoch keiner von ihnen. Sie haben sich mit ihrer Situation nur mehr oder weniger gut arrangiert. So spielt beispielsweise der erwähnte Landwirt seinen über 50 Kühen bei der Stallarbeit gregorianische Chorgesänge vor. Das sei gut für ihn und vermutlich auch für die Tiere, wie er meinte, da die sakralen Choräle eine beruhigende Wirkung hätten.

6.7.2 Schubumkehr durch böse Worte

Erstaunlicherweise können Worte, die nicht gut gemeint, sondern sogar „böse" sind, im Gehirn des Empfängers zu einer für ihn positiven Wirkung führen. In diesem Fall lösen sie sozusagen eine „Schubumkehr" aus, durch die sein bisheriges Verhalten gestoppt und ein gegenteiliges eingeleitet wird – es kommt zur Richtungsumkehr in seinem Leben.

Beleidigende Worte von Mitschülern wegen des Köpergewichtes – „Wo kauft ein Fettsack wie du eigentlich seine Kleidung ein?" – können bei dem Angesprochenen zu einer deutlichen Gewichtsreduktion führen. Gefährlich ist eine solche Äußerung allerdings, wenn sie eine Essstörung auslöst, die möglicherweise sogar in eine Magersucht oder in eine Ess-Brech-Sucht (Bulimie) mündet. „Bei deinem Fleiß und deiner Intelligenz wirst du es im Leben nicht weit bringen." Eine solche Äußerung kann den Betroffen dazu verleiten, den Gegenbeweis anzutreten und einen großen Ehrgeiz zu entwickeln. Die eigentlich negativen Worte haben in diesem Fall also eine motivierende Wirkung. „Du wirst das niemals schaffen", wäre ebenfalls eine Äußerung, die einen Menschen animieren kann, das Gegenteil zu beweisen, falls er die innere Stärke dazu besitzt. Und genau das ist der Punkt bei der Frage, wann negative Worte eine positive Wirkung haben können. Denn dies setzt voraus, dass der Empfänger innerlich robust und widerstandsfähig ist. In der Psychologie wird das als „Resilienz" bezeichnet, als die Fähigkeit, an äußeren Widerständen zu wachsen und dabei das innere Gleichgewicht nicht zu verlieren. Nur dann können böse Worte ein Anstoß dazu sein, dass ein Mensch innerlich erstarkt und er nicht in eine Opferrolle schlüpft, die ihn weiterhin zur Zielscheibe böser Worte macht. Eltern und Pädagogen können zur Förderung der Resilienz durch ermutigende und aufbauende Worte, die das Selbstwertgefühl eines Kindes oder Jugendlichen stärken, wesentlich beitragen. Alles, was einem Menschen in positiver Hinsicht zugetraut wird und ihm mit klaren Aussagen vermittelt wird, ohne seine Fähigkeiten zu überfordern, stärkt seine Widerstandskraft gegen entmutigende Worte. Falls diese fallen, begünstigt die Resilienz eine Schubumkehr, mit der negative Worte in eine positive Wirkung umwandelbar sind.

Zwei Menschen, die ich bei ihren Auftritten persönlich erlebt habe, demonstrieren auf eindrucksvolle Weise, welche Bedeutung die Förderung der Resilienz für die Entwicklung haben kann: Thomas Quasthoff und Andy Holzer. Quasthoff gehört zu den contergangeschädigten Menschen. Trotz dieser enormen Behinderung und einer Körpergröße von nur 134 cm eroberte der preisgekrönte deutsche Berufssänger mit seiner Bassbaritonstimme die Konzert- und Opernbühnen dieser Welt. Seiner Autobiografie ist zu entnehmen, dass seine Eltern wesentlich dazu beitrugen, dass er sich gegen entmutigende Worte von anderen Menschen schützen konnte und den Glauben an sich selbst niemals verlor [2].

Der österreichische Extrembergsteiger Andy Holzer ist von Geburt an blind. Von den höchsten Bergen dieser Welt, den „Seven Summits", bestieg er bereits sechs. Wie er in seinen Vorträgen und TV-Interviews stets betont, sei es vor allem seinen Eltern zu verdanken, dass er sich trotz dieser elementaren Einschränkung nicht von seiner Leidenschaft abhalten ließ und nun sogar Sehende auf Berge führt. Der Titel seiner Vorträge lautet bezeichnenderweise: „Sehenden die Augen öffnen". Als er sich als sechsjähriges Kind zu Weihnachten ein Fahrrad wünschte, bezeichneten seine Nachbarn das als „verrückt". Später fuhr er viele Kilometer damit. Da seine Eltern es ablehnten, ihren Sohn in eine Blindenschule zu geben, besuchte er zunächst die Volksschule. Dort stachen ihm Kinder eine Zirkelspitze in den Rücken und verhöhnten ihn. „Auch das hat dazu beigetragen, dass ich heute dort bin, wo ich bin", kommentiert Holzer den damaligen Vorfall [1]. Ein eindrücklicher Beleg, dass aus bösen Absichten und Worten etwas Positives entstehen kann – dank der Schubumkehr, die einen Menschen aus der ihm zugedachten Opferrolle herausführt.

6.8 Die Abschiedsworte eines Serienmörders: Aus Mr. Hyde wird Dr. Jekyll?

Worte können sogar bei einem Menschen, der als abgrundtief böse bezeichnet werden muss und der keine einzige positive Eigenschaft zu besitzen scheint, eine nicht zu vermutende „gute" Seite wachrufen – einen Dr. Jekyll. Die Ursache für dieses Phänomen sind offenbar ganz bestimmte Worte, wie ein abschließendes Beispiel zeigt.

Michael Bruce Ross war ein Serienmörder, der mindestens acht Frauen tötete. 2005 wurde er in den USA mit einer Giftspritze hingerichtet. Als „The Connecticut Serial Killer" erlangte der US-Amerikaner traurige Berühmtheit. Während seines Aufenthaltes im Hochsicherheitstrakt nahm eine Frau – Susan Powers – Kontakt zu ihm auf. Die beiden verlobten sich schließlich und tauschten mit Briefen liebevolle Worte aus. In den persönlichen Besuchskontakten dürfte es nicht anders gewesen sein, auch wenn es darüber natürlich keine Aufzeichnungen gibt. Da sie keinen körperlichen Kontakt haben konnten und keine gemeinsamen Erlebnisse teilten, können es also nur die Worte seiner Verlobten gewesen sein, die bei Ross eine menschliche und positive Saite zum Klingen brachten, die tief in ihm verborgen lag. Leider geschah dies nicht früher – bevor sein erstes Opfer sterben musste. Zur Veranschaulichung zitiere ich den Hauptteil seines Abschiedsbriefes, den er kurz vor seiner Hinrichtung an Susan Powers schrieb. Den Originalinhalt in englischer Sprache finden Sie im Internet [7].

> Meine innig geliebte Susan, ich werde dich stets lieben und dir im Geiste immer ganz nahe sein. Vergiss nicht: Wenn nach 40 oder 50 Jahren die Zeit für dich gekommen ist, um die Welt zu verlassen, werde ich da sein, dich an der Hand nehmen und ins Königreich unseres himmlischen Vaters führen. Du musst niemals eine Angst haben, da ich dir gehöre und du mir. Wir werden in einer unendlichen und ewig währenden Liebe wieder zusammen sein. Michael.

Im nächsten Kapitel lesen Sie, welche Kommunikation motivationsfördernd ist und bei Mitarbeitern so die besten Saiten zum Klingen bringt. Ebenso erfahren Sie dort, welche Worte gewinnbringend für das Unternehmen und die eigene Karriere sind.

Literatur

1. Holzer A (2012) Balanceakt: Blind auf die Gipfel der Welt. Piper, München
2. Quasthoff T (2006) Die Stimme. List TB, Berlin
3. www.youtube.com/watch?v=juw4E4O_XeI. Zugegriffen: 20. Dez. 2014
4. www.youtube.com/watch?v=fk6SvNzRDL8. Zugegriffen: 20. Dez. 2014
5. www.iifeh.de/pflanzenkommunikation.php. Zugegriffen: 20. Dez. 2014
6. www.nimbus.co.at/masaruemoto.html. Zugegriffen: 20. Dez. 2014
7. http://www.redrumautographs.com/BRoss.html. Zugegriffen: 20. Dez. 2014

Empfohlene Literatur

8. Pauen S, Siegler R (Hrsg) (2011) Entwicklungspsychologie im Kindes- und Jugendalter. Spektrum Akademischer Verlag, Heidelberg
9. Schwarz G (2005) Konfliktmanagement. Gabler, Wiesbaden

7 Worte im Unternehmen – Gewinnbringer und Gewinnkiller

Eine gute Kommunikation im Unternehmen ist wie „flüssiges Gold", das sich in der Jahresbilanz in „festes Gold" verwandelt. Sie steigert die Motivation, beschleunigt und verbessert Arbeitsabläufe, spart Zeit und damit Geld und sie erhöht die Zustimmung bei geplanten Veränderungsmaßnahmen – um nur einige wichtige Beispiele zu nennen. Aber auch bei einer Rede oder einem Vortrag von Führungskräften, zum Beispiel vor Kunden oder Geschäftspartnern, kommt es darauf an, Menschen zu überzeugen, sodass sie nicht nur aus Höflichkeit applaudieren. Nicht zuletzt erleichtern die richtigen Worte jede Entscheidung, die zu treffen ist, und im Verkauf führen sie zu mehr und zu besseren Aufträgen. Eine schlechte und unprofessionelle Kommunikation erweist sich hingegen für jedes Unternehmen als heimlicher Gewinnkiller. Sie untergräbt beispielsweise die vielbeschworene Motivation und durch sie werden Besprechungen oder Präsentationen weniger effektiv. Wie gewinnbringend es für Führungskräfte sein kann, wenn sie gehirngerecht kommunizieren, zeigt dieses Kapitel.

Leider kommt es immer häufiger zu Mobbingattacken, die das Unternehmen viel Geld kosten und die vor allem gesundheitsgefährdend sind. Daher erfahren Sie am Ende dieses Kapitel auch, wie den Köchen der Gerüchteküche die Suppe versalzen werden kann.

H. Eicher, *Die verblüffende Macht der Sprache,*
DOI 10.1007/978-3-658-08516-2_7

7.1 Gehirngerechte Präsentationen

Interne Firmenpräsentationen gehören ebenso wie externe Verkaufspräsentationen zum Unternehmensalltag. Oftmals sind es wahre Folienorgien, bei denen 30 oder mehr Folien im Schnelldurchlauf an die Wand gebeamt werden. Meist sind sie auch noch detailüberfrachtet. Kein Gehirn dieser Welt kann so große Informationsmengen in kurzer Zeit verarbeiten, und nur Menschen mit einem fotografischen Gedächtnis könnten sie im Kopf abspeichern. Wozu also die vielen Details, die wie ein Vampir die Zuhörenergie absaugen und die Aufmerksamkeit der Teilnehmer absenken? Falls auf sie nicht verzichtet werden kann, gehören sie in ein Handout

Ein weiterer, leider häufig vorkommender Fehler bei Präsentationen: Es wird eine Folie eingeblendet und der Vortragende spricht dabei oder liest einzelne Textteile ab. Angeblich werden auf diese Weise zwei Sinneskanäle angesprochen, was die Wirkung auf die Zuhörer verstärken soll. Das ist falsch. Denn während das Auge liest, ist der Hörkanal teilweise blockiert und die begleitenden Worte stören eher, als dass sie nützlich wären.

Wirksamer für die Informationsaufnahme ist die folgende Vorgangsweise: Bevor Sie eine neue Folie einblenden, kündigen Sie kurz an, was sie zeigen wird. Nach Einblendung der Folie lassen Sie die Zuhörer den Text lesen und kommentieren anschließend den Inhalt. Wenn die Ankündigung aus einer rhetorischen Frage besteht, auf die eine ganz kurze Sprechpause folgt, so erhöht das die Aufmerksamkeit des Publikums. Das könnte beispielsweise so ablaufen: „Welche zusätzlichen Chancen ergeben sich durch die vorgestellte Strategie?“ Kurze Sprechpause. „Die nächste Folie zeigt Ihnen drei Zusatzchancen.“ Folie einblenden. Sprechpause, die den Zuhörern Zeit lässt, den Text zu lesen. Daraufhin Kommentar zum Inhalt der Folie.

Herkömmliche Präsentationen können im Regelfall um die Hälfte gekürzt werden, ohne dass wichtige Inhalte verloren gehen. Dabei erleichtern es zwei Leitfragen, eine Präsentation dramaturgisch richtig und gehirngerecht aufzubauen.

Leitfrage 1: Was soll mit dieser Präsentation bewirkt oder ausgelöst werden? Soll beispielsweise ein neuer Informationsstand zu einer Entscheidung führen? Falls ja: Zu welcher? Werden dazu Vorschläge oder Empfehlungen erwartet, die auf welche Weise begründet werden können?

Leitfrage 2: Was sind die Hauptbedürfnisse der Zuhörer, bezogen auf die präsentierten Inhalte? Was erwarten sie daher? Wollen sie überblicksartig informiert werden oder soll eine Information zu einem bestimmten Inhalt in die Tiefe gehen? Falls ja: Welcher Inhalt ist das und welche Informationen wären für die Zuhörer besonders nützlich? Welche Fragen könnten dazu in der anschließenden Diskussion gestellt werden? Kann die Präsentation darauf gezielt hinlenken? Was interessiert die Zuhörer nur am Rande und kann deshalb gänzlich weggelassen werden?

„Klar“, wird sich mancher Leser bei diesen beiden Leitfragen vielleicht denken, „eine Zielgruppenanalyse führen wir vorab bei externen Präsentationen immer durch.“ Doch nicht selten wird dabei das eigene Interesse und nicht das der Zuhörer in den Vordergrund gestellt. Die Gefahr ist in diesem Fall nicht zu übersehen, an den Bedürfnissen der Zielgruppe vorbeizureden. Ein Beispiel soll dies veranschaulichen. Ende letzten Jahres begleitete ich einen Freund in Nürnberg zu einer Präsentation von Finanzprodukten. Das einladende Unternehmen ging, vermutlich aufgrund einer Zielgruppenanalyse, davon aus, die Teilnehmer wollten in gewinnträchtige Anlagemöglichkeiten investieren. In erster Linie handelte es sich um Finanzprodukte, bestehend aus Agrarrohstoffen wie Weizen, Kaffee, Rindfleisch und Sojabohnen. Die Präsentation dauerte zwar nur eine halbe Stunde, aber der Vortrag war mit Folien und Informationen überfrachtet. Das Wesentliche fehlte, wie sich später zeigte.

Beim anschließenden Buffet schwärmten die Investmentberater an die circa 20 bis 25 Bistrotische aus, um Einzeltermine mit den Teilnehmern zu vereinbaren. Das Interesse daran war allerdings äußerst gering, wie ich im Smalltalk am Buffet mehrmals hörte. Einer der Anwesenden nahm kein Blatt vor den Mund und sagte zu dem Finanzberater an unserem Tisch: „In der Einladung stand, bei Ihren Produkten schließen sich Sicherheit und gute Gewinne nicht aus. Doch wie sicher sie tatsächlich sind, darauf ging Ihr Chef in seinem Vortrag nur sehr vage ein. Außerdem äußerte er sich nicht zu der Frage, wie man in Agrarrohstoffe investieren kann, ohne dabei den Menschen in der Dritten Welt zu schaden. Vielen Anwesenden war dieser Punkt aber ebenso wichtig wie mir. Trotzdem danke für die Einladung. Das Buffet ist ausgezeichnet.“

7.1.1 Das richtige Priming bei einer Präsentation

Im nun folgenden Beispiel geht es um die Präsentation eines mittelständischen Unternehmens. Es handelt mit Industriereinigern und ist ein Kunde von mir. Dieses Unternehmen hatte bei einer Messe den Kontakt zu einem potenziellen Großkunden hergestellt. Der Verkaufsleiter rief mich an, um ein Coaching zu vereinbaren. Wir gingen gemeinsam die wichtigsten Punkte für den gehirngerechten Ablauf seiner Firmen- und Produktpräsentation durch. Dabei überlegten wir, mit welchen Worten bereits beim Einstieg in die Präsentation ganz gezielt positive Assoziationen im Gehirn der Teilnehmer getriggert werden können. Zuvor schilderte ich dem Verkaufsleiter, welche Bedeutung die Priming-Vorgänge im Gehirn für den Erfolg einer solchen Präsentation haben (in Kap. 2.2.11 wurde dieser Mechanismus der sich ausbreitenden Assoziationskaskaden im Gehirn bereits beschrieben).

Zwei Wochen später war es soweit. Der Einkaufschef und der technische Leiter des möglichen Großkunden informierten sich bei einer Betriebsbesichtigung direkt vor Ort über das Produktangebot der Industriereiniger.

Nach den einleitenden Worten sagte der Verkaufsleiter, wie im Coaching vereinbart: „Ich habe eine kleine Präsentation unserer Produkte vorbereitet. Da es keine übliche Standardpräsentation sein soll, darf ich Sie vorab fragen: Was sind für Sie die wichtigsten Punkte, die Sie heute geklärt haben möchten? Alles andere lasse ich weg, bis auf einen Punkt, von dem wir möchten, dass Sie ihn erfahren. Darauf gehe ich kurz am Schluss der Präsentation ein.“ Dieser angekündigte Punkt betraf die Geschäftsgrundsätze des Unternehmens. Am Ende einer Präsentation steigt die Aufmerksamkeitskurve bei den Zuhörern an. Dieser Effekt lässt sich nutzen, um etwas Wichtiges besser in ihrem Gehirn zu verankern.

Der Einkaufschef antwortete: „Uns interessiert vor allem die Leistungsfähigkeit Ihrer Bodensauger, der Energieverbrauch und natürlich die Preisgestaltung.“ Der technische Leiter fügte hinzu: „Für mich stehen die Qualität, die Wartung und der Service im Vordergrund.“ Der Verkaufsleiter sagte: „Dann konzentriere ich mich jetzt auf jene Punkte die Sie genannt haben. Ich beginne mit der Leistungsfähigkeit unserer Bodensauggeräte. Die technischen Details wird Ihnen unser technischer Leiter gerne erläutern. Anschließend führen wir Ihnen die Geräte vor, die für Sie in Frage kommen würden.“

Eine halbe Stunde später war die bewusst kurz gehaltene Präsentation beendet, in deren Verlauf bereits wichtige Fragen der Teilnehmer in einer lockeren Atmosphäre beantwortet wurden. Es war also kein steifer Folienvortrag, der – wie oft üblich – mit den klischeehaften Worten endet: „Danke für Ihre Aufmerksamkeit; wenn Sie Fragen haben, stehen wir Ihnen dafür jetzt gerne zur Verfügung.“

Drei Tage später rief mich der Verkaufsleiter an. Er schilderte mir den Ablauf der Präsentation und teilte mir das Ergebnis mit: „Alles hat bestens geklappt. Wir haben den ersten Auftrag nach einer harten Verhandlungsrunde schließlich bekommen. Die Präsentation trug wesentlich dazu bei. Durch sie konnten wir rasch und unkompliziert eine persönliche Ebene zu unserem neuen Kunden herstellen.“

7.1.1.1 Positive Assoziationen führen zu guten Gefühlen

Bei einer Präsentation oder Rede spielt das Priming eine ganz wichtige Rolle, was nicht oft genug betont werden kann. Die Worte des Vortragenden sollten gleich zu Beginn positive Assoziationen in den Köpfen der Zuhörer auslösen und eine Erwartungsspannung aufbauen. Dies lässt sie interessiert zuhören und stellt außerdem eine Wellenlänge zu ihnen her. In dem geschilderten Fallbeispiel waren das die Worte „keine übliche Standardpräsentation" und die Frage des Verkaufsleiters, was für die potenziellen Kunden bei der Präsentation am wichtigsten sei. Damit sendete er ein klares Signal: „Ihre individuellen Bedürfnisse stehen für mich im Mittelpunkt." Eine derartige Wertschätzung löst nahezu bei jedem Menschen gute Gefühle aus.

Bei einem Vortrag über Anlagebetrug, um ein weiteres Beispiel für das Priming zu nennen, könnten die folgenden Anfangsworte das Interesse der Zuhörer auslösen: „Ich möchte Ihnen eine kurze Geschichte erzählen. Ein sparsamer Mensch wurde von einem Finanzbetrüger um sein ganzes Geld gebracht. Er war vorsichtig, so wie wir es alle sind, wenn es um unser Geld geht. Aber er übersah drei Dinge, die auch wir übersehen könnten. Daher ging er dem Betrüger in die Falle. In 20 min werden Sie wissen, warum und wie Sie sich vor diesen Fallenstellern wirksam schützen können."

Langweilige Allerweltsformulierungen signalisieren dem Gehirn der Zuhörer hingegen, es lohne sich nicht, konzentriert zu bleiben, beispielsweise: „Ich darf meine Ausführungen damit beginnen, dass ich zunächst auf das Grundsätzliche unseres Themas eingehe."

7.1.1.2 „Mr. Durchschnitt"? – Nein, danke

Das Gehirn schenkt allem, was vom Durchschnitt der Erfahrungen eines Menschen abweicht, sein Interesse. An ganz alltäglichen Dingen lässt sich dieser Gehirnmechanismus gut beobachten. Ein besonders kleiner oder ein sehr großer, ein sehr dicker oder ein extrem dünner Mensch beispielsweise zieht automatisch die Aufmerksamkeit auf sich. Verhält sich ein Mensch – in positiver wie in negativer Hinsicht – nicht so wie gewohnt, gilt das Gleiche. Eine erhöhte Aufmerksamkeit ist gleichzeitig mit einer besseren Gedächtnisleistung verbunden.

Erhält man beispielsweise in einem Gespräch eine unerwartet brüskierende Antwort, so merkt sich das Gehirn diesen Menschen besonders gut und verankert ihn gemeinsam mit der Situation im emotionalen Gedächtnis. Umgekehrt ist es dasselbe: Verhält sich ein Mensch sehr einfühlend und wertschätzend, obwohl das in der jeweiligen Situation erfahrungsgemäß nicht selbstverständlich ist, erobert er sich damit einen Logenplatz im Gehirn des anderen – oder festigt ihn.

In dem geschilderten Beispiel des Unternehmens, das Industriereiniger verkauft, handelte der Verkaufsleiter atypisch, indem er eine individualisierte Präsentation statt einer nach Schema F vorstellte. Solche standardisierten und meist mit Details überfrachteten Präsentationen, bei denen die erste Seite mit dem Kundennamen eine persönliche Vorgehensweise suggerieren soll, lassen die Zuhörer geduldig über sich ergehen. Interessiert folgen werden sie nicht. Stehen hingegen ihre individuellen Bedürfnisse, die der Anlass zu einer solchen Präsentation sind, im Mittelpunkt, erhöht sich aus zwei Gründen ihre Aufmerksamkeit. Erstens durch die selektive Wahrnehmung. Sie wurde in Kap. 2.2.11 als „Scheinwerfermechanismus“ beschrieben. Dieser lenkt die Aufmerksamkeit eines Menschen auf das, was für ihn wichtig ist und das auf seinen Bedürfnissen gründet. Zweitens durch das positive Abweichen von einer Vorgehensweise, die „typisch“ für eine bestimmte Situation wäre.

Dieses Abweichen vom „Mr. Durchschnitt“ in der Kommunikation wird stets vom Gehirn des Empfängers registriert, positiv bewertet und mit einer höheren Aufmerksamkeit belohnt. Um diesen Effekt zu erzielen, braucht es keine besondere Technik oder einen großen aktiven Wortschatz. Ein klares Bewusstsein, wie man sich in der jeweiligen Situation durch die verwendeten Worte vom Durchschnitt der Menschen unterscheiden kann, reicht aus. Sich sehr gewählt auszudrücken ist jedoch nicht damit gemeint, denn dies kann sogar zu negativen Effekten führen. Es könnte dem Empfänger signalisieren: Ich bin gebildeter und klüger als du.

Wer sprachlich keine Mittelklasse sein will, vermeidet vor allem gängige und unpersönliche Phrasen sowie alle Formulierungen und Floskeln, die durch ihren häufigen Gebrauch „abgelutscht“ sind. Einige Beispiele für Aussagen, die am Phrasenpranger stehen: „Das ist kein Thema“, „Ich sag mal“, „Das macht Sinn“, „Am Ende des Tages“, „Da bin ich leidenschaftslos“, „Ein absolutes No Go“, „Kein Kind von Traurigkeit“ oder „Wir müssen die richtigen Konsequenzen ziehen“. Weitere Beispiele finden Sie im Internet [1].

Verbal vom Durchschnitt abweichen heißt, einfache Worte einzusetzen, die in dieser Form nicht allgemein verwendet werden. Zur Verdeutlichung zwei Beispiele:

1. Eine Verhandlung mit einem Kunden kann folgende herkömmliche Phrase enthalten: „Ich denke, dass wir damit letztlich einverstanden sein können.“ Die Alternative setzt einfache Worte ein, die verbindlich wirken: „Wir sagen Ja dazu, und dieses Ja gilt für Sie wie ein Handschlag“.
2. Statt gegenüber seinen Mitarbeitern die Phrase „Wir sind hier die Player“ zu verwenden, sagt der Chef zu ihnen in motivierender Weise: „Wir entscheiden die Spielregeln. Die Trumpfkarten liegen bei uns und bei jedem Einzelnen von euch.“

7.2 Reden halten: Gebannte Zuhörer statt gähnende Gesichter

Wird eine Rede gehalten, zum Beispiel vor Kunden oder Geschäftspartnern, oder ein längeres Gespräch mit ihnen geführt, will dabei niemand mit seinen Worten Schlaftabletten austeilen oder Baldriantropfen verabreichen. Leider geschieht dies trotzdem häufig, wenngleich unbeabsichtigt. Dafür gibt es zwei Hauptgründe. Erstens: Die Aussagen sind zu allgemein oder zu abstrakt, sodass sich der Empfänger darunter nichts vorstellen kann. Die „Lieblingsspeise" des Gehirns ist in Bezug auf die Sprachwirkung eine konkrete und bildhafte Sprache. Wenn diese nicht verwendet wird, sinkt das Interesse, weiterhin zuzuhören. Zweitens: Das, was gesagt wird, ist zu kompliziert ausgedrückt. Das Gehirn kann den Inhalt daher nicht richtig verdauen und die Gedanken der Zuhörer schweifen ab. Beide Punkte wurden in Kap. 2 bereits näher begründet.

Die Sprache als „nackte Schönheit" nutzen

Die kürzeste Verbindung ins Gehirn anderer Menschen, die Direttissima, ist bei der Kommunikation durch Einfachheit zu erreichen; was nicht mit Simplifizieren gleichzusetzen ist. Man könnte diese Einfachheit auch als eine „nackte Schönheit" bezeichnen. Sie braucht keine verbalen Umhüllungen und abstrakten Nebelschwaden, um andere zu beeindrucken oder sich von ihnen selbstgefällig abzuheben. Sie muss sich auch keine dicke Schminke in Form von wohlklingenden, aber nichtssagenden Worte auftragen, um damit glänzen zu wollen. Das tun nur jene Menschen, die den Worten bewusst ein schönes Gesicht verleihen möchten. Bei näherem Hinhören verbirgt sich dahinter aber meist nicht allzu viel. Die Einfachheit wirkt immer durch sich selbst. Aus ihr folgt die Klarheit und aus dieser wiederum das Verstehen des Inhaltes. Und wer würde nicht gerne sagen, dass es schön ist – in jeder Hinsicht –, verstanden zu werden?

Sprachbilder und Vergleiche verwenden

Wer die richtigen Sprachbilder einzusetzen weiß, erleichtert den Zuhörern das Verstehen komplizierter Zusammenhänge enorm. Der Inhalt muss radikal vereinfacht werden. Daher sprach beispielsweise der damalige deutsche Bundeskanzler Helmut Kohl im Hinblick auf die zukünftige ökonomische Perspektive der neuen Bundesländer von „blühenden Landschaften". In ihnen sollte es sich lohnen, zu arbeiten und zu leben. Das war 1990 und unter dieser bildhaften Vision konnten sich viele Menschen etwas vorstellen.

Im Bürokratendeutsch wäre diese Perspektive ganz anders verkündet worden, etwa so: „Wir werden das Bruttoinlandsprodukt und die Lebensverhältnisse in den jetzt wiedervereinigten und neuen Bundesländern der Bundesrepublik Deutschland an jene der alten sukzessive anpassen. Daher wird es sich durchaus als vorteilhaft erweisen, wenn die Bürgerinnen und Bürger der ehemaligen DDR in den neuen Bundesländern die Arbeitsplätze, die nach und nach entstehen werden, als Chance für neue lukrative Beschäftigungsverhältnisse nutzen. Dort zu wohnen und zu arbeiten wird in absehbarer Zeit für die Menschen erstrebenswert sein und ganz anders aussehen wie heute."

Das Gehirn kann sich unter einem solchen Wortschrott nichts vorstellen. Er wirft nur Fragen auf, die allerdings nicht beantwortet werden und daher auch zu nichts motivieren: Was heißt „in absehbarer Zeit“? Was bedeutet „sukzessive anpassen“? Wie hoch ist das Bruttoinlandsprodukt im Westen und wie wirkt sich eine Steigerung im ehemaligen Osten auf das Geld aus, das ich in meiner Tasche haben werde? Was ist für mich vorteilhaft, wenn ich hier bleibe?

Ein anderes Beispiel für ein Sprachbild stammt vom österreichischen Caritas-Präsidenten Michael Landau, das er bei einem Fernsehinterview im Januar 2015 auf ORF 2 einsetzte. Zur Frage der sozialen Gerechtigkeit sagte er: „Geld auf einen großen Haufen versammelt stinkt. Gerecht verteilt ist es ein Dünger, durch den in einer Gesellschaft der Wohlstand für alle besser wachsen kann.“ Das ist eine klare Aussage, die jeder versteht, auch wenn er sie nicht teilt. Ein allgemeines Geschwafel von der Wichtigkeit der sozialen Gerechtigkeit ist hingegen nichtssagend und beliebig. Es hinterlässt im Gehirn keinerlei Wirkung.

Bildhaftes Sprechen und Gleichnisse erzeugen im Gehirn der Zuhörer wiederum Bilder. Diese lösen Gefühle aus. Einer abstrakten Sprache wird das kaum gelingen. Das könnte vielleicht nur dann der Fall sein, wenn sich Physiker oder Mathematiker über eine neu entdeckte Formel austauschen.

Die Bibel ist nicht zufällig voller Gleichnisse. Offenbar wussten die Menschen, die sie verwendeten, um deren Wirksamkeit auf die Zuhörer. So heißt es zum Beispiel in den Evangelien: „Eher geht ein Kamel durch ein Nadelöhr, als dass ein Reicher in das Reich Gottes gelangt.“ „Wer viel besitzt, kann unmöglich in den Himmel kommen“, würde zwar das Gleiche aussagen, aber keine Bilder im Gehirn entstehen lassen.

Wie finden Sie gute Gleichnisse, Analogien und Metaphern, die helfen, Menschen leichter von etwas zu überzeugen – Kunden bei Verhandlungen, Lieferanten, Mitarbeiter, die Öffentlichkeit usw.? Die Natur ist hier sehr inspirierend. Und das funktioniert so:

- Schritt 1: Beliebige Bilder aus der Tier- oder Pflanzenwelt im Internet suchen.
- Schritt 2: Eine Beziehung zwischen einem dieser Bilder und dem herstellen, was mit einem Gleichnis ausgedrückt werden soll.

In dem obigen Beispiel von Helmut Kohl sind das die „blühenden Landschaften“. Beim Caritas-Präsidenten sind es der „Mist“ und der „Dünger“, und bei Jesus wurden dafür das „Kamel“ und das „Nadelöhr“ verwendet.

So kann zum Beispiel eine stürmische See zu folgendem Gleichnis führen: „Baukostenabrechnungen verursachen häufig Sturmwellen beim Bauherrn. Wenn Sie mit uns planen, segeln Sie in ruhigem Gewässer.“ Gebirgswasser lässt sich mit kristallklaren Verträgen und Konditionen in Verbindung bringen. Ein Apfelbaum mit einem gesunden Wachstum und hohen Erträgen ist zum Beispiel beim Thema Pensionsvorsorge verwendbar; ein Adler passt zu strategischer Weitsicht; eine Raupe steht für einen Veränderungsprozess, der positiv ausgehen wird; ein Chamäleon für eine notwendigen Anpassungsleistung; die Aorta mit der Lebensader für den Gewinn des Unternehmens und die durchtrennte Aorta für den Tod eines Projektvorhabens durch unnötige Querschüsse. Bei einem teilweisen Rückzug aus Geschäftsfeldern oder Absatzmärkten könnte vor Aktionären und Investoren folgender Vergleich verwendet werden: „Werden Blumen zurückgeschnitten, wachsen sie wieder besser."

Eine bildhafte Sprache, bei der Vergleiche eingesetzt werden, erleichtert auch die Argumentation, beispielsweise in einem Verkaufsgespräch. Die Argumente werden überzeugender, weil sie dem Gehirn durch die produzierten Bilder im Gespräch besser „einleuchten" und zu einem Aha-Effekt führen. Auf diese Weise werden Produkte und Dienstleistungen deutlicher leichter und gewinnbringender verkauft.

Was die Wirkung der Worte auf das Gehirn betrifft, gilt ein einfaches Prinzip – unabhängig vom Anlass der Kommunikation: Ein übermäßiger Glukoseverbrauch wird vermieden, wenn der Nutzen für die Zuhörer klar formuliert und auf komplizierte Wortakrobatik verzichtet wird. Besonders dankbar ist das Gehirn für Sprachbilder, Gleichnisse, Analogien und Metaphern, da sie komplizierte Sachverhalte in leicht verständlicher Weise auf den Punkt bringen. Schachtelsätze, umständliche Formulierungen und Fremdworte, die nicht allgemein bekannt sind, nehmen im Arbeitsgedächtnis sehr viel Platz ein. Sie belegen seinen Speicher, erschweren das Denkvermögen und somit natürlich auch das Mitdenken.

► Eine einfache Sprache erfordert weniger Energieaufwand als die Produktion abstrakter Nebelschwaden. Außerdem wirkt sie natürlich. Das ist eine wichtige Voraussetzung, um als glaubwürdig und sympathisch eingeschätzt zu werden.

Lieber gut verstanden werden als gelehrt wirken, aber unverstanden bleiben. Das sagen sich Menschen, die ihre Sprache als Werkzeug richtig einsetzen, etwa beliebte Vortragsredner. Der Applaus, den sie ernten, wird dann jedenfalls ein ehrlicher sein und aufrichtige Zustimmung ausdrücken.

7.2.1 Spannung erzeugen

Um einer Rede mehr Spannung zu verleihen, können – unabhängig vom gesprochenen Inhalt – zwei einfache Mittel eingesetzt werden: In der Gegenwart sprechen und Cliffhanger verwenden. Das verhindert gähnende Gesichter. Sie sind stets ein Zeichen von Langeweile, die eintritt, wenn das Gehirn zu wenig gefordert wird. Die Glukosezufuhr wird dann stark gedrosselt und es schaltet auf den Ruhemodus um. Dies führt zu einer vorübergehenden Müdigkeit und zum ansteckenden Gähnreflex unter den Zuhörern. Selbst Themen, die nicht unbedingt Spannung verheißen, können durch den Einsatz der beiden genannten Mittel anregend präsentiert werden.

Cliffhanger

Zunächst zu den *Cliffhangern.* Sie sind ein dramaturgisches Mittel in Romanen und Filmen, um die Spannung zu steigern. Ihr Einsatz funktioniert folgendermaßen: Ein Kapitel oder eine Szene endet mit ungewissem Ausgang und der Leser oder Zuseher will unbedingt wissen, wie die Story weitergeht. Auf diese Weise wird er in die Handlung hineingezogen und stellt sich beispielsweise die Frage, ob der Held in letzter Sekunde gerettet wird, der an einer Klippe hängt und gleich abstürzen kann. So entstand auch der Name „Cliffhanger", was wörtlich übersetzt „Klippenhänger" heißt. Oder ein Kapitel endet, als der Ehemann versehentlich eine E-Mail entdeckt, die vom Liebhaber seiner Frau ist, worauf er sofort zum Handy greift. Der Leser fragt sich, was nun passieren wird. Wen wird er anrufen? Seine Frau, einen Anwalt, vielleicht sogar den Liebhaber, weil er ihn kennt? Diese Fragen animieren zum Weiterlesen. In diesem Buch wird im Übrigen am Ende eines jeden Kapitels ein Cliffhanger mit der gleichen Absicht verwendet.

Bei einer Rede wird ein Cliffhanger vor dem Übergang zum nächsten Gedanken eingesetzt. Das klingt beispielsweise so: „Wir hatten die Versuchsreihe zu unserem neuen blutdrucksenkenden Medikament erfolgreich abgeschlossen. Das dachten wir zumindest. Doch dann erreichte uns eine unangenehme Nachricht. Aus dem Feiern wurde leider nichts." Nach einer kurzen Sprechpause folgt die Auflösung. „Die Zulassungsbehörde für Arzneimittel verweigerte uns vorerst die Genehmigung, um das Medikament auf den Markt bringen zu können. Wie sich herausstellte, hatten wir einen formalen Fehler begangen. Es musste nur der Text für den Beipackzettel neu formuliert werden. In vier Wochen gehen wir mit dem Blutdrucksenker auf den Markt."

Ohne diesen Cliffhanger würde das vielleicht so klingen: „Als wir die Versuchsreihe erfolgreich abgeschlossen hatten, unterlief uns leider ein Formalfehler. Wir mussten die Beipackzettel für die Marktzulassung ändern. Es kommt jedoch zu keiner wesentlichen Verzögerung bei der Auslieferung des Blutdrucksenkers."

Ein weiteres Beispiel für einen Cliffhanger: „Wir haben eine neue Strategie entwickelt, um in den USA mehr Kunden zu gewinnen. Aber wir übersahen einen wichtigen Punkt, der uns gnadenlos zu Fall brachte. Eine Alternative schien nicht in Sicht zu sein. Die Situation war prekär. Doch kam uns plötzlich eine Idee."

Bei einer circa einstündigen Rede sollten nicht mehr als drei Cliffhanger eingesetzt werden. Denn das Gehirn der Zuhörer durchschaut nach einer Weile den kleinen sprachlichen Trick, der den „Zuhörzwang" auslöst.

Gegenwartsform

Nun zum zweiten Punkt, wodurch eine Rede spannender wird, dem *Sprechen in der Gegenwart*. Der Grund für diese positive Wirkung: Die Gegenwart ist für das Gehirn wichtiger als die Vergangenheit, in die niemand mehr eingreifen kann. Wenn es durch Gedanken nicht daran gehindert wird, konzentriert sich das Gehirn auf das Geschehen im Hier und Jetzt. In der Urzeit war dies überlebenswichtig.

Selbst ein ziemlich trockener Inhalt lässt sich interessant vermitteln, wird die Gegenwartsform verwendet wird. Dazu ein Beispiel. Bei einer Rede vor Kunden anlässlich des 40-jährigen Firmenjubiläums geht der Eigentümer einer mittelständischen Büromöbelfirma näher auf die Geschichte des Unternehmens ein. Nicht unbedingt ein besonders interessantes Thema für die Zuhörer. Statt wie üblich in der Vergangenheitsform zu sprechen, zieht der Firmenchef die Anwesenden sprachlich in die Gegenwart. Überdies setzt er einen Cliffhanger ein:

> Wir schreiben das Jahr 1974. Das Gründungsjahr unseres Unternehmens. Mein Freund Horst und ich mieten ein kleines Büro am Stadtrand an. Wir müssen sparen, da wir noch keinen einzigen Kunden haben. Aber wir sind voller Zuversicht, dass sich das bald ändern wird. Sechs Monate vergehen und noch immer ist kein größerer Auftrag in Sicht. Bald beginnt die Ferienzeit, in der mit keiner Bestellung von Büromöbeln zu rechnen ist. Plötzlich klingelt das Telefon. Wir erwarten den Rückruf eines Kunden, der dreißig Büros mit neuen Schreibtischen und Stühlen ausstatten will. Horst ist schneller als ich und greift nervös zum Telefonhörer. Er hebt ab und sein Gesichtsausdruck wird ernst. Sehr ernst sogar.

Nach einer kurzen Sprechpause – zur Verstärkung der Wirkung des Cliffhangers – erfolgt die Auflösung der Spannung. Das geschieht ebenfalls in der Gegenwartsform: „Vielleicht eine Minute später entspannt sich das Gesicht von Horst. Er lächelt mir zu und streckt den Zeige- und Mittelfinger zu einem V für Victory aus. Wenig später weiß ich: Der erste Großauftrag ist an Land gezogen und wir sind gerettet."

Neben kurzen Sprechpausen führt auch die Wortdoppelung in einem Satz zur Verstärkung der Wirkung des Gesagten. Damit verankert sich eine Aussage besser im Gehirn der Zuhörer. Beispiel: „Eine Vision ist wichtig, weil eine Vision ungeahnte Kräfte mobilisiert. Diese ungeahnten Kräfte brauchen wir, um erfolgreicher zu werden."

Cliffhänger und das Sprechen in der Gegenwart sind zwei sprachliche Mittel zur Aufmerksamkeitssteigerung. Sie können auch in der privaten Kommunikation eingesetzt werden. Um das Zuhörerinteresse aufrecht zu erhalten ist in einem Gespräch, beruflich wie privat, darüber hinaus die richtige Wortdosierung wichtig. Nach circa fünf Minuten sollte in einem Zweiergespräch das Gegenüber wieder zu Wort kommen können, wenn es kein einschläfernder Monolog werden soll. Wird zwischendurch immer wieder eine Frage gestellt, hat dies ebenfalls eine stimulierende Wirkung auf das Gehirn des Zuhörers. Sie verhindert, dass seine Gedanken bei einem länger dauernden Gespräch abzudriften beginnen. Allgemeine Beispiele für solche Fragen sind: „Wie denken Sie darüber?", „Wie finden Sie das?" oder „Was meinst du dazu?"

7.2.2 Wer auf den Mund gefallen ist, sollte wieder aufstehen

Warum „fehlen" einem Menschen eigentlich die Worte? Warum bleibt seine Suche nach den richtigen Worten erfolglos? Wenn das Gehirn unter starkem Stress steht, werden das Denkvermögen und die Sprachproduktion teilweise blockiert. Manche Menschen können buchstäblich sprachlos sein, weil sie beispielsweise sehr wütend sind. Andere wiederum ringen nach Worten. Negativer Stress entsteht auch zum Beispiel durch die Befürchtung, sich nicht richtig zu verhalten oder zu versagen. Die Angst, etwas Falsches zu sagen und dafür kritisiert zu werden, löst ebenfalls eine Stressreaktion aus. Menschen, die stets darüber besorgt sind, was andere über sie denken oder denken könnten, blockieren sich damit selbst. Was sie sagen wollen, fällt ihnen meist erst nach einem Gespräch, einer Diskussion oder einer Besprechung ein. Dann eben, wenn der Stress wieder abgebaut ist. Für eine gewinnbringende Kommunikation im Unternehmen ist das abträglich. Werden Standpunkte nicht klar ausgesprochen, kann dies beispielsweise Fehlentscheidungen begünstigen. Auch falscher Respekt vor der beruflichen oder sozialen Stellung eines Menschen kann dazu führen, dass es mit ihm zu keinem fließenden Wortverkehr kommt, sondern zu einer Staubildung. Um dies zu verhindern, muss die Angst überwunden werden. Ein Schlagfertigkeitstraining bleibt allerdings mehr oder weniger wirkungslos, weil das vorhandene Stresslevel die Schlagfertigkeit blockiert. Wirkungsvoller sind Mentalübungen. Sie helfen demjenigen wieder aufzustehen, der auf den Mund gefallen ist. Oder besser gesagt: Sie verhindern, dass er überhaupt auf den Mund fällt. Eine dieser Übungen soll kurz beschrieben werden.

Gemeinsam über eine Brücke gehen

Vor dem geistigen Auge wird eine Brücke visualisiert, die über einen ruhigen Fluss führt. Am anderen Ende der Brücke stehen drei Menschen. Von ihnen ist bekannt, dass sie eine wichtige berufliche Stellung innehaben. Dann wird die Brücke beschritten. In ihrer Mitte begegnet man diesen drei Menschen, die kurz mit einem Handschlag begrüßt werden. Einer von ihnen fragt: „Wollen Sie uns ein Stück begleiten?" Darauf antwortet man im Geiste: „Das geht leider nicht. Ich muss in die andere Richtung gehen." Es entsteht eine kurze zwanglose Unterhaltung über das Ziel des Weges. Anschließend verabschieden sich alle drei mit einem Handschlag. Einer sagt dabei: „Schade, dass wir nicht mehr Zeit für ein Gespräch mit Ihnen hatten. Es würde mich freuen, wenn wir uns wieder begegnen würden."

Wenn es bestimmte Menschen sind, die Stress auslösen, dann sollten diese in die beschriebene Mentalübung eingebaut werden und die Brücke überqueren.

7.2.3 Frei reden, statt sich an das Manuskript klammern

Auch bei Reden entsteht manchmal der Eindruck, der Redner sei sozusagen auf den Mund gefallen. Er klammert sich eisern an sein Manuskript und die Rede wird zum abgelesenen emotionslosen Vortrag, ohne einen Funken Spontaneität in der Wortwahl. Am Ende applaudieren die Zuhörer nur aus Höflichkeit, nicht weil sie für etwas interessiert oder von etwas überzeugt wurden.

Idealerweise wird eine Rede frei gehalten, was natürlich eine gewisse Übung erfordert. Eine freie Rede wird von den Zuhörern als Indiz gewertet, die Originalgedanken des Vortragenden zu hören und nicht das, was er sich auf dem Papier zurechtgelegt hat. Außerdem wird die Sprache so automatisch natürlicher, was anziehender wirkt als die abgelesene Schriftsprache. Denn eher selten spricht jemand genau so, wie es zu Papier gebracht wird. Die natürliche Alltagssprache ist der Papiersprache deutlich überlegen, was die überzeugende Wirkung auf die Zuhörer betrifft.

Viele Führungskräfte scheuen sich jedoch vor einer freien Rede, da sie befürchten, nicht die richtigen Worte zu finden, ins Stocken zu geraten, etwas Wichtiges zu vergessen oder sich zu versprechen. Kurzum: Die Angst vor einer möglichen Blamage ist größer als der Gedanke, dass eine freie Rede überzeugender wirkt als ein Manuskriptvortrag. Diese Angst ist jedoch unbegründet. Sie beruht vor allem auf einer Fehlinterpretation der körperlich spürbaren Nervosität vor einer Rede, wie etwa einer höheren Pulsfrequenz oder einem trockenen Mund.

Ist man kein Profiredner, so wird kurz vor einer Rede ein Adrenalinschub ausgelöst. Er wird als Lampenfieber wahrgenommen, von dem Bühnendarsteller sagen, es würde ihnen helfen, eine gute Performance zu bieten. Damit treffen sie den Nagel auf den Kopf. Nervosität vor einer freien Rede ist etwas ganz Natürliches und sollte positiv statt negativ interpretiert werden. Denn das Adrenalin, das die Nervosität auslöst, bewirkt die Mobilisierung von Energiereserven, sodass der Redner nun sein Bestes geben kann. Sich das vor einem Vortrag bewusst zu machen ist wichtig, weil es die innere Unruhe dämpft. Es verhindert außerdem innere Versagensmonologe – „Was mache ich, wenn ich den roten Faden verliere" und ähnliches mehr. Solche Monologe können zu einem Teufelskreis führen, da sie die Nervosität steigern und die gestiegene Anspannung zu weiteren negativen Annahmen führt.

Vor einer freien Rede senkt beispielsweise folgender Gedanke eine vorhandene Nervosität deutlich ab: „Ich spüre, wie das Adrenalin mir einen Leistungsschub verschafft. Ich bin dadurch hellwach, gut konzentriert und bereit, einen überzeugenden Vortrag zu halten, frei und nur mit ein paar Stichworten auf dem Papier. Sie wird für alle gewinnbringend sein – für die Zuhörer, für mich und unser Unternehmen." Damit wird der Adrenalinschub richtig interpretiert: als etwas Positives, das die Leistungsfähigkeit steigert.

Ein weiterer Tipp: Summen Sie vor einer Rede oder Präsentation circa fünf Minuten. Das ist für die Stimmbänder wie eine Massage und gibt der Stimme einen besseren und sympathischen Klang. Außerdem wirkt Summen beruhigend auf das Gehirn.

7.3 Bei Besprechungen den Gehirnegoismus nutzen

Besprechungen gehören zum beruflichen Alltag. Über sie kursieren viele ironische Bemerkungen, die darauf hindeuten, dass sie von den Teilnehmern oftmals nicht als sonderlich effektiv eingeschätzt werden. Eine von ihnen lautet sinngemäß: „Fühlen Sie sich einsam? Dann gehen Sie zu Besprechungen. Dort gibt es außerdem gratis einen frischen Kaffee."

Eine Besprechung zeigt bessere Ergebnisse und ist insgesamt effektiver, wenn der Gehirnegoismus gezielt genutzt wird. Das Gehirn ist nämlich wissbegierig: „Was wird von mir konkret erwartet? Welcher Nutzen könnte durch meine Gesprächsbeiträge entstehen?" Häufig wird vorausgesetzt, dies sei allen Teilnehmern völlig klar. Schließlich gibt es eine Agenda, auf der alle Punkte stehen, die besprochen werden müssen. Doch die Erwartungshaltungen der Besprechungsteilnehmer können durchaus unterschiedlich sein. Der Chef wünscht sich zum Beispiel ein konkretes Ergebnis, während die Mitarbeiter die Erwartung haben, vorab zunächst einige wichtige Fragen klären zu können.

Deshalb kann es durchaus sinnvoll sein, zu Beginn kurz die Erwartungshaltung der Teilnehmer abzuklären und sie zu fragen, was ein wünschenswertes Ergebnis wäre. Beispielsweise so: „Aus meiner Sicht sollten wir heute die endgültigen Meilensteine in diesem Projekt festlegen. Sind wir uns darüber einig oder seht ihr das anders?"

Ein weiterer wichtiger Punkt: Oftmals gleitet die Diskussion in Nebensächlichkeiten ab, verliert sich in Detailfragen und sie kämpft auf Nebenkriegsschauplätzen. Das „egoistische" Gehirn schaltet dann irgendwann teilweise ab, weil kein Ergebnis in Sicht ist. Im Unterschied zu privaten Gesprächen, wo dies ebenfalls geschehen kann, hat jeder Teilnehmer die Besprechungspunkte vor sich auf dem Tisch liegen. Trotzdem wirkt die Besprechung ermüdend, wenn sie sich schwerfällig von Punkt zu Punkt vorwärts bewegt. Obwohl durchaus wichtige Punkte auf der Agenda stehen, ufert das Unwichtige zunehmend aus und es kommt zu keinem Ergebnis. In solchen Fällen ist das Ergebnis meist das Papier für das Protokoll nicht wert. Für das Unternehmen ist das außerdem teuer. Wie können Sie das vermeiden, falls Sie die Besprechung veranlasst haben? Zwei Vorschläge dazu.

Vorschlag 1
Kürzen Sie die dafür vorgesehene Zeit radikal um die Hälfte. Das wird nicht immer möglich sein, aber häufig geht es trotzdem. Das Ergebnis leidet darunter keinesfalls, sondern es verbessert sich sogar. Warum? Das Gehirn wird permanent mit Reizen überflutet: E-Mails mit langen Anhängen, Handy- und Internetnutzung, TV, Tageszeitung usw. Zusätzlich muss auch noch vieles andere erledigt werden. Ein Unternehmen ist kein Kloster, in dem sich die Mitarbeiter dieser ständigen Reizüberflutung entziehen können. Es gibt auch keine Andachtskapelle, in der sich zwischendurch die Gedanken ordnen lassen und dabei auf die Hilfe von „Oben" gehofft werden kann. Weiß das reizüberflutete Gehirn aus Erfahrung. dass bei den Besprechungen viel geredet wird, es aber nur teilweise davon betroffen ist, schaltet es immer wieder auf den Stand-by-Modus um. Damit gönnt es sich Ruhepausen, sozusagen kleine persönliche „Andachten".

Wird die zur Verfügung stehende Zeit rigoros um die Hälfte gekürzt, steigert das die Aufmerksamkeit. Das Gehirn fokussiert sich besser auf das, was wirklich wichtig ist. Der Effekt: Die Beiträge der Teilnehmer werden kürzer und sie konzentrieren sich auf das Wesentliche. Aus meiner beruflichen Erfahrung weiß ich: Kürzere Besprechungen werden von den Teilnehmern als effektiver beurteilt als jene mit der üblichen Länge. Sie werden auch als angenehmer empfunden. Für die Stimmungspflege unter den Teilnehmern und für die Motivation zur Umsetzung beschlossener Maßnahmen ist das nicht unwichtig.

Vorschlag 2
Formulieren Sie klar und deutlich, was das Hauptergebnis und der Nutzen einer Besprechung aus Ihrer Sicht sein sollen. Setzen Sie das den einzelnen Punkten auf der Agenda voran, sofern es sich nicht um eine Besprechung handelt, die nur der Informationsweitergabe dient. Zwei bis drei Sätze reichen dafür meistens aus.

Ein Beispiel für ein erwünschtes Hauptergebnis auf der Agenda: „Neukundengewinnung durch zusätzliche Marketingmaßnahmen in der Region West. Welche drei Schwerpunkte sind zu setzen?" Oder: „Ressourcen-Planung Logistik – die nächsten fünf Schritte". Kommunizieren Sie das gewünschte Ergebnis stichwortartig, so wie es hier beispielhaft beschrieben wurde, mit der Einladung zur Besprechung an die Teilnehmer.

Lenken Sie gleich zu Beginn, nachdem jeder an seinem Kaffee genippt oder sich ein Glas Wasser eingeschenkt hat, nochmals den Fokus auf den formulierten Nutzen: Mit klaren und einfachen Worten – der Lieblingsspeise für die Gehirne der Teilnehmer, die mit Ihnen am Tisch sitzen.

Gibt es keinen erkennbaren Nutzen, der durch die Besprechung angestrebt wird, stellt sich die Frage, warum sie eigentlich abgehalten werden soll. Solche Besprechungen sind offenbar der Anlass für die ironischen Bemerkungen über ihren Sinn – so wie oben erwähnt.

Sollten Sie „nur" Teilnehmer an einer Besprechung sein und nicht in einer leitenden Position stehen, formulieren Sie vorab den Nutzen, der sich aus Ihren Gesprächsbeiträgen ergeben könnte. Das verbessert das Resultat der Kommunikation. Außerdem erhöht es die Wahrscheinlichkeit beträchtlich, eine weitere Stufe auf der Karriereleiter erklimmen zu können. Eine wichtige Voraussetzung dafür ist, in der Kommunikation den Nutzen, der sich aus ihr ergeben soll, in den Vordergrund zu stellen. Damit wird das Gehirn der Menschen, mit denen kommuniziert wird, auf Empfang gestellt und sein „Egoismus" richtig bedient.

Wie Worte die Denkrichtung in die richtige Bahn lenken
Vom englischen Naturforscher und Physiker Sir Isaac Newton gibt es die berühmte Anekdote, wie er unter einem Apfelbaum lag und ihm ein Apfel auf den Kopf fiel. Er stellte sich die Frage, warum der Apfel stets senkrecht nach unten fällt und warum Sonne und Mond nicht auf die Erde fallen. Das war im 17. Jahrhundert. Diese Frage wurde schließlich zum Ausgangspunkt für seine bahnbrechende Entdeckung der Gravitationsgesetze. Zumindest beschreibt es der frühe Biograf von Newton, William Stukeley, so. Er stand mit dem berühmten Gelehrten in direktem Kontakt.

Fragen sind Geburtshelfer und lichten den Sprachnebel

Gute Fragen sind eine Art Hebamme, indem sie die Gedanken in die richtige Bahn lenken und so die „Geburt“ einer Lösung erleichtern. Das Beispiel von Newton zeigt, dass eine einfache Frage durchaus eine kluge sein kann. Denn gerade die Einfachheit einer Frage ist meistens ein sicheres Kennzeichen, dass eine Problemstellung in ihrem Kern erfasst wurde. Sie ist ein Indiz für klares Denken. Menschen, die den Wald vor lauter Bäumen nicht sehen, produzieren häufig sehr viel Sprachnebel. Das tun natürlich auch jene, die etwas verschleiern und andere bewusst verwirren wollen, um sie damit vielleicht von einer Sache abzulenken, die unangenehm für sie ist.

Wenn ein Mensch mit seinem sprachlichen Nebel eine narkotisierende Wirkung auf die Zuhörer ausübt, sind Fragen wie ein Nebelscheinwerfer: Sie bringen Licht in seine gedankliche und sprachliche Dunkelheit. Das spart Zeit und reduziert Missverständnisse. Außerdem erweisen sich gute Fragen oftmals auch als Geburtshelfer eines nützlichen Gedankens oder einer verwertbaren Idee. Für ein Unternehmen ist das immer bares Geld wert.

Einige Beispiele für einfache Fragen, die das Gehirn zu mehr gedanklicher Klarheit bringen:

- Was ist der Kernpunkt bei diesem Thema?
- Was muss die oberste Priorität haben und warum?
- Was genau wollen Sie uns damit sagen?
- Worin sehen Sie eine mögliche Lösung, ohne Wenn und Aber?
- Was ist der allerwichtigste Punkt für unsere Kunden?
- Was ist der Erfolgsschlüssel bei diesem Projekt?
- Was wäre der größte Fehler, der uns unterlaufen könnte, und wie verhindern wir ihn?
- Wie lässt sich das Ergebnis mit zwei Sätzen zusammenfassen?
- Wie könnte eine positive Schlagzeile in der Presse lauten, falls sie über unseren Erfolg in dieser Sache berichten würde?
- Welche drei Dinge müssen wir tun, damit es eine solche Schlagzeile geben könnte – in welcher Reihenfolge?
- Was ist unser Hauptziel und wie kann es mit einem Satz ausgedrückt werden?
- Worauf läuft das hinaus, was Sie uns sagen wollen?
- Wie würden Sie das Problem stichwortartig beschreiben, wenn Sie dafür nur eine Minute Zeit hätten?
- An welche Lösung denken Sie genau? Beschreiben Sie diese bitte mit drei Sätzen.

Um eine effiziente Kommunikation sicherzustellen, geben Unternehmen viel Geld für Kommunikationsseminare aus. Interessanterweise beschäftigen sich nur sehr wenige von ihnen mit den richtigen Fragen, durch die Probleme leichter gelöst, Entscheidungen rascher herbeigeführt und ein kostspieliger verbaler Nebel gelichtet werden kann. Klare Fragen führen zu einer sonnenklaren Kommunikation, da sie die verdunkelnden Sprachwolken vertreiben. Darüber hinaus helfen sie den Menschen, die sich unklar und diffus ausdrücken, mehr gedankliche Präzision zu entwickeln. Gute Fragen sind der Königsweg, um Lösungen finden zu können. Bereits eine einzige von ihnen kann wertvoller sein als 100 Ratschläge oder „Weisheiten", wenn sie das selbstständige Denken untergraben. Newton ist das beste Beispiel dafür, zu welchen produktiven Gedanken eine Frage führt, wenn sie richtig gestellt ist. Aus dem schummerigen Licht im Kopf entstehen so helle Gedankenblitze. Sie regen weiterführende und produktive Ideen an. Oder wie es in der Bibel heißt: „Die Zunge der Weisen fördert Erkenntnis, aber die Zunge der Narren lässt Torheit sprudeln." (Spr.15,2)

Ein einziges Wort kann die Denkrichtung verändern

„Das geht nicht!" „Das schaffen wir niemals!" „Das kann ich nicht!" Solche Gedanken oder Aussagen lösen im Gehirn negative Assoziationsketten aus – im eigenen und in dem anderer Menschen. Es beschäftigt sich dann nicht mit den Möglichkeiten, wie etwas funktionieren könnte, sondern es sucht nach gegenteiligen Gründen, die eine solche Aussage bestätigen sollen und sie damit einzementieren. Wird vor das „geht nicht" ein „so" oder „noch" gesetzt, ändert sich jedoch die Denkrichtung. „Es geht so nicht" oder „Das kann ich noch nicht" triggert im Gehirn Gedanken, die leichter zu einer Lösung hinführen.

Auch bei Fragen führen minimale Veränderungen in der Wortwahl zu völlig anderen Reaktionen beim Gegenüber. „Warum ist das passiert?" oder „Warum ist Ihnen dieser Fehler unterlaufen?" – solche Fragen lösen fast zwangsläufig weitläufige Erklärungen aus, die auf eine unproduktive Selbstrechtfertigung hinauslaufen. Eine entstandene Problemsituation wird dadurch nicht leichter, sondern eher schwieriger. Die Frage nach dem Warum ist nur für eine Ursachenanalyse wichtig. Im Vordergrund sollte aber die Lösung eines Problems stehen, statt endlose Diskussionen darüber zu führen, wie es entstehen konnte. Die Frage „Wie vermeiden wir in Zukunft, dass es wieder zu einer solchen Situation kommt?" lenkt das Gehirn in eine richtige Denkrichtung. Sie ist vorwurfsfrei, löst daher keine Rechtfertigungsversuche aus und sie führt zu Gedanken und Vorschlägen, die produktiv sind. Bei Fehlern, die passiert, und Problemen, die aufgetreten sind, setzt das auf die Zukunft orientierte „Wie verhindern wir?" Lösungsenergien frei. Ein „Warum?" das sich zu sehr mit der Vergangenheit beschäftigt und auf ihr sogar „herumreitet", triggert im Gehirn die Bereitstellung einer sehr unproduktiven Energieform: die der rechtfertigenden Vergangenheitsbewältigung.

7.4 Geld statt anerkennender Worte?

Geld in Form des Gehaltes ist zweifelsohne auch ein Ausdruck des Wertes, den ein Unternehmen einem Mitarbeiter zumisst. Es kann aber auch ein „Schmerzensgeld" sein, wenn Führungskräfte ihre Mitarbeiter ständig verbal unter Druck setzen und die negative Kritik vor der Anerkennung ihrer Leistungen steht; falls es diese überhaupt gibt.

„Anerkennende Worte für eine Leistung, wozu?", meinte erst kürzlich der 50-jährige Chef eines mittelständischen Handelsunternehmens, als wir über das Thema Motivation sprachen. „Ich bezahle meine Mitarbeiter gut und das muss genügen." Dann fügte er hinzu: „Außerdem lobt mich auch niemand für meine Arbeit." Als er das sagte, verzogen sich seine Mundwinkel leicht nach unten, als ob er das fast ein wenig bedauern würde. Wenig später räumte er ein, er würde es sich manchmal wünschen, wenn seine Führungskräfte ihm ein positives Feedback geben würden – über seine Entscheidungsfreude, sein konsequentes Handeln, sein vorausschauenden Denken und ähnliches mehr. Während er das sagte, hellte sich seine Miene durch dieses Quasi-Eigenlob merklich auf. Ein eindeutiges Zeichen, dass sein Gehirn während dieser Aufzählung das Wohlfühlhormon Dopamin produziert hatte.

Gute Gefühle steigern die Leistungsbereitschaft – also die Motivation. Das wird niemand bezweifeln. Was spricht also dagegen, durch eine wertschätzende Kommunikation mit den Mitarbeitern, zu der auch die Anerkennung ihrer Leistungen gehört, ihre Eigenmotivation zu stärken? Dies bedeutet, den Wert eines Mitarbeiters für das Unternehmen klar und deutlich auszudrücken. Nicht mit einem billigen und herablassenden Schulterklopflob von oben herab, sondern auf Augenhöhe und mit Worten, die nachvollziehbar machen, warum eine Leistung anerkannt wird.

In manchen Unternehmen müssen Mitarbeiter bis zur Abschiedsrede vor ihrem Ruhestand warten, um endlich von ihrem Chef zu erfahren, wie sehr er ihre Leistungen angeblich geschätzt hat. In anderen Unternehmen wiederum erfährt dies der Mitarbeiter einmal pro Jahr in einem Mitarbeitergespräch. Anerkennung und Kritik gehen bei dieser Leistungs- und Verhaltensbeurteilung Hand in Hand. Abgesehen davon, dass die Kritik einer Leistung oder eines Verhaltens besser zeitnah erfolgt als einmal pro Jahr in resümierender Form, wird die Wirkung der Anerkennung gemindert, wenn auf sie die Kritik folgt.

Zuerst die positiven Punkte besprechen, dann die negativen, empfehlen Autoren, die offenbar wenig davon wissen, wie Worte im Gehirn verarbeitet werden. Angeblich nimmt der Mitarbeiter die Kritik dann besser auf, so die Annahme, wenn zuvor die Anerkennung der Leistung erfolgte. Das ist falsch. Denn er weiß in einem solchen Gespräch aus der Vergangenheit: Die anerkennenden Worte sind der Vorspann zur anschließenden Kritik. Daher werden sie nur mit einem halben Ohr wahrgenommen, weil im Gehirn bereits eine Erwartungsspannung aufgebaut wurde. Und zwar im Hinblick auf das, was folgen wird – die Kritik. Auch wenn diese vorsichtig und ohne Wertungsabsicht formuliert wird, setzt sie Stresshormone frei. Damit wird die positive Wirkung der anerkennenden Leistungsbeurteilung fast gänzlich wieder aufgehoben. Anerkennung und Kritik gehören also getrennt ausgesprochen und sollten nicht hintereinander „abgearbeitet" und bilanziert werden, wie dies in ritualisierten, einmal jährlich stattfindenden Mitarbeitergesprächen der Fall ist. Sie haben oftmals auch nur eine Alibifunktion. Nämlich insofern, dass Führungskräfte von sich sagen können: „Ich spreche regelmäßig mit meinen Mitarbeitern und gebe ihnen dabei ein Feedback über ihre Leistungen." Das ist gut fürs Protokoll, aber schlecht für die Mitarbeiter und das Unternehmen, wenn es dazu ein angeordnetes Ritual braucht.

7.4.1 Führungskräfte verweigern die Anerkennung

Es ist eine völlige Fehlannahme, wenn Führungskräfte meinen, die Leistungen ihrer Mitarbeiter müssten verbal generell nicht anerkannt werden. Lob, so denken manche von ihnen, sei etwas für die Kinder; vielleicht auch für die Ehefrau, aber jedenfalls für die Geliebte. „Wenn ich nichts kritisiere", meinte ein Manager auf einem meiner Seminare, „dann ist das bereits ein Lob!" So kann man es natürlich auch sehen, wenn ein Lob mit der Anerkennung von Leistungen gleichgesetzt wird – was auf Menschen immer positiv und stimulierend wirkt –, dafür aber mit der Kritik nicht gespart wird. Unternehmen verlieren durch diese Haltung von Führungskräften viel Geld. Denn jede Erhöhung der Eigenmotivation der Mitarbeiter steigert deren Leistungsbereitschaft. Eine fortwährende Kritik untergräbt sie hingegen massiv. Es stellt sich die Frage, ob in den teuren Managementausbildungen das Thema „Führung und Motivation" den richtigen Stellenwert einnimmt. Erkennbar wäre das daran, dass die ausgebildeten Führungskräfte im Umgang mit ihren Mitarbeitern das emotionale Alphabet richtig buchstabieren können. Es beginnt mit dem Buchstaben A für „Anerkennung" oder „Aufrichtigkeit" und endet mit Z für „Zusammenhalt". Weitere wichtige Buchstaben in diesem Alphabet sind: B für „Berechenbarkeit" und „Beständigkeit", E für „einfühlend", K für „konfliktlösend", O für „Offenheit", V für „Vorbildwirkung", „vertrauensvoll" und „Verlässlichkeit", W für „Wertschätzung".

Überall dort, wo diese Begriffe im Führungsalltag Realität sind und nicht nur in Hochglanzbroschüren mit dem Titel „Führungsgrundsätze" stehen, werden sich die Mitarbeiter für ihre Aufgaben überdurchschnittlich einsetzen. Und bei notwendigen Veränderungsmaßnahmen ziehen sie innerlich leichter mit, statt diese zu blockieren.

7.4.2 Dopamin zwischendurch

Anerkennende Worte lösen im Gehirn des Gegenübers die Produktion von Dopamin aus, wenn sie aufrichtig gemeint sind. Die Spiegelneuronen erkennen sehr genau, ob es sich nur um ein aufgesetztes Motivationslob handelt. Dies hätte eine negative Wirkung, da jede erkannte Unehrlichlichkeit Misstrauen und Ärger auslöst.

Positive Worte über eine Leistung werden in ihrer Wirkung verstärkt, wenn sie spontan, unerwartet und unter vier Augen ausgesprochen werden. Eine allgemeine Äußerung des Chefs vor allen Mitarbeitern über Ihren Arbeitseinsatz hat wenig Wirkung – beispielsweise: „Ihr habt als Team eine prima Leistung vollbracht." Immerhin wäre eine solche Aussage besser, als würde überhaupt nichts Positives gesagt.

Wirkungsverstärkend ist es dann, wenn sich der Vorgesetzte in kurzen Einzelgesprächen bei jedem Mitarbeiter für seinen Einsatz bedankt und dabei hervorhebt, wie seine Leistung zum gemeinsamen Erfolg beigetragen hat. Spontan und unerwartet für den Mitarbeiter wäre es, wenn sein Chef beispielsweise zu ihm sagt: „Hätten Sie gleich kurz Zeit? Ich würde gerne mit Ihnen in der Kantine einen Kaffee trinken und mich für Ihren Einsatz bedanken." Bereits diese Ankündigung kurbelt die Dopamin-Produktion an, da sie eine positive Erwartungshaltung erzeugt. Im anschließenden Kurzgespräch in der Kantine reichen wenige Worte aus, um beim Mitarbeiter das bei ihm ausgelöste gute Gefühl zu verstärken: „Obwohl Sie in den letzten Wochen extrem viel um die Ohren hatten, kam es bei den Angeboten zu keinen Verzögerungen. Alle Offerten gingen noch am selben Tag an die Kunden, wie die Statistik zeigt. Ich habe auch nie erlebt, dass Sie gereizt reagiert hätten, wenn ich dringend eine Information von Ihnen eingeholt habe. Danke dafür."

Kleine Dopamin-Schübe zwischendurch, die durch solche Worte ausgelöst werden, fördern die Eigenmotivation des Mitarbeiters und festigen ein vertrauensvolles Kommunikationsklima zwischen ihm und seinem Chef. Sie stärken überdies das Zugehörigkeitsgefühl und die Identifikation mit der Abteilung und deren Zielen. Gehirnbiologisch betrachtet ist dafür das Bindungshormon Oxytocin mitverantwortlich. Seine Ausschüttung wird durch die beschriebene Weise im kommunikativen Umgang mit Mitarbeiter stimuliert.

Auch freundliche Worte, die Interesse an der Person des Mitarbeiters zeigen und die nicht auf die Arbeit bezogen sind, fördern ein gutes zwischenmenschliches Klima im Unternehmen. Beispiele sind folgende Fragen: „Ihre Tochter macht doch demnächst Abitur – wird sie danach studieren? Falls ja: Welche Fachrichtung wird sie einschlagen?" Oder: „Haben Sie sich mit Ihrer Familie in der neuen Wohnung bereits gut eingelebt? Und wie gefällt es Ihrem Sohn Markus in der neuen Schule?"

Auf Seminaren, die ich durchführe, nicken viele Führungskräfte zustimmend mit dem Kopf, wenn sie das hören, und sagen: „Das würde ich gerne tun, aber dafür habe ich leider zu wenig Zeit." Meine Antwort darauf: „Jene Zeit, die Sie dafür aufwenden, kommt um ein Vielfaches zurück. Sie ist deshalb eine gewinnbringende Investition. Denn Sie sparen sich viel Zeit ein, wenn Sie immer wieder Interesse an der Person des Mitarbeiters signalisieren. Warum? Weil sein Vertrauen in Sie wächst und es daher zu deutlich weniger Diskussionen bei der Umsetzung von anspruchsvollen Zielen kommt – um nur eines von vielen Beispielen zu nennen."

Ein gutes Kommunikationsklima führt zu mehr Offenheit im gegenseitigen Kontakt und vielleicht sogar dazu, dass der Mitarbeiter sich gegenüber seinem Chef positiv über die Ausübung seiner Führungsverantwortung äußert – ohne sich damit bei ihm „einschleimen" zu wollen. Auf diese Weise würde auch bei Vorgesetzen ein kleiner Dopamin-Schub ausgelöst werden. Er könnte ihn dazu motivieren, mit Kritik sparsam umzugehen. Dafür aber mit anerkennenden Worten nicht zu geizen.

7.4.3 Eindeutige Zahlen – ein Beispiel aus der Logistikbranche

Im September 2011 führte ich im Auftrag eines Logistikunternehmens, das rund 400 Mitarbeiter beschäftigt, eine Motivationsanalyse durch. In der Logistikbranche fühle ich mich heimisch: In meinem Erstberuf als Speditionskaufmann war ich zunächst in Österreich und anschließend vier Jahre in drei deutschen Großstädten tätig.

Bei dieser Motivationsanalyse stand die Kommunikation der Führungskräfte mit ihren Mitarbeitern im Mittelpunkt. Nachdem die anonym ausgefüllten Fragebögen ausgewertet waren, wurden drei halbtägige Workshops mit Mitarbeitern unterschiedlicher Abteilungen durchgeführt. Bei diesen hinterfragte ich, wie die Kommunikation mit den Führungskräften verbesserbar wäre. Die wichtigsten Antworten waren „raschere Informationsweitergabe", „mehr Einbindung in die Entscheidungsfindung", „klare Kommunikation über beabsichtigte Veränderungen",

„Anerkennung der Leistungen – positives Feedback“, „faire Kritik der Leistungen, die aufzeigt, wie etwas besser gemacht werden kann“, „Abbau von Kontrollfetischismus und mehr Vertrauen in die Mitarbeiter“. Der durchschnittliche Motivationswert lag auf einer Skala von 1 bis 6 nach dem deutschen Schulnotensystem bei 3,5. Es gab also noch reichlich Luft nach oben.

In den anschließenden Seminaren und Coaching-Gesprächen mit den Führungskräften zeigten sich diese sehr aufgeschlossen, durch ein verändertes Gesprächsverhalten das Kommunikationsklima zu verbessern und damit die Eigenmotivation der Mitarbeiter zu fördern.

Ein Jahr später, im September 2014, wurde die Motivationsmessung wiederholt. Der Durchschnittswert lag jetzt bei 2,3. Eine deutliche Verbesserung und ein sehr guter Wert. Werte unter 2 sind selten, da die Motivation der Mitarbeiter natürlich nicht nur von beruflichen Faktoren abhängig ist. Auch ihre persönliche Situation – Familiäres, Gesundheit, die finanzielle Lage usw. – wirken in die Motivation am Arbeitsplatz hinein. Methodisch lässt sich das bei einer Messung nicht ganz streng abgrenzen. Und dauerhaft hochmotiviert zu sein, wofür ein Wert unter 1,5 sprechen würde, gelingt vielleicht Einzelnen, nicht der Mehrheit der Mitarbeiter. Dies bei Motivationsworkshops zu behaupten ist ein Seminarmärchen.

In zwei halbtägigen Workshops mit den Führungskräften zogen wir schließlich ein Resümee: Wie hat sich die verbesserte Motivation der Mitarbeiter konkret im Arbeitsalltag innerhalb des vergangenen Jahres ausgewirkt? Die wichtigsten Ergebnisse sind:

1. Der gemessene Wert der Kundenzufriedenheit stieg auf einer Skala von 1 bis 10 auf den Wert 9,3. Zuvor lag er bei 8,5.
2. Die Reklamationsquote ging um drei Prozent zurück.
3. Bei gleichem Personalstand wurden zwei Prozent mehr Aufträge abgewickelt.
4. Die Krankenstandstage reduzierten sich um vier Prozent.
5. In sieben Abteilungen verbesserte sich das finanzielle Gesamtergebnis innerhalb des Vergleichszeitraums insgesamt um rund 105.000 €. Bei den übrigen drei blieb es nahezu gleich. In einer Abteilung sank das Ergebnis um 25.000 €.[1]

[1] Der Geschäftsführer des Logistikunternehmens führte die verbesserten Ergebnisse in erster Linie auf das veränderte Kommunikationsverhalten der Führungskräfte und Mitarbeiter zurück. Bei den finanziell besseren Ergebnissen spielen sicherlich noch andere Faktoren eine Rolle, die sich methodisch nicht ganz eindeutig bestimmen lassen.

7.5 Das Wording für die Karriere

Eine berufliche Karriere hängt sehr eng mit den kommunikativen Fähigkeiten eines Menschen zusammen. Damit ist nicht eine große „Klappe" gemeint, mit der sich Menschen selbst auf die Schulter klopfen, um sich bestmöglich zu verkaufen. Vielmehr steht an vorderster Stelle die Fähigkeit, zu Kollegen und Vorgesetzten eine gute Beziehung herstellen zu können. So können die Arbeitsaufgaben gemeinsam und miteinander in produktiver Weise bewältigt werden.

Eine gute Beziehung setzt Vertrauen voraus. Nur wenn dieses auch im Verhältnis zu Vorgesetzten hergestellt werden konnte, trauen sie einem Mitarbeiter Aufgaben zu, die diese für eine Karriere qualifizieren. Vertrauen entsteht vor allem dadurch, dass man sich in die Lage eines anderen Menschen hineinversetzen kann – also Empathie beweist – und bereit ist, etwas mit dessen Augen zu sehen. Dies wiederum führt zu einer verständnisvollen Haltung für seine Situation, was auch für die Beziehung zu Vorgesetzten gilt. Sie wissen es zu schätzen, wenn Mitarbeiter nicht nur von sich ausgehen, sondern die Gesamtsituation im Auge behalten, für die der Vorgesetzte verantwortlich ist. Diese Einstellung drückt sich so aus, dass nicht die „Ich-Perspektive" fordernd oder opponierend im Mittelpunkt steht, sondern auch das gemeinsame Wir gesehen wird. Beispielsweise, wenn es um Entscheidungen geht, die nicht allen recht sind, die aber trotzdem getroffen werden müssen.

Gegen etwas zu sein ist immer leicht. Es braucht dazu nur ein Nein. Für etwas zu sein und dies auch begründen zu können, hilft der Karriere. Wer aus einer überkritischen Dauerhaltung heraus immer und ewig stets mehr Gründe findet, die gegen eine Sache sprechen als für sie, beerdigt auf diese Weise seine Karrierechancen. Es sei denn, sein Chef wäre ein Masochist, der es liebt, wenn verbale Giftpfeile auf seine Entscheidungen abgeschossen werden.

Jeder Mensch hört es gern, wenn andere seine Auffassung zu bestimmten Punkten teilen oder seine Entscheidungen für richtig und gut halten. Auch der Vorgesetzte. Das hat überhaupt nichts mit einem unkritischen Jasagertum oder mit Einschmeichelei zu tun. Ein zustimmendes Wording klingt beispielsweise so: „In dieser Situation ist das sicherlich eine gute Entscheidung". Oder: „Das ist eine klare Aussage, die uns weiterhilft", „Das sehe ich genauso wie Sie", „Es ist sicherlich sinnvoll, es so umzusetzen, wie Sie es vorschlagen", „Eine gute Anregung von Ihnen" oder „Eine interessante Idee, die wir weiterverfolgen sollten".

Solche kurzen, bestätigenden Feedbacks festigen das Vertrauen zwischen Menschen, wenn sie ehrlich gemeint sind. Nur dann sollten sie ausgesprochen werden. Ansonsten wären sie „Einschleimerei", die jeder kritisch denkende und eigenverantwortlich handelnde Mensch zu Recht ablehnt.

Welche Wirkung solche Feedbacks haben können, zeigt ein kleines Beispiel. Bei einem Seminar für einen eigentümergeführten Sanitärgroßhändler sprach ich mit den Außendienstmitarbeitern am Rande auch über das Thema „Positives Feedback an den Chef". Zwischen ihnen und ihm bestand kein besonders gutes Gesprächsklima, was sie insbesondere auf seine hohe Arbeitsbelastung zurückführten. Ich stellte die Frage, was sie an seinem Führungsstil gut finden würden. Es kamen Antworten wie „gerecht und fair", „verantwortungsbewusst gegenüber den Mitarbeitern", „trifft rasch Entscheidungen".

Ich schlug vor, ihm bei Gelegenheit zu signalisieren, dass sie die positiven Aspekte seines Umgangs mit Mitarbeitern – seine Führungswirkung – durchaus wahrnehmen. Zum Beispiel könnte dies am Ende einer Besprechung mit folgenden Worten geschehen: „Wir wollten Ihnen noch sagen, wie sehr Ihre raschen Entscheidungen uns die Arbeit erleichtern. Auch wenn wir zunächst Einwände äußern, sind wir am Ende überzeugt, dass diese Entscheidungen richtig sind."

Drei Tage später rief mich der Chef des Sanitärunternehmens an und fragte, was ich mit seinen Leuten gemacht habe. Sie hätten nun erkannt, wie viel er um die Ohren hätte und was er für das Unternehmen und damit auch für seine Mitarbeiter tun würde. Bei einer Besprechung hatten sie ihm das kurz gesagt. Anschließend lud er sie zum Mittagessen ein, das sich bis in den späten Nachmittag fortsetzte. Seit Langem konnten sie wieder ausführlich und offen miteinander reden.

7.5.1 Lösungsmöglichkeiten statt Probleme

Ein weiterer wichtiger Punkt für ein karriereförderndes Wording: Von Lösungsmöglichkeiten sprechen statt von Problemen oder Herausforderungen. Seit etlichen Jahren wird im Unternehmensalltag das Wort „Problem" kaum mehr verwendet. Es wurde durch das Wort „Herausforderung" ersetzt, das angeblich ein positives Signal aussendet, in der Zwischenzeit allerdings inflationär verwendet wird. Vielfach wird es in nichtssagenden Phrasen verwendet: „Das ist eine echte Herausforderung für uns." Auf die Nachfrage, wie ihr konkret begegnet werden soll, kommen häufig ausweichende Antworten.

Wird das Wort „Lösungsmöglichkeiten" verwendet, so setzt das voraus, dass sich jemand zuvor Gedanken darüber gemacht hat, wie etwas gelöst werden könnte. Für die Karriere ist das sicherlich nützlich. Wenig förderlich ist es hingegen, gegenüber Vorgesetzten von Problemen oder Herausforderungen zu sprechen, ohne Lösungsansätze oder -vorschläge mitzuliefern. Das sendet ein falsches Signal: Ich bin nur ein „Problemerkenner", lösen müssen das aber andere. Die alleinige Verantwortung dafür auf den Vorgesetzten abzuwälzen – die Lösung auf ihn zu delegieren – ist einer Karriere abträglich.

Auch das Wort „Ziel" ist in einem karrierefördernden Wording enthalten, wenn gleichzeitig konkrete und eventuell sogar messbare Veränderungen genannt werden. Ziele fokussieren das Gehirn auf jene Dinge, die angestrebt werden. Es stellt so mehr Energie bereit, durch die es leichter fällt, ein Ziel zu erreichen. Vage Vorstellungen tun das nicht. Sie bleiben daher meistens nur Wunschvorstellungen, die selten realisiert werden.

Das Wort „Umsetzung" gehört ebenfalls zu einem Karrierewording, wenn damit konkrete Vorstellungen über das Was und das Wie verbunden sind – was wird auf welche Weise umgesetzt? Letztlich kommt es immer darauf an, die geplanten Vorhaben auch umzusetzen. Gute Ideen und Vorschläge der Mitarbeiter sind für ein Unternehmen sicherlich immer wertvoll. Werden sie nicht umgesetzt, bleiben sie allerdings wertloses Papier.

7.5.2 Das richtige Wording bei Bewerbungsgesprächen

Das richtige Wording entscheidet auch bei einem Bewerbungsgespräch darüber, ob es zu einer Einstellung kommt oder ob eine Absage erteilt wird. Die grundsätzliche fachliche Eignung und eine bestimmte Ausbildung werden ohnehin vorausgesetzt. Anderenfalls kommt es zu keiner Einladung zu einem solchen Gespräch.

Als Resultat aus rund tausend Bewerbungsgesprächen, die ich führte und die ich als Wirtschaftspsychologe bei Unternehmen zur Urteilsabsicherung begleitete, nenne ich fünf wichtige Punkte. Sie erhöhen die Chance eines Bewerbers beträchtlich, in die engste Wahl zu kommen.

1. Rasch eine Beziehung zu den Menschen herstellen, die das Bewerbungsinterview führen, indem der Bewerber bleibt, wer er ist, und authentische Antworten gibt. Der Versuch, verbal etwas vorzutäuschen, was man nicht ist, wird von Personalprofis rasch erkannt und führt zu einer Absage.
2. Initiative zeigen, sich dabei aber nicht in den Mittelpunkt stellen. Das geschieht durch Fragen, die erkennen lassen, dass sich ein Bewerber mit den Aufgaben und möglichen Zielen sowie den gestellten Anforderungen auseinandergesetzt hat – und nicht nur einen Job sucht.
3. Klare Aussagen machen und ausführliche Schilderungen, die länger als fünf Minuten dauern, vermeiden. Auf Fragen nicht mit „man"-Aussagen, sondern mit „Ich"-Aussagen antworten. Dabei auf den Konjunktiv verzichten. „In dieser

Situation gehe ich folgendermaßen vor" statt „Man müsste in dieser Situation folgendes tun…".
4. Berufliche Ziele nennen, die sich der Bewerber gesetzt hat, und kurz schildern, auf welche Weise sie erreicht, also in die Tat umgesetzt wurden.
5. Anhand eines Beispiels beschreiben, wie mit einer nicht alltäglichen und eher schwierigen Situation umgegangen wurde. Es sollte zeigen, welche Rolle dabei die Eigenmotivation spielte, mit der diese Situation bewältigt werden konnte.

Zusammengefasst lauten die Stichworte für das richtige Wording in einem Bewerbungsgespräch: Initiative, Eigenmotivation, Einfühlungsvermögen, Ziele, Umsetzung, Lösungsmöglichkeiten, präzise Kommunikation. Sie lösen beim Gesprächspartner durch den Bahnungsvorgang im Gehirn – das Priming – positive Assoziationsketten aus und sind daher ein „Erfolgspriming", da all dies für jedes Unternehmen gewinnbringend ist.

Wer sich darüber hinaus gleich zu Gesprächsbeginn mit einigen Sätzen in einer persönlichen Weise vorstellt, ohne dazu aufgefordert worden zu sein, vermittelt einen guten Ersteindruck. Dabei kann zum Beispiel ein besonderes Interessensgebiet oder ein ausgeübtes Hobby genannt werden. Eingeleitet wird eine solche Vorstellung mit den Worten: „Danke für Ihre Einladung zu diesem ersten Kontaktgespräch. Wenn Sie einverstanden sind, möchte ich mich Ihnen vorab ganz kurz vorstellen." Das spricht für ein gutes Selbstwertgefühl und für einen Menschen, der initiativ ist.

7.6 Mobbing: Den Köchen der Gerüchteküche die Suppe versalzen

Der Begriff Mobbing umfasst eine Vielzahl schädlicher Aktivitäten gegen Mitarbeiter durch Arbeitskollegen – „horizontales" Mobbing – oder seitens der Führungskräfte gegen Mitarbeiter, das sogenannte „Bossing". Die Liste, was alles unter Mobbing fällt, ist lang. Einige Beispiele: bewusstes Vorenthalten von Informationen, verletzende Kritik, lächerlich machen, soziale Isolierung, Behauptungen aufstellen, die nicht richtig sind und diese als Gerücht hinter dem Rücken des Betroffenen verbreiten. Die haarsträubenden Beispiele in dem Buch von Martin Wehrle, in dem solche Fälle beschrieben werden, sind leider keine Ausnahmen. Sein „ultimatives Trostbuch für genervte Mitarbeiter" erschien bereits in der 23. Auflage [2].

Mobbing schadet nicht nur der Gesundheit des Gemobbten, sondern es verursacht auch hohe betriebs- und volkswirtschaftliche Kosten. Die wichtigsten Ursachen sind: Neid und Missgunst, Konkurrenzgeist, Mitarbeiter zur Eigenkündigung veranlassen, einen „Prügelknaben“ und Sündenbock suchen, der für die Mobber zur Projektionsfläche ihrer negativen Gefühle und Frustrationen wird.

Gerüchte zählen zu den häufigsten Formen des Mobbings. Sie verbreiten sich rasch und wie ein Lauffeuer. Durch das bekannte Stille-Post-Phänomen wird bei ihrer Verbreitung im Unternehmen auch einiges dazugedichtet. Das Resultat ist eine brodelnde Gerüchteküche.

Ist die Gerüchtelawine bereits ins Rollen gekommen, so ist es schwer, sie aufzuhalten. Wird man zur Zielscheibe einer solchen Mobbingattacke, ist es daher sehr wichtig, ihr rasch entgegenzuwirken. Abwarten wäre fatal und seinem Ärger bei Kollegen Luft zu machen bringt auch nichts. Ein kurzes Gespräch mit dem „Gerüchtekoch“ könnte ihm jedoch seine Suppe versalzen und Gerüchten den Nährboden entziehen. Dabei wäre es besser, wenn auf Vorwürfe verzichtet wird. Denn sie führen nur zum Bestreiten des Vorwurfs und das Gespräch endet mit einer verbalen Auseinandersetzung. Das könnte den gerüchtestreuenden Mobber vielleicht sogar beflügeln, weitere Gerüchte zu verbreiten. Wenn es sich nicht um einen ausgesprochen böswilligen Menschen handelt, wird er für klare, aber freundlich ausgesprochene Worte vermutlich zugänglich sein. Und vor allem: Er wird überrascht sein, wenn der Gemobbte in dieser Weise auf ihn zugeht, und sehen, dass er diesen nicht unterschätzen sollte.

Klare Worte an denjenigen, der ein Gerücht verbreitet, aber es vermutlich nicht in die Welt gesetzt hat, könnten beispielsweise so lauten: „Über mich wurde das Gerücht in Umlauf gebracht, ich würde meine Arbeit vernachlässigen. Den Grund weiß ich nicht. Jedenfalls ist diese Behauptung falsch. Falls Sie erfahren, wer der Urheber dieses Gerüchtes ist, möchte ich Sie ersuchen, mir das zu sagen. Würden Sie mir diesen Gefallen tun?“

Steht eindeutig fest, wer das Gerücht in die Welt gesetzt hat, sollte in einem kurzen Gespräch mit ihm – quasi als Schuss vor den Bug – klar signalisiert werden: „Ich nehme die mir zugedachte Opferrolle keinesfalls an.“ Das könnte zum Beispiel so ausgedrückt werden: „Wenn Sie etwas an mir stören sollte, sagen Sie es mir doch bitte direkt und mit offenem Visier. Ich halte Sie für fair genug, das zukünftig zu tun. Ich möchte Sie ersuchen, nicht das Gerücht in Umlauf zu bringen, ich würde meine Arbeit vernachlässigen, weil das nicht stimmt. Was Sie dazu veranlasst hat, weiß ich nicht. Ich wäre bereit, mit Ihnen Frieden zu schließen, wenn Sie in Zukunft auf solche Aussagen über mich verzichten.“

Sollte der Angesprochene in Abrede stellen, der Urheber dieses Gerüchtes zu sein, so ließe sich darauf antworten: „Lassen wir es einfach so stehen. Ich möchte mich mit Ihnen jetzt nicht streiten. Was ich denke, habe ich Ihnen gesagt. Die Opferrolle werde ich jedenfalls nicht spielen, da können Sie sicher sein. Danke, dass Sie mir zugehört haben."

Für ein Unternehmen ist Mobbing immer teuer. Es löst vor allem Demotivation aus, führt zu inneren Kündigungen und erhöht die Fluktuation sowie die Fehlzeiten. Um dem präventiv entgegenzuwirken – oder das Mobbing einzudämmen –, ist die Unternehmensleistung gefordert. Sie könnte beispielsweise einen „Anti-Mobbing-Kodex" zur breiten Bewusstseinsbildung verabschieden, der für alle Führungskräfte und Mitarbeiter verbindlich ist. Darin sollte definiert sein: Welche negativen Verhaltensweisen fallen unter Mobbing? Was lösen sie beim Gemobbten aus und wie sollte er sich verhalten? Welche Schäden können sie verursachen? Mit welchen Konsequenzen müssen Mobber rechnen?

► Führen bedeutet in zwischenmenschlicher Hinsicht vor allem das Vermeiden von Demotivation. Mobbing ist die schlimmste Form davon. Wird diese wichtige Führungsaufgabe in ihrer Bedeutung nicht richtig erkannt, schießen sich Führungskräfte damit ständig Eigentore: Die Leistungen demotivierter Mitarbeiter bleiben weit unter ihren Möglichkeiten.

Die beflügelnde Kraft der Motivation und die lähmende Macht der Demotivation sind im Profifußball besonders gut sichtbar. Wie schwächere Mannschaften stärkere und sogar übermächtige Gegner bezwingen können, lesen Sie im nächsten Kapitel.

Literatur

1. www.stancerblog.blog.de
2. Wehrle M (2011) Ich arbeite in einem Irrenhaus: Vom ganz normalen Büroalltag. Econ, Berlin

Empfohlene Literatur

3. Brandstätter V, Schüler J, Maria Puca R, Lozo L (2013) Motivation und Emotion. Springer, Berlin
4. Wardetzki B (2012) Kränkung am Arbeitsplatz: Strategien gegen Missachtung, Gerede und Mobbing. dtv, München

8 Worte im Sport entscheiden über Siege und Niederlagen

In diesem Kapitel steht die beliebteste deutsche Sportart im Mittelpunkt: der Fußball. Bei allen anderen Disziplinen, insbesondere den Mannschaftssportarten, gelten jedoch die gleichen Prinzipien, was die Wortwirkung auf das Gehirn durch Trainer und Coaches betrifft. Mein Hintergrundwissen verdanke ich unter anderem der Bekanntschaft mit den Eltern eines aktiven Profis aus der deutschen Bundesliga. Was sich bei Erfolgen oder Misserfolgen in den Köpfen von Sportlern abspielt und was aus mentaler Sicht den Erfolg erleichtert oder die Niederlage herbeiführen kann, wenn das Selbstvertrauen wackelt, erfuhr ich in gemeinsamen Seminaren und intensiven Gesprächen mit Betroffenen: Spitzensportlern, Olympiasiegern, Weltmeistern sowie Toptrainern verschiedener Disziplinen – Skiabfahrtslauf, Skispringen, Tennis usw.[1]

Schuss, Tor! Der Jubel der Fans im ausverkauften Stadion ist groß: Unsere Mannschaft hat den Siegestreffer geschafft. Und der Gegner? „Pech gehabt, dumm gelaufen“, krächzt der Trainer, dessen Stimme vom Schreien beim Spiel heiser wurde, ins Reportermikrofon. Doch war es wirklich nur unbeeinflussbares Pech,

[1] Stellvertretend seien hier genannt: mein Freund David Zwilling, ehemaliger Skifabfahrtsweltmeister; Emese Hunyady, Olympiasiegerin im Eisschnelllauf, die ebenfalls zu meinem Freundeskreis zählt; Toni Innauer, der als Skispringer Geschichte schrieb und mit dem ich ein Seminar für Führungskräfte hielt; Ronnie Leitgeb, Trainer der ehemaligen Nummer 1 in der Tenniswelt, Thomas Muster, und auch mein Partner bei einem Seminar für Führungskräfte. Die beiden im Text erwähnten aktiven Fußballspieler wollen aus verständlichen Gründen nicht namentlich genannt werden. Gleiches gilt für den Videoanalysten eines Spitzenvereins der österreichischen Bundesliga, mit dem ich befreundet bin. Er ließ mich miterleben, wie er seine Spielanalysen der Mannschaft präsentiert.

H. Eicher, *Die verblüffende Macht der Sprache*,
DOI 10.1007/978-3-658-08516-2_8

das aus heiterem Himmel auf den Fußballrasen fiel? Und warum ist es „dumm gelaufen"?

Die nachträgliche Spielanalyse zeigt zwar, welche Fehler begangen wurden, aber sie sagt nichts über ihre Ursachen aus. Eine dieser Ursachen – die wichtigste – liegt im Motivationslevel der Spieler. Wurde es falsch eingestellt, kann das Gehirn die technische Perfektion nicht in die Fußballerbeine bringen. Die mentale Verfassung – die persönliche Motivation – war nicht optimal justiert. Doch genau sie entscheidet, ob auch stärkere Gegner bezwungen werden können oder ob gegen eine schwächere Mannschaft verloren wird. Ein Trainer hat durch seine Kommunikation mit den Spielern darauf einen wesentlichen Einfluss. Falsche Motivationsversuche, die durchaus vorkommen können, führen nahezu zwangsläufig zu sportlichen Niederlagen – meist sogar in Serie.

Dieses Kapitel beschreibt die Motivationsabläufe im Gehirn und wie die Sprache darauf einwirkt oder einwirken kann. Beispiele verdeutlichen, mit welchen Worten ein Trainer die Eigenmotivation seiner Spieler stärken kann und welche Motivationsversuche geradezu toxisch sind. Dann jubelt nämlich der Gegner über den Sieg.

Aber auch die Sportverantwortlichen eines Vereins können durch eine unglückliche Kommunikation bei einer Trainerablöse Eigentore schießen. Warum, wird in diesem Kapitel ebenfalls beschrieben.

8.1 Hard- und Software des Erfolgs

Begabung und Talent sowie eine hohe Eigenmotivation sind die zwei Hauptfaktoren für den sportlichen Erfolg. Bei Spitzensportlern kann beides vorausgesetzt werden, da sie ansonsten in ihrer sportlichen Karriere nicht dort angekommen wären, wo sie sind.

Wie in vielen anderen Berufen auch, ist im Sport das Talent die Hardware und die Eigenmotivation die Software. Die beste Hardware bleibt wertlos, wenn die Softwareprogramme nicht richtig funktionieren. Durch eine hohe Eigenmotivation werden die vorhandenen Fähigkeiten kontinuierlich weiterentwickelt und sie sorgt dafür, die Leistungs-PS richtig zu Boden bringen zu können. Bei unvermeidbaren Rückschlägen ist sie der Garant dafür, dass ein Mensch durch sie wächst – als Sportler und Mensch – und sich nicht aus der Bahn werfen lässt.

8.1.1 Kraftstoff Motivation

Das Wort „Motivation" ist im Sport wie in der Wirtschaft ein häufig verwendetes Schlagwort. Verliert eine Mannschaft in Serie, heißt es oftmals, die Spieler müssten besser motiviert werden, um wieder gewinnen zu können. Offenbar findet der Trainer in diesen Fällen nicht die richtigen Worte für sie und er trifft nicht den richtigen Ton für seine Mannschaft. Das Resultat: Die Motivation sinkt, vielleicht geht sie sogar direkt in den Sinkflug über.

Was verbirgt sich hinter diesem schillernden Begriff, der Motivation? Wann steigt sie, warum fällt sie ab, was geschieht dabei im Gehirn und welche Rolle spielt hier die Sprache? Das Wort leitet sich vom lateinischen „motivare" ab, was „antreiben" und „bewegen" bedeutet. Motivation ist für einen Menschen sein Verhaltenstreibstoff, der sich aus seinen unterschiedlichen Bedürfnissen speist, wie in Kap. 3.1.1.2 beschrieben wurde. Bedürfnisse sind immer emotional besetzt. Sie haben für einen Menschen eine besondere Bedeutung und einen speziellen Wert.

Ich möchte das Entstehen der Motivation am Beispiel eines 14-jährigen Schülers veranschaulichen, der Profifußballspieler werden will. Sein Vorbild sind Stars aus der Fußballwelt – Schweinsteiger, Ronaldo, Beckenbauer usw. Damit verbindet er als Jugendlicher verschiedene Vorstellungen, zum Beispiel soziale Anerkennung, Wohlstand, Reisen, tolle Autos, interessante Menschen kennenzulernen, die Blicke von hübschen Mädchen auf sich zu ziehen usw. All das und noch vieles mehr können seine Bedürfnisse sein, hinter denen sich wiederum weitere verbergen. Beispielsweise durch den erwarteten Wohlstand den Eltern ein Haus finanzieren und ihnen ein sorgenfreies Leben ermöglichen zu können.

Der 14-Jährige tritt daher in einen Fußballverein ein und entwickelt sich durch sein sportliches Talent rasch weiter. Je greifbarer die Erfüllung seiner Bedürfnisse wird, umso mehr spornt ihn das an. Seine Motivation wächst also, da er seinem Ziel Stück für Stück näher kommt. Die Familie ist auf ihn und auf seine Fortschritte im Verein stolz und sagt ihm das auch immer wieder. Auch das wirkt sich positiv auf seine Motivation aus. Sein Trainer hat viel Gespür für ihn, analysiert mit ihm geduldig – ausgehend von seinen Stärken – die Schwächen und zeigt ihm, worin er sich verbessern kann. Das motiviert ihn zusätzlich. Ebenso dass seine Freundin – er ist jetzt 16 Jahre alt – sein treuester Fan ist.

Neue Bedürfnisse entstehen bei ihm: Er möchte nun der beste Spieler in seinem Verein und Torschützenkönig werden. Sein sportlicher Ehrgeiz wächst von Monat zu Monat. Aus seinen Bedürfnissen formt sich seine hohe Motivation. Sie spornt ihn an, ausdauernd zu trainieren und bei jedem Spiel das Beste zu geben. Ein Jahr später wird er von einem Talentsucher – einem Sportscout – entdeckt und gilt bald als Nachwuchshoffnung im Fußball.

Sinkende Motivation

Wann sinkt die Motivation, ein Ziel zu verfolgen? Immer dann, wenn konkurrierende Bedürfnisse entstehen, die stärker als die vorhandenen und mit diesen schwer oder nicht vereinbar sind. In unserem Beispiel wäre das etwa dann der Fall, wenn die Freundin des jungen Fußballtalentes ständig nörgelt, da er wegen des häufigen Trainings und der vielen Spiele zu wenig Zeit für sie hat. Will er sie nicht verlieren und sind seine Bedürfnisse in Bezug auf sie – Zuwendung erhalten usw. – größer als jene, die seinen Wunsch auslösten, Fußballprofi zu werden, sinkt die Motivation, das gesetzte sportliche Ziel zu erreichen. Er wird deshalb nicht mehr dreimal in der Woche trainieren und seine Lust, am Wochenende gegen andere Mannschaften zu spielen, nimmt ab.

Ein anderes Beispiel für eine abnehmende Motivation wäre es, wenn ihm seine Eltern energisch davon abraten, Fußballprofi zu werden und seine Ambitionen in keiner Weise unterstützen. Will er sie nicht enttäuschen, wird er sich ihrem Wunsch beugen und Amateurspieler bleiben.

Eine besondere Rolle für die Aufrechterhaltung und Entwicklung der Motivation spielt der Trainer des Jugendlichen. Falls er seine Leistungen zu wenig anerkennt und dafür die Schwächen in den Mittelpunkt seiner Analysen stellt, entsteht beim Sportler das Bedürfnis, sich diesen frustrierenden Erlebnissen zu entziehen. Sein Ziel gerät dann leicht ins Wanken. Vor allem bei Rückschlägen in der sportlichen Entwicklung – zum Beispiel bei Verletzungen – sowie bei konstanten Niederlagen ist die Stärkung oder der Wiederaufbau der Eigenmotivation extrem wichtig. Nicht nur bei Jugendlichen, aber bei ihnen ganz besonders, da die Erfahrung noch fehlt, wie sie damit am besten umgehen können.

8.1.2 Keine Sache der Willensstärke

Beim inkonsequenten Verfolgen oder bei der Aufgabe eines konkreten Zieles wird oftmals von einem zu schwachen Willen gesprochen. Das sieht aber nur oberflächlich so aus. Der Grund liegt vielmehr darin, dass sich von den konkurrierenden Bedürfnissen jene durchsetzen, die für einen Menschen emotional am wichtigsten sind – aus welchen Gründen auch immer. In dem oben geschilderten Beispiel des Jugendlichen bestand diese Konkurrenz zum Wunsch einer Fußballkarriere in der fehlenden Zeit für die Freundin. Was für ihn subjektiv wichtiger ist, gewinnt die Oberhand. Das schwächere Bedürfnis kann sich bei einem Menschen niemals durchsetzen. In der persönlichen Bedürfnishierarchie im Gehirn eines Menschen, die während des Lebens nicht konstant bleibt, gilt das Prinzip „Ober sticht Unter“. Gäbe es eine solche Hierarchie nicht, könnte ein Mensch keine Entscheidungen treffen und er würde handlungsunfähig werden. Die unterlegenen Bedürfnisse können sich allerdings in Form von Gewissensbissen zurückmelden oder sogar einen inneren Konflikt auslösen, falls das Herz nach wie vor sehr an ihnen hängt.

Sind die Bedürfnisse eines Menschen hoch emotional besetzt, so werden sie im Kopf wie die Daten auf einer CD eingebrannt. Daher wird ihn kaum etwas davon abbringen können, sein Ziel konsequent zu verfolgen, mit dem diese Bedürfnisse gestillt werden. Denn würde er es aufgeben, entstünden fortwährend schlechte Gefühle in ihm. Das Gehirn verhindert also über emotionale Steuerungsmechanismen eine vorzeitige Abwendung von einem Ziel. Damit zeigt sich: Das Gehirn ist der „beste Freund" eines jeden Menschen, solange es nicht durch demotivierende Gedanken oder Worte enger Bezugspersonen verunsichert wird, ein gesetztes Ziel unbeirrt zu verfolgen. Wäre dies der Fall, ginge der Glaube an sich selbst und die eigenen Kräfte verloren. Damit wird die Eigenmotivation untergraben und schließlich ausgebremst. Das gilt natürlich nicht nur für den Sport, sondern auch für den Beruf und alle anderen Lebenssituationen.

8.1.3 Bedürfniswandel

Bei einem Profispieler haben die ursprünglichen Bedürfnisse, die ihn zu seinem Sport gebracht haben, nicht mehr die gleiche Bedeutung wie damals, als er sich entschloss, Fußballspieler zu werden. Er hat sein Ziel vorerst erreicht und setzt sich nun weitere Ziele, die auf neuen Bedürfnissen beruhen. Wenn er in der dritten Liga spielt, möchte er vielleicht in die zweite Bundesliga und von dort in die erste kommen. Konnte er dieses Ziel erreichen, will er möglicherweise den Verein wechseln, bei einem Spitzenclub im Ausland spielen oder er hat das Ziel, in den Kader der Nationalmannschaft berufen zu werden; was prestigeträchtig und mit einer weiteren Marktwertsteigerung verbunden ist.

Nachdem das jährliche Einkommen bei Spielern der ersten Bundesliga siebenstellig ist, können Torprämien und ähnliches mehr die Motivation nicht beflügeln. Sie sind eine nette Zugabe. Deswegen wird aber keiner von ihnen motivierter um den Sieg kämpfen. Ihre Motivation speist sich aus anderen Quellen: dem Aufstieg des Vereins in die vorderen Tabellenplätze, der Anerkennung als Spitzenspieler, der Teilnahme an Wettbewerben wie der Campions League usw.

Falls ein Spieler vorwiegend auf der Reservebank sitzt und seinem Einsatz entgegenfiebert, besteht seine größte Motivation natürlich darin, das tun zu können, wofür er Profi wurde: Fußball spielen. Kein Profifußballer will in seinem Verein auf Dauer „Bankangestellter" bleiben.

Neben diesen bekannten Motivatoren gibt es eine Vielzahl persönlicher Bedürfnisse eines Spielers, die ihn antreiben und seine Motivation bestimmen. Um sie zu verstärken, ist es für einen Trainer klarerweise wichtig zu wissen, worin sie konkret bestehen. Kein Spieler ist in dieser Hinsicht gleich. Nur wenn ein großes Vertrauensverhältnis zwischen den einzelnen Spielern und dem Trainer besteht, werden sie in dieser Hinsicht völlig offen zu ihm sein. Das ist keinesfalls eine Selbstverständlichkeit, wie ein Beispiel aus der deutschen Bundesliga am Ende dieses Kapitels zeigen soll.

8.1.4 Das emotionale Korsett stärken

Um das emotionale Korsett zu stärken und die Motivation nach verlorenen Spielen wieder ins Lot zu bringen, braucht jeder Spieler – und die Mannschaft insgesamt – natürlich in erster Linie Erfolgserlebnisse. Der Erfolg ist stets der Vater guter Gefühle, so wie der Misserfolg der von schlechten ist. Folgt eine sportliche Niederlage auf die andere und hat die Stimmung des Trainers und seiner Spieler die Talfahrt angetreten, so herrscht im Team ein sehr angespanntes Klima. Jeder ist extrem enttäuscht, da es einfach nicht gelingt, wieder zu gewinnen. Die entstandenen klimatischen Verhältnisse sind eine schlechte Voraussetzung, um wieder Siege einfahren zu können. In dieser Situation zeigt sich, ob ein Trainer diesem Misserfolgsklima entgegenwirken kann und ob er die richtigen Worte für seine Mannschaft findet. Zwei Beispiele – eine negatives und ein positives – verdeutlichen die unterschiedliche Wortwirkung auf das Gehirn der Spieler und damit auf ihre Motivation.

Beispiel 1

Nach dem dritten verlorenen Spiel in Serie eröffnet der Trainer die Mannschaftsbesprechung in einem gereizten Tonfall: „Freunde, so geht das nicht weiter. Jede Menge Fehlpässe, vier eindeutige Torchancen. Keine wurde verwertet. Dafür haben wir durch grobe Abwehrfehler zwei Tore kassiert. Die gesamte Verteidigung hat geschlafen. Eine katastrophale Spielführung, ohne Überblick. Zwei gelbe Karten, die vermeidbar waren, hättet ihr konzentrierter gespielt. Was ist los mit euch? Habt ihr das Fußballspielen verlernt? Glücksspiel unterm freien Himmel, oder was? Die Fans haben uns völlig zu Recht ausgepfiffen. Wenn wir das nächste Spiel nicht gewinnen, ist für uns Feuer am Dach. Das ist euch doch allen klar. Jetzt analysieren wir schonungslos die Fehler und ich erwarte, dass keiner etwas beschönigt oder Ausreden findet. Video ab."

Solche Worte verstärken die ohnehin latent vorhandene Erwartungsangst vor dem nächsten Punktespiel, das unbedingt gewonnen werden muss. Sie lenken den Fokus nur auf das, was in den 90 min des letzten Spieles schlecht gelaufen ist. Erhöht das die Motivation der Spieler und stärkt das ihr Selbstvertrauen in dieser Situation? Werden sie nach diesen Worten unverkrampft und locker spielen können? Erzeugt der Trainer mit seiner Ansprache eine Aufbruchstimmung? Es ist sehr unwahrscheinlich, dass dieser Trainerkommentar beim nächsten Spiel zu einer Körpersprache bei seinen Spielern führt, die dem Gegner signalisiert: „Wir wollen heute gewinnen und wir werden heute auch gewinnen!"

Erfolgsrückblende
In der gleichen Situation wie in Beispiel 1 verwendet der Trainer eine Methode, die ich als „Erfolgsrückblende" bezeichne. Damit wird das Gehirn zunächst kurz auf das fokussiert, was bei zwei oder drei gewonnenen Spielen in der Vergangenheit besonders gut lief. Auf diese Weise verbessert sich die Stimmung bei den Spielern und es fördert ihren Glauben an sich selbst und die vorhandenen Fähigkeiten. Anschließend folgt die sachliche Analyse des letzten verlorenen Spieles, die so unverkrampfter aufgenommen wird. Diese Rückblende hilft den Spielern, wieder Selbstvertrauen tanken zu können, und sie verhindert ein weiteres Abdriften des Stimmungsniveaus in der Mannschaft. Gelingt dies nicht, wird sich der Fußballclub sehr rasch weit unten in der Tabelle ansiedeln.

Beispiel 2

Der Trainer beginnt die Mannschaftsbesprechung also mit folgenden Worten: „Ich habe einige Szenen aus Spielen zusammenstellen lassen, die zeigen, was wir spielerisch und kämpferisch drauf haben. Diese Schnappschüsse sollen in den nächsten 15 min aufblitzen lassen: Wir sind eine Mannschaft, die vor keinem Gegner einen falschen Respekt zu haben braucht. Jeder von euch hat mein vollstes Vertrauen. Auch das Präsidium steht geschlossen hinter uns. Nach dieser kurzen Rückblende analysieren wir das letzte Spiel und arbeiten heraus, wo die Knackpunkte für Verbesserungsmöglichkeiten liegen. Ein wichtiger Punkt ist sicherlich die Verbesserung der Abspielfehler. Anschließend besprechen wir die Einsatztaktik für das nächste Spiel und was wir umstellen werden."

8.1.5 Falsche Motivation – ein Schuss nach hinten

Wie eine gut gemeinte Motivationsaktion „von der Latte abprallen“ kann, zeigt das folgende Beispiel, das ich von einem österreichischen Fußballprofi erfuhr, mit dem meine Tochter befreundet ist. In seinem vorherigen Verein verlor die Mannschaft mehrere Spiele hintereinander. Der Trainer visualisierte die Ziele für die kommenden Wettbewerbe – national und international – auf einer Flipchart-Seite. An deren Ende stand der angestrebte und rot unterstrichene Tabellenstand in der Bundesliga. Anschließend vervielfältigte er die Seite und hängte sie an verschiedenen Stellen des Vereinshauses an die Wand, sodass sie für jeden Spieler unübersehbar war. Dazu der Kommentar des Fußballprofis, der dort gespielt hatte und als rechter Außenverteidiger einen guten Namen hat: „Ehrlich gesagt kamen wir uns bei dieser Aktion wie kleine Kinder vor. Kein Spieler vergisst die Ziele der Mannschaft, die ausführlich besprochen wurden. Jeder von uns wusste, dass wir möglichst oft gewinnen müssen – egal gegen wen –, um in der Tabelle nicht auf den letzten Platz abzurutschen. Angeblich, so der Trainer, sollte diese Aktion aus wettkampfpsychologischen Gründen unsere Motivation stärken. Wir hielten das aber für einen Quatsch. Verloren haben wir die nächsten Spiele trotzdem. Unser Selbstvertrauen schwand von Spiel zu Spiel und lag schließlich am Boden. Dieser Trainer hat es nicht verstanden, uns aus dieser mentalen Talsohle herauszuführen.“

8.2 Leistungsunterschiede trotz ähnlicher Bedingungen

Im Profifußball arbeiten Trainer mit einer lizenzierten Ausbildung, die einen vergleichbaren Wissensstand in punkto Trainingsmethoden, Einsatztaktik, Spielsysteme usw. haben. Außerdem stehen den Trainern verschiedene Spezialisten unterstützend zur Seite, Ernährungsberater, Physiotherapeuten, Masseure, Videoanalysten, Mentalcoaches usw. Kurzum: Die Sportler werden durch ein Rundumpaket betreut, haben in der Bundesliga ein hohes Jahreseinkommen und können sich ausschließlich auf den sportlichen Erfolg konzentrieren.

Trotz vergleichbarer Bedingungen in den Vereinen des Profifußballs bestehen große Unterschiede in den Leistungen der Mannschaften. Wie erklären sich diese Leistungsunterschiede von Mannschaften, nachdem sie doch grundsätzlich ähnliche Bedingungen haben? Liegt der Grund in der Anhäufung von Ausnahmetalenten und in der finanziellen Ausstattung des Vereines, der die besten der besten Spieler einkaufen kann? Erklären sich die Unterschiede durch viele gleichwertige und hochmotivierte Reservespieler, die jederzeit eingesetzt und bei Bedarf die Stammspieler ersetzen können? Ist ein renommierter und teurer Spitzentrainer immer die Garantie für die vorderen Tabellenplätze? Diese Punkte spielen sicherlich eine gewisse Rolle für den Erfolg eines Vereines. Aber sie alleine sind dafür nicht ausschlaggebend.

Geld gegen Motivation – wer gewinnt?

Würde es ausschließlich am Geld liegen, so müsste FC Chelsea die unbestrittene Nummer 1 im Weltfußball sein: Der Russe Roman Abramowitsch, der den Verein 2003 gekauft hat, pumpte bis dato laut verschiedenen Zeitungsmeldungen rund 1,5 Mrd. € in die Mannschaft und das Trainerteam. Trotzdem schied Chelsea beim englischen FA Cup gegen den Drittligisten Bradford City in der Saison 2014/2015 mit 2:4 aus.

Im Wettkampf zwischen Geld und Motivation der Spieler verliert immer das Geld. Eine hohe Eigenmotivation ist nicht käuflich. Der Trainer erhält sie kostenlos und als Geschenk, wenn er den richtigen Zugang zu seinen Spielern findet und daher jeder auf seine Worte hört – sie geradezu aufsaugt. Dies kann bei manchen Trainern ein Umdenken im verbalen Umgang mit den Spielern voraussetzen. Seine Worte sollten, speziell nach Niederlagen, keinen „Beton" enthalten, sondern neben der kritischen Analyse auch heilenden Balsam verströmen, indem die Stärken seiner Spieler nicht außer Acht bleiben.

Spitzentrainer wie der deutsche Bundestrainer Uli Löw oder Pep Guardiola vom FC Bayern München verdanken ihre sportlichen Erfolge nicht dem Milliardensponsoring von fußballverliebten Milliardären, sondern ihren herausragenden Fähigkeiten als Trainer. Zu diesen zählt auch die Fähigkeit, die richtigen Worte für jeden Spieler und die Mannschaft insgesamt unter gruppendynamischen Gesichtspunkten zu finden. So, dass auch jene, die auf der Reservebank sitzen, es akzeptieren können, wenn sie bei einem Spiel vermutlich nicht eingesetzt werden.

Der Ton signalisiert die Autorität

Der Cheftrainer hat für die Sportler eine Schlüsselfunktion. Die Worte von ihm zählen für sie am meisten. Er entscheidet nicht nur über einsatztaktische Elemente und die Spielanlage – defensiv, offensiv usw. Seine Aufgabe ist es auch, den Siegeswillen, der bei jedem Spieler vorauszusetzen ist, durch die richtigen Worte zusätzlich zu stärken und bei Niederlagen den passenden Ton zu finden. Dies bedeutet, harsche, demotivierende Kritik zu vermeiden und auf der Basis vorhandener Stärken die unterlaufenen Fehler beim Namen zu nennen – von den Stärken zu den Schwächen zu kommen. Das signalisiert den Spielern die natürliche Autorität des Trainers.

Fußball zählt zu den robusteren Sportarten und Profis sind keine zart besaiteten Balletttänzer. Sie ziehen kein beleidigtes Gesicht, wenn ihr Coach Verbesserungen einfordert und konkret beschreibt, worin sie bestehen. Es spricht allerdings für ein Traumtänzertum, wenn manche Trainer annehmen, nach einem verlorenen Match müssten einzelne Spieler wegen ihrer Fehler verbal „betoniert“ werden – um sie so wieder auf Linie zu bringen. Das Signal von „Betontönen“ steht jedenfalls nicht für eine natürliche Autorität, sondern für eine angemaßte.

Doch auch Fußballprofis sind nur Menschen und reagieren daher auf zu harte Worte negativ, wie es im ersten Beispiel aus Kap. 8.1.4 bereits beschrieben wurde. Dies speichert sich im emotionalen Gedächtnis ab und kann in den entscheidenden Momenten die spielerischen Reflexe blockieren. Brüllende Trainer beißen zwar nicht, aber sie schaffen es nicht, dass die Mannschaftsmotivation den richtigen Biss für den Sieg bekommt.

Es fällt immer wieder auf, wie erfolgreiche Trainer in der Öffentlichkeit die leiseren Töne bevorzugen, wenn es um die Beurteilung der Leistungen ihrer Mannschaften und um die Erfolgsaussichten bei zukünftigen Wettbewerben geht. Sie sind nicht mit jenen zu verwechseln, die kleinlaut vor die Presse treten und eine Niederlage mit Worten wie diesen beschwichtigen wollen: „Es lief heute eben nicht so gut für uns. Uns fehlt im Moment das nötige Glück.“

8.3 Optimales, nicht maximales Motivationslevel

Erfolge und Siege werden ebenso wie Misserfolge und Niederlagen im Kopf entschieden. Das versteht sich von selbst und ist fast eine Binsenweisheit. Wo sonst sollte sich entscheiden, ob ein Fußballprofi beispielsweise eine klare Torchance in einen Treffer verwandelt oder ob er daneben schießt? Seine Reflexe, die Körperspannung und sein technisches Können werden schließlich vom Gehirn gesteuert und nicht von den Beinen. Die führen nur aus, was ihnen von der Kommandozentrale im Kopf befohlen wird. Dort sind alle Bewegungsabläufe durch permanentes Training, wie die Leiterbahnen in einem Mikrochip, eingebrannt.

Sie können jedoch nur dann perfekt abgerufen werden, wenn der Spieler in punkto Motivation optimal eingestellt ist. Bei einer Mannschaftssportart wie dem Fußball bedeutet dies, dass alle Spieler ein optimales Motivationslevel brauchen, damit sie gewinnen können – eine der klassischen Aufgaben für jeden Trainer. Was bedeutet jedoch „optimal“?

Den Gegner niemals unterschätzen

Wird ein Gegner unterschätzt, sinkt bei den Spielern unbewusst die Motivation, alles aus sich herauszuholen und dabei vielleicht auch Verletzungsrisiken einzugehen. Es scheint ohnehin klar zu sein, dass das Spiel gegen den schwächeren Gegner nur gewonnen werden kann. Viele Beispiele belegen aber, dass die eindeutig bessere Mannschaft auch verlieren kann. Ein prominentes Beispiel ist das Testspiel vom 18. Januar 2014 zwischen den scheinbar unbesiegbaren Bayern und Red Bull Salzburg, dem Tabellenführer der österreichischen Bundesliga. FC Bayern München verlor 3:0. Der Ehrenpräsident des Vereins, „Kaiser“ Franz Beckenbauer, kommentierte die Niederlage in einem anschließenden Presseinterview so: „Es war zu erwarten, dass Salzburg das *ernster* nimmt als Bayern. So kann man sich nicht präsentieren. Ich kann mir vorstellen, dass Guardiola nicht gefallen hat, was er da gesehen hat.“

Weltklassetrainer Pep Guardiola zeigte sich nach dem verlorenen Spiel im Interview als fairer Verlierer: „Es waren gute Lehren für uns. Sie haben sehr gut gespielt, besser als wir. Gratulation.“ Das Fehlen von Stammspielern wie Lahm, Schweinsteiger oder Robben ließ der Spanier nicht als Ausrede gelten. Das spricht einmal mehr für seine Klasse. Darauf angesprochen antwortete er: „Wir haben aus einem anderen Grund verloren. Weil der Gegner viel besser war als wir.“

Der damalige Trainer von Red Bull Salzburg, Roger Schmidt, der heute den Bundesligisten Bayer 04 Leverkusen betreut, sagte vor diesem gewonnenen Spiel in einem Interview vorausblickend: „Es wäre vermessen, einen Sieg zu erwarten. Wir müssen mutig auftreten und dann sehen, inwiefern uns die Grenzen aufgezeigt werden.“[2]

Diesen Worten ist zu entnehmen, dass die Motivation der Spieler durch den Trainer optimal eingestellt wurde: gesunder Respekt vor dem übermächtigen Gegner, aber keine Angst vor ihm. Ein überzogener Respekt, der in eine ehrfürchtige Erstarrung übergeht, macht es dem Gegner leicht, den „verkrampften“ Spielern den Ball um die Ohren zu schießen. Und eine „Übermotivation“ führt durch den ausgelösten Leistungsdruck, unbedingt gewinnen zu müssen, zu einer inneren Unruhe, der die spielerischen Reflexe beeinträchtigt. Das eine unterfordert, das andere überfordert einen Menschen.

In einer intensiven Kommunikation mit jedem einzelnen Spieler und der Mannschaft insgesamt wird ein Sieg gegen stärkere Gegner wahrscheinlicher, wird dabei vermittelt: Auch ein David kann gegen einen Goliath gewinnen – nicht nur in der Bibel.

Reine Motivationsappelle bewirken das Gegenteil von dem, was damit beabsichtigt ist, da sie den Erwartungsdruck bei den Spielern steigern und sie übermotiviert sind: „Ihr könnt sie vom Platz schießen, ihr müsst nur daran glauben!“

[2] Die zitierten Interviewausschnitte stammen aus den „Salzburger Nachrichten“ unmittelbar vor und nach dem Spiel. Auch das von Franz Beckenbauer, der mit seiner Familie in Salzburg lebt.

„Beweist euren Kampfgeist und sorgt für eine Überraschung!" Auch die Emotionalisierung der Appelle halte ich nicht für den richtigen Weg, da sie den Druck, gewinnen zu müssen, erhöhen: „Denkt an eure Eltern und macht sie stolz! Enttäuscht sie nicht!"

Solche Appelle haben nur eine Alibifunktion. Sie sollen verdecken, dass der Trainer die Psychologie seiner Spieler nicht wirklich genau kennt und er daher auf ihre mentale Verfassung vor einem wichtigen Spiel auch nicht positiv einwirken kann.

Speziell vor Spielen mit einem Gegner, der unbezwingbar erscheint, gelten die Worte von Frank Peter Zimmermann, die er im Januar 2015 in einem ZDF-Portrait über ihn äußerte. Er zählt zu den bekanntesten Geigern seiner Generation und sagte in Bezug auf seinen Erfolg: „Alles, was man forciert, wird nichts. Da kommt nicht viel dabei heraus."

Diese beiden Sätze gelten auch für die schönste Nebensache der Welt, den Fußball, bei dem nicht wie beim Geiger die Hände, sondern die Beine den Erfolg herbeiführen. Gesteuert wird jedoch beides vom Gehirn und den mentalen Prozessen, die in ihm ablaufen. Das Gehirn eines Menschen lässt sich niemals etwas aufzwingen, auch nicht den Erfolg. Es erleichtert ihn aber durch die Steuerung der Reflexe, die bei jedem Geigen- oder Fußballspiel der Autopilot übernimmt. Der Trainer als Schlüsselperson der Spieler hat mit seinen Worten großen Einfluss darauf, ob der Autopilot den Steigflug einleitet, da verborgende Leistungsreserven entfesselt werden, oder der Sinkflug, weil diese Reserven gebunden bleiben.

8.4 Misserfolge im Nacken: „Eigentore" vermeiden

Wenn einer Mannschaft die ständigen Misserfolge im Nacken sitzen, entsteht klarerweise ein großer psychischer Druck bei den Spielern. Je größer die Gefahr ist, aus der Erst- oder Zweitligatabelle zu fliegen, umso höher wird wird der Druck. Verstärkt wird er durch die mediale Berichterstattung und die Pfeifkonzerte der Fans, die ihrem Ärger Luft machen. Vor diesem Hintergrund werden in den Medien Diskussionen über eine bevorstehende Ablöse des Trainers geführt. Manche fordern sogar nachdrücklich seinen Kopf durch Schlagzeilen wie die folgende: „Der Verein betoniert sich auf dem Abstiegsplatz ein – die Fanwut explodiert." Oder: „Die verdrängte Angst ist sicht- und hörbar. Die Trainerfrage wird immer lauter – wir sagen: Auswechseln!"

Wenn bei medialen Diskussionen solche Ablösegerüchte gestreut werden, die der Vereinsvorstand nicht konsequent dementiert, sind sie für die Mannschaft sehr schädlich. Sie verunsichern die Spieler. Das ist nicht die Schuld der Medien, sondern des Präsidiums. Steht tatsächlich im Verein ein Trainerwechsel bevor, so wird einer „Kopf-muss-weg-Diskussion" unnötig Nahrung zugeführt, falls das Präsidium zu lange mit der Ablöse des Trainers zuwartet. In solchen Fällen geben sich die betroffenen Trainer zwar in der Öffentlichkeit gelassen. Auch die Verantwortlichen im Vereinspräsidium signalisieren nach außen: „Alles Quatsch, wir halten an unserem Trainer fest und vertrauen ihm." Oder sie öffnen durch ihr Wording das Feld für weitere Spekulationen, wenn es heißt: „Im Moment gibt es keine Trainerdiskussion". „Im Moment nicht" bedeutet meist „aber demnächst".

Eine klare Aussage, wenn es sich nur um Gerüchte in der Presse handelt, würde so lauten: „Sie spekulieren in die falsche Richtung. Der Vertrag mit unserem Trainer läuft noch zwei Jahre. Wir werden ihn einhalten und sehen keinerlei Grund für einen Wechsel." Fehlen solche deutlichen Worte, ist intern längst klar: Der Trainersessel wackelt und wird in Kürze umstürzen, falls die nächsten Spiele nicht gewonnen werden.

Auch wenn die Spieler eine solche interne Vorentscheidung nicht kennen, so spüren sie doch atmosphärisch, dass sie demnächst einen neuen Trainer bekommen könnten. Hier ist der Sportdirektor des Vereins gefragt, der für Klarheit bei seiner Mannschaft sorgen kann, indem er zu den Spielern sagt: „Es gibt im Präsidium absolut keine Trainerdiskussion. Es wird auch keine geben. Hört bitte nicht auf die Presse, die Schlagzeilen für ihre Auflage braucht. Unser Trainer hat weiterhin das volle Vertrauen aller Verantwortlichen, mein Wort darauf. Sagt das bitte auch allen, die euch darauf ansprechen. Ich möchte, dass jeder Spieler unserem Trainer auch in Zukunft voll vertraut. Dann werden wir mit Sicherheit wieder gewinnen und uns in der Rückrunde sukzessive nach oben arbeiten. Ich weiß, wir werden das gemeinsam schaffen."

Werden solche klärenden Worte vermisst oder wird die Ablöse des Trainers durch eine „Jein-Haltung" hinausgezögert wird, schießen sich die Verantwortlichen eines Vereins drei entscheidende Eigentore.

8.4.1 Eigentor Nummer 1: Druckverstärkung

Ein Fußballtrainer ist kein Übermensch, an dem alles abprallt, was in der Öffentlichkeit über ihn verbreitet wird. Steigt der Druck auf ihn, weil sein prestigeträchtiger Job in Frage gestellt ist, so wird er ihn an die Spieler weitergeben. Der vorherrschende Ton wird rauer, die Worte werden härter. All dies zeigt, wie nervös und gereizt die Stimmung des Trainers ist. Auch wenn offiziell eine gute Laune zwangsverordnet wurde, um die Mannschaft nicht zu irritieren, sickert der Druck auf ihn zu den Spielern durch. Er wird ihren eigenen Druck, wieder gewinnen zu müssen, zu einem „Überdruck" verstärken.

Für das nächste wichtige Spiel ist das insofern schädlich, weil das zu hohe Stresslevel die automatisierten Reflexe der Spieler negativ beeinflusst. Sichtbar wird das zum Beispiel bei der Ballannahme und bei einer Standardsituation wie dem Freistoß oder einem Eckball. Oder es treten gehäufte Ballverluste auf und es kommt zu vielen Fehlpässen. Für die Fans ist so etwas oftmals völlig unverständlich, nachdem sie wissen, dass „ihre" Spieler einen guten Fußball spielen können. Aufgrund der physiologischen Abläufe im Körper, die bei psychischem Überdruck entstehen, ist dies jedoch ganz „normal". Es entsteht negativer Stress, der verhindert, dass alles, was beim Training tausende Male eingeübt wurde, beim Spiel perfekt abgerufen und in Leistung umgesetzt werden kann.

Bei Erwartungsängsten vor einem sehr starken oder als besser geltenden Gegner und bei einem extrem hohen psychischen Druck spielt sich dasselbe „Drama" im Gehirn ab. Am deutlichsten ist das beim Elfmeterschießen erkennbar, wenn es um die Meisterschaft oder bei einem internationalen Wettbewerb um „Alles oder Nichts" geht. Die Nerven der Elfmeterschützen sind bis zum Zerreisen angespannt. Millionen Augenpaare im Fernsehen und im Stadion richten sich auf sie, auf den einen Schuss, der unbedingt ein Tor sein muss. Im Unterschied zu einem Zen-Meister im Bogenschießen haben sie nicht die Zeit, sich vorher meditativ zu versenken, um ihre innere Mitte zu finden. Ihre starken Nerven müssen sich innerhalb von wenigen Minuten einstellen, damit der Ball dort landet, wo er hingehört: im Tor. Selbst absolut sichere Elfmeterschützen können in dieser Situation das Tor verfehlen.

8.4.2 Eigentor Nummer 2: Sinkendes Spielervertrauen in den Trainer

Das Vertrauen der Spieler in den Trainer schwindet, wenn er auf der Abschussliste steht. Da ändern auch TV-Interviews nichts daran, bei denen er den coolen Macho spielt, der bereit ist, seinen Job jederzeit zur Verfügung zu stellen – falls man mit ihm nicht mehr zufrieden wäre. Solche beschönigenden Behauptungen sind nur reiner Selbstschutz. Kein Trainer kann gelassen bleiben, wenn er weiß: „Ich werde in Kürze gefeuert, sollte meine Mannschaft keine Wunder auf den Rasen zaubern und die Gegner besiegen." Solche Wunder werden vor allem deshalb unwahrscheinlich, weil die Spieler spüren, dass das Präsidium die Entscheidungen des Trainers – Mannschaftsaufstellung, Einsatztaktik, Spielanlage usw. – nicht mehr für die besten hält. Daher bröckelt ihr Glaube, dass der Trainer die richtigen Entscheidungen für sie und das jeweilige Spiel trifft. Denn würden sie richtig sein, so gäbe es keine Ablösespekulationen. Werden die erwarteten spielerischen Wunder mit finanziellen Versprechungen an die Mannschaft „herbeigebetet", bleiben sie aufgrund des entstandenen Vertrauensverlustes trotzdem aus.

In einem Wirtschaftsunternehmen könnte man dieses zweite Eigentor mit folgender Situation vergleichen: Der Chef trifft Entscheidungen für seine Mitarbeiter und sie ahnen, dass ihm demnächst gekündigt werden könnte. Sie folgen dann zwar noch seinen Beschlüssen, aber sie glauben nicht, dass sie richtig sind. Deshalb bezweifeln sie auch deren Erfolg. Das Resultat: Sie laufen ihrem „Ball" – der Ausführung der jeweiligen Aufgaben – nur mehr mit halbem Herzen hinterher.

8.4.3 Eigentor Nummer 3: Die spielerische Lockerheit fehlt

Wie wichtig für sportliche Erfolge ein gewisses Maß an innerer Lockerheit ist, zeigt sich wie im Brennglas bei den Kampfsportarten, etwa beim Boxen. Dort gilt die Regel: Ein K.O.-Sieg kann niemals bewusst herbeigeführt werden. Vielmehr ergibt sich dieser aus der Situation heraus von selbst, wenn der Boxer einen kühlen Kopf und den Überblick im Ring bewahrt. Nur so spürt er intuitiv, wann der richtige Zeitpunkt für einen Schlag gekommen ist, der das Aus für den Gegner bedeutet.

Ist ein Boxer in dieser Hinsicht übermotiviert und will er den vorzeitigen Sieg voller Ungeduld erzwingen, verausgabt er frühzeitig seine Kräfte – was Boxtrainer „überpacen" (überreizen) nennen. Das Ergebnis: Der Kämpfer läuft selbst leicht in einen K.O.-Schlag hinein.

Physiologisch erklärt sich das durch eine zu hohe Erwartungsspannung im Gehirn. Die intuitiven Reflexabläufe sind so nur in eingeschränkter Form verfügbar. Ihr Abruf geschieht nicht bewusst, sondern unbewusst und durch Intuition. Das bestätigte zum Beispiel auch Mario Götze vom FC Bayern München in der ZDF-Fernsehgala vom 5. Dezember 2014: „Man muss als Spieler viel intuitiv entscheiden". Er schoss bekanntlich mit seinem genialen Treffer die deutsche Mannschaft in Argentinien 2014 zum Weltmeister.

Die spielerische Lockerheit geht verloren, wenn der Trainer die Mannschaft nach einem verlorenen Spiel nur auf die begangenen Fehler hinweist sowie auf die Gefahren, die daraus zukünftig entstehen könnten. Wozu diese Negativfokussierung führt, bei der jemand permanent darauf hingewiesen wird, was zu beachten ist, verdeutlicht ein Beispiel aus dem Alltag, das jeden betreffen könnte.

Angenommen, Sie hätten vor einer Woche einen Auffahrunfall verursacht, bei dem ein kleinerer Blechschaden entstand. Am Beifahrersitz saß ein guter Freund. Eine Woche später fahren Sie mit ihm die gleiche Strecke. Während der Fahrt weist er Sie ständig darauf hin, worauf zu achten ist: „Du kannst überholen, steig' doch bitte aufs Gas. Vorsicht, fahr' etwas langsamer, die Ampel blinkt bereits. Achtung, der LKW könnte ausscheren! Übersieh die Radarfalle nicht, da vorne rechts."

Wäre es verwunderlich, wenn Sie als Fahrer nervös werden? Ist es nicht allzu verständlich, wenn daher im entscheidenden Moment, in dem es auf eine Zehntelsekunde ankommt, die Reflexe versagen und der nächste Unfall passiert? Ihren Freund können Sie auffordern, sich am besten selbst ans Steuer zu setzen oder auszusteigen. Bei einem Trainer können die Spieler etwas Sinngemäßes denken, ihm als Autoritätsperson aber nicht offen sagen. Daher weiß er auch nicht, wie sie in dieser Hinsicht über ihn denken.

In Bezug auf die spielerische Ungehemmtheit sagte der Innenverteidiger und Kapitän von Borussia Dortmund, Mats Hummels, in einem Interview für t-online im Februar 2015: „Vielleicht sollten wir schauen, mal zwei Prozent Lockerheit reinzukriegen, um auf den letzten 20 m mal die richtigen Entscheidungen zu treffen."

8.4.4 Bart ab – Yogamatten her?

Wie gehen Trainer mit einer Serie von Niederlagen um, die nicht abreißt? Welche „Motivationskünste" zaubern sie dann aus dem Hut? Geben sie vielleicht unentwegt Kampfparolen aus – „Wir müssen an den Sieg glauben" – weil steter Tropfen vielleicht doch den Stein höhlt? Was aber, wenn nach laufenden Niederlagen keiner mehr an solche Parolen glauben kann und sie daher auch keine Wirkung hätten? Schlägt dann die Stunde der Mentaltrainer, der Yogamatten und der Kraft-der-Gedanken-Lektionen?

Gerade in schwierigen Situationen könnte sich zeigen, wie wirksam diese Methoden tatsächlich sind. Sie sind dann Nagelprobe und Lackmustest zur gleichen Zeit. Hier könnten sie klar beweisen, dass sie nicht nur in guten Zeiten den Erfolg möglicherweise erleichtern, sondern ihn in schlechten Zeiten wieder erreichbar machen, dass sie die mentalen Programme der Spieler umstricken und damit eine ganze Fußballmannschaft vom letzten Tabellenplatz loseisen können. Es wäre zumindest theoretisch denkbar, dass die „Winning-Methoden" zum „Success" führen oder dieser wenigstens „possible" wird – wie das manche Mentaltrainer im deutschsprachigen Raum ausdrücken. Schön, wenn es so wäre, weil dann die Sportler, die Trainer und der Verein das Ergebnis „enjoyen" könnten. Doch was tun, wenn sich der Siegesgenuss partout nicht einstellt, alle Möglichkeiten ausgeschöpft wurden – auch die der Mentalisten – und eine Mannschaft weiterhin am Verliererast festklebt?

In solchen Fällen wird meist am Ast des Trainers gesägt. Gelegentlich sehr geräuschvoll mit der Motorsäge, manchmal still und leise mit der Handsäge. Die Hoffnungskette bei einer Auswechselung des Trainers lautet: neuer Trainer – ein neuer „Besen“, der besser kehrt – Stimmungsumschwung – neues Spiel – neue Chancen. Um nicht als „alter Besen“ zu gelten, der zu schlecht kehrt, greifen Trainer schon einmal in die Trickkiste, wenn ihre hartnäckigen verbalen Motivationsversuche immer wieder scheitern. Dort entdecken sie ungewöhnliche, bisher unerprobte Mittel.

So versprach der Trainer vom FC Nürnberg, Gertjan Verbeek, sich den Vollbart abzurasieren, wenn der abstiegsbedrohte Club das nächste Spiel gewinnt. Motto: zuerst den Gegner rasieren, dann den Trainer. Tatsächlich gewannen die Nürnberger im Januar 2014 das Spiel gegen Hoffenheim 4:0. Der Jubel über dieses Wunder war groß und der Bart musste weg. In den Sportmedien wurde darüber berichtet. Die gängigen Motivationstheorien wurden damit um die „Bart-ab-Variante“ bereichert. Von ihr ist nun bekannt, dass sie nur einen Einmaleffekt hat: Der Club stieg anschließend unaufhaltsam in die zweite Liga ab und der bartlose Holländer Verbeek wurde durch Valèrien Ismaël ersetzt. Doch der musste nach fünf Monaten ebenfalls seine Koffer packen, da ihm das Vertrauen entzogen wurde.

Trainerkandidaten auf den Zahn fühlen

Bei einem häufigen Trainerwechsel stellt sich die Frage: Nach welchen Kriterien erfolgt eigentlich die Auswahl – etwa nach dem Prinzip „Probieren geht über studieren“?

Die Fehlgriffquote reduziert sich, wenn Trainern, die noch keine längere Erfolgskarriere vorweisen können, bei Sondierungsgesprächen die richtigen Fragen gestellt werden, beispielsweise: „Wenn eine Mannschaft verliert, wie stärken Sie das Selbstvertrauen der Spieler für das nächste Spiel? Falls drei Spiele in Serie verloren werden: Wie wirken Sie der gesunkenen Motivation im Team entgegen? Wie stabilisieren Sie bei einer Mannschaft, die am letzten Tabellenplatz ist, die mentale Seite bei den einzelnen Spielern? Wie sorgen Sie dafür, dass jeder vor dem nächsten Spiel den Kopf frei hat, darauf voll fokussiert ist und so den Überblick am Rasen bewahrt?“

Die Antworten werden jedem Sportverantwortlichem eines Vereins verraten, wie viel ein Trainer von der Förderung der Eigenmotivation seiner Spieler versteht – ob er es mit und ohne Bart schafft, Siege zu ermöglichen und Niederlagen zu überwinden.

8.5 Resümee: Positive und negative Stresswirkungen im Fußball

Die Motivationsprozesse im Kopf eines Profifußballspielers unterscheiden sich nicht wesentlich von jenen anderer Menschen. Der wichtigste Unterschied: Ihre Grundmotivation ist wesentlich höher als bei Spielern, die in einer Dorfmannschaft als Ausgleich zu ihrem Beruf die Bälle ins Netz kicken. Doch auch ein Spitzenspieler ist ein Mensch aus Fleisch und Blut und sein Gehirn besteht nicht aus einem ledernen Fußball, sondern kann Dellen abbekommen. Wenn ein Trainer es nicht richtig versteht, eine solche Delle in ihrer Bedeutung für den sportlichen Erfolg zu erkennen, schadet das dem Gelingen seiner gesamten Mannschaft.

8.5.1 Adrenalin, ein Botenstoff mit zwei Seiten

Bei einer Fußballmannschaft entsteht vor jedem Spiel ein hohes positives Stresslevel. Verursacht wird es durch die Adrenalin-Ausschüttung, die es ermöglicht, alle Leistungsreserven zu mobilisieren. Ein Sieg wird so wahrscheinlicher. Verwendet der Trainer für seine Spieler die richtigen Worte, so unterstützt er damit die Adrenalin-Ausschüttung. Wählt er hingegen die falschen Worte und findet er nicht den richtigen Ton, führen die biochemischen Botenstoffe – die Neurotransmitter – zu einem negativen Stresserleben. Das Ergebnis kann Angst vor dem Gegner und eine innere Unruhe und Angespanntheit sein. Die Motorik und die Reflexe der Spieler können dadurch beeinträchtigt werden. Das entscheidende Tor schießt dann die gegnerische Mannschaft. Der Trainer hat sich in diesem Fall durch den falschen verbalen Umgang mit seinen Spielern quasi ein Eigentor geschossen. Ihr Gehirn produziert in solchen Fällen ungewollt „Verliererhormone", die einen Sieg vereiteln.

Welche Worte bei welchem Spieler die Hormone im Gehirn bis zum Schlusspfiff den Siegeswalzer tanzen lassen und seinen Siegeswillen stärken, hängt von der individuellen Psychologie eines jeden Spielers ab; von seinem persönlichen Motivationssystem und seiner gesamten Lebenssituation.

Das alte Rezept „Zuckerbrot und Peitsche", falls es überhaupt noch ein Trainer anwendet, kann aus einem einfachen biologischen Grund nicht funktionieren: Das „Zuckerbrot" stimuliert die Belohnungszentren, während die „Peitsche" ein Übermaß negativ wirkender Stresshormone produziert. Das eine hebt das andere letztlich auf. Damit verpufft die beabsichtigte Wirkung. Um dies vereinfacht zu formulieren: Drohen und Loben sind im Fußball, wie in allen anderen Lebensbereichen auch, kein erfolgreiches Duo. Wobei ein kritisches Feedback stets unabdingbar ist, um die Leistung verbessern zu können. Hier sind nicht die Samthandschuhe gefragt, sondern die klaren Worte, die manchmal auch schmerzvoll sein können. Aber das hat nichts mit Drohen zu tun.

Trainer, die auf die Spielerpersönlichkeit gekonnt eingehen, sich in deren Situation hineindenken und hineinfühlen, formen ein Team zu einer Spitzenmannschaft. Fußballspieler sind keine Kampfmaschinen, keine „Terminators", sondern Menschen mit persönlichen Befindlichkeiten. Sie haben auch ein Privatleben, das ihr Wohlbefinden beeinflusst – positiv wie negativ. Das folgende Beispiel zeigt die Bedeutung dieses Faktors für den spielerischen Erfolg.

8.5.2 Siegestore verhindern – ein Beispiel aus der deutschen Bundesliga

Von den Eltern eines aktiven Bundesligaspielers, mit denen ich befreundet bin, erfuhr ich: Sie machen sich große Sorgen, weil die Beziehung ihres Sohnes zu seiner Freundin sehr problematisch sei. „Diese Frau tut ihm aus verschiedenen Gründen nicht gut", meinten sie. „Daher schießt er als Stürmer auch kaum mehr ein Tor. Zumindest ist das auch seine Meinung. Wir sprechen zwar oft darüber, sehen aber keinen Ausweg. Eine Trennung wäre das Beste. Aber wie wir wissen: Das sagt sich leichter als es getan ist, wenn man verliebt ist."

Ich überlegte kurz und fragte dann: „Wie geht eigentlich sein Trainer mit dieser Situation um? Diese Menschen haben doch eine große Erfahrung im Umgang mit der Psyche ihrer Spieler. Sie besitzen sogar eine sportpsychologische Ausbildung, die verpflichtend ist, um die Trainerlizenz zu erhalten."

Der Vater des Spielers antwortete: „Unser Sohn kann mit seinem Trainer darüber nicht reden. Einmal hat er es zwar versucht, wurde aber von ihm abgewiesen."

„Wie kann ich das verstehen?", wollte ich wissen. Nach einem kurzen Zögern antwortete er: „Der Trainer vertritt die Auffassung, das wäre die Privatsache unseres Sohnes. In die will er sich nicht einmischen. Stattdessen forderte er ihn gereizt und unmissverständlich auf: ‚Konzentriere dich ausschließlich auf das bevorstehende Spiel. Ansonsten landest auf der Ersatzbank! Ich will hier keine Psychokiste haben. Dafür bezahlen wir dich zu gut. Deine Erfolge aus der Vergangenheit sind schön und gut. Aber für uns zählt nur die Zukunft. Trenne dich von dieser Frau. Du findest jederzeit eine andere. Und jetzt will ich darüber nicht mehr mit dir diskutieren.'"

Einige Zeit später zeigte mir die Mutter des Fußballprofis ein Geschenk, das sie für ihn anfertigen ließ: eine zarte Halskette mit zwei fein gearbeiteten kleinen Waagschalen als Anhänger. „Ist das sein Geburtstagsgeschenk mit dem Tierkreiszeichen?", fragte ich sie. „Nein", antwortete sie lächelnd, „er ist keine Waage. Sie ist ein Symbol und soll ihn immer daran erinnern, dass das Leichte steigt und das Schwere zu Boden zieht. Vielleicht hilft ihm das ein wenig, seine spielerische Leichtigkeit wieder zurückzugewinnen."

Drei Monate nach diesem Gespräch wurde der Trainer des besagten Vereins überraschend ausgewechselt. In den Fernsehinterviews zuvor vermittelte er mir stets den Eindruck, er würde auch die menschliche Seite eines Spielers verstehen. Wie mein Blick hinter die Kulissen zeigt, können solche Eindrücke aber auch täuschen.

Zwei Monate nach diesem Trainerwechsel verfolgte ich live im Stadion und ein weiteres Mal im Fernsehen, wie dieser Spieler jeweils ein Tor schoss. Dazu seine Eltern: „Der neue Trainer hat den richtigen Zugang zu unserem Sohn gefunden. Er sprach mit ihm ausführlich über seine Situation und er zeigte großes Verständnis dafür. Der Trainer sagte zu ihm sinngemäß: ‚Ein Spieler wie du kommt bei mir nicht auf die Ersatzbank. Du wirst mir bei den nächsten Spielen zeigen, warum ein solcher Gedanke abwegig ist.' Anschließend fügte er hinzu: ‚Was dein Mädchen betrifft: Diese Dinge sind mir nicht fremd. Auch ich habe früher ähnliche Erfahrungen gemacht. Wende dich an mich, wenn ihr weiter Probleme miteinander habt. Gemeinsam finden wir leichter eine Lösung. Dazu brauchen wir keinen Psychologen. Ich bin dein Psychologe, wenn du das willst.'"

Damit steht dieser Trainer in der Tradition von Udo Lattek, einem der ganz Großen der Branche, der mit FC Bayern München und Borussia Mönchengladbach insgesamt acht deutsche Meistertitel gewann. Er verstarb 2015. Über ihn äußerte sich der deutsche Rekordnationalspieler Lothar Matthäus in der Talkshow „Markus Lanz" am 18. Februar 2015 so: „Er war für mich wie ein Vater. Lattek sagte, dass er 24 Stunden für mich da ist."

Ein offenes Ohr fördert bei Menschen stets das gegenseitige Vertrauen. Darum geht es auch im nächsten Kapitel, in dem nicht der Sport im Mittelpunkt steht, sondern der Polit-Speech. Er suggeriert uns, stets offene Ohren für die Anliegen der Bürger zu haben. Doch stimmt das? Die Analyse der Rhetorik von Politikern wird Sie leichter erkennen lassen, ob Ihr Vertrauen als Wähler begründet ist oder ob es nach den Wahlen enttäuscht werden könnte.

Empfohlene Literatur

Tomasits J, Haber P (2011) Leistungsphysiologie: Grundlagen für Trainer, Physiotherapeuten und Masseure. Springer, Wien

9 Die Sprache der Politik: Falsche Rhetorik kostet Wählerstimmen

„Große Worte verbergen kleine Gedanken."
Lothar Schmidt, deutscher Politologe

Die Demokratie gerät im europäischen Musterland Deutschland ins Wanken: Nur 60 % der Wahlberechtigten sind aufgrund der Fünf-Prozent-Hürde im Parlament repräsentativ vertreten – so wenig wie noch nie. Nur weniger als die Hälfte aller Stimmberechtigten votierten 2013 für die beiden Parteien der großen Koalition, nämlich knapp 47 %. Durch die Wahlarithmetik ergibt sich trotzdem eine satte Mehrheit für die Groko. Im Klartext bedeutet das: Eine Minderheit regiert über die Mehrheit [1]. In Österreich sind die Verhältnisse, demokratiepolitisch gesehen, ähnlich schlecht.

Woran liegt es, dass knapp 30 % aller Wahlberechtigten von ihrem Stimmrecht nicht Gebrauch machen? Die Ursachen für die wachsende Politikverdrossenheit sind vielfältig: Wahlversprechen, die nicht eingehalten werden, Postenschacherei, aufgedeckte Politskandale, gefälschte Dissertationen usw. Aber auch der vorherrschende Politspeech trägt wesentlich dazu bei, dass immer weniger Menschen glauben, was Politiker sagen. Ihr Image ist in der Bevölkerung daher im freien Sinkflug [2]. Das Resultat: Immer mehr Bürger verweigern die Stimmabgabe bei den Wahlen.

Eine falsche Politrhetorik, die in diesem Kapitel näher beleuchtet wird, kostet nicht nur Wählerstimmen. Sie trägt auch dazu bei, dass die politischen Akteure und ihre Parteisprachrohre zu Totengräbern der Demokratie werden. Einerseits weil immer weniger Menschen zur Wahlurne gehen. Andererseits weil enttäuschte Wähler die Parteienzersplitterung fördern und kleine Splitterparteien an der Fünf-Prozent-Hürde scheitern. Diese Wähler haben also keine Abgeordneten, die ihre

H. Eicher, *Die verblüffende Macht der Sprache*,
DOI 10.1007/978-3-658-08516-2_9

Interessen im Parlament vertreten. Außerdem: Frustrierte Wähler können in den Fangnetzen radikalisierender Rechts- oder Linkspopulisten landen, die nicht nur friedlich „Wir sind das Volk" skandieren, sondern auch gewaltbereit sind.

In diesem Kapitel wird der Rhetorikstil von Politikern analysiert. Dabei bewerte ich weder politische Aussagen noch die Person eines Politikers, der namentlich erwähnt wird. Als Österreicher bin ich in dieser Hinsicht neutral eingestellt, da ich ohnehin keinen deutschen Politiker wählen könnte. Was Sie lesen, ist also aus dem Blickwinkel eines außenstehenden Beobachters geschrieben.

In dieses Kapitel flossen auch meine Eindrücke über die politische Denkweise von österreichischen und deutschen Spitzenpolitikern ein, mit denen ich aus beruflichen Gründen persönliche Gespräche führte.[1]

9.1 „Yes-We-Can-Parolen" sind zu wenig

Der Begriff „Wortmacht" wird häufig mit wortgewaltigen politischen Vorträgen und Rednern verbunden, mit dem verbalen Schlagabtausch bei politischen Debatten und Wahlkampfveranstaltungen. Aber diese Wortmacht zeigt immer weniger Wirkung beim Bürger. Angeblich überzeugen Politiker die Wähler durch ihre Argumente und Versprechen, auf wohltönenden Hochglanz poliert durch verbalen Feinschliff. Damit wollen sie ihre Überzeugungskraft stärken und die Macht absichern. Aber die Fassade wird immer brüchiger, da viele dem hohlen Getöse der „Yes-We-Can-Parolen" misstrauen.

Ihr rhetorisches Wissen bewahrt politische Akteure nicht vor Wahlverlusten. Ganz im Gegenteil: Es trägt sogar dazu bei. Dieser verblüffende Umstand ist einer Besonderheit des menschlichen Gehirns geschuldet. Dort registrieren feine Sensoren, wie Glaubwürdigkeit und Inhalt von Aussagen zueinander passen. Eine aufpolierte Rhetorikfassade wird immer häufiger als solche durchschaut, da viele Bürger wesentlich kritischer wurden und die Worte von Politikern mit ihren Taten genauer als jemals zuvor vergleichen. Politcoaches, die an der rhetorischen Fassade ihrer Klientel basteln, scheinen das zu ignorieren. Sie erziehen ihre Kunden zu rhetorischen Musterschülern, mit folgendem Resultat: Klassenziel erreicht – aber Wählerstimmen verloren!

[1] Caspar Einem, ehemaliger Bundesminister für Inneres und für Wissenschaft und Forschung (SPÖ); Gabi Burgstaller, ehemalige Landeshauptfrau von Salzburg (SPÖ); Josef Pühringer, Landeshauptmann von Oberösterreich (ÖVP) (ein Landeshauptmann entspricht der Funktion eines Ministerpräsidenten in Deutschland); Maria Berger, ehemalige Abgeordnete zum Europaparlament und Bundesjustizministerin (SPÖ); Ingo Friedrich, ehemaliger Vizepräsident des Europäischen Parlaments und Mitglied im Parteivorstand der CSU.

Bei jedem Stimmenverlust, also nach jeder Wahl, müssten Politiker eigentlich ein trauriges Lied davon singen, trotz ihrer angeblichen Wortmacht nicht mehr Wähler überzeugen zu können. Tun sie aber nicht. Mangels Selbsteinsicht reden sie das Wahlergebnis lieber schön und zerkauen in den Gremien die möglichen Ursachen für den Stimmenverlust. Die tatsächlichen Gründe für Wahlniederlagen werden jedoch kaum je beim Namen genannt, um keine unangenehmen Wahrheiten ans Tageslicht zu bringen. Es kommt bestenfalls zu einem „Bauernopfer", das jene vorantreiben, die besser Tischler geworden wären, da sie so gerne an fremden Stühlen sägen.

Der „Veggie-Day" der Grünen, der bei den Bundestagswahlen 2013 in einen „Mayday" mutierte, dürfte dafür wohl ein Beispiel sein. Bereits kurze Zeit nach ihrer Wahlschlappe krönte die Partei eine neue Führungsspitze und entfernte den Veggie-Day aus der Politrhetorik. Wer ihn initiiert hatte, ihn parteiintern mittrug und wer nicht, all das gehört vermutlich zu jenen unangenehmen Wahrheiten, über die man besser nicht oder nur hinter vorgehaltener Hand spricht.

Im Politspeech wird das Köpfe-Rollen der Öffentlichkeit als Rücktritt und Übernahme eines neuen Verantwortungsbereiches verkauft. Das tut zwar insgesamt weniger weh, als den wahren Ursachen für einen Stimmenverlust ins Gesicht zu sehen. Doch Wegsehen und Beschwichtigen heilen nicht die Ursache zukünftiger Wahlverluste. Selbsternannte Realpolitiker, die an den Lippen der demoskopischen Wahrsager kleben, scheinen erstaunlich oft in einer Welt zu leben, die in punkto Wählerwille nicht sonderlich real ist. Wäre es anders, würden sie keine nennenswerten Stimmverluste verzeichnen müssen und auch weniger nervös reagieren, wenn neue Parteien den Stimmkuchen anknabbern und an der Macht mitnaschen wollen.

Vielleicht sollten politisch Verantwortliche den Wählern lieber etwas vorsingen, statt ihnen etwas vorzumachen. Denn ein Lied kommt mit wenigen Worten und einer wohlklingenden Melodie aus, um die Herzen vieler Menschen zu gewinnen. Andrea Nahles hat, bevor sie Sozialministerin wurde, im Bundestag mit dem Pippi-Langstrumpf-Lied bereits eine Gesangsprobe abgeliefert. Ihr musikalisches Talent kann auf Youtube bestaunt werden. Vielleicht wollte sie damit signalisieren, dass sie für die Nachfolge von Ex-Bundespräsident Walter Scheel, der ebenfalls als Sänger auftrat, grundsätzlich geeignet ist. Singen ist für einen Bundespräsidenten jedenfalls besser als schweigen, um während der gesamten Periode im Amt bleiben zu können; vom Humorfaktor einmal abgesehen.

9.2 Das Buddha-Prinzip

Statt zu singen gibt es eine wesentlich zuverlässigere Methode, um Wählerstimmen zu gewinnen – oder sie nicht zu verlieren. Diese Methode nenne ich das „Buddha-Prinzip". Was davon im Hinblick auf den dauerhaften politischen Erfolg zu halten ist, soll hier nicht beurteilt werden. Fest steht jedenfalls, dass es in der politischen Auseinandersetzung sehr gut funktionieren kann. Dieses Prinzip meint, dass möglichst wenig Ecken und Kanten der eigenen Person in der Öffentlichkeit sichtbar werden, womit eine gewisse Farblosigkeit verbunden sein kann, die jedoch gewollt ist. Denn so bieten sich keine erkennbaren Angriffsflächen für den politischen Gegner, der diese Menschen deshalb auch unterschätzt. Was noch wichtiger ist: Der Wähler identifiziert sich leichter mit solchen Politikern, denen er eine Volksnähe unterstellt; von denen er sich sogar vorstellen kann, ihnen beim Einkauf im Supermarkt zu begegnen und ohne vor Ehrfurcht zu erstarren mit ihnen ein zwangloses Gespräch zu führen.

Des Weiteren beinhaltet das Buddha-Prinzip, bei öffentlichen Auftritten möglichst eine stoische Ruhe zu bewahren. Sie signalisiert: Der eingeschlagene Kurs ist richtig und die Wähler sind daher gut beraten, ihn nicht in Frage zu stellen. Denn scheinbar ist er alternativlos. Das ist zumindest das ausgesendete Signal einer Rhetorik, die laute Töne, kämpferische Worte und große Gesten vermeidet. Schrille Töne à la Renate Künast von den Grünen, die hier nur als eines von vielen Beispielen aus der demokratischen Politszene genannt wird, lösen außerdem im Gehirn der Empfänger unerwünschten Stress aus. Das Gehirn verbindet mit „schrill" automatisch eine Gefahr. Je höher die Kehlkopfstellung ist, desto höher wird die Stimme und desto negativer wird sie von Menschen eingeschätzt.

9.2.1 Die Mutter der Nation gegen die Verbalmachos der SPD

Die Mutter der Nation, Angela Merkel, scheint von dem hier beschriebenen Buddha-Prinzip und dem damit verbundenen Understatement bei ihren öffentlichen Auftritten zu profitieren. Niemand käme aufgrund ihres politischen Stils, der kompromissorientiert wirkt, jemals auf die Idee, sie als „Eiserne Lady" zu bezeichnen – so wie Margaret Thatcher. Obwohl sie das vermutlich innerparteilich sein dürfte, ansonsten würde sie ihre Position weder erreicht haben noch über einen so langen Zeitraum innehaben. Die politische Konkurrenz in der CDU/CSU schläft sicherlich ebenso wenig wie jene in anderen Parteien. Was jedoch ihre öffentliche Wahrnehmung anbelangt, ist das freundliche „Mutti Angela" allerdings zutreffend.

Was Frau Merkel sagt, ist leicht verständlich, und sie argumentiert nicht mit geschliffenen, sondern mit einfachen Worten, denen jeder folgen kann. Ähnlich wie Konrad Adenauer, der in den 60er Jahren des letzten Jahrhunderts einen Parteitag der CDU im Fernsehen mit nur vier Worten kommentierte: „Der Parteitag ist gut". Zum Vergleich: Peer Steinbrück brachte es in einem einzigen Satz auf bis zu sieben Nebensätze, wie in der Zeitschrift „Die Welt" berichtet wurde [3]. Selbst für das Gehirn von sehr gebildeten Zuhörern ist das eine überfordernde Tortur.

Wer das Buddha-Prinzip einsetzt, verwendet, wie der Namensgeber, kristallklare Worte, hinter denen sich ein tieferer Sinn vermuten lässt – auch wenn es diesen vielleicht gar nicht gibt.

Wenn der Bundeskanzlerin bestimmte Begriffe nicht auf Anhieb einfallen, wie beispielsweise beim IT-Gipfel in Hamburg 2014 das Wort „Festnetz", erntet sie dafür ein sympathisierendes Lachen und sogar Applaus von gewichtigen Zuhörern aus der Wirtschaft. Solche Dinge unterstreichen ihre Menschlichkeit und damit können sich viele Menschen gut identifizieren.

Gerhard Schröder von der SPD, den Merkel bei der Bundestagswahl 2005 bekanntlich besiegte, ist aus einem völlig anderen Holz geschnitzt. Er ließ in der Öffentlichkeit immer wieder gerne den Macho raushängen und gab sich mitunter ruppig wie Tatort-Kommissar Schimanski. Gemeinsam mit Joschka Fischer von den Grünen schmiedete er damals eine innenpolitische „Koalition der Willigen", die gegen das soziale Unrecht zu Felde zog. Das Resultat war die umstrittene Agenda 2010 mit Hartz IV. Die Wortmacht der beiden Koalitionäre stieß beim Verkauf dieses Programms an die Wähler allerdings schnell an ihre Grenzen.

Als Kumpeltyp – für den sich Gerhard Schröder in der Öffentlichkeit gerne ausgab – setzte er dem sanften Buddha-Prinzip seiner Herausforderin Merkel die geschliffene Anwaltszunge entgegen. Wie in der japanischen Kampfkunst Aikidō – eine bevorzugte Ladykampfsportart – nutzte seine Rivalin die Kraft des Angreifers und lenkte diese gegen ihn um. Da sie sich auf keine harten verbalen Gefechte mit Schröder einließ, prallte seine Angriffsenergie auf ihn zurück und verpuffte wirkungslos.

Frau Merkel kennt als promovierte Physikerin natürlich auch die Gesetze der Schwerkraft im Detail. Diese besagen unter anderem, dass die Anziehungskraft mit zunehmender Entfernung von der Masse sinkt. Im Sinne einer Analogie ließe sich sagen: Ihr Kontrahent für die Kanzlerschaft, Gerhard Schröder, hatte sich von der Masse der Wähler offenbar zu weit entfernt. Das erleichterte es ihr beträchtlich, in der politischen Auseinandersetzung mit ihm stets eine stoische Ruhe zu bewahren [4].

Diese ausgestrahlte Ruhe ist gegenüber Politikern, die in einer direkten Konfrontation gerne ihre verbalen Messer einsetzen, sicherlich irritierend. Sie überträgt sich durch die Spiegelneuronen teilweise auf sie, ohne dass ihnen dies bewusst wird. Das Gehirn löst die Produktion von stressdämpfenden Hormonen aus, da vom Kontrahenten scheinbar keine Gefahr ausgeht. Zumindest interpretiert das Gehirn es so, wenn nichts darauf hindeutet, verbal heftig angegriffen zu werden. Gleichzeitig werden kurz vor einem politischen Duell größere Mengen Adrenalin bei jenem Politiker produziert, der beabsichtigt, seinen Gegner hart zu attackieren. Diese setzen ihn unter Strom und er scharrt gleichsam mit den Hufen, bläst die Nüstern auf und wartet nur mehr auf die Fanfarenklänge, die das Duell eröffnen. Durch diesen gegensätzlich wirkenden Hormoncocktail – angriffsdämpfend versus angriffsfördernd – mutiert der innere Kampfhund zwar nicht zum friedlichen Mops. Aber ein derartiger Cocktail sorgt für störende Impulse, die das innere Gleichgewicht beeinträchtigen.

Einem Politprofi wird das äußerlich kaum jemand ansehen und ihm selbst wird das auch nicht bewusst sein. Trotzdem wird es ihm dadurch erschwert, in einer direkten Konfrontation mit dem politischen Gegner durchgängig souverän und überzeugend zu wirken. Worte allein reichen nicht aus, um bei wechselbereiten Wählern, die ein TV-Duell verfolgen, einen nachhaltigen Eindruck zu hinterlassen. Vielmehr zählt der Gesamteindruck, der aus dem Wortinhalt, dem Ton und der Körpersprache entsteht. Ein Politiker, der auf verbale Angriffe keine Gegenattacken reitet, sondern ruhig bleibt und sachlich antwortet, signalisiert damit dem Publikum auf subtile Weise: Der Inhalt des Angriffs ist unbedeutend, da er keinerlei emotionale Reaktion beim Attackierten bewirkt.

Schröders vorübergehender Realitätsverlust und der „Merkelizer"

Interessant ist auch die Reaktion von Schröder auf seinen Wahlverlust 2005. Selten zeigte sich ein vorübergehend eingetretener Realitätsverlust eines Spitzenpolitikers so deutlich wie bei ihm. In der Elefantenrunde bestritt er damals im Fernsehen vehement, die Wahl verloren zu haben. Frau Merkel quittierte dies mit einem freundlichen und entwaffnenden Lächeln. Auch das gehört zum Buddha-Prinzip. Anschließend formte sie die Hände zum Spitzdach – dem berühmten „Merkelizer" – und signalisierte damit: „Die Macht liegt in Zukunft bei mir!" Für den siegessicheren Schröder wohl eine undenkbare Situation, in der seine eingefrorene Miene die innere Schockstarre verriet, die der „Genosse des Bosse" durch ein hölzernes Lächeln zu überdecken versuchte [5].

Sieben Jahre später sagte der Altkanzler dazu in einem Interview mit „Focus online", er habe eine Kultsendung produzieren wollen. Dies ist ihm zweifelsohne gelungen, allerdings unbeabsichtigt. Auf sein XXL-Ego angesprochen meinte er, dass die Zeit der Machos in der Politik nicht vorbei sei [6]. Damit hat er sicherlich Recht. Wie die Wähler darüber denken, zeigt ein Vergleich: 1972 verbuchte Willy

Brandt, dem wohl niemand ein Machoimage unterstellen wird, bei der Bundestagswahl einen Stimmenanteil von 45,2 % für die SPD. Schröder brachte es 2005 nur mehr auf 35,2 %.

Der „Steinbrück-Effekt"
Peer Steinbrück ereilte 2013 als SPD Kanzlerkandidat das gleiche Schicksal wie Schröder als Kanzler. Beide verloren gegen Merkel. Wie man sieht: Die Anwendung des Buddha-Prinzips ist besonders effektiv, wenn politische Gegner – Schröder und Steinbrück – vor allem auf ihre rhetorische und althergebrachte Kampfkunst vertrauen. Diese brachte sie allerdings nur ihrem eigenen K.O. näher. Als Meister des geschliffenen Wortes, die beide zweifelsohne sind, ist es ihnen überdies nicht ausreichend gelungen, den Wählern ihre bisherige oder zukünftige Politik als die richtige zu verkaufen. Peer Steinbrück scheiterte zudem auch durch einen sprachlichen Effekt, den ich nach ihm als den „Steinbrück-Effekt" bezeichne. Darunter verstehe ich eine teilweise abgehobene und kühl wirkende Sachrhetorik von Politikern, die Menschen zu wenig überzeugen kann [7].

Eine volksnahe Sprache wird nur allzu gern unter den Generalverdacht der Anbiederung an die Wähler gestellt. Dieser Verdacht nährt sich im Gehirn jener Politiker, die ihn erheben, durch einen Vorgang, der Rationalisierung heißt: Was man selbst nicht kann, aber gerne können möchte, wird abgewertet. Ähnlich wie in der Fabel vom Fuchs und den Trauben, die dem griechischen Dichter Äsop zugeschrieben wird: Die schmackhaften Trauben, auf die es der Fuchs abgesehen hat, hängen für ihn zu hoch. Mit gerümpfter Nase und erhobenem Haupt zieht er des Weges und bezeichnet sie als zu sauer.

Politische Berater, die für ihre Klienten an verbalen und geschliffenen Angriffstaktiken feilen, verstehen offenbar sehr wenig vom Prinzip der „sanften Gewinner" – dem Buddha-Prinzip. Mit diesem können sich die meisten Menschen jedoch besser identifizieren als mit scharfen verbalen Auseinandersetzungen aus der klassischen, aber überholten Rhetorikschule. Diese ähnelt mehr einer Mottenkiste als dem Instrumentarium eines Chirurgen. Viele Wähler vermuten, dass es den lauthalsigen Attackenreitern mit ihren geschliffenen Worten weniger um die Sache selbst geht, sondern in erster Linie um die eigene Macht, ihre Erringung oder ihren Erhalt. Ob sie mit ihren Vermutungen Recht haben, sei dahingestellt.

9.2.2 Buddha- Prinzip versus kühle Sachlogik

Anleihen beim Buddha-Prinzip nimmt offenbar auch ein Neuankömmling in der politischen Arena, der von seinen Gegnern abschätzig als „der Herr Professor" bezeichnet wird: AfD-Chef Bernd Lucke, der Politrivalen bei TV-Diskussionen freundlich anlächelt und nicht versucht, sie lautstark niederzuargumentieren.

Aber auch der bayerische CSU-Landesvater Horst Seehofer dürfte gelegentlich Gebrauch von diesem Prinzip machen. Dafür spricht unter anderem, dass seine Antworten an Interviewpartner oder seine Statements in politischen TV-Sendungen häufig von einem vielsagenden Lächeln begleitet sind, das allerdings auch als ironisch interpretiert werden könnte. In einer Politlandschaft, in der täglich zahlreiche verkniffene Mundwinkel und staatstragend-ernste Gesichter über die Bildschirme flimmern, sticht das als seltene Ausnahme hervor.

Politische Profis wie Gregor Gysi von den Linken verlassen sich hingegen weiterhin auf die scharfe Zunge und eine laute Stimme, um damit Wähler zu gewinnen. Seine Parteikollegin Sahra Wagenknecht setzt ebenfalls auf eine reine Sachlogik, die jedoch in unterkühlter und distanzschaffender Form präsentiert wird. Ob damit in vielen wechselbereiten Wählerköpfen eine Entscheidung zugunsten ihrer Partei getriggert wird, ist zu bezweifeln. Denn Entscheidungen sind stets vom Gefühl gesteuert. Um Gefühle bei Menschen zu wecken und dauerhaft bis zum Wahltag zu aktiveren, muss die Sprache daher auch Emotionen transportieren und emotional ansprechend sein. Sie darf also nicht nur den analytisch-logischen Verstand in der Großhirnrinde bedienen. Will man Wähler in nennenswerter Zahl hinzugewinnen, so wäre es ein Trugschluss zu glauben, logische Verstandesappelle könnten dies allein bewirken. Wäre es so, würden jene Politiker die Wahlen gewinnen, die am besten logisch denken und argumentieren können.

9.3 Kooperation oder Konfrontation?

Kämpferische Worte, mit denen der politische Gegner schärfstens angegriffen wird, sind mit dem „Poltergeist" und ehemaligen SPD-Fraktionsvorsitzenden Herbert Wehner untrennbar verbunden, der 1990 verstarb. Ebenso mit Franz Josef Strauß von der CSU, der bis zu seinem Tod 1988 bayerischer Ministerpräsident war. Die Schimpftiraden, die diese beiden Haudegen auf politische Gegner abfeuerten, wurden legendär, beispielsweise Worte wie „Quatschkopf", „Schleimer", „einstudierter Pharisäer", die Herbert Wehner im deutschen Bundestag CDU-Politikern entgegenschleuderte. Einen der zahlreichen Ordnungsrufe des Bundestagspräsidenten kommentierte er einmal so: „Schönen Dank, Herr Präsident, dass Sie aufgewacht sind."

Zu einem gewissen Teil sind diese Polittiraden der Ausdruck einer kantigen Rhetorik, die nichts verhehlt und unverblümt ausdrückt, wie über die jeweiligen

Konkurrenten und deren politische Ansichten gedacht wird. Unabhängig von ihren politischen Verdiensten oder Versäumnissen wusste der Wähler, woran er ist.

Heute, vierzig Jahre nach Wehner und rund dreißig Jahre nach Strauß, sind die politischen Claims weitgehend abgesteckt. Die Mehrheit der Menschen wünscht sich von den politischen Parteien deshalb mehr Kooperation und weniger verbale Aggression. Scharfzüngige Rambos auf dem Politparkett passen nicht mehr in eine moderne demokratische Landschaft, spitze Zungen gehören zum Arsenal einer angriffslustigen Politrhetorik, durch die gegnerische Standpunkte nicht aufgeweicht, sondern verhärtet werden. Eine Kampfrhetorik verstärkt bestehende Widerstände gegen eine Veränderung oder ruft sie sogar hervor – statt diese zu überwinden. Damit identifizieren sich augenscheinlich immer weniger Menschen in Deutschland.

Betont kämpferische Worte von Politikern können allerdings auch eine positive Wirkung bei Wählern entfalten: wenn damit unwiderlegbare und skandalträchtige Missstände angeprangert werden, von denen viele Bürger betroffen sind. Dazu braucht es einfache und zum Teil auch vereinfachende Worte.

Ein Beispiel ist der sogenannte „Hypo-Alpe-Adria-Skandal", der in Österreich zum politischen Dauerbrenner wurde. Dabei geht es um die Notverstaatlichung einer österreichischen Bank, der Hypo Alpe Adria. Dieser Skandal beschäftigt auch die bayerische Politik, da die Bayern LB große Anteile daran besaß.

Der Vorsitzende der freiheitlichen Oppositionspartei – H.C. Strache von der rechtpopulistischen FPÖ – nutzt diesen Bankenskandal sehr geschickt für den Stimmenfang bei den Wählern: Seine Partei liegt in den Umfragewerten bereits vor den beiden Regierungsparteien, der SPÖ und der ÖVP. Strache attackiert seine politischen Rivalen mit einer harten Kampfrhetorik und punktet damit immer häufiger bei den Wählern, wie aus zwei aktuellen Landtagswahlergebnissen vom Mai 2015 hervorgeht: Im Bundesland Steiermark erhöhte sich die Mandatszahl für seine Partei von 6 auf 14 und im Bundesland Burgenland stieg der Stimmenanteil für die FPÖ um 6 %. Dem gelernten Zahntechniker gelingt es offenbar, den Politgegnern aus der Sicht seiner wachsenden Anhängerschaft rhetorisch – mit Attacken im Stil von Herbert Wehner und Franz Josef Strauß – die Zähne zu ziehen. Nach meiner Einschätzung sind seine politischen Rivalen in punkto Wahlkampfrhetorik deutlich unterlegen, ja zum Teil geradezu als „zahm" zu bezeichnen. Sie finden nicht die richtigen Worte für ihre Wähler, um solche drastischen Wahlniederlagen zu verhindern [8].

Liegt ein handfester Skandal vor, den ausschließlich die Politik zu verantworten hat, würde die Anwendung des Buddha-Prinzips nicht die gewünschte Wirkung beim Wähler entfalten. Hier ist die Rolle des Angreifers die bessere Wahl. Um ihn zu schwächen, müsste dieselbe Waffe eingesetzt werden, die er verwendet: die Vereinfachung komplizierter Zusammenhänge, um sie den Bürgern nachvollziehbar zu machen. Verliert sich die Rhetorik des Angegriffenen hingegen im Detail, wird dies von vielen Menschen als Ausflucht, Ablenkmanöver oder als Verdrehung der tatsächlichen Geschehnisse gewertet.

9.4 Sonntagsworte und Montagsworte

Wahlkampfveranstaltungen haben eine gewisse Ähnlichkeit mit dem Wort zum Sonntag: Jeder kann sich darauf verlassen, dass einige fromme Sprüche verkündet werden. Wer an sie glaubt, wird vielleicht selig. Kirchliche Prediger berufen sich dabei auf die Bibel und die politischen Wanderprediger auf ihren Bibelersatz – das Parteiprogramm. Darin steht, wie nach ihren Vorstellungen das irdische Paradies geschaffen werden kann. Natürlich nur dann, wenn man sie wählt.

Würden Politiker alles in die Tat umsetzen, was sie in Aussicht stellen, hätten sie auch kein größeres Glaubwürdigkeitsproblem. Ihr Image läge bei Umfragen dann nicht am untersten Ende der Skala. In Österreich rangiert das Politikerimage sogar hinter den Werten von Prostituierten und Zuhältern, wie die verschiedensten Umfragen immer wieder bestätigen.

Um dieses schlechte Image ins Positive zu drehen, reicht es wohl nicht aus, sich als Mann die grauen Haare färben zu lassen oder der schwindenden Kopfbehaarung mit einer Haartransplantation zu begegnen. Auch wenn manche prominente Politiker ihr Image in der Öffentlichkeit auf diese Weise offenbar aufpolieren wollen, aber damit nur ihre Eitelkeit verraten. Ein gelegentlicher Blick in die Regenbogenpresse zeigt Ihnen, welche Politiker das sind. Vermutlich mussten sie bei verlorenen Wahlen zu viele Haare lassen oder sie bekamen durch das Wahlergebnis graue Haare.

Vertrauen beruht auf Glaubwürdigkeit. Um die ist es offenbar bei vielen Politikern schlecht bestellt. Die Hauptursache für den wachsenden Vertrauensverlust liegt in der politischen Ankündigungsrhetorik, der zu wenige Taten folgen. Nur ein Teil der Ankündigungen und Wahlversprechen wird auch tatsächlich umgesetzt, während andere relativiert und abgeschwächt werden. Falls sie nicht ohnehin dem politischen Alzheimer zum Opfer fallen, den nur der Wähler durch eine Abwahl der davon Betroffenen heilen kann. Lieber die Oppositionsbank drücken, als vor der Wahl vertretene Positionen aufgeben? Nein danke, die ist uns zu hart! Die Worte im politischen Alltag – die Montagsworte – klingen jedenfalls häufig völlig anders als die kämpferischen Sonntagsreden bei Wahlkampfveranstaltungen oder auf Parteitagen.

Um wieder mehr Wähler an die Urnen zu bringen, statt sie in die Rolle der kritisierenden Zuseher zu drängen, braucht es eine andere Politrhetorik. Eine Rhetorik, die konkret ist und die mehr Nähe zu den „Menschen draußen im Lande“ zeigt; die klar signalisiert, dass keine Klientelpolitik betrieben wird, sondern wichtige Wünsche der Bürger an ihre Volksvertreter und berechtigte Sorgen tatsächlich ernst genommen werden. Das Ausscheiden der FDP aus dem Bundestag sollte eigentlich ein warnendes Beispiel sein, wie die Wähler über eine abgehobene Politsprache denken, die ihre Interessen konsequent ignoriert.

Sprachlicher Nebel, Allgemeinplätze und Sprechblasen aus der Formulierungskonserve lösen beim Wähler in erster Linie Misstrauen aus. Das Gehirn des Empfängers kann sich unter allgemeinen und nebeligen Aussagen wie „zum gegebenen Zeitpunkt werden wir uns damit beschäftigen“ beim besten Willen nichts vorstellen. Der Wähler vermutet daher eine Verschleierung der tatsächlichen Absichten, wenn die Nebelkanone zum Einsatz kommt. Besteht seine Vermutung zu Recht? Das ist sehr wahrscheinlich. Das wichtigste Werkzeug von Politikern ist die Sprache. Daher fehlt es ihnen sicherlich nicht an den rhetorischen Möglichkeiten, um sich klar und deutlich ausdrücken zu können. Doch anstatt sich konkret zu einer Sache zu äußern, treffen Politiker lieber allgemeine und unverbindliche Aussagen – und zeigen so, wie sie über ihre Wähler denken. Viele Politiker wollen sich bewusst nicht festlegen und als Meister des Konjunktivs alle Optionen offen halten. Von einem entschlossenen Bekenntnis „Hier stehe ich. Ich kann nicht anders“ eines Martin Luthers sind sie weit entfernt. Welche damit gemeint sind, kann der Leser selbst am besten beurteilen. Leider ist es die Mehrheit der Politiker, die klare Bekenntnisse scheut, sodass der Wähler nicht weiß, ob sich seine Vertreter in der politischen Willensbildung nachhaltig, konkret und vor allem persönlich einsetzen werden – ohne wieder „umzufallen“.

9.5 Dopamin bei Wahlkampfreden

Bei Wahlkampfreden lässt sich bei einigen Politikern fast der Eindruck gewinnen, dass sie tatsächlich all das glauben, was sie großmundig, emotionsvoll und mit lauter, marktschreierischer Stimme ins Mikrofon brüllen. Falls es wirklich so wäre: Wie ließe sich dieser verwunderliche Umstand erklären?

Ein Politiker muss seine Zuhörer bei solchen Reden emotional aufladen können. Reine Sachargumente reichen dafür nicht aus, da sie sich in erster Linie an den Verstand der Wähler wenden. Doch damit lässt sich keine Wahl gewinnen. Um die Zuhörer zu emotionalisieren, muss sich ein Politiker also immer mehr in seine Rede und in das, was er als politisches Programm vertritt, hineinsteigern. Dabei schüttet sein Gehirn unweigerlich Dopamin aus. Je mehr Zuhörer, desto höher ist die produzierte Dosis. Durch dieses Glückshormon erhält die Stimme einen siegesgewissen Klang und die Körpersprache signalisiert: Hier spricht ein Sieger! Gleitet der Blick des Politikers dann auch noch visionär in die Weite – und nicht auf die gegenüberliegende Kirchturmuhr, weil noch ein Auftritt zu absolvieren ist –, wird seine Rede immer wieder durch Zwischenapplaus belohnt. Durch diese Belohnung steigt der euphorisierende Dopamin-Spiegel weiter an und verursacht einen wahren Glücksrausch. Dieser nebelt das hormonüberflutete Gehirn regelrecht ein und trübt die Selbstwahrnehmung. In solchen Phasen ist zu vermuten, dass ein Politiker selbst alles glaubt, was er verkündet. Hat sich der Glücksnebel wieder verflüchtigt, verschwinden die Wahlkampfaussagen nicht selten hinter der Wolke einer sanften Amnesie.

Funktioniert das „Ich kam, sah und siegte" ausnahmsweise einmal nicht, öffnet sich die politische Falltür: Der Akteur verschwindet, zumindest vorübergehend, von der Politbühne. Früher oder später ist damit zu rechnen, dass die „gefallenen" oder „freiwillig" zurückgetretenen Politiker wieder aus ihrer Versenkung auftauchen. Dank der Parteigunst winkt ihnen vielleicht in einem staatsnahen Betrieb ein wichtiges Amt, mit einem garantierten Mindestlohn ohne starre Grenze nach oben.

Als Alternative bietet sich an, Lobbyist für einen Konzern werden, auch wenn man diesem aus der politischen Gesinnung heraus früher skeptisch gegenüberstand. Beispielsweise in der Automobilindustrie, wie der ehemalige Visionär Joschka Fischer vom Bündnis 90/Die Grünen, der schon längst keine Turnschuhe mehr trägt. Über die Gründe seines Wandels lässt sich nur spekulieren. Nach eigenen Aussagen ist ihm der Preis zu hoch, um als Politiker auf der Titelseite zu leben [9].

Leider hält die überaus belebende Wirkung von Dopamin-Schüben nie allzu lange an. So ist das nun mal mit Drogen; außerdem ist die Tagespolitik, inklusive Nacht- und Krisensitzungen aller Art, nahezu euphoriefrei. Wahrscheinlich ist die Bürde des Amtes der Hauptgrund, warum viele Politiker in der Öffentlichkeit so selten mit einem lächelnden Gesicht zu sehen sind, sondern eher mit einer eingefrorenen Mimik und herabgezogenen Wundwinkeln – was sich nicht wegschminken lässt.

Möglicherweise gibt es für die Schlechte-Laune-Gesichter vieler Politiker aber banalere Gründe. Zum Beispiel den Diätplan, der aufgrund der zahlreichen Arbeitsessen peinlich genau eingehalten werden muss, um die Anzuggröße nicht wechseln zu müssen. Manche von ihnen verzichten auf eine Diät und wechseln für den Politkampf lieber in die nächste Gewichtsklasse. Denn auch ein gutes Essen sorgt – leider nur kurzfristig – für einen erhöhten und stimmungsaufhellenden Dopamin-Spiegel im Blut.

9.6 Fehlende Gesprächskultur: politische „Lehrbeispiele"

„Lehrbeispiele", wie unnötig Widerstände bei politisch Andersdenkenden entstehen, finden sich in Fernsehdiskussionen und Talkshows mit Politikern. Es gibt zweifelsohne positive Ausnahmen unter ihnen, was die Art und Weise betrifft, wie sie Diskussionsbeiträge einbringen. Doch häufig entsteht der Eindruck, es ginge den Beteiligten nur darum zu streiten, statt eine Diskussion mit unterschiedlichen Standpunkten zu führen und eine gute Gesprächskultur vorzuleben. Da mehrmals pro Woche im Fernsehen solche Sendungen zu sehen sind, sind Beispiele überflüssig: Jeder weiß, wie sie verlaufen. Häufig müssen die Moderatoren hart eingreifen, damit für die Zuseher einigermaßen nachvollziehbar bleibt, worum es überhaupt geht. Wer soll von dem nervösen „Hickhack", der über den Bildschirm flimmert, beeindruckt oder gar überzeugt werden können? Der politische Gegner sicherlich nicht. Etwa die Zuschauer? Ob das gelingt, ist zu bezweifeln. Eine beängstigend sinkende Wahlbeteiligung bei den Bundestags- und vor allem bei den Europawahlen spricht jedenfalls dagegen.

Vermutlich fragen sich viele Zuseher unwillkürlich: Verhalten sich diese Politiker auch zu Hause so, wie sie es in Talkshows gegenüber politischen Gegnern tun? Sind sie in vertrauter Umgebung die gleichen aufgebrachten Kampfhähne oder Kampfhühner, wenn jemand andere Ansichten vertritt? Sind sie im Privatleben dieselben Duracell-Hasen wie im Fernsehstudio, wo sie wie aufgezogen reden und ihr Sprachfluss kaum zu stoppen ist? Unterbrechen sie ihre Ehepartner oder Freunde in der Diskussion, wenn diese eine andere Auffassung haben? Reiten sie dann verbale Attacken, um zu beweisen, wie scharf ihre verbalen Messer sind? Vermutlich nicht. Ansonsten wären sie sehr einsame Menschen. Was uns vorgeführt wird, ist also eine reine Politshow. Oder ein Kabarett, je nachdem wie Sie es sehen wollen.

Wer sich gelegentlich eine solche Talkshow ansieht, kann davon nur profitieren. Er bekommt darin nicht zu überbietender Klarheit vorgeführt, was besser vermieden werden sollte, um nicht bei anderen Menschen Widerstände zu provozieren. Für diesen gebotenen Nutzen, der im Beruf sowie im alltäglichen Leben reiche Früchte trägt, gebührt den Politikern beinahe schon ein Dankeschön. Man erspart sich so auch das Geld für einschlägige Kommunikationsseminare, bei denen dringend vor jeder Kampfrhetorik abgeraten wird, weil sie die Kommunikation abwürgt.

Ist es bei den parlamentarischen Debatten vielleicht völlig anders als bei politischen Fernsehdiskussionen? Findet im Hohen Haus ein Diskurs statt, bei der einer These eine Antithese gegenübergestellt wird, die als Synthese zu einer besseren Gesamtlösung führt? Das anzunehmen wäre graue Rhetoriktheorie. Denn vor den

Plenumsdebatten wird in den parlamentarischen Ausschüssen bereits alles entschieden. Daher können die anwesenden Regierungsmitglieder und Abgeordneten während der Debatten in Ruhe SMS versenden, am Laptop arbeiten oder mit dem Sitznachbarn plaudern, ohne etwas zu versäumen. Sie können einfach abwarten, bis das, was ohnehin schon beschlossen wurde, in der anschließenden Abstimmung formal abgesegnet wird. Trotzdem werden uns diese Scheindebatten durch die Regierungs-PR mitunter als „Ringen um einen Kompromiss" verkauft. Gewürzt wird dieses „Ringen" durch Zwischenrufe und Redebeiträge der Opposition, in denen gelegentlich der Neandertaler herausgelassen wird. Immerhin wirkt die Politshow dadurch etwas glaubwürdiger und mitunter sogar amüsant.

Wie jeder weiß, der sich für die politischen Geschehnisse interessiert, können Politiker in der Beurteilung politischer Gegner und ihrer Überzeugungen, für die sie eintreten, durchaus sehr wandlungsfähig sein. Sind sie unter die gemeinsame Koalitionsdecke geschlüpft, ändert sich auch schlagartig der Tonfall; zumindest in der Öffentlichkeit: Aus Dur wird Moll. Als man noch politischer Mitbewerber war, hieß es reflexartig zum Vertreter der anderen Partei: „Das sehen Sie aber völlig falsch!" Nachdem nun die Regierungsmacht geteilt ist und so die Pfründe der eigenen Politdynastie abgesichert sind, verbreiten viele Politiker nur mehr Nettigkeiten über den ehemaligen politischen Rivalen, etwa so: „Wie der Herr Minister völlig richtig feststellt, …"

Dieser Gesinnungswandel lässt sich auch positiv interpretieren: Wendet der Hals den Kopf, können die Dinge eben anders gesehen werden. Im politischen Vokabular heißt das „taktisches Verhältnis zur Wahrheit". Oder wie es das SPD-Politgestein Franz Müntefering in einem Fernsehinterview vor einigen Jahren in der von ihm gewohntem Klarheit ausdrückte: „Was ein Politiker sagt, muss immer wahr sein. Aber er muss nicht immer alles sagen, was wahr ist." Im Klartext heißt das: Ein Politiker kann die Wahrheit auch verschweigen, wenn es opportun erscheint. Kurzfristig sorgt das in der Bevölkerung für weniger Widerstände gegen politische Entscheidungen. Aber die verschwiegene Wahrheit kommt dank der Medien doch meist ans Tageslicht. Dann wird der Wahltag zum Zahltag für die „Verschweiger" aus der Politik.

Ablenkmanöver und Pseudosouveränität durchschauen

Ablenkmanöver, bei denen mit vielen Worten um den heißen Brei herumgeredet wird, sind bei politischen Talkshows und bei Interviews mit Politikern häufig zu beobachten. Werden sie mit Themen konfrontiert, bei denen sie sich weder festlegen noch Farbe bekennen wollen, so sind ihre Antworten ausweichend und allgemein. Oder es fehlt das Detailwissen, um eine Frage konkret beantworten zu können.

Fehlende Detailkenntnis einzugestehen würde die Sympathiewerte bei den Zusehern erhöhen. Denn es ist menschlich, nicht immer alles im Kopf parat zu haben, was für die Beurteilung einer Situation wichtig wäre. Manche Politiker geben das auch offen zu. Viele flüchten jedoch vor einer konkreten Antwort und feuern allgemeine, nicht enden wollende Wortkaskaden ab, die kein späterer Faktencheck widerlegen kann. Warum eigentlich? Wahrscheinlich liegt es am Selbstverständnis der Rolle, die ein Politiker angeblich in der Öffentlichkeit zu spielen hat. Sie lautet vermutlich: „Ich muss stets souverän und durchsetzungsstark wirken."

Die Redesalven eines Dauerredners bei einer Fernsehsehdiskussion, der andere ständig unterbricht und kaum zu Wort kommen lässt, haben darin ihren hauptsächlichen Grund. Wird einem Politiker bei einer Fernsehdiskussion eine Frage gestellt, die er nicht beantworten will oder kann, so lässt sich Folgendes beobachten:

1. Die Antwort ist sehr allgemein gehalten, langatmig und meist nichtssagend. Eine Nullaussage also.
2. Die Stimme wird häufig lauter und erhöht sich um eine Oktave. Der Grund: Die Stimmlippen spannen sich an und schwingen schneller. Dies sind eindeutige Stresssignale. Dieser Vorgang wird vom Gehirn automatisch gesteuert. Der ausgelöste Stress spricht dafür, dass der Betroffene auf dem falschen Fuß erwischt wurde. Die dargestellte Souveränität ist daher eine Pseudosouveränität. Eine andere Variante, um überzeugend zu wirken: Die Stimme senkt sich ab und wird tiefer als sonst üblich. Auch kein schlechter Trick des Gehirns. Aber eben nur ein Trick.

Eine weitere und sehr beliebte Variante, um einer Frage auszuweichen: Sie wird ins Allgemeine umformuliert, worauf dann eine vorgefertigte und schwammige Allerweltsantwort erfolgt. Diese Umformulierung wird meist mit folgenden Worten eingeleitet: „Diese Frage stellt sich hier nicht, richtig ist, dass …" oder „Um diesen Punkt geht es dabei nicht, sondern vielmehr um …" oder „Die Frage ist falsch gestellt. Richtigerweise müssten Sie fragen … Und dazu sage ich …".

9.7 Zehn Punkte einer glaubhaften Politrhetorik

Ob das Gehirn einen sprachlichen Inhalt als glaubhaft interpretiert, hängt in erster Linie davon ab, wie glaubhaft der Sprecher insgesamt eingeschätzt wird. Falls das bisherige Verhalten eines Menschen bekannt ist, fließt dies in die Beurteilung seiner Glaubwürdigkeit natürlich mit ein. Das Gehirn gleicht dann ab, wie zuverlässig seine Aussagen, Ankündigungen, Zusagen und Versprechen sind, indem es die Worte den darauf folgenden Taten gegenüberstellt. Daraus wird ein Saldo gebildet.

▶ Bleibt es bei den Worten, auf die keine Taten folgen, oder entsprechen diese nicht den Worten, entsteht ein Minussaldo und ein Vertrauensdefizit. Daran kann natürlich keinem Politiker gelegen sein.

Ihm darf aber sicherlich zugetraut werden, dass er bereits vor einer Ankündigung weiß, ob sich diese bei den bestehenden – oder nach einer Wahl erwarteten – politischen Verhältnissen auch tatsächlich umsetzen lässt. Spätere Kommentare zu Wahlversprechen erinnern daher an einen Spruch des bayerischen Komikers Karl Valentin: „Mögen hätte ich schon wollen, aber dürfen habe ich mich nicht getraut!" Ähnlich hören sich oft Erklärungen an, mit denen Politiker versuchen, einem drohenden Vertrauensverlust entgegenzuwirken: „Wir hätten das zwar gewollt, aber es ließ sich politisch (so) nicht durchsetzen."

Ob der Wähler getäuscht wurde, sieht er im Regelfall erst nach einer Wahl, wenn zugesagte Versprechen plötzlich relativiert und als politisch „leider nicht machbar" bezeichnet werden. Durch die folgenden zehn sprachlichen Merkmale kann der Leser den Glaubwürdigkeitsgrad einer politischen Aussage bereits vor einer Wahl besser einschätzen, ebenso den ernsthaften Willen, diese auch in die Tat umzusetzen.

Sollten Sie selbst an einer politischen Diskussion teilnehmen, so können diese zehn Punkte als Checkliste verwendet werden, um Politikern unangenehme, aber wahrheitsfördernde Fragen zu stellen. Dies gilt auch für einige TV-Moderatoren, deren Fragen an Politiker aus meiner Sicht nicht immer tief genug bohren und die nicht energisch genug nachhaken, wenn die sprachliche Nebelkanone zum Einsatz kommt. Manchmal gewinne ich als politisch interessierter Beobachter sogar den Eindruck, dass in der vierten Macht im Staat – den Medien – zu viel falscher Respekt die Ursache für zahnlose Interviewfragen an Politiker ist. Darin sehen viele von ihnen nur allzu gerne eine Steilvorlage für ausufernde, aber nichtssagende Antworten.

Checkliste:Sprachliche Glaubwürdigkeit in der Politik

1. Die Aussage ist konkret, nicht allgemein und abstrakt, und sie kann vom Empfänger inhaltlich nachvollzogen werden.
2. Die Aussage definiert einen Zeitpunkt, wann eine Veränderung stattfinden soll. Anderenfalls könnte diese in ein Zeitnirwana verschoben werden, wo sie sich vermutlich in ein Nichts auflöst.

3. Die Aussage vermeidet weitgehend den Konjunktiv und enthält bei wichtigen Themen keine sprachlichen Weichmacher, zum Beispiel „aller Wahrscheinlichkeit nach“, „grundsätzlich müssen wir annehmen“, „liegt im Bereich des Möglichen“ oder „lässt sich davon ausgehen“.
4. Der Politiker sagt klar und deutlich, wofür er sich persönlich einsetzt, und versteckt sich nicht hinter einem „Man“ oder „Wir“ beziehungsweise hinter seinem Parteigremium.
5. Es werden die wichtigsten Entscheidungsmechanismen genannt, die zur Umsetzung einer Veränderung führen. Damit lässt sich leichter beurteilen, wie wahrscheinlich die Umsetzung ist und wodurch sie blockiert werden könnte.
6. Der Politiker gibt eine jederzeit überprüfbare und vertrauenswürdige Quelle an, falls er seine Aussagen mit Fakten untermauert. Er überlässt den Faktencheck nicht den Zuhörern, sondern er überprüft vor einer Aussage die Fakten selbst.
7. Verbale Angriffe politischer Gegner werden nicht mit Gegenangriffen beantwortet, sondern mit sachlichen und nachvollziehbaren Argumenten.
8. Fragen, zum Beispiel bei Interviews, werden nicht uminterpretiert, um eine ausweichende Antwort geben und von kritischen Punkten ablenken zu können.
9. Irrtümliche Annahmen und Fehleinschätzungen werden eingestanden, da kein Mensch davor gefeit ist und Politiker keine Übermenschen sind, die niemals Fehler begehen können.
10. Der Inhalt der Worte steht mit dem Ton, in dem sie vermittelt werden, sowie mit der Körpersprache im Einklang. Der Gesamteindruck ist stimmig.

9.8 Kann der Notar helfen, Wähler zu gewinnen?

Vielleicht greifen clevere Wahlstrategen eines Tages zu einem ungewöhnlichen Mittel – das ich zur Diskussion stelle –, um die Glaubwürdigkeit der politischen Akteure und somit den Stimmenanteil ihrer Partei zu erhöhen: Statt wohlfeile Wahlversprechen abzugeben, wird von einem Notar beglaubigt, wofür sich die wahlwerbende Partei im Einzelnen konkret einsetzt und was sie zügig umsetzen wird – falls sie die Wahl gewinnt und an die Macht kommt. Als Anhang einer solchen notariell beglaubigten Erklärung könnte ein Aktionsplan das Vertrauen der Wähler deutlich erhöhen, in dem die Umsetzungsschritte für die zentralen Wahlversprechen beschrieben sind. Das wäre eine denkbare Alternative zur Verteilung von Wahlbroschüren und Parteiprogrammen, die kaum ein Wähler liest und für die in Summe gesehen ganze Wälder gerodet werden müssen. Inhaltlich unterscheiden sich diese Programme ohnehin immer weniger. Selbst Berufspolitiker verwechseln einzelne Aussagen von anderen Parteiprogrammen mit denen der eigenen Partei, wie in TV-Interviews schon mehrfach bewiesen wurde.

Die beschriebene ungewöhnliche Vorgehensweise, Wahlversprechen notariell beglaubigen zu lassen, würde allerdings voraussetzen, auf ein taktisches Verhältnis zur Wahrheit zu verzichten. Mit anderen Worten: Die Worte eines Politikers sollten stets der Wahrheit entsprechen, ohne etwas Wichtiges zu verschweigen, sofern es sich nicht um sicherheitspolitische Staatsgeheimnisse handelt. Vielleicht begreift eine neue und jüngere Politgeneration, dass man so nicht nur Wählerstimmen gewinnt, sondern auch die Demokratie stärkt. Denn Wahrheit führt zu Vertrauen und Vertrauen führt zur Stimmabgabe bei einer Wahl, für die niemals der böse und bekannte Satz von Berthold Brecht gelten sollte: „Nur die dümmsten Kälber wählen ihre Schlächter selber."

Damit wir Menschen einen kritisch denkenden Verstand entwickeln können, der nicht nur für den Bestand einer Demokratie entscheidend ist, brauchen wir Lehrer und Pädagogen, die uns als Schüler zum lebenslangen Lernen motivieren. Ist dies an unseren Schulen eine Selbstverständlichkeit? Wie die Lernbegeisterung dauerhaft geweckt werden kann, beschreibt das nächste Kapitel. Vermutlich werden Sie beim Lesen feststellen, warum bestimmte Lehrer für Ihre weitere Entwicklung prägend waren und weshalb anderen das Prädikat „Lehrer fürs Leben" nicht verliehen werden kann.

Literatur

1. www.bundeswahlleiter.de. Zugegriffen: 17. Jan. 2015
2. www.news.de vom 14. September 2009: Politiker und ihre Glaubwürdigkeit. Interview mit Kerstin Plehwe. Sie ist u. a. Politikanalystin beim Fernsehsender N24. Zugegriffen: 17. Jan. 2015
3. Die Welt vom 24. August 2013: Steinbrück und Merkel im Rhetorik-Check
4. Handelsblatt vom 19. September 2013 (Online Ausgabe): Deckung statt Angriff
5. Youtube: Elefantenrunde zur Bundestagswahl 2005
6. FOCUS-Online vom 30. Dezember 2012: Altkanzler über sein XXL-Ego
7. Zeit Online vom 18. Juni 2013: Steinbrücks Tränen
8. NEWS vom 16. Januar 2015: FPÖ-Strache: „Wir sind die wahre Pegida"
9. Die Welt vom 8. September 2009 (Online-Ausgabe): Die neue Rolle des Joschka Fischer als Lobbyist

Empfohlene Literatur

10. Burkhart A, Pape K (2003) Politik, Sprache und Glaubwürdigkeit: Linguistik des politischen Skandals. VS Verlag für Sozialwissenschaften, Wiesbaden
11. Floehr R, Schmidt K (1983) Unglaublich, Herr Präsident! Ordnungsrufe Herbert Wehner. La Fleur, Krefeld
12. Kuhnhenn M (2014) Glaubwürdigkeit in der politischen Kommunikation. UVK Verlagsgesellschaft, Konstanz
13. Stauss F (2013) Höllenritt Wahlkampf – Ein Insider-Bericht. Dtv, München
14. Willemsen R (2014) Das Hohe Haus: Ein Jahr im Parlament. Fischer, Frankfurt a M.

10 Wie Pädagogen vom Lehrer-Lämpel-Prinzip profitieren

Die Worte eines Lehrers zu seinen Schülern haben eine große Bedeutung: Sie vermitteln das erforderliche Wissen für einen positiven Berufsstart oder ein Studium und sie leiten zum selbstständigen Wissenserwerb an. Pädagogen haben es in der Hand, den Unterricht motivierend zu gestalten und die Schüler bei ihren Lernfortschritten laufend zu ermutigen. Dies trägt in großem Ausmaß dazu bei, dass Lernen positiv besetzt ist und zum lebenslangen Wissenserwerb motiviert.

In unserer sich rasch wandelnden Gesellschaft ist die Lernmotivation klarerweise eine unverzichtbare Grundlage für den beruflichen Erfolg und somit auch für die Lebenszufriedenheit eines Menschen. Wenn bei einem Bildungs- oder Weiterbildungskongress die wehenden Fahnen vor den Hallen das jeweilige Thema ankündigen, pfeifen die Spatzen diese „Binse" von den Dächern der Kongresshallen.

Bei derartigen Tagungen werden oftmals abstrakte Begriffe wie „Schlüsselqualifikationen der Zukunft" oder „berufliche Kernkompetenzen" verwendet. Es wird beispielsweise diskutiert, wie die „Selbstreflexion" und die „Handlungskompetenz" gefördert werden können und welche Rolle dabei die „virtuellen Lernwelten" spielen. Viele Eltern können sich unter diesen Begrifflichkeiten wenig vorstellen. Außerdem bleibt nicht selten offen, wie diese Konzepte *alltagsnah* entwickelt und weiterentwickelt werden können. Sie münden häufig in ein pädagogisches Nirwana. Motto: Es lebe die Pädagogiktheorie!

Dieses Kapitel bringt viele konkrete Beispiele für einen motivierenden Schulunterricht. Sie zeigen, wie aus Schülern, die sich vor allem wegen der Noten Wissen „anstrebern", lernmotivierte Schüler werden, die aus Interesse am Unterrichtsfach lernen. Die wichtigste Voraussetzung dazu: Die Stoffvermittlung erfolgt gehirngerecht. Nur dann ist das Gehirn auch bereit zu lernen – lebenslang. Beim Menschen

H. Eicher, *Die verblüffende Macht der Sprache*,
DOI 10.1007/978-3-658-08516-2_10

ist Lernen eine der wichtigsten Aufgaben seiner grauen Zellen im Kopf, nachdem seine angeborenen Instinkte nicht annähernd ausreichen, um sich in seiner sozialen Umgebung gut zurechtzufinden und um überleben zu können. Leider wird an den Schulen und Universitäten keine Bedienungsanleitung für das Gehirn vermittelt, um leichter lernen zu können. Daher ist die Gefahr groß, dass Menschen ihr Gehirn nicht richtig bedienen können und dort auf die falschen Knöpfe drücken. Das Resultat: Ein vorhandenes Wissen wird nicht richtig in die Praxis umgesetzt und die aktive Aneignung neuer Wissensinhalte ist negativ besetzt. Die Folgen davon liegen auf der Hand.

10.1 Zu viel Nachhilfeunterricht – woran liegt das?

Bei der wachsenden Zahl von Schülern, die Nachhilfeunterricht benötigen – nach Schätzungen der Nachhilfeinstitute, mit denen ich im Zuge meiner Recherche gesprochen habe, rund ein Drittel aller Schulpflichtigen – stellt sich die Frage: Warum ist das so? Abgesehen von den mangelnden Deutschkenntnissen aufgrund eines Migrationshintergrundes oder einer Entwicklungsverzögerung kommen dafür drei Hauptursachen in Betracht.

Erstens wird ein Teil der Schüler zunehmend lernschwächer. Lernschwäche und eine geringe Eigenmotivation zum Lernen gehen Hand in Hand. Der Konzentrationsmangel im Unterricht trägt dazu wesentlich bei. Er steht häufig in direkter Verbindung mit der Reizüberflutung des Gehirns durch die neuen Medien, wie Facebook, Twitter & Co., die Schüler gedanklich vom Unterrichtsinhalt ablenken. „Welche SMS muss ich rasch beantworten, was twittere ich schnell zurück?“ Dieser Punkt ist durch Lehrer kaum positiv beeinflussbar. Sie können im Unterricht darüber zwar aufklären, aber vermutlich wird dies bei den meisten Schülern wenig bewirken. Hier sind die Eltern gefragt, die einer zu intensiven Nutzung dieser Medien entgegentreten könnten, wenn ein negativer Einfluss auf den Lernerfolg erkennbar ist; was oftmals der Fall sein wird. Konzentrationsmängel können natürlich auch viele andere Ursachen haben, zum Beispiel eine ungünstige familiäre Situation.

Zweitens steckt zu viel Unterrichtsstoff in den prall gefüllten Lehrplänen. Das Gehirn kann ihn nicht adäquat verdauen. Ein Teil davon ist außerdem unwesentlich, worauf ich in Kap. 10.5 näher eingehe. Hier nur vorab: Das Gehirn ist kein Aktenschrank, in dem sich beliebig viel verstauen lässt. Vielmehr ist es ein Organ, das sorgfältig prüft, welche Wertigkeit das Wissen für das Leben eines Menschen hat oder haben könnte. Fällt dieser Prüfvorgang negativ aus, aktiviert es den „Reißwolf“: Es vergisst einen Großteil dessen, was es gehört oder gelesen hat.

- Vergessen ist eine aktive Gehirnleistung, die vor einem Informationschaos im Kopf schützt. Im Unterschied zur Alzheimererkrankung, die eine organische Ursache hat, ist dies bei gesunden Menschen eine natürliche Funktion des Gehirns. Man vergisst also nicht willkürlich und zufällig etwas, sondern weil es nicht wichtig genug ist, um jederzeit aus dem Gedächtnis wieder abgerufen werden zu müssen.

Informationen, die für einen Menschen bedeutsam sind, werden vom Gehirn emotional betont, sodass es sich leichter an sie erinnert. Sie knüpfen im Spinnennetz der Neuronenverbindungen neue Fäden und verweben sich mit den bereits vorhandenen. Alles, was in Bezug auf das eigene Leben als mehr oder wenig unwichtig eingeschätzt wird, hinterlässt im Gedächtnis nur blasse Spuren, aber keine Spurrillen. Um im Bild des Spinnennetzes zu bleiben: Das Unwichtige sind dünne Fäden, die keine Verbindung mit anderen Neuronen eingehen und daher im Wissensnetz des Gehirns lose herumbaumeln.

Die Vermittlung der Lerninhalte erfolgt drittens in methodischer Hinsicht nicht immer auf der Höhe der Zeit. Damit meine ich: Es wird zu wenig bedacht, wie das Wissen gehirngerecht verpackt werden sollte, damit Lernen interessant bleibt und keine Quälerei ist, die unter dem Diktat des Notendruckes steht.

Zu diesem dritten Punkt zählen auch die Rahmenbedingungen in einer Schule, die einen modernen Unterricht erschweren. Etwa eine zu große Schüleranzahl in den Klassen oder das Fehlen modernster Lehrhilfsmittel aufgrund unverständlicher Sparmaßnahmen der Bildungspolitiker; wie dies beispielsweise der Fall ist, wenn für die ganze Schule nur ein einziger Beamer und ein tragbarer Computer zur Verfügung stehen. „Wir müssen mehr in die Bildung und damit in unsere Zukunft investieren“, hört man häufig aus politischen Mündern. Doch wenn beispielsweise die Klassengröße zu hoch ist, um einen motivierenden Unterricht zu gewährleisten, der die Schüler zu Beteiligten macht und nicht zu passiven Wissensempfängern, stoßen Schuldirektoren oftmals auf taube Ohren bei Politikern. Wäre es anders, gäbe es keine Schulklasse mit mehr als zwanzig Schülern. Ich habe mehrere Jahre neben meinem Beruf an einer Fachhochschule unterrichtet. Daher weiß ich, wie schwierig es ist, alle Studenten zur aktiven Teilnahme am Unterricht zu gewinnen, wenn eine gewisse Größe überschritten wird. Im Unter- und Oberstufenbereich an den staatlichen Schulen ist dies nicht wesentlich anders.

Diese drei Hauptursachen für unbefriedigende Lernerfolge können sich wechselseitig verstärken.

10.2 Die Lernmotivation erhöhen

Lehrer sind mit der Notenmacht ausgestattet. Sie gelten daher für die Schüler per se als Autoritätspersonen, auf deren Worte sie mehr oder weniger hören „müssen". Besitzt ein Lehrer als Mensch eine natürliche Autorität, mit der er eine gute Beziehung zu seinen Schülern herstellt, und begeistert er sie für seine Unterrichtsfächer, so erhöht das zweifelsohne die Lernmotivation. Seine Worte haben in diesem Fall auch ein besonderes Gewicht für sie. Das ist der Idealfall. Wie bereits kurz angeschnitten wurde, stehen dem oftmals die Rahmenbedingungen in der Schule entgegen. Hinzu kommen Eltern, die manchmal glauben, alles, was den Unterricht betrifft, besser zu wissen als die Lehrer. Mitunter bekämpfen sie sogar Abiturnoten vor Gericht. Lehrer haben es sicherlich nicht immer einfach und sie verdienen großen Respekt für ihre Arbeit, ohne die wir nicht lesen, schreiben und rechnen könnten – so wie vieles andere ebenfalls nicht.

Ist Lernen für einen Schüler negativ besetzt, so wird die Schule für ihn mehr oder weniger zur Qual und er sieht sie nicht als den Ort, der einen Menschen in seiner geistigen und persönlichen Entwicklung formt und prägt. Aber auch für die Lehrer ist das ziemlich frustrierend. Sie bemühen sich nach besten Kräften und gewinnen trotzdem den Eindruck, dass die Lernmotivation bei vielen Schülern eher gering ist und manchen der „Knopf" überhaupt nicht aufgehen will. Selbst der berühmte Nürnberger Trichter, so die Annahme, könnte bei einigen scheinbar wenig ausrichten, obwohl ihre geistige Entwicklung nicht als verzögert gilt.

Pädagogen können trotz ungünstiger Rahmenbedingungen in ihrer Schule sehr viel dazu beitragen, dass Schüler verstehen: „Wir lernen nicht für die Lehrer und wegen der Noten allein, sondern für unserer zukünftiges Leben." Dann stellt sich bei den meisten auch eine höhere Lernmotivation ein. Es sei denn, Schüler werden von ihren Eltern notenmäßig stark unter Druck gesetzt oder sie nehmen gegenüber der Schulausbildung eine gleichgültige Haltung ein.

In der Hand eines Lehrers liegen zwei wichtige Punkte zur Erhöhung der Lernmotivation, die zu einer besseren Aneignung des Wissen führt:

1. Einen direkten Bezug des jeweiligen Faches zum Leben außerhalb der Schule herstellen, da die Lerninhalte kein Selbstzweck sind.
2. Das Wissen so vermitteln, wie es Wilhelm Busch über seinen Lehrer Lämpel sagt: *„Sondern auch der Weisheit Lehren, muss man mit Vergnügen hören. Dass dies mit Verstand geschah, war Herr Lehrer Lämpel da."*

Der Klassiker des deutschen Humors und Pionier der Comics nahm mit diesen zwei Sätzen intuitiv vorweg, was die Gehirnforschung erst mehrere Jahrzehnte nach seinem Tod wissenschaftlich bestätigte: Wird Lernen mit positiven Gefühlen verknüpft, erleichtert das die Aufnahme des Wissens beträchtlich. Es kann im

Langzeitgedächtnis besser behalten und von dort leichter abgerufen werden, wenn der Lernvorgang „Vergnügen“ macht.

Stoff einpauken führt hingegen zu einer geringen Halbwertszeit des eingetrichterten Stoffes. Nach der Prüfung gerät der größte Teil eines derart „angestreberten“ Schulbuchwissens wieder in Vergessenheit, wie jeder Mensch aus eigener Erfahrung weiß. Er zerbröselt in ein „Davon habe ich schon einmal gehört“. Dies gilt allerdings nicht für jene Fächer, bei denen es den Lehrern gelungen ist, die Schüler dafür zu interessieren oder sogar zu begeistern. Hier zeigt sich wieder, wie sehr es an den Lehrkräften liegt, ob ihre Worte den „Aufsaugmodus“ im Gehirn der Schüler aktivieren oder ob sie gleich durch den Häcksler laufen.

Pädagogen, die ihre Schüler gezielt zum Mitdenken und Mitmachen motivieren, haben zwei starke Verbündete: die Fantasie sowie die natürliche Neugierde, die beide im Gehirn biologisch verankert und bei Kindern und Jugendlichen – altersbedingt – besonders gut ausgeprägt sind. Der größte Feind für jeden Lehrer ist in dieser Hinsicht die Langeweile bei seinen Schülern. Sie stellt sich immer dann ein, wenn die Lerninhalte zu wenig interessant vermittelt werden und es dabei ausschließlich um eine detailreiche Präsentation der reinen Fakten geht. Dies regt das freiwillige Mitdenken zu wenig an. Mitgedacht wird in diesem Fall vor allem deshalb, um bei der nächsten Prüfung keine allzu schlechte Note zu erhalten.

Wird ein Inhalt spannend vermittelt, so hat die Langeweile absolut keine Chance. Ein aktuelles Beispiel beweist, wie Vergnügen, Humor und Wissen eine erfolgreiche Allianz eingehen können und absolut kein Widerspruch sind: Das Sachbuch „Darm mit Charme“ verkaufte sich über 500.000-mal und schaffte es auf Platz 1 der Spiegel-Bestsellerliste. Geschrieben wurde es von der Medizinstudentin Guilia Enders. Der Darm wird von ihr als „unterschätztes Organ“ bezeichnet, das zu Unrecht als „schwarzes Schaf unter den Organen“ gilt.

Solche Begriffe wecken automatisch das Interesse und sie machen auch jene Menschen neugierig, die sich für anatomische Themen bisher nicht sonderlich interessierten. Einmal mehr wird bestätigt, wie sich mit Worten die Aufmerksamkeit für etwas gewinnen lässt, das nicht unbedingt interessant zu sein scheint. Frau Enders doziert nicht, sondern unterhält und vermittelt dabei jede Menge Faktenwissen. Es ist ein Bespiel für das „Lehrer-Lämpel-Prinzip“, bei dem Verstand und Vergnügen die Erfolgsmethodik sind, um Wissen gehirngerecht zu vermitteln.

10.3 Wissen richtig verpacken

Um den Unterricht für die Schüler interessanter zu gestalten, sodass er „Vergnügen“ macht, braucht es aus gehirnbiologischer Sicht die bereits erwähnten zwei Verbündeten des Lehrers in den Köpfen der Schüler: die Fantasie und die natürliche Neugierde. Je besser sie aktiviert werden können, desto größer ist die Lernmotivation. Die folgenden fünf Punkte haben dabei eine Türöffnerfunktion: Durch eine höhere Aufnahmebereitschaft im Gehirn strömt das anschließend vermittelte Wissen leichter in die grauen Zellen hinein. Die Lernmotivation der Schüler gezielt zu steigern erfordert keinen nennenswerten zusätzlichen Vorbereitungsaufwand, wie die folgenden Abschnitte zeigen werden [1]. Durch diese Steigerung entsteht eine Win-Win-Situation: Der Lernstoff wird besser aufgenommen und behalten, und für die Lehrer ist es motivierend, wenn ihre Schüler dem Unterricht interessiert folgen, sodass es für sie wiederum leichter und einfacher wird zu unterrichten.

10.3.1 Punkt 1: Das Wissen personalisieren – Einstein trug keine Socken

Jede Entdeckung oder Erfindung lässt sich auf einen oder mehrere Menschen zurückführen: Die Relativitätstheorie auf Albert Einstein. Die Beschreibung der DNA als schraubenförmige Doppelhelix auf J. Watson und F. Crick. Die Entdeckung des Seeweges nach Indien über das Kap der Guten Hoffnung auf Vasco da Gama.

In den Biografien von Forschern und Entdeckern finden sich stets interessante Details. Dank Internet dauert es nur wenige Minuten, um sie zu recherchieren. Sie scheinen im Vergleich zu den Leistungen dieser Menschen unwichtig zu sein. Doch gerade sie sind es, die das Interesse dafür wecken, was sie geleistet haben. Persönliche Marotten und skurrile Züge, aber auch Rückschläge und deren Überwindung machen sie menschlich. Das schafft für andere einen Bezug zu diesen Menschen, während die zu Genies hochstilisierten Forscher kaum ein Identifikationspotenzial bieten können. Ihre genialen Leistungen, die allerdings meist nur in Form von Fakten und Zahlen gelernt werden, führen im besten Fall zu einer gewissen Bewunderung.

Persönliche Details aus der Biografie eines Forschers oder Entdeckers lassen sich speziell für den Einstieg in eine längere Unterrichtseinheit gewinnbringend nutzen. Damit erhöht sich das Interesse für das jeweilige Thema und die damit verbundene Lernmotivation steigt. Dazu ein Beispiel für den Physikunterricht.

„Was würdet Ihr über einen bekannten Physiker denken, der keine Socken tragen wollte? Als er den Nobelpreis erhielt, trug er allerdings welche. Scheint eine Ausnahme gewesen zu sein." Nach einigen Antworten von den Schülern folgt die Auflösung. „Albert Einstein gab auf die Frage, warum er keine Socken trägt, eine plausible Antwort: ‚Weil meine Frau dann keine Zeit für das Stopfen der Löcher vergeuden muss.' Zeit ist für ihn ein relativer Begriff. Was meinte er damit? Er zog einmal folgenden Vergleich: Sitzt man zwei Stunden mit einem netten Mädchen zusammen, so kommt einem das so vor, als wäre es nur eine Minute gewesen. Würde man eine Minute auf einem heißen Ofen sitzen, so käme einem das so vor, als wären es zwei Stunden. Heute wollen wir uns mit seiner Relativitätstheorie beschäftigen. Sie hat unser modernes Leben geprägt. Jeder von euch trägt übrigens ein Stück Einstein bei sich, im Handy oder Smartphone. Stichwort GPS."

Durch die letzten zwei Sätze wird ein direkter Bezug zu den Schülern hergestellt, für die ein Leben ohne Handy gar nicht mehr vorstellbar ist.

10.3.2 Punkt 2: Den Lernstoff emotionalisieren – mit einem abgeschnittenen Ohr

Bei jedem Unterrichtsgegenstand lassen sich die Schüler auch emotional ansprechen. Das Gehirn reagiert mit steigendem Interesse für den vermittelten Inhalt. Außerdem erhöht sich die Merkleistung, ohne irgendwelche Gedächtnistricks anzuwenden. An drei Beispielen soll das verdeutlicht werden.

Beispiel 1: Kunsterziehung

Zu Beginn einer Unterrichtseinheit sagt der Lehrer: „Warum schneidet sich ein Maler einen Teil seines linken Ohrs ab? Ich spreche vom Holländer Vincent Van Gogh, der sich mit dem Südseemaler Paul Gauguin heftig gestritten hatte. Dann ging er mit einem Rasiermesser an sein eigenes Ohr. Warum, ist bis heute nicht restlos aufgeklärt. Van Gogh war zunächst Verkäufer, Lehrer und Prediger, bevor er sich nur mehr seiner Kunst widmete. Geld brachte sie ihm fast keines. Ein Arzt, der ihn wegen seiner Depressionen betreute, wurde von ihm zweimal porträtiert: Dr. Paul Gachet. Eines dieser Bilder schenkte Van Gogh ihm aus Dankbarkeit für seine Betreuung. Gemessen am heutigen Wert hat vermutlich kein Arzt jemals so viel Geld von einem Menschen bekommen, den er behandelt hat. Das Porträt wurde hundert Jahre später für 82,5 Mio. Dollar versteigert. Muss ein Künstler immer so lange warten, bis seine Bilder sehr wertvoll werden? Wie denkt ihr darüber?"

Nach einer kurzen Diskussion fährt der Lehrer fort: „Ein Bild von Gerhard Richter aus Düsseldorf trägt den Titel ‚Abstraktes Bild'. Es wurde 2012 für 26,4 Mio. € versteigert. Richter ist jetzt 83 Jahre alt. Die Kunst muss also keinesfalls brotlos sein, wie dieses Beispiel zeigt."

Beispiel 2: Musikunterricht

Bevor der Musiklehrer ein Lied abspielt, fordert er seine Schüler auf: „Ihr hört jetzt einen sehr gefühlvollen Song. Bitte schließt dabei die Augen und versucht euch die Person des Sängers und sein Äußeres vorzustellen – sein Alter, sein

Aussehen und so weiter." Anschließend wird „Have a little faith in me" von Thomas Quasthoff abgespielt, der eine Contergan-Schädigung hat und zu den weltbesten Bassbaritonsängern zählt. In Kap. 6.7.2 wurde auf ihn in einem anderen Zusammenhang bereits kurz eingegangen. Nachdem einige Schüler beschrieben haben, wie sie sich den Sänger vorstellen, beamt der Lehrer ein Foto von ihm an die Wand. Er kommentiert es so: „Thomas Quasthoff ist 134 cm groß. Er kam schwer behindert zur Welt. Seine Eltern erkannten früh sein musikalisches Talent. Trotz großer Widerstände von vielen Seiten gaben sie nicht auf, dieses zu fördern. Sein Beispiel zeigt: In der Musik kommt es nicht auf das Äußere eines Künstlers an, sondern auf seine innere Größe. Ohne sie fehlt der Wille, ein vorhandenes Talent zu entwickeln. Würde er jemals auf Opernbühnen auftreten können? Das schien völlig ausgeschlossen zu sein. Und doch stand er unter anderem bei den Salzburger Osterfestspielen im Fidelio auf der Opernbühne und hat 2012 seine beispiellose Karriere als Sänger beendet. An der Musikhochschule ‚Hans Eisler' in Berlin unterrichtet er als Professor für Gesang."

In einer Klasse mit einem größeren Migrantenanteil könnten beispielsweise der türkischstämmige Berliner Rapper Kool Savas und einige Details aus seiner Karriere die Schüler emotionalisieren für den nachfolgenden Unterricht, der nichts mehr mit dem Rapper zu tun haben muss. Er ist nur der Türöffner zur Steigerung der Lernmotivation. Zuvor könnte ein Song aus seinem Soloalbum „Der beste Tag meines Lebens" gespielt werden. Vielleicht wird diese Unterrichtsstunde so zur besten Stunde des Tages für alle: Für den Lehrer, weil die Schüler sehr motiviert dem Unterricht folgen, und für die Schüler, weil ihnen gefällt, was sie dort erleben.

Beispiel 3: Mathematikunterricht

In der Mathematik und Geometrie kann beispielsweise der Gedanke Emotionen wecken, dass der höchste Wolkenkratzer der Welt – der Burj Khalifa in Dubai mit 828 m Höhe – einstürzen würde, wenn die Statik falsch berechnet wurde. Daraus lässt sich eine kurze Geschichte konstruieren, bei dem einem Statiker ein kleiner Fehler unterlief, der noch rechtzeitig entdeckt wurde. Anschließend werden die mathematischen Grundlagen für eine Berechnung vermittelt.

Eine andere Möglichkeit: Kurz abfragen, was die Lieblingsprogramme der Schüler im Fernsehen sind. Ohne Satelliten, die von Menschen in das Weltall transportiert wurden, könnten sie diese Programme nicht empfangen. Welche Berechnungen müssen vorgenommen werden, damit der Satellit nicht vom Himmel fliegt und möglicherweise auf Hausdächern landet?

Bei den scheinbar so nüchternen und trockenen Zahlen lässt sich sogar ein ungewöhnlicher Bezug herstellen – der zur Liebe: „Mathematiker gelten oftmals als zahlenverliebte Menschen. Tatsächlich ist es aber so, dass die Zahlen selbst ein erotisches Verhältnis zueinander haben können. Sie gehen eine Art Liebesverhältnis ein, da sie sich annähern. Wie ist das zu verstehen? Einige von euch schmunzeln so vielsagend. Habt ihr vielleicht eine Idee, wie ich das gemeint haben könnte? Bei den Potenzen mit reellen Exponenten kann jede irrationale Zahl beliebig genau durch rationale Zahlen angenähert werden. Bei den waagerechten und senkrechten Asymptoten nähert sich der Graph einer Funktion, ohne sie zu berühren. Man könnte sagen: Das ist ein platonisches und freundschaftliches Liebesverhältnis. Die Geraden heißen in diesem Fall Asymptoten. Was es mit diesen Annäherungen und Berührungen auf sich hat, wollen wir uns jetzt genauer ansehen."

In dem Buch „Liebe und Mathematik" des genialen Mathematikers Edward Frenkel finden Mathematiklehrer, aber auch Eltern, zahlreiche Anregungen, um aus einem Fach, das bei vielen Schüler nicht sehr beliebt ist, ein Lieblingsfach zu machen. Ich finde: Dieses Buch ist eine Pflichtlektüre für jeden Lehrer, der Mathematik unterrichtet und seine Schüler für dieses Fach begeistern möchte [2].

Dosierung und Anwendung Klarerweise ist es vom jeweiligen Alter der Schüler abhängig, auf welche Weise der Lernstoff emotionalisiert werden kann. Die hier genannten Beispiele beziehen sich auf weiterführende Schulen. Dies gilt auch für alle anderen Beispiele in diesem Kapitelabschnitt. Lehrer in der Volks- bzw. Grundschule sehen darin aber vielleicht auch eine Anregung, ihren Unterricht besonders gehirnfreundlich zu gestalten.

Was die richtige Dosierung bei der Anwendung solcher Beispiele betrifft, gibt es keine goldene Regel. Sinnvollerweise werden sie bereits zu Beginn eines Schulsemester eingesetzt, um das Interesse für das jeweilige Fach zu erhöhen und die Lernmotivation so zu steigern. Wie oft sie im laufenden Semester verwendet werden, hängt vom durchschnittlichen Motivationslevel in einer Klasse ab. Ist dieses gering, wird ein Lehrer solche Beispiele häufiger einsetzen.

10.3.3 Punkt 3: Direkte Bezüge zum Leben herstellen – Die Schatten in der Höhle

Jeder Wissensinhalt, der keinerlei Bezug zum Leben der Schüler herstellt, bleibt für sie abstrakt, im besten Fall mit einem „Nice-to-know-Charakter". Ob daraus ein „Need-to-know" wird, entscheidet das Empfängergehirn des Wissensstoffes. Werden Bezüge zur Realität außerhalb der Schule geknüpft, kann das Gehirn nicht anders, als sich näher mit ihm zu beschäftigen, da es sich davon einen praktischen Nutzen für das eigene Leben verspricht. Es stuft die Beschäftigung sowie die weitere Auseinandersetzung mit dem Lernstoff als sinnvoll ein. „Totes" Bücherwissen kann so zum Leben erweckt werden, wie die Beispiele 1 und 3 zeigen.

Beispiel 1: Psychologie und Philosophie

Der Lehrer eröffnet die Stunde mit folgenden Worten: „Wir dunkeln jetzt bitte den Raum ab. Ich beame ein Bild an die Wand. Anschließend möchte ich mit euch darüber sprechen." Auf der Leinwand erscheinen die schattenhaften Konturen einiger Menschen. Nach einer Minute wird das Licht wieder eingeschaltet und der Professor fragt: „Was habt ihr gesehen?" „Nur Schatten von Menschen", antworten einige Schüler. Er fährt fort: „Könnte man etwas über ihre Eigenschaften aussagen? Natürlich nicht. Was wäre aber, wenn wir in diese Schatten bestimmte Eigenschaften hineininterpretieren würden, dir wir nur aufgrund ihrer Umrisse für real halten?" „Dann würden wir uns höchstwahrscheinlich irren", meint eine Schülerin. „Stimmt", antwortet der Lehrer. Wir verwechseln dann den Schein mit dem tatsächlichen Sein eines Menschen. Oder einfacher ausgedrückt: Wir irren uns in einem Menschen und halten ihn für etwas, das er nicht ist oder das er vielleicht nur sein will. Im Leben kann so etwas öfters vorkommen. Meist hat das nachteilige Folgen. „Ist euch so etwas schon einmal passiert?" „Ja", antwortet ein Schüler, „jeder von uns kennt das doch, wenn er sich in seiner Freundin oder einem Freud irrt." Die meisten Mitschüler lachen, weil sie das aus ihrer eigenen Erfahrung wissen. Anschließend leitet der Lehrer zum Unterrichtsstoff über: „Wenn wir den Schatten für die Realität halten, sind Irrtümer vorprogrammiert. Davon handelt das Höhlengleichnis des Philosophen Platon, auf das ich jetzt näher eingehen möchte. Es ist weit über 2000 Jahre alt, aber heute so aktuell wie damals. Wer es versteht, reduziert die Gefahr, sich im Umgang mit Menschen gravierend zu irren."

Beispiel 2: Wirtschaftskunde

„Was ist die teuerste Firma der Welt, falls jemand sie kaufen könnte?", fragt die Lehrerin in der Oberstufe des Wirtschaftsgymnasiums zu Beginn des Unterrichts. „Apple", ruft einer der Schüler. „Volltreffer", antwortet sie, „der Gründer dieses Unternehmens, Steve Jobs, stammt aus der Arbeiterklasse. Während seines Studiums schlief er bei Freunden auf dem Fußboden. Mit dem Pfand leerer Getränkeflaschen kauft er sich etwas zu essen. Leider verstarb er 2011 frühzeitig an Krebs. Er verstand extrem viel von wirtschaftlichen Vorgängen und Zusammenhängen. Unsere Schule vermittelt die Grundlagen dazu. Wer in seine Fußstapfen treten will, erhält hier also das Basisrüstzeug. Was abgesehen vom Wissen für den beruflichen Erfolg notwendig ist, formulierte Jobs 2005 bei einer Rede vor Absolventen der Stanford-Universität so: ‚Manchmal schlägt dich das Leben mit einem Ziegelstein auf den Kopf. Verliere dann nicht den Glauben an dich. Bleibt hungrig. Bleibt tollkühn.‘ Ich hoffe, ihr seid jetzt wissenshungrig geworden. Das wird es euch später im Beruf erleichtern, eure Ideen auf die richtige Weise tollkühn umzusetzen.“

Beispiel 3: Latein

„So, wir lesen heute einen Text aus ‚De brevitate vitae‘ von Seneca“, kündigt der Lateinlehrer an. Anschließend nennt er einige Details zum Leben des römischen Philosophen und Senators, der 65 n. Chr. freiwillig aus dem Leben schied. Alles davon steht auch im Schulbuch. Die Schüler kennen das von ihm und lassen es über sich ergehen. „Was muss es mich interessieren, was Seneca vor zweitausend Jahren geschrieben hat“, denken die meisten von ihnen. Ihre Motivation, diesen Text zu lesen, ist daher sehr gering.

Ein anderer Lateinlehrer weckt ihr Interesse für den Text von Seneca mit den folgenden Worten: „Eines der wichtigsten Bücher zum richtigen Umgang mit der eigenen Lebenszeit stammt von Seneca: ‚Von der Kürze des Lebens‘. Dieser Titel klingt fast so, als ob das Leben für die Menschen zu kurz wäre. Seneca ist da aber völlig anderer Ansicht. Er meint, es wäre lang genug, wenn wir uns nicht mit so vielen überflüssigen Dingen beschäftigen würden. Dazu muss man lernen, öfters auch mal Nein zu sagen. Aber versteht das bitte nicht falsch. Nicht dass jemand von euch auf die Idee kommt und zu seinen Eltern sagt: ‚Der Lateinlehrer meinte, wir müssen öfter Nein sagen.‘ So ist das natürlich nicht aufzufassen. Wie diese Empfehlung von Seneca mit dem Nein richtig zu verstehen ist, erfahren wir durch eine zentrale Textpassage aus ‚De brevitate vitae‘. Sie werden wir jetzt lesen.“

10.3.4 Punkt 4: Den Geschichtenhunger stillen – mit Clowns in der Wissenschaft

Ein Großteil der Informationen, die dem Gehirn durch die Sinneskanäle zufließen und dort verarbeitet werden, ist optischer Natur. Menschen sind in erster Linie Augenwesen. Was nicht bedeutet, die übrigen Sinne wären weniger wichtig. In Kap. 2.2.8 und 7.2 wurde näher beschrieben, was eine bildhafte Sprache im Gehirn bewirkt und wie sie das Verständnis komplexer Zusammenhänge erleichtert. Es liebt Geschichten und ist hungrig nach ihnen, da sie im Kopf Bilder entstehen lassen und die Fantasie anregen. Wer sich ihrer bedient, wird kaum gelangweilte oder desinteressierte Zuhörer haben. Die Langeweile ist gegen sie chancenlos. Dazu vier Beispiele aus verschiedenen Unterrichtsfächern.

Beispiel 1: Biologie. Zwei Wissenschaftsclowns erhalten den Nobelpreis

Hier lässt sich kurz die Geschichte erzählen, wie der Molekularbiologe und Genetiker James Watson gemeinsam mit dem Physiker und Biochemiker Francis Crick die Struktur des Lebens entdeckte – die Doppelhelix der DNA. 1953 veröffentlichten sie erstmals eine Seite Text mit 900 Wörtern und einer Skizze, die zu einer veränderten Sicht auf unsere Welt führte.

Die beiden Forscher seien „wissenschaftliche Clowns", befand daraufhin ihr Fachkollege, der Chemiker Erwin Chargaff. Trotzdem gelang ihnen, was vermutlich das größte Ereignis in der Biologie darstellt seit Darwins Evolutionstheorie. Das Leben der beiden Forscher ist reich an interessanten Details. Beispielsweise schrieb Crick 1953 einen siebenseitigen Brief an seinen 12-jährigen Sohn, der mit Grippe im Bett lag. Darin berichtet er, dass er und Watson den grundlegenden Kopiermechanismus gefunden haben, mit dem Leben aus Leben entsteht. Sechzig Jahre später wurde dieser Brief zur wertvollsten Korrespondenz der Welt: Ein Unbekannter ersteigerte sie für etwas mehr als sechs Millionen Dollar.

Watson größtes Interesse galt als Schüler übrigens den Vögeln, und er schrieb sich daher mit 15 Jahren an der Universität Chicago für Zoologie ein. Während dieser Zeit drückte er sich erfolgreich um jeden Chemie- und Physikkurs. Dieses Detail wird man als Lehrer jedoch vermutlich lieber verschweigen.

Beispiel 2: Chemie. Beißt sich die Schlange in den Schwanz, hilft das der Menschheit

Der deutsche Chemiker August Kekulé träumte 1865 von einer Schlange, die sich in den Schwanz beißt. Als er „wie vom Blitz getroffen" aufwachte, brachte ihn dieses Traumbild zur Ringstruktur des Benzol-Moleküls: die Basis für die organische Chemie. Ein Chemielehrer könnte dazu ausführen: „Dieser erfolgreiche Traum konnte vermutlich nur deshalb geträumt werden, weil sich Kekulé intensiv mit solchen Fragestellungen aus der Chemie auseinandersetzte. Das wollen wir jetzt ebenfalls tun. Bei einem Experiment werden wir anschließend sehen, dass Benzol auch eine Tarnkappenfunktion hat: Taucht man einen Glasstab darin ein, ist er nahezu unsichtbar. Warum können sich Menschen auf diese Weise nicht in eine unsichtbare Gestalt verwandeln? Das erfahrt ihr später."

Beispiel 3: Geschichte. Eine Currywurst ohne Curry

Kaum eine Biografie ist interessanter und spannender als jene von Entdeckern. So zum Beispiel die von Ferdinand Magellan, dem „Pfadfinder der Meere". Er fand im portugiesischen Seefahrtsarchiv eine geheim gehaltene Karte. Sie lieferte ihm den Hinweis, dass in Südamerika eine Durchfahrt zum Pazifischen Ozean existieren könnte. 1511 segelte er zu den Gewürzinseln, den heutigen Molukken, einer indonesischen Inselgruppe. Er brachte die Gewürze über den Seeweg nach Europa. Zuvor mussten sie mit Karawanen über den Landweg von Asien transportiert werden. Daher waren sie für die Mehrheit der Menschen unerschwinglich teuer. Das Essen war für sie, abgesehen vom Salz, ungewürzt.

Dazu die einleitenden Worte des Geschichtslehrers als Beispiel: „Wie stellt ihr euch ein Essen vor, das außer Salz völlig ungewürzt ist? Etwa eine Currywurst ohne Curry. Wie ‚gut' würde so etwas schmecken?" „Unmöglich, darauf würde ich verzichten", „meint einer der Schüler". „Ich auch", antwortet der Professor. „Wir verdanken das Curry und viele andere Gewürze einer geheimen Seekarte. Heute begeben wir uns mit ihr auf eine unglaubliche Entdeckungsreise."

Dieses Beispiel lässt sich, wie viele andere auch aus diesem Kapitel, ausbauen. Der Lehrer könnte beispielsweise einigen Schüler eine mitgebrachte und warm gehaltene Currywurst probieren lassen, die nicht gewürzt ist. Anschließend fragt er: „Wie hat euch die kleine Kostprobe geschmeckt?" Das Interesse für den nachfolgenden Unterricht wäre damit garantiert. Das rechtfertigt diesen Aufwand.

Auch das Leben einiger Herrscher und Regenten bietet ausreichend Stoff, um die Schüler für die jeweilige Epoche zu interessieren. Beispielsweise das vom bayerischen Märchenkönig Ludwig II. Solche Dinge interessieren sie vermutlich mehr als die Ausbreitung von Details über Kriege und Schlachten, die nur eindrücklich zeigen, dass die Menschheit aus der Geschichte wenig lernt.

Beispiel 4: Deutsch und Literatur. Der Tor ist so klug wie zuvor

Goethes Faust und seine Interpretation fehlt sicherlich bei keinem Deutschunterricht. In einem Monolog lässt der Dichterfürst den Faust über seine Studien sagen: „Da steh' ich nun, ich armer Tor, und bin so klug als wie zuvor!" Er hat aus seinem vielen Wissen offenbar keinen erkennbaren Nutzen ziehen können und wendet sich daher der Magie zu. Modern ausgedrückt: Wenn das Schulwissen einem Menschen nichts „bringt", wird er anfällig für Halbwissen aller Art und esoterisches „Geheimwissen" im Ozean des Irrationalen. Oder er nimmt, vorbelastet von Goethe, überhaupt nie mehr freiwillig ein literarisch anspruchsvolles Buch zur Hand.

Jede Art von gehaltvoller Literatur ist auch ein Stück praktische Lebenshilfe, da sie an den Beispielen der Romanfiguren aufzeigt, wie sie mit den Wechselfällen des Lebens umgehen, woran und weshalb sie scheitern und was sie ermutigt, wieder aufzustehen, wenn sie am Boden liegen. Raum und Zeit können damit überschritten werden, was Distanz zu den Alltagsproblemen schafft, die so leichter lösbar werden. Bei literaturtheoretischen Interpretationen ohne jeglichen Bezug zum Alltagsleben im Hier und Jetzt ist man vermutlich hinterher „so klug wie zuvor". Am Beispiel meiner zwei Töchter hat sich das einmal mehr bestätigt. Für ihre Textinterpretationen im Deutschunterricht am Gymnasium sah ich nie eine schlechte Note. Was der jeweilige Text für ihr eigenes Leben bedeutet, können sie jedoch nur sehr vage beantworten.

Um den Geschichtenhunger in den Köpfen der Schüler zu stillen und gleichzeitig einen praktischen Bezug zum Leben herzustellen, eignen sich viele Beispiele aus der klassischen und modernen Literatur. Dazu drei Anregungen.

1. Die Spielsucht des Russen Fjodor Dostojewski, die er in seinem Roman „Der Spieler" verarbeitet hat. Dieser erschien erstmals 1866. Sein Inhalt kann mit der Spielsucht im Internet oder am Computer, von der auch Schüler betroffen sein können, in Verbindung gebracht werden.
2. Was ein vorzeitiges Aufgeben im Leben bedeuten kann, lässt sich am Beispiel von John Kennedy Toole diskutieren. Der Amerikaner schrieb mit 26 Jahren den Schelmenroman „Die Verschwörung der Idioten". Kein Verleger wollte ihn drucken. Toole beging Selbstmord. Elf Jahre nach seinem Tod gelang es seiner Mutter, den Roman zu veröffentlichen. 1981 erhielt der Autor posthum dafür den Pulitzer Preis/Roman. Der Schelmenroman wurde zum Klassiker und Bestseller.
3. Der siebenseitige Essay des jüdischen Schriftstellers Stefan Zweig, „Die Monotonisierung der Welt" von 1925, liest sich so, als ob er 2015 verfasst worden wäre. Er bietet vielfältige Bezüge zum Leben in der Gegenwart, von denen jeder Lehrer und Schüler in irgendeiner Form persönlich betroffen ist.

Zweigs achtseitiger Aufsatz „Das Buch als Eingang zur Welt" aus dem Jahr 1937 kann auch 2015 die Schüler dazu verlocken, aus Büchern einen persönlichen Gewinn zu ziehen. Zweig bezeichnet sie in diesem Essay als „Explosivmittel", das von keinem chemischen Explosionsstoff in seiner weitreichenden Wirkung übertroffen werden kann. Das war auch den Nazis bewusst. Sein Name wurde auf die Liste der Bücherverbrennungen gesetzt. Zweig, der unter anderem die bekannte „Schachnovelle" schrieb, lebte viele Jahre in Salzburg und emigrierte 1938 von Österreich nach England und später nach Brasilien [3].

10.3.5 Punkt 5: Einwände überwinden

Vielleicht begegnen manche Lehrer den geschilderten Beispielen in diesem Kapitelabschnitt mit einem eher skeptischen „Ja, aber". Ihre Einwände lauten möglicherweise: „Das lenkt vom eigentlichen Unterrichtsstoff ab", „Das ist zu wenig sachorientiert", „Dafür fehlt mir die Vorbereitungszeit" oder „Solche Beispiele finden sich (leider) in keinem Schulbuch". Was die Vorbereitungszeit betrifft, aus der ein Haupteinwand bestehen könnte: Meine Recherchezeit betrug dafür im Durchschnitt nicht mehr als zehn Minuten pro Beispiel. Ein Lehrer, der seinen Unterrichtsgegenstand ja wesentlich besser kennt als ich, wird dafür sicherlich nicht mehr Zeit aufwenden müssen.

Was die übrigen Einwände betrifft, so bin ich zuversichtlich, dass aus dem eventuell zögernden „Ja, aber" ein aktives „Warum eigentlich nicht!" wird. Die Lern- und Veränderungsbereitschaft gehört, wie mir viele Lehrer in Gesprächen bestätigten, zum Beruf. So wie der Hobel zum Tischler. Daher lasse ich Einwände erst dann gelten, wenn Sie etwas praktisch ausprobierten und es nicht ganz so funktionierte wie gedacht – statt von vorneherein eine undurchdringliche Abwehrmauer zu errichten. Durch die praktische Erprobung zeigt sich außerdem: Wie kann die Anwendung eines bestimmten Wissens durch die dabei gewonnenen Erkenntnisse im eigenen Kopf kontinuierlich verbessert werden? In diesem Sinn wurden die obigen Beispiele geschrieben.

10.3.6 Interaktives Whiteboard, statt Tafel mit Kreide?

Bei der Recherche zu diesem Kapitel besuchte ich eines der modernsten Lernstudios, das im fränkischen Weißenburg Nachhilfe für alle Unterrichtsfächer anbietet. Mir fiel auf, wie interessiert die 9- bis 18-jähigen Schüler dem Unterricht folgten und wie motiviert sie in punkto Lernen waren. Selbst die von vielen Schülern ungeliebte Mathematik wird dort zu einem Gegenstand des „freiwilligen" aktiven Interesses. Wie mir die Betreiberin dieses Lernstudios im Gespräch erzählte, kommt der überwiegende Teil der Schüler aufgrund von Empfehlungen anderer Schüler, sodass ihr Institut immer ausgebucht ist Das will sehr viel heißen, wenn Kinder und Jugendliche von sich aus Werbung fürs Lernen machen [4].

Neben der hohen Motivation ihrer Trainer ist die Lernfreude der Schüler vor allem auf den Einsatz des interaktiven Whiteboards zurückzuführen. Damit wird im Unterricht die modernste Technik genutzt, und er wird wesentlich anschaulicher – und damit gehirnfreundlicher – gestaltet als mit der klassischen Schultafel. Bilder und Fotos können auf Knopfdruck eingeblendet und Lehrfilme jederzeit abgespielt werden. Das gibt dem Unterricht mehr Lebendigkeit und bietet Raum für Kreativität. Die Beispiele aus diesem Kapitel lassen sich somit mühelos mit Bild und Ton illustrieren. Geometrische Figuren sind im Mathematik- und Geometrieunterricht optisch eindrücklich darstellbar. Das erleichtert das Verständnis für die Berechnungsmöglichkeiten. Die Schüler bedienen an dieser elektronischen Tafel Zirkel und Winkelmesser und lassen so die Mathematik „lebendig" werden. Diagramme und Darstellungen, wie die x- und y-Achse oder ein 100er-Feld, können jederzeit mit einem Kameratool fotografiert und als Screenshot ausgedruckt werden. Das gilt auch für alles, was gemeinsam erarbeitet wurde. Zur Verständnissicherung gibt es eigene Tools. Durch ihren Einsatz ist auf Anhieb erkennbar, wie gut ein Lerninhalt verstanden wurde. So lässt sich das Lerntempo entsprechend anpassen. Die elektronische Tafel ist leicht zu bedienen und nach wenigen Stunden Einschulungszeit kann jeder Lehrer damit professionell umgehen.

Warum wird diese zeitgemäße und umfangreich erprobte Methode für den Unterricht in unseren Schulen so wenig genutzt? Niemand kann bezweifeln, dass sie die Lernerfolge deutlich erhöht. Die Antwort ist ernüchternd: Es mangelt vor allem am Geld. Erkennen die Bildungspolitiker nicht, welche wichtige Investition in unsere Zukunft die flächendeckende Einführung der interaktiven Whiteboards an den Schulen darstellt?

Wie ich im Zuge meiner Recherche gehört habe, sind auch manche Lehrer nicht dafür, die alte Schultafel gegen sie auszutauschen. Die genannten Gründe liegen mehr im persönlichen Bereich. Sachlich sind sie nicht wirklich nachvollziehbar. Vielmehr sind die Umstellung von der Kreide zur Elektronik und der damit verbundene eigene Lernaufwand für Gegner des Whiteboards mitunter eine unbehagliche Vorstellung. Ein Lehrer meinte zu mir: „Damit würden wir mehr oder weniger zu einer Art Instruktoren, bei der die Technik im Mittelpunkt steht." Meine Antwort darauf war: „Ihre Worte haben für die Schüler im Unterricht stets Gewicht. Mit dem Einsatz des interaktiven Whiteboards erhöhen Sie es sogar. Warum? Weil die Kinder und Jugendlichen erleben, wie durch Ihre Kompetenz die Lernerfolge sichtbar gesteigert werden."

10.4 Ermutigende Worte der Eltern und Pädagogen

Ich bin meinen Eltern sehr dankbar, da sie mich beim Lernen niemals unter Druck setzten. Meine schulischen Leistungen lobten sie auch dann, wenn in meinem Zeugnis einige Noten nur befriedigend oder genügend waren. Für sie zählte das Gesamtergebnis, nicht die einzelne Note. Lernen war für mich daher immer angstfrei und es stand nie unter einem Muss-Diktat. Größtenteils verständnisvolle Lehrkräfte in meiner Schulzeit trugen ebenfalls dazu bei, dass Lernen bei mir positiv besetzt war und ist. Als ich mit 13 Jahren wegen einer Lungenerkrankung vom Schulunterricht in der Hauptschule für neun Monate ausfiel, schrieb mir der Klassenvorstand, der unser Deutschlehrer war, mehrmals einen kurzen aufmunternden Brief in die Klinik. Seine Kollegen unterzeichneten ihn. All dies hat mich später zum Studium über den zweiten Bildungsweg motiviert, das ich in den Fächern Psychologie, Psychiatrie und Psychopathologie sowie in Philosophie abschloss.

- Wird das Gehirn eines Menschen unter Stress gesetzt, blockiert das automatisch alle Lernprozesse. Die grauen Zellen verweigern nun die Wissensaufnahme. Angst ist der mächtigste Stressfaktor. Drohungen aller Art, mit denen Eltern ihre Kinder zu mehr Lernanstrengungen „motivieren" wollen, sind deshalb kontraproduktiv. Sie bewirken das Gegenteil von dem, was sie beabsichtigen.

Vor wichtigen Schularbeiten oder Prüfungen können Eltern mit ihren Worten unnötigen Notenstress verhindern. Beispielsweise so: „Mach' dir deswegen keinen schweren Kopf. Wenn du willst, stelle ich dir anhand deiner Unterlagen einige Prüfungsfragen. Dann sieht du, wo du lernmäßig noch etwas nachlegen könntest."

Stressauslösend oder -verstärkend wären ein Satz wie dieser: „Streng dich an und enttäusche deine Eltern nicht mit einer schlechten Note." Oder: „Wenn du bei der Prüfung durchfällst, wäre das sehr unerfreulich. Bemühe dich mehr und nimm dir den Sohn unserer Nachbarn als Vorbild. Seine Eltern können stolz auf ihn sein. Er schreibt nur gute Noten."

Vor einem Jahr kam meine damals 13-jährige Tochter zu mir, da sie wegen der anstehenden Matheschularbeit nervös war. „Wenn du ein Sehr gut schreibst, gibt es dafür einen Euro und für eine Vier gibt es vier Euro", sagte ich scherzhaft zu ihr. Schlagfertig antwortete sie und lachte dabei: „So gesehen wäre es wohl besser, eine Fünf zu schreiben." In Österreich ist das die schlechteste Note. „Dann gehst du leider leer aus", entgegnete ich ebenfalls lachend. Im Zeugnis stand schließlich ein Befriedigend. Dieses Beispiel soll zeigen, wie eine entspannte Stimmung in punkto Lernen mehr bewirkt als eine hektische Lernnervosität. Natürlich wären solche Worte fehl am Platz, wenn ein Kind in mehreren Fächern laufend schlechte Noten nach Hause bringt. Hier ist die Lernhilfe der einzig richtige Weg. Die Eltern könnten sich aber auch fragen, ob ihr Umgang mit den Lernerfolgen der Kinder, die sie für zu gering erachten, eventuell ein Teil des Problems sein könnte.

Ebenso wichtig ist es, die Lernbemühungen der Kinder laufend anzuerkennen, da sie diese Bestätigung durch die Eltern – aber auch die ihrer Lehrer – brauchen. Sie als selbstverständlich anzusehen, weil das Kind „ja für sich lernt", wäre wenig motivierend. Mein Klassenvorstand in der Volksschule, der gleichzeitig deren Direktor war, gab den Schülern zu Weihnachten einen kurzen netten Brief an die Eltern mit. Die Voraussetzung dafür: motiviert am Unterricht teilnehmen und durch das Verhalten in der Schule nicht negativ auffallen. Jeder meiner Klassenkameraden war stolz darauf, einen solchen zu erhalten, und im Laufe der Jahre hat schließlich jeder einen bekommen – auch weil dieser Brief ein Ansporn für uns war. Daraus zitiere ich den ersten Satz an die Eltern: „Es soll Ihnen eine echte Weihnachtsfreude bedeuten, wenn ich Ihnen heute mitteilen kann, dass Ihr Sohn auch in diesem Schuljahr wieder wirklich fleißig und aus eigenem Antrieb lernt." Meine Volkschulzeit ist mir durch Volksschuldirektor Dengg in der allerbesten Erinnerung.

10.5 Hemmnisse durch überfrachtete Lehrpläne

Die Stoffmenge ist in jedem Unterrichtsfach enorm. Sie wächst von Jahr zu Jahr und es stellen sich zwei Fragen: Lässt sich das alles tatsächlich so vermitteln, dass es von den Schülern auch verarbeitet werden kann? Und fällt nicht ein Teil dieses Wissens in die Kategorie „Nice to know" – statt ein „Must to know" zu sein? Ich bin davon überzeugt, eine Light-Version der Lehrpläne ab der Volksschule bis zum Abitur wäre kein Verlust, sondern ein Gewinn für die Lehrer und Schüler. Das soll im Folgenden begründet werden.

10.5.1 Zwölf Regenwurmarten und ein stockender Kartoffelverkauf

Während ich für Europas größten Automobilhandelskonzern neun Jahre lang die Personalentwicklung und Ausbildung leitete, luden mich engagierte Direktoren unterschiedlicher Schultypen öfters ein, bei ihren Tagungen zu referieren. Die Lehrer wollten wissen, was die Wirtschaft von Absolventen ihrer Schulen erwartet, welche Fähigkeiten besonders gefragt sind und welche Bedeutung die Schulnoten bei Einstellungsgesprächen hätten. Eines dieser Referate führte mich in eine landwirtschaftliche Schule im Westen Österreichs. Als ich dort hinfuhr, sah ich auf den Feldern ein Pappschild mit jeweils der gleichen Aufschrift stehen: „Kartoffeln zu verkaufen". Ich wunderte mich, weil von den Landwirten niemand auf die Idee kam, den Verkauf besser zu bewerben. Beispielsweise indem auf das Schild die Sortenbezeichnung geschrieben wird: „Festkochende Ditta-Kartoffeln – eine der besten Erdäpfelsorten – direkt vom Bauern".

In der Diskussion nach meinem Referat vor den Landwirtschaftslehrern sprach ich diesen Punkt an. Zunächst herrschte betretene Stille. Schließlich sagte der Direktor: „Sie haben ja Recht. Wir unterrichten, welche Regenwurmarten es gibt, und prüfen, was die zwölf wichtigsten sind. Aber wir beschäftigen uns nicht damit, wie mehr Kartoffel verkauft werden könnten. Das wäre wesentlich wichtiger. Leider sieht unser Lehrplan so etwas nicht vor.“ Seine jungen Lehrerkollegen stimmten ihm einhellig zu.

Lehrer können nicht willkürlich Lehrpläne und Curricula verändern. Sie werden von den zuständigen Ministerien erlassen und auch die Rahmenlehrpläne sehen nur eine gewisse Planungsfreiheit für den Einzelnen vor. Bei der Recherche zu diesem Kapitel sprach ich mit Direktoren und Lehrern der Ober- und Unterstufe in staatlichen Gymnasien, aber auch in Privatschulen. Dabei brachte ich folgende These ins Gespräch: 30 % des Lernstoffes können aus den vollgepfropften Lehrplänen ersatzlos gestrichen werden. Die Schüler können dann die verbleibenden zwei Drittel des Wissens wesentlich besser verarbeiten. Nach dem Schulabschluss werden keinerlei Wissensdefizite bei ihnen bestehen, die für ihr weiteres Leben bedeutsam wären.

Nur einer der Gesprächspartner sah mich an, als käme ich von einem anderen Stern. Die Mehrheit von ihnen, insgesamt zwölf Gymnasiallehrer, stimmte grundsätzlich zu. Die 45-jährige Direktorin eines staatlichen Gymnasiums meinte: „Ich verstehe genauso wenig wie Sie, warum beispielsweise im Geschichtsbuch ausführlich erklärt wird, aus welchem Mörtel im Römischen Reich die Limes-Mauer errichtet wurde, und wir das abprüfen sollen. Solche unwesentlichen Inhalte verdanken wir den Pädagogiktheoretikern, die selbst nie unterrichtet haben.“

Diese fortschrittlich denkende Direktorin bietet in ihrem Gymnasium bereits den 15-jährigen Schülern eine geblockte, sechzehnstündige „Peer-Meditations-Ausbildung“ an. Damit fördert sie die Konfliktfähigkeit der Schüler und verbessert das soziale Klima an ihrer Schule. Der Kurs stößt auf großes Interesse. Angesichts wachsender sozialer Spannungen in unserer Gesellschaft stellt sich die Frage, warum dieses Thema nicht an allen Schulen ein verpflichtender Teil des Lehrplanes ist – anstelle von „Regenwurmarten“ und „Limes-Mörtel“. Offenbar fehlt das Bewusstsein für Wichtigkeiten bei den Bildungsverantwortlichen in den Ministerien.

10.5.2 Ein See und viele falsche Fragen

Offen gesagt bin ich etwas skeptisch, was die Relevanz und Aussagekraft des Lesetests in der PISA-Studie der OECD betrifft. Sie überprüft bekanntlich im dreijährigen Turnus die Schulleistungen in den Mitglieds- und Partnerstaaten. Der Grund meiner Skepsis: PISA erhebt den Anspruch, bereichsspezifisches Wissen und bereichsspezifische Fertigkeiten zur Bewältigung von authentischen Problemen einzusetzen.

Eine der Aufgaben aus dem Lesetest besteht zum Beispiel darin, anhand von zwei Abbildungen („nichttexturales Lesematerial") zu beantworten, wie tief der Tschadsee heute ist und ob die Künstler von Höhlenmalereien in der Sahara hoch begabt waren oder ob sie weite Strecken zurücklegen konnten [5].

Welches authentische – sprich: wahre und echte – Problem wird durch eine richtige Antwort bei dieser Aufgabe gelöst? Und vor allem: Wie relevant ist sie für das Leben eines Menschen?

Ich hielte es für wesentlich sinnvoller, wenn Aufgaben gestellt würden, die ein tatsächliches Problem beinhalten, das Jugendliche als solches erkennen sollten. Beispielsweise: Was sind in einer Diktatur die sprachlichen Elemente der politischen Propaganda und Indoktrinierung? Wie lässt sich beides von einer aufklärenden Sachinformation in einer Demokratie unterscheiden?

Statt auf die Höhlenmalerei in der Sahara zurückzugreifen, könnte sich etwa eine Aufgabe mit der Fragestellung beschäftigen, was unter der Naziherrschaft als „entartete" Kunst galt. Warum zum Beispiel ein nach dem zweiten Weltkrieg verschollenes Schlüsselwerk des deutschen Expressionismus – „Der Turm der blauen Pferde" von Franz Marc – dazu zählte. Hatte der Maler, der im ersten Weltkrieg fiel, vielleicht eine jüdische Herkunft? Das wäre eine falsche Antwort, da Marc ein „Urbayer" war. Lag es daran, dass Pferde auf einem Ölbild nicht blau sein dürfen, sondern braun, schwarz oder weiß sein müssen? Doch warum befand sich dann dieses „entartete" Ölbild in dem Anwesen „Carinhall" im heutigen Brandenburg, das Reichsmarschall Hermann Göring gehörte und von den Alliierten 1945 gesprengt wurde?

Die Antworten würden zeigen, wie gut die getesteten Schüler zeitgeschichtliche Zusammenhänge verstehen. Wie tief der Tschadsee ist, verrät dagegen ein Mausklick im Internet.

10.5.3 „Privater" PISA-Test

Aufgrund meiner Skepsis gegenüber der Relevanz bestimmter Aufgaben im Lesetest der PISA-Studie ersuchte ich im Zeitraum von drei Monaten 24 Jugendliche, mir einige „Quizfragen" zu beantworten. Sie sind die Kinder meiner Freunde, Bekannten und von Nachbarn. Einige von ihnen gingen mit meiner älteren Tochter zur Schule. Elf von ihnen gehen in Deutschland zur Schule. Einige standen kurz vor dem Abitur und haben es 2014 auch auf Anhieb bestanden. Die anderen Schüler besuchen die Oberstufe von Gymnasien. Sie haben durchweg gute Zeugnisnoten.

Mein „Quiz“ erhebt natürlich nicht den Anspruch, repräsentativ zu sein, aber es zeigt im Sinne einer Stichprobe einige wichtige Punkte auf, die ich durch veränderte Lehrpläne und den Unterricht für verbesserungsfähig halte.

1. *Politisches Verständnis als Staatsbürger*: Die Mechanismen der politischen Entscheidungsfindungen durchschaute kaum einer meiner Testkandidaten im Detail. Beispielsweise: Warum beeinflussen Gesetze, die das EU-Parlament beschließt, die Gesetzgebung im eigenen Land? Wie sind hier die genauen Zusammenhänge? Welche wichtigen Gesetze sind das? Welche Auswirkungen können sie für die Bürger in einem Land haben?
2. *Zeitgeschichte*: Jeder wusste, wer Stalin, Hitler oder Pol Pot war und dass diese Diktatoren für den Tod von vielen Millionen Menschen verantwortlich sind. Wie deren sprachliche „Rattenfängermethoden“ der politischen Verführung erkennbar sind, konnte niemand von den Schülern schlüssig beantworten.
3. *Literatur*: Klassiker der deutschen Literatur, wie Thomas Mann, Heinrich Heine oder Franz Kafka sowie einige ihre Werke waren ihnen bekannt – viel mehr aber nicht, obwohl sie ausführlich im Unterricht interpretiert wurden. Ähnliches gilt für die zeitgenössische Literatur, abgesehen von persönlichen Lesevorlieben. Die Antworten auf die Frage, was diese Literatur für das eigene Leben bedeuten kann zeigten mir: Dieses Thema dürfte im Unterricht offenbar nicht eingehend behandelt worden sein.
4. *Mathematik*: Nur drei Schüler konnten diese Fragen beantworten: Wie wird die Netto- und Bruttorendite berechnet, falls man eine Wohnung als Kapitalanlage kauft und sie vermieten will? Wie hoch müssen die Miete und die Wertsteigerung der Immobilie sein, damit kein Verlustgeschäft entsteht? Ich dachte mir: Werden sie später als Erwachsene zum Beispiel berechnen können, ob eine „Riester-Rente“ oder eine ähnliche Altersvorsorge eine lohnende Angelegenheit für sie ist oder nur eine Abzocke? Ich befürchte nein.
5. *Logisches Denken*: Jeder wusste vom Mathematikunterricht, was eine Prämisse oder ein Axiom ist. Aber das praktische Wissen fehlte, dass alle Schlussfolgerungen, die in einer Sache, beispielsweise zu Fragen der Gesundheit oder zur Berufsausübung, getroffen werden, auf Annahmen – Prämissen – aufbauen. Sind die Annahmen falsch oder halbwahr, so stehen auch die daraus gezogenen Schlüsse auf sehr wackeligen Beinen.
6. *Kommunikation*: Wird ein Argument nach den Regeln der Logik von einer richtigen Prämisse folgerichtig abgeleitet, kann es trotzdem beim Empfänger kein Gehör finden. Welche Gründe es dafür geben könnte, wussten die Schüler nur teilweise. Eine häufige Antwort auf die Frage nach den Gründen lautete: „Weil jemand eine andere Überzeugung hat.“ Dass die soziale Kompetenz dabei eben-

falls eine sehr große Rolle spielt, indem beispielsweise mit belehrenden Argumenten niemand überzeugbar ist, war wenigen in aller Deutlichkeit bewusst.

7. *Lernmethodik*: Wie lernt man leichter und wie kann das Wissen besser verarbeitet werden, indem das Gehirn richtig „bedient“ wird? Dies konnte von meinen „Quizkandidaten“ niemand genauer beantworten. Im Biologieunterricht wurde zwar ausführlich über die Gehirnfunktionen gesprochen, aber dieses wichtige Unterthema dürfte offenbar nur am Rande erwähnt worden sein.

Nach meinen Quizfragen, die ich den Schülern persönlich oder via Internettelefonie stellte, bat ich sie, die Unterrichtsgestaltung der einzelnen Fächer auf einer Skala von ein bis zehn zu beurteilen. Eins stand für „sehr langweilig“, sieben für „sehr interessant“ und zehn für „begeisternd und mitreißend“. Der gesamte Durchschnittswert der Unterrichtsbenotung lag bei 5,1. In den Fächern mit Werten von sieben oder aufwärts hatten die Schüler die besten Noten.

Als der obige Teil des Kapitels fertig gestellt war, sandte ich es per E-Mail an meine Quizkandidaten und bat sie um ihre kurze Meinung dazu. Stellvertretend für die 24 Feedbacks, die ich erhielt und die im Tenor ähnlich waren, zitiere ich eine Schülerin: „Wenn der Unterricht so gewesen wäre, würde mehr im Gedächtnis hängen bleiben und er hätte bestimmt auch mehr Spaß gemacht!“

10.6 Verstand und Vergnügen

In dem Film „Der Club der toten Dichter“ aus dem Jahr 1989 wird die spießige Atmosphäre in einem amerikanischen Internat im Schuljahr 1959 nachgezeichnet. Die Hauptperson ist der Englischlehrer John Keating. Er wird von Robin Williams gespielt, der 2014 verstarb. Keating fordert die Schüler mit unkonventionellen Mitteln auf, selbstständig und frei zu denken. Zu Beginn einer Unterrichtsstunde sagt er zu ihnen: „Sprechen wir heute über William Shakespeare. Ich weiß, viele von Ihnen freuen sich darauf wie auf eine Wurzelbehandlung beim Zahnarzt.“

Durch seine Art wurde keine einzige seiner Unterrichtstunden zu einer „Wurzelbehandlung“, sondern zu einem überaus lehrreichen „Vergnügen“ für jeden Schüler. Jeder, der diesen Film sah, weiß das und war davon vielleicht so begeistert wie viele andere Menschen.

War der Englischlehrer Keating ein Idealist, den es nur auf der Kinoleinwand gibt? Werden Menschen wie er von der Schulbürokratie behindert oder von internen Reibereien in der Lehrerschaft aufgerieben, so wie in diesem Film?

Keatings Leitspruch für die Schüler lautete: „Carpe diem – genieße den Tag.“ Es liegt am persönlichen Engagement eines jeden Lehrers, ob der Unterrichtstag für ihn und seine Klasse ein Tag wird, bei dem Verstand und Vergnügen kein Gegensatz sind. Darin besteht das „Lehrer-Lämpel-Prinzip", das sich auch als „Carpe diem in der Schule" bezeichnen lässt. Es steht in der Tradition des Aufklärers Immanuel Kant, da es den Schülers vermittelt, wie sie ihren kritisch denkenden Verstand am besten nutzen können. Was das Vergnügen betrifft, so ist der geistvolle Humor von Wilhelm Busch der Pate dieses Prinzips.

Vergnügen und Humor sind auch in einer Liebesziehung zwischen zwei Menschen eine wichtige Voraussetzung für ihr persönliches „Carpe diem". Doch beides kann sich als eine flüchtige Erscheinung erweisen. Wie die Sprache dazu beiträgt, das gegenseitige Vergnügen nicht nur zu erhalten, sondern sogar zu steigern, schildert das nächste Kapitel.

Literatur

1. Die Beispiele wurden in allgemein zugänglichen Quellen im Internet recherchiert. Beispiele: DNA: www.zeit.de/wissen/geschichte. Einstein: www.b-online.de. Steve Jobs: www.mac-history.de. Zugegriffen: 4. Feb. 2015
2. Frenkel E (2014) Liebe und Mathematik: Im Herzen einer verborgenen Wirklichkeit. Springer Spektrum, Berlin
3. Zweig S (2009) Begegnungen mit Menschen, Büchern, Städten. Fischer, Frankfurt a. M.
4. www.big-lernstudio.de. Zugegriffen: 4. Feb. 2015
5. www.bifie.at/pisa2015: Sammlung freigegebener PISA-Aufgaben. Zugegriffen: 4. Feb. 2015

Empfohlene Literatur

6. Gasser P (2010) Gehirngerecht lernen. Hep Verlag, Bern
7. Hermann U (2009) Neurodidaktik: Grundlagen und Vorschläge für ein gehirngerechtes Lehren und Lernen. Beltz, Landsberg

11 Verbales Feintuning für Liebe und Erotik

Um besser nachvollziehen zu können, was ein verbaler Feinschliff für die Liebe und Erotik bedeutet, sind zunächst einige gängige Irrtümer über das männliche und weibliche Kommunikationsverhalten auszuräumen. Vor allem deshalb, weil die Wortwirkung weniger geschlechtsspezifisch ist, als oftmals angenommen wird. Alles, was Sie in diesem Kapitel lesen, ist genderfrei und geschlechtsneutral gemeint. Der Grund für diese Anmerkung liegt nicht in der politischen Korrektheit, sondern hier: Die Wirkung von Worten auf das Gehirn hängt nicht davon ab, ob ein Paar hetero- oder homosexuell ist, sondern von den acht Faktoren, die in Kap. 3.2.2 beschrieben wurden.

Erotik wird in diesem Kapitel als Sinnlichkeit verstanden, die den ganzen Menschen umfasst. Sie wird nicht mit Sex gleichgesetzt, zu dem sie hinführen kann, aber nicht zwangsläufig muss.

Eine erfüllende Liebesziehung ist eine Medaille mit zwei gleichwertigen Seiten, die untrennbar miteinander verbunden sind: die mentale und die körperliche Seite. Verliert diese wertvolle Medaille ihren Glanz, sinkt ihr Wert für die Menschen in einem intimen Beziehungsverhältnis. Die Sprache spielt bei diesem Wertverlust eine wichtige Rolle. Die fehlenden oder falschen Worte entziehen einem Liebesverhältnis kontinuierlich den Nährboden. Parallel dazu wird das sinnliche Verlangen abgewürgt oder auf Sparflamme gesetzt. Viele Seitensprünge finden darin ihre eigentliche Ursache, wie in diesem Kapitel noch begründet wird. Die Sprache kann wesentlich dazu beitragen, dass der Glanz dieser Medaille erhalten bleibt und nicht verloren geht oder wieder neu entsteht – falls er stellenweise durch die Alltagsroutine abgerieben wurde.

H. Eicher, *Die verblüffende Macht der Sprache*,
DOI 10.1007/978-3-658-08516-2_11

11.1 Legendenbildungen über den Sprachstil von Mann und Frau

Kommunizieren Männer völlig anders als Frauen und falls ja: Spielt dies bei heterosexuellen Paaren auch in Sachen Liebe und Erotik eine besondere Rolle? Glaubt man populären Ratgeberbüchern, die vor allem über den Nordatlantik nach Europa schwappen, so ist das der Fall. Vieles davon beruht jedoch nur auf Verallgemeinerungen einzelner Forschungsergebnisse, deren mediale Verbreitung gängige Stereotypien und Vorurteile bestätigen. Überzeugende wissenschaftliche Belege für ein durchgängiges „typisch Mann, typisch Frau" in der Kommunikation gibt es allerdings nicht. Zumindest sind diese nicht biologisch begründbar, sieht man von hormonellen Schwankungen ab, denen nur die Frau unterliegt. Aufgrund seiner Struktur ist es jedenfalls nicht möglich, ein Gehirn als männlich oder weiblich zu identifizieren.

Eine der klischeehaften Aussagen über die Kommunikation von Mann und Frau lautet: Frauen sind redseliger als Männer. Der Begriff „Quasselstrippe" ist weiblich. Einen „Quasselstripper" kennt unsere Sprache nicht. Die schnatternden Stammtischbrüder, die es in jedem Ort gibt, widerlegen allerdings dieses Vorurteil. Aber auch wissenschaftlich wurde dieser Fehlannahme von den angeblich geschwätzigen Frauen der Boden entzogen. Ein Studie der psychologischen Fakultät an der Universität Texas wies nach: Der statistische Unterschied in der täglichen Wortmenge, die ein Mann oder eine Frau produziert, ist unbedeutend. Es sind durchschnittlich nur 546 Wörter [1].

11.1.1 Legende 1: Männer sprechen nicht über Gefühle

Eine weitere Legende über das sprachliche Verhalten von Mann und Frau besagt: Männer sprechen nicht gerne über Gefühle, vor allem nicht über ihre eigenen. Das tun nur die warmduschenden Romantiker. Gesprächig sind Männer insbesondere dann, wenn Sachprobleme zu lösen sind und der logisch denkende Verstand gefragt ist. Dieses typische Rollenklischee unterstellt, Männer wären in erster Linie sachorientiert und Frauen mehr gefühlsbetont. Wie jeder weiß, der beruflich viel mit Frauen zu tun hat, können sie im Beruf nicht weniger sachorientiert sein als Männer und in ihrer Kommunikation ebenso „hart" sein wie sie. Abhängig ist dies von ihrer persönlichen Entwicklung – Kindheit, Jugend, Beruf – nicht aber von ihrem Geschlecht.

Geht es um Gefühle, sind Männer angeblich ziemlich wortkarg. Oder sie schweigen so heroisch wie der vierfache Oscarpreisträger und Schauspieler Clint

Eastwood als „Dirty Harry“. Doch ist das im Allgemeinen wirklich so? Wissenschaftlich bestätigt ist diese weit verbreitete Annahme jedenfalls nicht. Ob jemand über seine Gefühle offen sprechen kann und will, hängt weniger von der Geschlechtszugehörigkeit ab, sondern vor allem von seinen Lernerfahrungen und Prägungen in der Kindheit und Jugend. Nicht das biologische Geschlecht, sondern das elterliche Vorbild und die vermittelten Rollenbilder spielen hier eine entscheidende Rolle. Wird in einem Elternhaus generell nicht über Gefühle gesprochen, so fällt es beiden Geschlechtern als Erwachsene später schwer, sie zu artikulieren. Frauen sind hier allerdings im Vorteil, weil auch in einer unterkühlten familiären Atmosphäre einem Mädchen eher als einem Jungen zugestanden wird, Gefühle äußern zu können.

11.1.2 Legende 2: Männer sprechen auf visuelle Reize an, Frauen auf akustische

Hinsichtlich Liebe und Erotik wird in einschlägigen Ratgebern behauptet, Männer würden vor allem auf visuelle Reize anspringen und Frauen speziell auf akustische. Spricht ein Mann die richtigen Worte aus, erreicht die Frau angeblich den „Ohrgasmus“. Und die zahlreichen Schmuddelrufnummern für verbalen Sex werden wohl nur für Männer bereitgestellt. Biologisch gesehen ist das so zu verstehen: Worte lösen über Assoziationsketten bestimmte Vorstellungen aus, diese wiederum triggern Gefühle und stimulieren die körpereigene Hormonproduktion. Es kommt zur Ausschüttung von entspannenden Wohlfühlhormonen, die den Höhepunkt vorbereiten, der den Körper kurzfristig mit Glückshormonen überschwemmt. Geschlechtsspezifisch ist dieser Vorgang allerdings nicht. Auch bei Männern stimulieren Worte vor und beim Liebesspiel die Produktion von Hormonen, die ihn intensiver und erfüllender erleben lassen. Der dabei ablaufende biologische Grundmechanismus beruht auf einem vorgegebenen Programm und gilt für beide Geschlechter.

Was die optische Reizverarbeitung anbelangt, die durch die Sehrinde im Großhirn erfolgt – dem visuellen Cortex –, so gibt es Unterschiede in den Sehzentren bei Mann und Frau. Ob sie eine Rolle spielen, weiß die Wissenschaft allerdings nicht. Was aus dem Alltag jedoch in rein optischer Hinsicht allgemein bekannt ist: Es ist weder für eine Frau noch für einen Mann erotisch stimulierend, wenn der Partner zu Hause nur in Schlabberbekleidung herumläuft, die bereits zur Altkleidersammlung gehört, oder sich äußerlich vernachlässigt. Falls nicht beide Partner dasselbe tun, wirkt es auf den anderen abtörnend. Der Schalter für ein sinnliches Begehren wird damit auf Null gestellt.

Ein Blick in die Pornoszene

„Ruf an, ich mach' dich heiß!" verspricht die Fernsehwerbung für kostenpflichtige Verbalsexdienste. Tatsächlich erwartet die Anrufer häufig aber nur eine vorproduzierte Sprachkonserve, die in einer Endlosschleife vom Band abläuft. Trotzdem stimuliert sie offenbar ähnlich wie der Live-Talk. Ansonsten wären die Bänder schon längst verschwunden. Wer wählt solche Nummern? Offenbar sind es nicht nur Kontaktgestörte und wortfixierte Fetischisten, als abartig und pervers einzustufende Männer. Aber woher weiß man, dass Männer, die diese Dienste nicht in Anspruch nehmen – was wohl die große Mehrheit ist –, auf erotische Fantasien verzichten, die durch die Worte einer Frau ausgelöst werden können? Bisher hat niemand empirisch nachweisen können, dass Männer generell lieber gleich „zur Sache" kommen wollen und die Worte zuvor wenig Bedeutung für sie hätten. Prostituierte berichten in Talkshows immer wieder über ihre zahlungskräftigen Freier, die sich oftmals nur mit ihnen unterhalten wollen. Die SM-Liebhaber unter ihnen wollen lieber in den Käfig gesperrt werden und dort die verbale Peitsche spüren, die sie auf „angenehme" Weise demütigt. Auch hier spielt die Sprache eine große Rolle, indem sie bizarre Fantasien auslöst und bedient.

Wahrscheinlich gibt es keinen einzigen Pornofilm, in dem sich die Darsteller nicht gegenseitig verbal „anheizen". Die gespielte Lust – optisch und akustisch – wird durch die Spiegelneuronen von den Zusehern leiblich nachempfunden. Sie wirkt auf sie stimulierend, nachdem die ausgestrahlten Reize von der Seh- und Hörrinde im Gehirn in Millisekunden verarbeitet wurden und die Ausschüttung von Sexualhormonen triggert. Ein Stummfilmpornostreifen, bei dem sich die Schauspieler nur anschweigen, ist wohl nicht denkbar.

Pornografische Filme bedienen einen Milliardenmarkt und flimmern in vielen Wohnzimmern über den Fernseher. Daraus lässt sich schließen, dass die Produzenten eines wissen: Männer werden – so wie Frauen – nicht nur rein optisch, sondern auch verbal sexuell stimuliert. Die verbale Komponente in der Erotik ist für beide Geschlechter wichtig. Bücher und Zeitschriften, die behaupten, dies würde speziell für die Frau gelten, verbreiten deshalb ein Märchen.

11.1.3 Legende 3: Mann und Frau haben unterschiedliche Sprachzentren

Die behaupteten Unterschiede in der Kommunikation von Mann und Frau werden teilweise damit begründet, die Sprachzentren eines Mannes würden ganz anders funktionieren als jene der Frau. Richtig ist: Bei Männern arbeiten diese Zentren nicht grundsätzlich anders als bei Frauen. Sie sind sogar an den gleichen anatomischen Stellen im Gehirn lokalisierbar; im Regelfall in der dominanten Großhirnhemisphäre, die bei Rechtshändern auf der linken Seite ist. Bei der Sprachproduktion und beim Sprachverständnis werden beide Großhirnhälften aktiv – beim Mann wie bei der Frau. Ob Frauen dabei beide Gehirnseiten intensiver einsetzen, ist nicht schlüssig bewiesen. Hinweise darauf gibt es zwar, sie beweisen aber nicht, ob beide Geschlechter deshalb gänzlich unterschiedlich auf die Sprache reagieren und kommunizieren. Unbestritten bleibt, dass Frauen im Allgemeinen gesehen etwas sprachsensibler sind. Darum sind sie auch gehäuft in Berufen tätig, die ein besonderes Sprachgefühl voraussetzen; als Konferenzdolmetscherinnen, in Lektoraten, als Übersetzerinnen. Außerdem gibt es, wie die Alltagserfahrung zeigt, unter Frauen nur wenige „Worthooligans", die andere Menschen ausfallend und wüst beschimpfen – im Unterschied zum männlichen Geschlecht.

Ob Männer generell weniger empfindlich auf die Worte einer Frau reagieren als umgekehrt, ist trotzdem zu bezweifeln. Wohl kaum ein Mann würde gelassen bleiben, wenn seine Frau beispielsweise zu ihm sagt: „Mit dieser Hose und dem Sakko kannst du alleine essen gehen. Das macht dich um zehn Jahre älter, als du bist, und das ist wenig schmeichelhaft für mich." Würde ein Mann eine solche Äußerung sinngemäß zu seiner Frau sagen, wäre ihre Reaktion darauf vermutlich sehr ähnlich wie bei ihm.

▶ Jeder Mensch ist zugänglich für Worte, die ihn als Mensch, als Person und in seinem Äußeren bestätigen. Mann und Frau reagieren deshalb gleichermaßen positiv darauf. Auch die emotional angeblich gröber geschnitzten Männer tun dies, so wie sie im gegenteiligen Fall sehr sensibel auf die falschen Worte einer Frau reagieren können.

Die biologischen Programme für die Sprachverarbeitung und -produktion wurden jedenfalls für den Mann nicht auf dem Mars und für die Frau nicht auf der Venus geschrieben, sondern für beide Geschlechter auf der Erde durch die Evolution [2]. Ihre Gemeinsamkeiten sind viel größer als die behaupteten Differenzen. Empirisch sind die angeblich so großen Unterschiede nicht belegt und daher auch nicht verallgemeinerbar. Es gibt keinen wissenschaftlich fundierten Grund zu der Annahme, Frauen würden aufgrund unterschiedlicher Sprachzentren generell völlig anders kommunizieren als Männer – und dies sei ein naturgegebener Umstand.

Der Grundvorgang bei der Sprachverarbeitung ist bei beiden Geschlechtern gleich: Worte führen über Bahnungsvorgänge im Gehirn unweigerlich zu gedanklichen Assoziationsketten, die ein Grundgefühl oder eine verwandte Empfindung triggern – Freude, ein intensives Liebesgefühl oder sogar einen Glücksrausch. Parallel dazu laufen positive oder negative körperliche Reaktionen ab, die als Lustempfinden oder als Lustlosigkeit wahrgenommen werden; als freudige Erwartung oder als notwendige sexuelle Pflicht, um den Partner nicht zu verstimmen.

Viagra statt Worten?

Ein Teil der funktionellen Impotenz, die keinerlei organische Grundlage hat, findet im sprachlichen Umgang miteinander vermutlich eine ihrer Ursachen. Wie Sexualtherapeuten wissen, funktioniert das Intimleben bei manchen betroffenen Männern plötzlich wieder, wenn sie eine neue Partnerin haben, die mit ihnen anders kommuniziert als die Vorgängerin. Insbesondere durch einfühlsame Worte und ohne einen sexuellen Erwartungsdruck aufzubauen, der ein männliches Versagen fördert. Eine ängstliche Erwartung, ob es „funktioniert" oder nicht, löst eine negative Stressreaktion aus. Diese schaltet die sexuelle Erregung ab. Negativer Stress bedeutet immer, sich auf Flucht oder Kampf einzustellen. Beides ist mit dem Sex unvereinbar.

Dank Viagra oder Cialis fällt es leicht, lieber zur Potenzpille zu greifen statt auf die erotisierende Wirkung von Worten zu vertrauen und offen über die stimulierenden Fantasien mit dem Partner zu sprechen. Angeblich sind die Menschen heutzutage in sexueller Hinsicht so freizügig wie niemals zuvor. Sollte es tatsächlich so sein, dürfte es auch kein Problem bereiten, über solche Fantasien mit dem Partner zu sprechen – anstatt zur Erektionspille zu greifen.

Obskure erotische Tipps

Aufgrund von Fehlannahmen und blanken Irrtümern über die Sprachverarbeitung im Gehirn werden im Internet zahlreiche Tipps verbreitet. Angeblich seien diese erotisierend. So heißt es zum Beispiel in der Liebeskolumne auf „frauenzimmer.de" vom 9.12.2014, die größte erogene Zone der Frau ist das Gehirn, weil dort das Sprachzentrum sitzt. Soweit mag das stimmen. Wenn aber auf einen der publizierten ultimativen Tipps für einen verführerischen Dirty Talk – „Die Schweißperlen auf deinen Schenkeln glitzern wie kleine Sterne im weiten All." – die Warnung folgt, solche Sätze sehr sparsam einzusetzen, da ansonsten auch eine erregte Frau lachen wird, meine ich:besser lachen als überhaupt kein Vergnügen. Ein weiterer Tipp empfiehlt den männlichen Lesern, „derber zu werden, wenn's gut läuft". Welches Frauenbild solchen Empfehlungen zugrunde liegt, soll hier nicht näher kommentiert werden.

Das Internet ist eine wahre Fundgrube für solche obskuren erotischen Tipps. Sie werden unter anderem von Partnervermittlungsdiensten, Singlebörsen und Dating-Portalen verbreitet. In einem der vielen Internetforen, in denen sich Frauen über ihre Erfahrungen mit Männern austauschen, schreibt eine von ihnen über scheinbare sprachliche Antörner: „Ich würde einem solchen Mann vorschlagen, sein Geld mit Groschenromanen zu verdienen. Bei mir würde da gar nichts mehr gehen." Diese Aussage ist typisch für die negativen Kommentare von Frauen zu dieser Art von „Lustwording" in den vielen einschlägigen Foren. Wie es scheint, wissen die Tippgeber nicht, wie normale Menschen auf solche Tipps reagieren.

11.2 Die Hälfte aller Seitensprünge ist verbal provoziert

Bei Seitensprüngen wird Männern oftmals entschuldigend unterstellt, ihre männlichen Sexualhormone seien dafür verantwortlich. Dahinter steckt die Annahme, sie würden wie ein Pavianmännchen durch ihre Triebe dazu verleitet, möglichst viele Nachkommen zeugen zu wollen; was einer Frau aus biologischen Gründen verwehrt bleibt. Ich halte das für eine bequeme Ausrede, um den wahren Ursachen für einen Seitensprung nicht auf den Grund gehen zu müssen. Ohne Diagnose gibt es aber keine wirksame Therapie. Das gilt auch hier. Meine Kurzdiagnose lautet: Sprachliche Versäumnisse sind ein Hauptgrund für Seitensprünge, wie wir noch sehen werden.

In punkto Seitensprung sind die Frauen auf der Aufholjagd. Um dies festzustellen, muss man keinen Sexualreport studieren. Es genügt eine Recherche in den zahlreichen seriösen Partnerbörsen und Dating-Portalen im Internet. Dort suchen viele Frauen, die in einer festen Beziehung sind, eine „Abwechslung". In den entsprechenden Kontaktanzeigen wird das auch offen ausgesprochen: „Habe einen fixen Partner", heißt es beispielsweise, „hoffe, das ist für dich kein Hindernis". Oder: „Bin verheiratet. Kann daher kein Foto von mir veröffentlichen." Ein Blick in die Klatschpresse zeigt, dass auch prominente Frauen, die verheiratet sind, ihren Mann betrügen, wenn ein anderer die bessere Wellenlänge zu ihnen herstellen kann.

Da die Anzahl der Kinder, die eine Frau zu Welt bringen kann, beschränkt ist, scheidet bei Frauen ein triebhaft gesteuertes Fortpflanzungsverlangen als Argument für die Ursache der Seitensprünge von vorneherein aus. Außerdem werden Seitensprungkontaktanzeigen im Internet auch von Frauen der Generation 50plus aufgegeben.

Ich stelle die folgende These auf: Mindestens die Hälfte aller Seitensprünge wird verbal provoziert, wenn sich ein Mann oder eine Frau einen Nahversorger für das Gefühl, die Erotik und den Sex suchen.

Mit verbaler Provokation eines Seitensprunges meine ich nicht in erster Linie die ständigen Auseinandersetzungen und Streitereien. Auch nicht das nervige Herumnörgeln am Partner oder ein inquisitorisches Sprachstalking in der Manier hochnotpeinlicher Befragungen: „Wo warst denn du schon wieder so lange?", „Was verschweigst du mir?" oder „Sei ehrlich und gib zu, du warst bei einem anderen Mann!" Diese Dinge sind geradezu ein Sprungbrett für Seitensprünge und es versteht sich ohnehin von selbst, dass durch sie die Liebe verblasst oder sich gänzlich in Luft auflöst.

Mit verbal provozierten Seitensprüngen meine ich die fehlende Berührung durch Worte im alltäglichen Zusammenleben, die gute Gefühle auslösen. Das Manko an verbalen Streicheleinheiten lässt eine Beziehung nach dem Kühlschrankprinzip schließlich erkalten: Durch die emotionale Aushungerung nimmt der eine Partner die Beziehungstemperatur des anderen an. Was übrig bleibt, sind zwei Kühlschränke. Öffnet sich ihre Tür – der Mund –, kommt nur Kälte in Form von Kritik und ähnlichem heraus. Die emotional abgekühlten Partner wollen oder können sich daher auch im Bett nicht mehr füreinander erwärmen. Bevor diese Menschen an der Eiseskälte der Gefühle erfrieren, suchen sie meist nach einer Alternative. Der Seitensprung ist oftmals jene, die am nächsten liegt und die bequem erscheint. Friert ein Mensch körperlich, so setzt der Zitterreflex ein. Friert er emotional, ist der Seitensprung fast schon so etwas wie ein natürlicher Reflex.

Was sagt der Liebhaber einer Frau?

Was wird ein Liebhaber tun, der eine Frau zu einem Seitensprung verführen will? Genau dasselbe, was ihr Mann auch getan hat, um sie für sich zu gewinnen – aber nun unterlässt. Er wird ihr Komplimente machen, ihr sagen, wie verführerisch er sie findet, und all ihre positiven Eigenschaften hervorheben, die ihr Mann nicht mehr wahrnimmt. Wäre es verwunderlich, wenn die guten Gefühle, die dabei entstehen, einen Seitensprung scheinbar rechtfertigen oder ihn geradezu „erzwingen"?

Die triumphierende Gewohnheit in einer Beziehung – der berühmte Alltag – wird zur Trumpfkarte in den Händen der Frauenflüsterer. Sie müssen kein Don Juan sein und nicht über besondere Wortkünste verfügen. Ihr buchstäbliches „Herz Ass" besteht darin, dass sie die positiven Seiten einer Frau sehen und ihr das auch sagen. Ein Ehemann, der diese anziehenden Seiten übersieht, weil er sich zu sehr daran gewöhnt, hat deshalb die schlechteren Karten – und die Hörner am Kopf.

Wie ist das umgekehrt bei einem Mann, der für einen Seitensprung anfällig ist oder ihn aktiv sucht? Die Geliebte wird ebenfalls dasselbe tun wie seine Frau, als diese ihn noch für sich gewinnen wollte, was sie nun aber vernachlässigt: Sie wird ihm geduldig zuhören, wenn er stolz von seinem Beruf erzählt, Verständnis für seine beruflichen Probleme zeigen und seine Leistungen ausdrücklich anerkennen. Natürlich wird sie ihn auch in seiner Rolle als Mann mit liebevollen Worten bestätigen.

Selbst beim Zustandekommen von einem One-Night-Stand müssen zumindest Spurenelemente einer gegenseitigen verbalen Bestätigung erkennbar sein. Menschen, die sich das erste Mal begegnen, reißen sich nicht einfach die Kleider vom Leib, nur weil sie sich körperlich so anziehend finden, ohne vorher miteinander gesprochen zu haben. Ein paar falsche Worte reichen auch hier aus und die Klamotten bleiben angezogen. So schreibt zum Beispiel eine 25-jährige Frau über ihre diesbezüglichen Erfahrungen in einem der vielen Internet-Blogs: „Bevor ich mich mit jemanden zu einem One-Night-Stand einlasse, der mich blöd anmacht, gehe ich lieber zu einer Wurzelbehandlung zum Zahnarzt – ohne Betäubung. Denn trotz allem nimmt DER mich als Mensch wahr."

Mit ihrem letzten Satz trifft diese Frau den Nagel auf den Kopf. Falls die verbale Beziehungspflege nur an der Oberfläche kratzt, fühlt sich eine Frau oder ein Mann vom jeweiligen Partner als Mensch zu wenig wahrgenommen. In diesen Fällen geht deshalb zwar niemand freiwillig zum Zahnarzt für eine Wurzelbehandlung, sondern bereitwillig ins Internet, um dort eine Kontaktanzeige zu platzieren. Daher lautet die Grundregel für ein verbales Feintuning in Liebe und Erotik: den Beziehungspartner als ganzen Menschen sehen und nicht nur einen Teil von ihm – seinen Körper. „Sehen" allein ist natürlich zu wenig. Der Partner muss auch erfahren, wie er in positiver Hinsicht von seiner zweiten Hälfte empfunden wird. Dies zu verschweigen ist keine Nachlässigkeit, sondern eine Todsünde, da sie das Ende einer Beziehung einläutet.

Nur auf die rein körperliche Seite eines Menschen konzentrieren sich vor allem die „Sexualmechaniker", die auf Erotikmessen Ausschau nach den neuesten Sexspielzeugen halten. Wem das gefällt, why not? Doch es gibt verbale Alternativen, wie wir später noch sehen werden. Diese wirken direkt auf das Gehirn, in dem jede Art von Lustempfinden entsteht und endet. Mit erotischen Spielzeugen wird hingegen ein Umweg gewählt, weil sie an der Peripherie – den „Vollzugsorganen" – ansetzen und nicht am Zentrum der Lust, im Kopf. Außerdem: Erotisierende Worte und die Fantasien, die sie auslösen, haben eine längere Wirkung als eine mechanische Stimulierung intimer Stellen. Worte, die intensive Gefühle auslösen, wirken nach und werden mit den damit verbundenen Erlebnissen im emotionalen Gedächtnis abgespeichert. Sie können auf einfache Weise jederzeit wieder abgerufen und aktiviert werden. Dazu braucht es kein handfestes „Spielzeug", sondern nur ein Spiel der Worte. Konditionierungsvorgänge im Gehirn spielen hier eine große Rolle. Wie sehr dies auch negativ in den Körper hineinwirken können, zeigt das folgende Beispiel.

11.3 Körperliche Reaktionen durch Konditionierung

Bei Worten, die antörnen oder abtörnen, spielt die Konditionierung eine wichtige Rolle, da sie angenehme oder unangenehme Empfindungsabläufe im Körper triggern, Lust oder Unlust erzeugen. Zum besseren Verständnis des folgenden Beispiels schildere ich zuvor das Prinzip der Klassischen Konditionierung.

Der Russe Iwan Pawlow schuf wichtige Grundlagen für die Verhaltensforschung. Er erhielt 1904 den Nobelpreis für Medizin. Durch seine Entdeckung des Prinzips der „Klassischen Konditionierung" wurde er weltbekannt. Pawlow stellte fest: Ein Hund sondert nicht erst beim Fressen Speichel ab, sondern bereits beim Anblick der Nahrung. Der wissenschaftliche Durchbruch gelang Pawlow durch folgendes Experiment: Er servierte einem Versuchshund mehrmals das Futter und klingelte dabei mit einer Glocke. Erwartungsgemäß löste dies beim Hund den Speichelfluss aus. Bei weiteren Versuchsdurchgängen stellte er fest, dass der bekannte Klingelton allein genügte, um den Speichelfluss auszulösen – ohne den Hund tatsächlich zu füttern. Er war nun auf den Ton der Glocke nach einem Reiz-Reaktionsschema konditioniert. Der Reiz ist der Ton, die Reaktion der Speichelfluss.

Ähnlich geht es auch Menschen, wenn ein leckeres Gericht auf dem Tisch steht und ihnen das Wasser im Mund zusammenläuft. Bei knurrendem Magen genügt es bereits, an ein gutes Essen zu denken, das in Kürze zu erwarten ist. Die Speichelproduktion beginnt und die Magensäfte bereiten sich auf ihre Aufgabe vor.

Für das Verständnis des emotionalen Gedächtnisses ist die Erkenntnis Pawlows von großer Bedeutung. Denn bereits einzelne Worte – und sogar einfache Töne – können eine ganze Reaktionskette in Gang setzen, psychisch und physisch; abhängig davon, was mit ihnen assoziiert wird. Dazu nun das Beispiel eines 40-jährigen Geschäftsmannes, mit dem ich beruflich in Verbindung stehe und der seine Wohnbaufirma mit 30 Mitarbeitern erfolgreich führt.

Als ich vor einem Jahr mit ihm eine geschäftliche Besprechung führte, klingelte sein iPhone. Da er zögerte, das Gespräch anzunehmen, fragte ich: „Soll ich kurz rausgehen, damit Sie in Ruhe das Telefonat führen können?" „Nein, bleiben Sie nur", antwortete er. Nachdem der Handyton verstummt war, griff mein Gesprächspartner zum Wasserglas am Schreibtisch. Er nippte mehrmals daran und ließ die Flüssigkeit im Mund zirkulieren, bevor er sie hinunterschluckte. So, als ob er den Mund damit spülen wollte, der offenbar trocken geworden war. Eine typische Stressreaktion, bei der die Verdauungsfunktionen zurückgefahren werden und der Speichelfluss reduziert wird. Wie es schien, war er sichtlich nervös. „Beunruhigt Sie etwas?", wollte ich von ihm wissen, „Wenn Sie wollen, können wir unser Gespräch später fortführen". „Nein, nein", winkte er ab. Anschließend erklärte er kurz, was seine eigentümliche Reaktion ausgelöst hatte.

„Soeben wollte mich die Mitinhaberin unseres Unternehmens erreichen", sagte er. Dabei fuhr er sich mit der Hand über die Stirn, als ob er die Gedanken, die ihm kamen, wegwischen wollte. „Ihr gehört die Hälfte unserer Firma", fuhr er fort. „Ich habe ihre Handynummer einem Klingelton zugeordnet – der Schicksalssymphonie von Beethoven. Ich weiß sofort, ohne auf das Display zu schauen, wer mich anruft. Wenn wir unterschiedlicher Meinung sind und die gegensätzlichen Argumente aufeinanderprallen, steht sie plötzlich auf und geht. Sie ist mir verbal unterlegen. Das spürt sie natürlich. Eine Stunde später ruft sie an, macht mir Vorwürfe und kritisiert mich wegen meiner Haltung, die ich in der Diskussion vertreten habe. Mindestens einmal in der Woche passiert das, so wie heute. Wenn ich den Klingelton höre, trocknet mein Mund schlagartig aus und der Puls rast in die Höhe. Denn meine Erwartungshaltung hat sich bisher immer bestätigt: Was sie mir sagen wird, stresst mich enorm."

„Sie haben sicherlich mit ihr darüber gesprochen", meinte ich, „konnten Sie keine tragbare Lösung finden, Meinungsverschiedenheiten besser auszutragen?" „Ich bin damit stets gescheitert", antwortete er, „und denke immer wieder daran, ihr meine Geschäftsanteile zu verkaufen und alles hinzuschmeißen. Mein letzter Gesundheitscheck müsste mir eigentlich eine Warnung sein." Als er das gesagt hatte, klingelte wieder sein Handy. Es war derselbe Klingelton wie vorhin. „Heute nicht, mein Liebe", sagte er mehr zu sich selbst als zu mir. Dann kniff er die Lippen zusammen und drückte mit seinem Daumen, deutlich fester als notwendig, auf die Austaste des iPhones. Wie ich im weiteren Gesprächsverlauf erfuhr, war die Anruferin nicht nur seine Geschäftspartnerin, sondern auch seine Ehefrau.

Konditionierungsvorgänge spielen in einer intimen Beziehung eine wichtige Rolle. Sie können zu negativen und eingeschliffenen körperlichen Reaktionen führen, wie in diesem Beispiel deutlich wurde. Es können aber auch sehr wünschenswerte Reaktionen ausgelöst werden. So lassen zum Beispiel eine zärtliche verbale Andeutung oder ein liebevoller Blick sinnliche Bilder im Kopf entstehen. Diese lösen im Organismus eine Reaktionskette aus, die sich das Gehirn merkt. Ähnliche Worte oder Blicke werden dann zum Auslöserreiz, der diese Kette innerhalb von Sekunden wieder aktiviert.

11.4 Wirksames erotisches Feintuning

In einem intimen Verhältnis könnte man sich Worte wie eine Hand vorstellen, deren Finger einen Menschen zärtlich und sinnlich berühren. Nicht nur in romantischen Stunden, sondern auch im Alltag ist diese Berührung wichtig. Worte sind in einer Intimbeziehung wie eine Brausetablette, die sich nach und nach auflöst. Die Tablette tut das mit feinen Perlchen im Wasser, die Worte tun es im Gehirn. Dort können sie zu einem Schwall prickelnder Assoziationen führen, die ihrerseits sinnliche Empfindungswellen auslösen. Die Sprache ersetzt natürlich nicht die körperliche Zärtlichkeit, aber sie kann zärtlichen Berührungen vorangehen oder ihre Wirkung verstärken.

Das Gehirn reagiert äußerst sensibel auf Worte. Dies gilt speziell für eine intime Beziehung, da die Intimität ein besonderes Vertrauensverhältnis voraussetzt. Im alltäglichen Zusammenleben kann es leicht geschehen, dass diese Sensibilität des

Gehirns übersehen wird, obwohl es in einer Liebesziehung besonders empfänglich für gefühlvolle Worte ist. Man kennt den Partner gut und wähnt sich in einer sicheren Beziehung, die keiner besonderen Worte mehr bedarf. Dies birgt die Gefahr in sich, dass sie durch eingeschliffene Sprachgewohnheiten mehr oder weniger einschläft.

Daran ändern auch liebesbeteuernde Worte nichts, wenn sie phrasenhaft eingesetzt werden. Wird der Satz „Ich liebe dich" in intimen Momenten ausgesprochen, tanzen im Gehirn die Glückshormone. Als Alltagsphrase verwendet, die echohaft zurückgegeben wird – „Ich liebe dich auch" –, haben diese Worte jedoch wenig Wirkung. Das Gehirn hat sich an sie gewöhnt und registriert sie deshalb nur mehr als Bestätigung, dass in der Beziehung alles in Ordnung zu sein scheint. Wie so oft entscheidet auch hier die richtige Dosis über die jeweilige Wirkung: Werden solch bedeutende Worte durch eine zu häufige Verwendung banalisiert, verfehlen sie die Wirkung. Sprechen sie die Partner zu selten aus, stumpft die Beziehung ab.

Da liebevolle Worte gut investiert sind und im Unterschied zu aktuellen Sparguthaben reichlich Zinsen bringen, liegt jeder richtig, wenn er nicht eisern mit ihnen spart. Wortgeiz kann im Übrigen teure Folgen haben, falls sich ein Ehepaar trennt, weil die guten Worte fehlen und das gemeinsam erwirtschaftete Vermögen aufgeteilt wird.

Verbale Zuwendung triggert im Gehirn das Bindungshormon Oxytocin, das einer Trennung entgegenwirkt. Im Land der unbegrenzten Möglichkeiten, in den USA, wurde sogar ein oxytocinhaltiger Nasenspray entwickelt. Angeblich wirkt dieses Mittel in einer Beziehung vertrauens- und daher bindungsfördernd. Die Vorstellung, ein Paar sprühe sich regelmäßig „flüssiges Vertrauen" in die Nasenlöcher statt mit den richtigen Worten die Bindung zu stärken, ist für viele Menschen allerdings wohl nicht mehr als eine Lachnummer.

11.4.1 Tipp 1: die liebevollen Seiten täglich sehen

Der typische Liebhaber sieht eine Frau mit anderen Augen als ihr Mann. Die Geliebte eines Mannes wird ihn ebenfalls anders sehen als seine Frau. Was sie an diesem Menschen liebenswert finden, sagen sie ihm auch in ehrlicher Absicht; sofern nicht finanzielles Kalkül dahinter steckt. In einer Beziehung geht das oftmals verloren. Häufig werden dann vor allem die störenden Verhaltensweisen des Partners gesehen und die positiven Seiten ausgeblendet, als ob sie nicht oder nicht mehr existierten.

Ein verbaler Feinschliff für die Liebe und Erotik bedeutet, dem Partner zu sagen, welche Eigenschaften und Vorzüge an ihm besonders schätzenswert sind. Nicht routinehaft, weil dann die Wirkung abnimmt, sondern spontan; und nicht erst bei passender Gelegenheit, etwa dem Geburtstag. Dies setzt voraus, jene Eigenschaften bewusst wahrzunehmen, die den Partner anziehend machen. Im Wesentlichen werden das all jene sein, von denen sich Menschen bei den ersten Begegnungen unwiderstehlich angezogen fühlten. Da sich ein Mensch in seiner Persönlichkeit nicht grundlegend verändern kann, sind sie nach wie vor vorhanden. Wenn sich Menschen bemühen, äußerlich attraktiv zu bleiben – ohne dabei einem Jugendkult zum Opfer zu fallen –, bleibt auch die physische Anziehungskraft erhalten.

Um seinen Partner ganz bewusst mit liebevollen Augen zu sehen, ließe sich Folgendes vorstellen: Was würde einem anderen Mann oder einer anderen Frau an ihm beziehungsweise ihr gefallen? Welche Reize strahlt mein Partner aus? Welche seiner Eigenschaften könnten anderen Menschen positiv auffallen, wenn sie ein Auge auf ihn würfen? Was dabei vielleicht wieder neu entdeckt wird, lässt sich auch in glaubhafte Worte fassen, die der Partner sicherlich gerne hört. Das Wie spielt hier eine große Rolle. Ein Liebhaber oder eine Geliebte würden nicht wie nebenbei erwähnen, was am anderen gefällt und dies vielleicht auch noch wie eine Sachinformation ausdrücken – „Übrigens, ich finde dich anziehend". Vielmehr würden sie einfühlsame Worte verwenden, die nachvollziehbar machen, was sie als liebenswert registrieren. Eben so, wie das zwei Menschen bei ihren ersten Begegnungen immer wieder tun.

Werden dabei Worte verwendet, die sich direkt auf die Sinnesorgane beziehen – sehen, hören, fühlen usw. –, so verstärkt das die positive Wirkung, da sie die jeweiligen Areale im Gehirn aktivieren. Die Worte „Berührung" oder „berühren" werden in einer Beziehung mit angenehmen körperlichen Empfindungen assoziiert, was ebenfalls wirkungsverstärkend ist. Bei den folgenden Formulierungsbeispielen schließt sich jeweils eine Trigger-Frage an. Sie animiert zu einem weiteren Gespräch über die anziehenden Seiten des Partners. Vielleicht sogar zu mehr.

- „Du fühlst dich richtig gut an. So wie damals, als wir uns kennengelernt haben. Schön, dass dieses Gefühl nicht verloren ging, so wie bei vielen anderen Menschen. Woran liegt das wohl?"
- „Dein Blick geht mir durch die Haut – so wie vorhin. Weißt du, was ich mir dabei gedacht habe?"
- „Deine liebevolle Art berührt mich immer wieder. Sie ist etwas ganz Besonderes für mich. Kannst du dir vorstellen, was ich damit meine?"
- „Deine Lachfalten lassen mich an die gute Zeit denken, die wir miteinander verbringen. Das ist mehr als ein ‚Danke schön' wert. Weißt du, was ich über Menschen denke, die in diesem Alter ohne Lachfalten herumlaufen müssen?"

- „So sexy wie du aussiehst, muss ich mir ja direkt Sorgen machen. Das fällt anderen Männern sicherlich ebenfalls auf. Soll ich dir sagen, was *mir* in dieser Hinsicht auffällt – und nur mir auffallen kann?“
- „Wenn ich nicht zu Hause bin, denke ich oft an dich. Dabei habe ich deine angenehme Stimme im Ohr. Was sie mir zuflüstert, ist nicht immer für kleine Kinder bestimmt. Soll ich dir verraten, welche Worte das sind?“
- „Auf dem Heimweg lief im Autoradio ‚Simply the best‘ von Tina Turner. Weißt du, warum ich dabei an dich dachte?“
- „Du bist für mich ein Alpha-Mann. Nicht nur wegen deiner starken Seiten, an die mich anlehnen kann, sondern weil du immer das richtige Gespür für mich hast. Ich habe erst kürzlich mit einigen Freundinnen darüber gesprochen. Interessiert dich, wie sie darauf reagiert haben?“

11.4.2 Tipp 2: das Kopfkino zurückspielen – das emotionale Gedächtnis anzapfen

Im emotionalen Gedächtnis sind alle Erinnerungen abgespeichert, die mit besonders positiven oder negativen Gefühlen verknüpft wurden. Durch Worte kann die jeweilige Erinnerung wieder aktiviert werden. In Kap. 2.2.7 haben wir gesehen, wie dieser Mechanismus funktioniert, indem man an sich an eine angenehme Situation erinnert und die damals entstandenen Gefühle wieder intensiv erlebbar werden. In einer Liebesziehung lässt sich dieser Gehirnmechanismus nutzen.

Wie wird das emotionale Gedächtnis wirksam angezapft, um gute und erotisierende Gefühle zu triggern? Das funktioniert so einfach, wie es klingt: gemeinsame Erlebnisse ansprechen, damit die Erinnerungen an sie wachrufen und so den Film im Kopfkino zurückspielen. Dazu sucht man sich ein gemeinsames Erlebnis aus der Vergangenheit aus, spielt die einzelnen Szenen im Kopf durch und drückt an passender Stelle auf die Stopptaste. Die jeweilige Szene wird gedanklich „ausgeschnitten“ und dem Partner verbal vermittelt. Einige Beispiele:

- „Ich denke gerade an unseren ersten Urlaubstag im vergangenen Jahr. Vor allem an das, was du mir nach dem Dessert ins Ohr gesagt hast. Das war ein schöner Vorgeschmack auf unsere Nacht.“
- „Ich habe Prosecco kalt gestellt. Deine Lieblingssorte, den ‚Cartizze‘. Wir haben diese Sorte vor unserem ersten Kuss getrunken. Das liegt heute genau drei Jahre zurück. Darauf möchte ich jetzt mit dir anstoßen.“
- „Bei der Faschingsparty vor fünf Jahren wollte ich dich zunächst nicht ansprechen, da du einen Begleiter hattest, der mit uns am Tisch saß. Ich war richtig

eifersüchtig auf ihn, obwohl wir uns überhaupt nicht kannten. Als sich herausstellte, dass er dein Bruder ist, hätte ich einen Luftsprung machen können. Das könnte ich auch noch heute. Ab wann hast du eigentlich bemerkt, dass ich auf dich nicht nur ein Auge, sondern beide Augen geworfen habe?"

11.4.3 Tipp 3: Bilder im Kopf entstehen lassen – die Kunst der Andeutung

Wie jeder Mensch aus Erfahrung weiß, ist Vorfreude die schönste Freude. Bevor ein Geschenk ausgepackt wird, steigt die Erwartungsspannung, weil man nicht weiß, worin die Überraschung bestehen wird. Ist hingegen zu erwarten, dass ein Päckchen nur eines der üblichen Verlegenheitsgeschenke enthält – das Lieblingsrasierwasser für den Mann oder einen Unterwäschegutschein für die Frau –, hält sich die Vorfreude in engen Grenzen.

Wer den Beschenkten raten lässt, was in dem Päckchen sein könnte, und dazu kleine Hinweise gibt, regt seine Fantasie weiter an. Die Neugierde steigt. Diesen Vorgang kennt jeder. Daher würde wohl niemand auf die Idee kommen, ein verpacktes Geschenk mit folgenden Worten zu übergeben: „Bevor du das auspackst, sage ich dir, was du von mir bekommst."

Auf die Erotik bezogen bedeutet dies, dass mit Worten eine Erwartungsspannung ausgelöst werden kann, wenn sie wünschenswerte Bilder im Kopf des Partners auslösen. Etwas nur anzudeuten erleichtert den Aufbau einer erotischen Spannung, so wie das leicht Verhüllte das Interesse an der Enthüllung steigert. Einige Menschen verzichten darauf freiwillig und wählen lieber den direkten Weg – die sofortige Enthüllung. Das bleibt letztlich Geschmackssache. Wenn beide sich dabei wohl fühlen – warum nicht?

Manche Menschen jedoch müssen auf liebevolle und erotisierende Worte verzichten, weil das der Partner für überflüssig hält. Bei jedem einseitigen Verzicht stellt sich allerdings die Frage, wie lange es dauert, bis jemand anderer solche Worte ausspricht und damit diesen Menschen für sich gewinnt. Wer sich in seiner Beziehung allzu sicher wähnt und denkt, sein Partner würde andere Möglichkeiten niemals in Betracht ziehen, der übersieht: Gelegenheit macht nicht nur Diebe, sondern sie verführt auch zur Liebe.

Ob jemand die richtigen Worte findet, durch die erotische Bilder im Kopf des Partners entstehen, zeigt: Wie genau kenne ich ihn oder sie tatsächlich? Nur dann wird es gut gelingen, die Fantasiewelt im gewünschten Sinn anzuregen. Wer damit danebenliegt, hat die Chance, es beim nächsten Mal besser zu machen. Außerdem lernt er so seinen Partner noch besser kennen.

Worte verfehlen ihre Wirkung, wenn sie gleich alles verraten, was der Betreffende vorhat, statt auf die erotisierende Kraft der Fantasie zu setzen. Ein sinngemäßer Satz wie „Ich gehe jetzt duschen und warte anschließend unbekleidet im Schlafzimmer auf dich" hätte eine ähnliche Wirkung, wie einem Menschen zu verraten, womit er beschenkt wird – bevor er das Päckchen auspackt. Eine Antwort im Sinne von „Okay, ich muss aber noch das Geschirr wegräumen und dann die Wäsche bügeln" wirkt ähnlich lustdämpfend. Es sei denn, beide Partner haben sich daran gewöhnt, in regelmäßigen Abständen ihre „Pflicht" als Mann oder Frau zu erfüllen und auf eine solche Weise ihre Bereitschaft dazu anzukündigen.

Die Fantasie ist auch auf dem Gebiet der Erotik der beste Langeweilekiller – oder ihr Verhinderer. Einige Beispiele, wie die erotische Fantasie des Partners durch Worte angeregt werden kann:

- „Hast du Lust auf eine Gute-Nacht-Geschichte? Du wirst dann allerdings nicht so schnell einschlafen können. Eher könnte das Gegenteil der Fall sein. Ich erzähle dir den ersten Teil und du setzt die Geschichte dann fort. Wie das Happy End ausfällt, entscheidest Du."
- „Ich habe einen neuen Badezusatz mit einem viel versprechenden Namen gekauft. Wollen wir ihn gemeinsam ausprobieren? Dann könnten wir sehen, ob er hält, was er verspricht. Mehr möchte ich dir dazu nicht sagen."
- „Du hast mich gerade so verliebt angesehen. Was denkst du: Welche Bilder entstehen durch deinen Blick gerade in meinem Kopf?"
- „Machen wir ein kleines Ratespiel? Es geht um deinen Vornamen. Jeder Buchstabe in ‚Susanna' steht für etwas Bestimmtes, das ich mit dir in Verbindung bringe. Das ‚a' zum Beispiel für ‚außergewöhnliche Frau'. Die zwei ‚s' in deinem Vornamen halte ich bei dir für keinen Zufall. Was denkst du, verbinde ich damit? Wenn wir fertig sind, ist mein Vorname an der Reihe. Trinken wir zu diesem Spiel etwas Prickelndes?"
- „Ich habe ein spezielles Massageöl entdeckt. Es enthält ätherische Stoffe mit einer besonders sinnlichen Wirkung. Ich habe es gut versteckt. Wenn du es findest, probiere ich die Wirkung bei dir aus. Ich gebe dir einen kleinen Tipp, wo du suchen könntest."

11.4.4 Tipp 4: Chili statt Salbei

So wie es Schlabberbekleidung gibt, die zwar bequem, aber nicht gerade attraktiv oder gar sexy ist, so gibt es auch Schlabberwörter und -formulierungen. Darunter verstehe ich alle Äußerungen in einer intimen Beziehung, die zwar nett gemeint sind, aber das Besondere des Partners oder einer Situation mit ihm nicht richtig zum Ausdruck bringen. Sie zu verwenden ist bequem, weil der Sprecher nicht weiter darüber nachdenken muss, wie der Partner mit Worten vielleicht „elektrisiert" werden könnte. Für eine Beziehung sind Schlabbersätze aber ähnlich wie Salbei. Das einzig Erotische an diesem Gewächs ist seine botanische Gattungsbezeichnung: Lippenblütler. Als Heilkraut hilft Salbei unter anderem gegen übermäßiges Schwitzen. Heiß wird einem danach also nicht – oder nicht mehr. Bei Chili ist das bekanntlich anders. Nachstehend einige Beispiele für Formulierungen, die Salbei oder Chili enthalten können.

- Salbei: „Das neue Kleid steht dir eigentlich gar nicht so schlecht."
  Chili: „Du siehst in diesem Kleid richtig sexy aus. Damit ziehst du nicht nur meine Blicke auf dich. Die aber ganz besonders."
- Salbei: „Jetzt essen wir erst einmal in Ruhe und freuen uns auf einen gemütlichen Abend".
  Chili: „Ich habe Feigen für die Nachspeise mitgenommen. Lass' dich überraschen, wo ich sie dir servieren werde."
- Salbei: „Morgen ist Feiertag und wir können länger schlafen. Du weißt schon, was ich meine."
  Chili: „Weißt du, was das schönste an einem Feiertag für mich ist? Der Abend zuvor mit dir und das, was darauf folgen könnte."
- Salbei: „Ich schaue mir noch die Sportschau an. Falls du jetzt schlafen gehen willst: Könntest du mir bitte vorher noch ein Bier bringen?"
  Chili: „Der Sportschau kann ich widerstehen. Dir aber nicht. Was ist schon die Bundesliga gegen dich! Ich hole uns jetzt zwei Gläser Riesling. Lass' uns auf unseren persönlichen ‚Tabellensieg' in punkto Liebe anstoßen."
- Salbei: „Nächste Woche haben wir unseren siebten Hochzeitstag. Wie schnell doch die Zeit vergeht. Gehen wir dann mit Freunden zum Italiener?"
  Chili: „Kommenden Freitag habe ich mir frei genommen. Ich entführe dich an ‚unserem Tag' an einen reizvollen Ort, den du nicht kennst. Näheres werde ich dir nicht verraten. Nur so viel: Du wirst dich in jeder Hinsicht dort mit mir wohlfühlen."

Wie Chili wirken allerdings auch die wenig schmeichelhaften Vergleiche, die den Partner heißlaufen lassen und ihn garantiert abtörnen, wie folgende Beispiele zeigen: „Deine Vorgängerin hätte das bestimmt schöner gesagt" oder „Mein Ex war in dieser Hinsicht etwas großzügiger als du". Sollten bohrende Fragen zu früheren Beziehungsverhältnissen gestellt werden, so gibt es darauf eine unterbindende Antwort, die wie Kamille beruhigt: „Seit ich dich kenne, gibt es für mich nur mehr dich. Was mit irgendwem vor dir war, verblasst in meiner Erinnerung – dank dir."

11.4.5 Tipp 5: Routine durchbrechen – spontane Worte haben die stärkste Kraft

Intensive Liebesgefühle entstehen spontan. Ebenso die daran gekoppelten sinnlich-erotischen Empfindungen. Ihr Auftreten ist nicht planbar und sie sind nicht auf Knopfdruck abzurufen. Darin besteht auch ihr besonderer Reiz. Ein Blick, eine Berührung und einige wenige Worte können solche Gefühle unerwartet auslösen. Absicht und Routine wirken ihrer Entstehung entgegen. Säuselt ein Mann einer Frau, die er gerade kennenlernte, aus klar erkennbarer Berechnung ins Ohr, wie attraktiv er sie findet, so wird er vermutlich alleine schlafen gehen. Macht ein Mann das bei seiner eigenen Frau, wird sie das auch nicht unbedingt als sonderlich reizvoll empfinden.

Spontane liebevolle Äußerungen wirken glaubhafter als routinemäßig oder in berechnender Absicht geäußerte Liebesbekundungen. Sie lösen im Gehirn ein stärkeres Gefühl aus, weil sie nicht erwartet wurden. Wer seinen Partner als einen Menschen sieht, den er immer wieder für sich gewinnen möchte, braucht keine passende Gelegenheit oder romantischen Kerzenschein, um ihm das zu sagen. Er findet täglich eine Möglichkeit dazu und entzündet damit ein Licht, das auf ihn zurückstrahlt – als „Kiss of live".

Abgespulte Routineäußerungen im Stil von „Ja Schatz, ich freue mich natürlich auch, wenn wir uns in zwei Tagen wiedersehen" sind der Gegner von erotisierenden Vorstellungen. Welche Fantasien sollten Äußerungen wie diese auch auslösen?

Das Gehirn hakt die gewohnten Worte einfach als „gehört" ab. Natürlich: Auch sie gehören zum Alltag einer Beziehung. Aber wenn er nur mehr aus solchen Worten besteht, werden Liebe und Erotik auf Dauer darunter leiden. Alles, was in Bezug auf sie aus Gewohnheit gesagt wird – und wie das Amen im Gebet zu erwarten ist –, schleift sich im Laufe der Zeit ab. Das Resultat: Die Wirkung lässt nach und bleibt irgendwann gänzlich aus.

In einer Liebesziehung wartet das Gehirn auf die entsprechenden Trigger-Worte und körpersprachlichen Signale, um sinnlich-erotische Fantasien produzieren zu können. Diese Fähigkeit ist nur dem Menschen vorbehalten. Ein Affe, Esel oder Nilpferd muss ohne sie auskommen. Sie ist ein Privileg des Menschen. Warum also freiwillig darauf verzichten? Werden dem Gehirn solche Fantasien verwehrt, so wählt es eine Alternative, um sie trotzdem entstehen lassen zu können: Es komponiert in Träumen Actionfilme mit verschlüsselten Botschaften. Sie zeigen einem Menschen an, welche Wünsche in erotischer Hinsicht er im Wachzustand nicht zulässt und welche aktionsreichen Rollen er im realen Leben gerne einnehmen würde.

Unabhängig vom jeweiligen Trauminhalt signalisiert ihm damit das Gehirn: Meine Vorstellungskraft ist grenzenlos und ich kann wesentlich mehr leisten als nur logische Verstandesarbeit. Dieses Signal ist eine Aufforderung zur besseren Nutzung dieser Gehirnfähigkeit – der Fantasie.

Einen fantasielosen Menschen gibt es nicht. Das zeigt ein Blick auf Kinder. Und Kind war schließlich jeder einmal. Es gibt nur Menschen, die ihre Fantasien nicht zulassen oder die ihr Gehirn mit unbedeutenden Informationen dermaßen zumüllen, dass wenig Platz für anderes bleibt. Wer es etwa interessanter findet, wie die Gefängniszelle von Uli Hoeneß aussieht anstelle der schönsten Seiten der eigenen Frau, würgt seine Fantasien in Bezug auf sie nach und nach ab.

Herauszufinden, was den Partner verbal stimuliert und bei ihm zu sinnlichen Fantasien führt, ist „Part of the game" im erotischen Liebesspiel – und sehr reizvoll. Einfühlsame Menschen werden mit ihren liebevollen Worten hier auf Anhieb die höchste Trefferquote erzielen und sie als Liebeselixier verwenden. Dieser Zaubertrank der Worte wirkt sofort und er steht jedem Menschen täglich zur Verfügung.

Liebe und Erotik wirken sich durch die ausgeschütteten Glückshormone, die Endorphine, auch positiv auf die Gesundheit aus. Diese Ausschüttung beugt unter anderem Infektionskrankheiten und sogar Krebs vor [3]. Welchen erstaunlichen Einfluss die Sprache auf die Gesundheit oder ihre Wiederherstellung bei Krankheiten hat, lesen Sie im nächsten Kapitel.

Literatur

1. Online-Ausgabe der Zeitschrift „Die Welt" vom 27. Januar 2015
2. Evatt C (2005) Männer sind vom Mars, Frauen von der Venus. Piper, München (Diese Anspielung bezieht sich auf Evatt 2005)
3. www.gesund.co.at/sex-medizin-gesundheit-11603/. Zugegriffen: 7. März 2015

Empfohlene Literatur

4. Kast B (2013) Die Liebe und wie sich die Leidenschaft erklärt. Fischer, Frankfurt a. M.

12 Sprache und Gesundheit: Was der Arzt sagt, hat immer Nebenwirkungen

Es sind nicht die Dinge selbst, die uns beunruhigen, sondern die Vorstellungen und Meinungen von den Dingen.
Epiktet [1]

In diesem Kapitel steht die Frage im Mittelpunkt, wie der Körper auf die Sprache reagiert: Welche Reaktionen sie in ihm auslöst und welche Begleiterscheinungen dies haben kann – in positiver wie in negativer Hinsicht. Insbesondere geht es dabei um die Worte des Arztes zu seinen Patienten. Außerdem wird beschrieben, welche unbedachten Äußerungen von Angehörigen, Freunden oder Bekannten eine schädliche Wirkung für einen Kranken haben können und daher besser unterlassen werden.

Speziell bei erkrankten Menschen zeigt sich, wie sensibel das Gehirn auf Worte reagiert und welche Auswirkungen das auf den Krankheitsverlauf hat – und damit auch auf die Gesundheit. Einmal mehr wird dabei deutlich, wie sehr der mentale Bereich mit dem körperlichen verschmolzen ist und mit ihm eine untrennbare Einheit bildet. Deutlicher als in vielen anderen Situationen zeigt sich hier, wie Worte ein Heil- und sogar ein Wundermittel sein können, aber auch ein Gift.

Das Gehirn selbst ist ohne Schmerzempfindungen. Körperliche Schmerzen entstehen im Gehirn und werden in die jeweilige Region projiziert, in der es weh tut. Auch dieser Punkt wird uns in den folgenden Abschnitten beschäftigen. Durch den derartigen Projektionsmechanismus erklären sich die sogenannten „Phantomschmerzen“: Betroffene schildern, dass ihnen amputierte Gliedmaßen, etwa ein Unterschenkel, Schmerzen verursachen.

„Worte sind die mächtigste Droge, welche die Menschheit benutzt.“ Dieses Zitat stammt von dem britischen Schriftsteller Rudyard Kipling, der als Autor des

H. Eicher, *Die verblüffende Macht der Sprache*,
DOI 10.1007/978-3-658-08516-2_12

Dschungelbuches vielen Menschen bekannt ist [2]. Kipling meinte dies vermutlich in einem übertragenen Sinn. Denn er konnte noch nicht wissen, dass Worte tatsächlich die Wirkung von drogenähnlichen Medikamenten haben können. Diese Wirkungsweise der Sprache bestätigt auch einer der führenden deutschen Schmerzforscher, Walter Zieglgänsberger, emeritierter Professor am Max-Planck-Institut für Psychiatrie in München: „Worte haben die gleiche Wirkung wie Psychopharmaka – nur eben viel schneller und zuverlässiger". Die Sprache ist für ihn das intensivste Psychopharmakon, das die Menschheit besitzt [3].

12.1 Lassen sich Körper, Geist und Seele wirklich trennen?

Das Gehirn reagiert auf Worte, die ein Mensch hört oder liest, immer ganzheitlich. Sie lösen also nicht nur Gedanken und Assoziationsketten aus, sondern parallel dazu auch Gefühle und körperliche Reaktionen, die nach außen hin sichtbar werden können. Beispiele dafür sind: Erröten, weil sich jemand in einem Gespräch schämt; Erblassen, wenn die Worte Angst auslösen und jemand bleich vor Schreck ist; eine geballte Faust und ein gerötetes Gesicht aufgrund der entstandenen Wut bei einer verbalen Auseinandersetzung; ein überraschter oder entsetzter Blick nach einer unerwarteten Äußerung.

In der psychosomatischen Medizin wurde die Vorstellung bereits seit langem überwunden, der Mensch sei in einen Geist, eine Seele sowie in einen Körper klar trennbar. Diese Trennung stammt in der Neuzeit von dem französischen Philosophen und Mathematiker René Descartes, der im 17. Jahrhundert lebte. Sie unterstellt, es würde sich dabei um scharf abgrenzbare Einheiten handeln. Anatomisch gesehen ist eine solche Aufteilung problemlos möglich: Das Gehirn produziert den Geist – und das, was wir Seele nennen – und der Körper führt deren Befehle aus, die über die Nervenbahnen weitergeleitet werden. Anschließend wird die Befehlsausführung über Feedbackschleifen dem Gehirn zurückgemeldet.

Bei der Trennung des Menschen in Körper, Geist und Seele stellt sich allerdings die Frage, ob es sich dabei wirklich um verschiedene Substanzen handelt oder ob der mentale und der physische Bereich nicht letztlich eins sind. Die Befürworter einer solchen Trennung gehen davon aus, dass der körperliche und der geistig-seelische Bereich eines Menschen in einem strengen Ursache-Wirkungsverhältnis zueinander stehen. Ähnlich wie in der Physik, die Ursache und Wirkung klar benennen kann. Doch bereits die einfache Frage, ob jemand weint, weil er traurig ist, oder traurig ist, weil er die aufsteigenden Tränen spürt, lässt sich nicht zu hundert Prozent sicher beantworten. Zittert jemand, weil er ängstlich ist, oder ist er ängstlich, weil er zittert? Solche Fragen erinnern an das berühmte Henne-Ei-Problem:

Was war zuerst da? Oder anders gefragt: Was ist Ursache und Wirkung, was ist Aktion und Reaktion in einer Kausalkette und worin bestand ihr ursprünglicher Auslöser?

Ungeachtet der nicht restlos geklärten Fragen, in welchem wechselseitigen Verhältnis Körper, Geist und Seele aufeinander einwirken – oder ob sie nicht doch als Einheit zu sehen sind –, lässt sich bei der Sprachwirkung von Parallelvorgängen ausgehen. Worte, die zum Beispiel Angst oder Wut auslösen, sind parallel dazu mit körperlichen Begleiterscheinungen verbunden: schnellerer Herzschlag, feuchte Hände, Blutdruckanstieg, Gefäßverengung oder Erweiterung der Blutgefäße, Verspannung der Hals- und Rückenmuskulatur, die zu Schmerzen in diesen Regionen führen kann usw.

Die Sprache wirkt sich somit direkt auf den körperlichen Zustand eines Menschen und damit auch auf seine Gesundheit aus. Sie kann ein Heilmittel, aber auch ein Gift sein. Es würde wohl kaum jemand bezweifeln, dass Worte, die eine gute Stimmung auslösen, die Hoffnung und Zuversicht vermitteln, eine gesundheitsfördernde Wirkung haben. Man fühlt sich dadurch jedenfalls gut oder besser. Ebenso wenig ist es in Frage zu stellen, dass im gegenteiligen Fall die körperlich-psychische Verfassung unterhöhlt wird und so Krankheiten leichter entstehen können.

Ein heftiger Streit oder demütigende Worte, um zwei negative Beispiele zu nennen, führen im Gehirn und damit auch im Körper zu unerwünschten Reaktionen. Könnte man sehen, was sie im gesamten Organismus auslösen und wie sie beispielsweise das Immunsystem schwächen, würde mit Worten vermutlich sorgsamer umgegangen werden. Dass sie einen Menschen krank machen, wenn er fortwährend verbalen Giftspritzen ausgesetzt ist, steht wohl außer Frage. Wann und woran er erkrankt, hängt in erster Linie von seiner psychophysischen Allgemeinverfassung und von der genetischen Disposition zu bestimmten Krankheiten ab. Nicht zuletzt spielen dabei auch körperliche Schwachstellen, die am ehesten krankheitsanfällig sind, eine Rolle – das Herz, der Magen, die Wirbelsäule usw.

Der gesundheitsschädigenden Wirkung von Worten sollte sich jeder bewusst sein, der sich immer wieder in Situationen begibt oder sie sogar selbst heraufbeschwört, in denen die Sprache als Giftmittel eingesetzt wird. Noch ist die Menschheit nicht soweit, dass man sich aus dem 3D-Biodrucker ein neues Gehirn ausdrucken kann, in dem die schädlichen Wirkungen der Worte aus der Vergangenheit gelöscht sind und das gleichzeitig immun gegen sie ist. Obwohl diese Frankenstein-Vision manchmal sogar eine wünschenswerte Vorstellung wäre.

Worte sind wie ein Gehirnschrittmacher, der die Neuronen stimuliert, körperliche Reaktionen auslöst und dabei den Takt vorgibt, wie heftig diese ausfallen. In vielen Redewendungen der Organsprache kommt der Zusammenhang von Sprache und körperlichen Reaktionen, die durch Worte getriggert wurden, klar zum Ausdruck. Sie sind nicht nur in einem metaphorischen Sinn zu verstehen:

Beispiele für die Organsprache

- Diese Aussage bereitet mir Kopfzerbrechen.
- Wenn ich das höre, platzt mir der Hals/der Kragen.
- Nach dem Gespräch mit seinem Boss kroch er auf dem Zahnfleisch daher.
- Deine Antwort verschlägt mir den Atem.
- Die ständige Streiterei schlägt sich mir auf den Magen.
- Da kommt mir die Galle hoch, wenn du das sagst.
- Ihm ist bei der Diskussion offenbar eine Laus über die Leber gelaufen.
- Was Sie gesagt haben, ist für mich schwer verdaulich.
- Es stößt mir sauer auf, wenn ich das höre.
- Wegen dieser Äußerung brauchst du den Kopf nicht hängen zu lassen.
- Nimm dir seine Worte nicht so zu Herzen.
- Die ständigen Missverständnisse gehen mir an die Nieren.
- Diese Nachricht fährt mir tief in die Knochen.

12.2 Versetzt der Glaube wirklich Berge?

Ist die aus der Bibel stammende Aussage, der Glaube könne Berge versetzen, nur ein frommer Spruch? Ist sie als eine weltliche Metapher ohne besonderen Wert zu verstehen? Der unerschütterliche Glaube an das Gelingen dessen, was sich jemand vorgenommen hat, setzt im Gehirn ungeahnte Kräfte und Energiequellen frei. Was dort genau biochemisch abläuft, weiß niemand so genau. Selbst die modernsten Methoden des „Brain Imaging", mit denen das Gehirn durch bildgebende Verfahren scheibchenweise optisch dargestellt wird, erlauben keinen verlässlichen Aufschluss darüber. Abgesehen von krankhaften Veränderungen zeigen sie bei gesunden Versuchspersonen allerdings an, welche Gehirnareale während eines Versuches – zum Beispiel Denkaufgaben lösen – aktiver sind als die anderen. Dabei lässt sich beobachten: Bei intensiven positiven oder negativen Vorstellungen werden die limbischen Gehirnregionen besonders aktiv. Jene Regionen also, die jeden Sprachinhalt, der gehört oder gelesen wurde, emotional einfärben. Eine positive Vorstellung, ausgelöst durch die Sprache, führt zu guten Gefühlen. Sie erhöhen die innere Antriebskraft und die Motivation. Im umgekehrten Fall wirkt das schlechte Gefühl dämpfend auf die eigenen Antriebskräfte, was sich bis zur Resignation ausweiten kann.

Der feste Glaube daran, dass eintreten wird, was jemand glaubt, kann somit viel bewirken – in positiver wie in negativer Hinsicht. Auf die Medizin bezogen heißt das: Ein starker Gesundungswille in Verbindung mit dem Glauben an eine Verbesserung der Krankheit und eine mögliche Gesundung erhöht die Heilungschancen.

Gleiches gilt leider auch für den umgekehrten Fall: Statt aus dem schwarzen Loch einer Krankheit wieder herauszukommen, fällt man durch den fehlenden Glauben an die Wiederherstellung der Gesundheit immer tiefer in dieses hinein.

Jeder Arzt kann den Gesundungswillen eines Kranken mit seinen Worten gezielt unterstützen und fördern. Er ist dann für den Patienten eine verbale Apotheke. Im gegenteiligen Fall kann er ein verbaler Giftschrank sein, auch wenn das von ihm selbstverständlich niemals beabsichtigt ist. Die Antwort des Arztes auf die Frage eines Schwerkranken nach der verbleibenden Lebensspanne – „Sie haben vermutlich noch circa ein Jahr zu leben" – wäre ein Beispiel dafür. Sie verstärkt eine bestehende aussichtlose Erwartungshaltung und es wäre nur allzu verständlich, wenn sich ein Mensch nun mit dem vorzeitigen Sterben abfindet. Eine solche unbeabsichtigte Konditionierung wird beispielsweise mit den folgenden Worten des Arztes vermieden:

„Wie lange Sie angesichts dieser Erkrankung noch leben werden, kann niemand ganz verlässlich sagen. Wenn ich Ihnen jetzt einen statistischen Durchschnittswert nenne, fixieren Sie sich vermutlich darauf. Es gibt positive Abweichungen davon und das bedeutet, dass jemand länger leben kann, als es ein durchschnittlicher Wert besagt. Erlauben Sie mir eine persönliche Bemerkung: Wenn man jeden Tag so lebt, als wäre es vielleicht der letzte, dann gewinnt unser Leben an Wert. Das gilt für uns alle. Versuchen Sie diesen Gedanken in Ihrer Situation auf Ihre ganz spezielle Weise umzusetzen und lassen Sie die Hoffnung nicht fallen. Das wird Ihnen gut tun. Denken Sie also, soweit es Ihnen möglich ist, nicht fortwährend an die Krankheit."

Spricht ein Arzt eine solche Empfehlung aus, ist die Chance groß, dass der Patient sie auch beherzigt. Denn der Behandelnde hat in seinen Augen – wohl zu Recht – die größte Kompetenz in der Beurteilung dessen, was in der jeweiligen Situation gut und richtig für ihn sein könnte. Falls der Patient den Worten folgt und er verstirbt nach sieben Monaten, war diese verbliebene Zeitspanne für ihn eine bessere, als wenn das Damoklesschwert „Ich lebe noch circa ein Jahr" über ihm schwebt. Er schließt dann mit dem Leben ab und wartet nur mehr auf seinen Tod.

12.2.1 Die Placebo-Wirkung

Gesundheitlich gesehen spricht vieles dafür, dass der Glaube an eine Heilung im übertragenen Sinn tatsächlich Berge versetzen kann und so die Heilungschancen verbessert werden. Skeptiker, die alles bezweifeln, was sie nicht sehen oder angreifen können, sind hier im Nachteil. Denn ihnen könnte das Vertrauen in ihre

Selbstheilungskräfte fehlen. Möglicherweise fehlt ihnen auch das Vertrauen in den behandelnden Arzt.

Wer an etwas glaubt, ist fest davon überzeugt, es sei für ihn gut und richtig. Er vertraut seiner Überzeugung und bezweifelt sie nicht im Innersten. Anderenfalls wäre es ein leerer und hohler Glaube. Dieser hat keinerlei Wirkung auf den Organismus. Das Gehirn lässt sich hier nicht überlisten. Es unterscheidet sehr genau, ob jemand tatsächlich an etwas glaubt oder ob es von Zweifel durchzogene Wunschgedanken sind. Vertrauen ist also der Schlüssel für die Wirksamkeit eines Glaubens – unabhängig davon, woran jemand glaubt.

Placebo heißt wörtlich übersetzt: „Ich werde gefallen." Vermutlich wurde dieser Begriff deshalb gewählt, weil es jedem Menschen „gefällt", wenn etwas positiv auf ihn wirkt. Das kann ein Medikament sein, aber es können auch jene Worte sein, an die er glaubt. Darum können die richtig gewählten Worte des Arztes beim Patienten sehr viel Gutes bewirken, indem sie seine Selbstheilungskräfte stärken. Dies wäre eine erwünschte Nebenwirkung in einem aufklärenden Gespräch über die Erkrankung und ihre Therapiemöglichkeiten.

Die bekannte Placebo-Wirkung zeigt, wie die Kraft der Vorstellung und der Glaube an die Wirksamkeit eines Medikamentes in die neurochemischen Mechanismen eingreifen und dort Positives bewirken. Wenn zum Beispiel Schmerzpatienten ein Scheinmedikament erhalten, an dessen Wirkung sie fest glauben, schüttet das Gehirn Opioide aus, die schmerzdämpfend sind. Das Schmerzmittel kommt dann direkt vom körpereigenen Medikamentenschrank und nicht von außen. Dieser Placebo-Effekt konnte an der Gehirnaktivität nachgewiesen werden. Auch durch Meditationstechniken kann eine Schmerzreduktion herbeigeführt werden. Meditierende Fakire können sich daher auf Nagelbretter setzen, ohne zuvor ein Schmerzmittel eingenommen zu haben [4].

Bei Schmerzen bewirkt der Placebo-Effekt, dass dort, wo sie verursacht werden, kein oder nur ein geringes Schmerzsignal entsteht – zum Beispiel am Rücken. In der Gehirnforschung wird das als „Top-Down-Hemmung" bezeichnet – der Kopf hemmt den Schmerz. Wie wir später noch sehen werden, funktioniert das leider auch in der umgekehrten Weise, wenn Worte den Schmerz verstärken.

Was die Einbildungskraft zu bewirken vermag, zeigt sich auch in der umstrittenen Placebo-Chirurgie: Vorgetäuschte Operationen ohne therapeutischen Eingriff können zu einer Verbesserung der Beschwerden führen – zum Beispiel bei einer Kniearthrose.

Nicht zuletzt kann sich auch der religiöse Glaube förderlich auf die Gesundheit eines Menschen auswirken. So bezeichnet beispielsweise der Präventivmediziner und Chirurg Professor Gerd Schnack die christlichen Tugenden Glaube, Liebe und Hoffnung als „Supermedikamente". Die Begründung für dieses Aussage: Positive Botschaften stimulieren das Immunsystem und sie können somit Krankheiten verhindern [5].

Wenn der Arzt weiß, dass sein Patient ein gläubiger Mensch ist, und wenn er selbst einen Bezug zum religiösen Glauben hat, kann er ihn darauf hinweisen. Denn was spricht dagegen – vor allem bei schweren Erkrankungen – alles in Betracht zu ziehen, was gesundheitsfördernd und wissenschaftlich auch bewiesen ist? Schaden wird eine solche Empfehlung sicherlich nicht.

12.2.2 Der böse Bruder vom Placebo

In der Öffentlichkeit weniger bekannt ist der „böse Bruder" von einem Placebo: das Nocebo. Übersetzt heißt es: „Ich werde schaden." Nocebo-Phänomene gründen auf den gleichen Wirkmechanismen wie Placebo-Effekte: Auf der Erwartungshaltung des Patienten und bei längerer Einnahme eines Medikamentes auf seiner Konditionierung durch einen Lern- und Gewöhnungsprozess. Beim Nocebo-Effekt verschlechtern sich die Symptome durch eine Suggestion, die eine negative Erwartungshaltung entstehen lässt. Diese löst ihrerseits eine unerwünschte körperliche Reaktion aus. So wurde beispielsweise in einer klinischen Studie die schmerzstillende Wirkung eines Opioids aufgehoben, da man den Versuchspersonen sagte – ihnen suggerierte –, dass die Injektion kurzfristig die Schmerzempfindlichkeit verstärken würde. Angst konnte dabei als der entscheidende Faktor für eine derartige Wirkung identifiziert werden. Der Neurotransmitter Cholezystokinin spielt laut dieser Studie den Vermittler zwischen der ausgelösten Angst und dem körperlich wahrgenommenen Schmerz [6].

Hohes Aufsehen in der klinischen Forschung erregte der Fall eines Studenten, der einen Suizidversuch mit dem Monatsvorrat eines Medikamentes unternahm. Was er nicht wusste: Es waren Placebos ohne Wirkstoffe, die er bei seiner Teilnahme an einer Medikamentenstudie erhielt. In einem kritischen Zustand kam er in die ärztliche Behandlung. Als er erfuhr, er habe nur Placebos geschluckt, normalisierten sich seine Werte wieder [7].

Ein Extremfall für die Nocebo-Wirkung ist der Fluch eines Voodoo-Priesters, mit dem ein Todesurteil ausgesprochen wird. Ein davon betroffenes Opfer kann durch den unverrückbaren Glauben an den Eintritt des Fluches, der tiefe Resignation und extreme Angst auslöst, an dem tödlichen Wortcocktail sogar sterben.

Die Nocebo-Forschung liefert wertvolle Hinweise, wie die negative Erwartungshaltung eines Patienten schädliche Wirkungen auf die Wiederherstellung seiner Gesundheit hat. Die verbale und nonverbale Kommunikation des Arztes, aber auch des Pflegepersonals kann – unbeabsichtigt – eine solche Erwartungshaltung verstärken oder sogar auslösen.

Beispiele für Wort-Nocebos sind:

- „Risikopatient" – statt „Erkrankung, die eine besondere Fürsorge braucht",
- „Das sieht nicht gut aus" – statt „bedarf einer intensiven Therapie" oder
- „mögliche Komplikationen" – statt „Präventivmaßnahmen gegen einen unerwünschten Therapieverlauf".

Selbst scheinbar neutrale Worte aus der ärztlichen Terminologie, „Krankheitsverlauf" oder „Entwicklungsverlauf der Krankheit", können beim Patienten eventuell unerwünschte Vorstellungen auslösen. Etwa jene, eine Krankheit würde sich weiterentwickeln, was unnötige Ängste schüren kann. Die Worte „Heilungsverlauf" oder „Heilungsetappen" schließen eine solche Möglichkeit aus. Sie fördern überdies die Hoffnung auf eine Gesundung. Bei Erkrankungen, die heilbar sind, ist ein solches Wording angebracht und daher auch verantwortbar. Es verhindert zudem, dass vom Arzt nonverbale Signale ausgesendet werden, die für den Patienten „verdächtig" sind und daher verunsichernd auf ihn wirken könnten. Denn die Körpersprache und der Ton der Stimme werden vom Gehirn mit dem Sprachinhalt synchronisiert, ohne dass dies der Sprecher, in diesem Fall der Arzt, bewusst registriert. Spricht dieser über die mögliche Gesundung, wird seine Körpersprache daher unwillkürlich positive Signale an den Patienten aussenden.

Natürlich muss ein Arzt im Rahmen seiner Aufklärungspflicht Worte wie „Risiken" oder „Komplikationen" verwenden. Aber er kann ihnen Worte voranstellen, die Ängste verringern, beispielsweise: „Wir treffen alle Vorsorgemaßnahmen, um mögliche Risiken auszuschalten. Ich kläre Sie jetzt darüber auf und sage Ihnen anschließend, wie wir ihnen gezielt entgegenwirken."

Was die positiven oder negativen Auswirkungen der Sprache auf die körperliche Gesundheit eines Menschen betrifft, gibt es leider noch keine systematische Ausbildung während des Medizinstudiums. Ebenso wenig existiert eine Ausbildung für die Risikokommunikation bei Vorsorgeuntersuchungen, wie das Max-Planck-Institut für Risikoforschung in Berlin kritisch feststellte. In der Sendung „Krank durch Früherkennung", die der Sender RBB am 26.11.2014 ausstrahlte, wurde darüber berichtet.

12.3 Die sensible Arzt-Patienten Beziehung

Die Beziehung zwischen Arzt und Patienten ist eine besonders sensible, denn sie ist asymmetrisch. Der Arzt verfügt über das diagnostische Wissen und er weiß, welche Therapiemöglichkeiten zum Erfolg führen können. Der Patient hat dieses Wissen im Regelfall nicht. Der Arzt steht häufig unter Zeitdruck, da sein Wartezimmer meistens voll ist und er seine Praxis auch unter wirtschaftlichen Gesichtspunkten führen muss. Der Patient wiederum ist sehr um seine Gesundheit besorgt, falls es sich nicht nur um eine Banalerkrankung handelt. Er erwartet daher eine umfassende und geduldige Aufklärung über seine Krankheit sowie deren Heilungsaussichten.

Viele Patienten rüsten mittlerweile wissensmäßig auf, was ihre Krankheit und die Behandlungsmethoden betrifft. Sie recherchieren im Internet und konfrontieren den Arzt mit dem Ergebnis ihrer Recherche. Das hat zwei wesentliche Nachteile. Der Patient wird erstens durch seine Recherchen eher verunsichert als beruhigt, da er das nachgelesene Wissen ohne ärztliche Ausbildung selten richtig einordnen kann. Der zweite Nachteil: Der Arzt könnte das als mangelndes Vertrauen in seine Diagnose und Therapievorschläge interpretieren. Einem guten Beziehungsverhältnis würde das abträglich sein.

Vor allem bei schweren Erkrankungen, wie etwa bei Krebs oder einem Herzleiden, ist das Vertrauen in den behandelnden Arzt besonders wichtig. Es stärkt die Überzeugung, in guten Händen zu sein, und nährt das Gefühl, dass therapeutisch alles getan wird, was möglich ist. Das fördert auch die Selbstheilungskräfte.

In einer schwierigen gesundheitlichen Situation klammert sich der Patient an die Worte des Arztes wie ein Ertrinkender an den berühmten Strohhalm. In seinem Kopf kreisen beängstigende Fragen: „Wie gefährlich ist die Operation wirklich? Welche tatsächlichen Risiken bestehen in meinem Fall? Wird die Chemotherapie anschlagen und mein Leben verlängern? Wie wird meine Lebensqualität durch die Krankheit eingeschränkt? Werde ich eventuell dahinsiechen und zum Pflegefall werden? Was könnten die Nebenwirkungen der Therapie bei mir sein, womit habe ich schlimmstenfalls zu rechnen?"

Solche zunächst unausgesprochenen Fragen, die den Patienten massiv ängstigen können, führen dazu, dass er jedes Wort vom Arzt auf die Goldwaage legt. Der Ton seiner Stimme und die ausgesendeten nonverbalen Signale werden von ihm seismografisch registriert. Er interpretiert sie unbewusst als Indiz im Sinne einer negativen Erwartungshaltung in Bezug auf seine Krankheit. Beispiele dafür sind: Worauf deutet die hochgezogene Augenbraue des Arztes hin? – „Vermutlich auf Komplikationen, die zu befürchten sind!" Was bedeutet sein ernster und nachdenklicher Blick? – „Die Heilungsaussichten sind wahrscheinlich gering!" Warum presst er die Lippen eng zusammen? – „Es steht wohl ziemlich schlecht um mich!" Ist seine Stimme nicht plötzlich leiser geworden, als er sagte, wir müssen jetzt in Ruhe miteinander reden? – „Mich erwartet vermutlich eine schlechte Nachricht!"

► Die positive oder negative Beeinflussung der Erwartungshaltung eines Menschen durch nonverbale Signale ist in der Wissenschaft schon lange bekannt. In klinischen Testreihen, bei denen Placebos eingesetzt werden, wissen daher weder der Arzt noch die Studienteilnehmer, wer das Arzneimittel und wer das Placebo erhält. Durch diese Doppelblindstudien wird unerwünschte Beeinflussung ausgeschaltet.

Ärzte wissen, was starker Stress bei Menschen auslöst. Eine schwere oder lebensbedrohende Krankheit ist natürlich immer mit großen Ängsten verbunden, die den Stresslevel an seine oberste Grenze treiben. Wenden Ärzte ihr Wissen über diese Stressreaktionen im Gespräch mit dem Patienten immer richtig an? Zu wünschen wäre dies jedenfalls.

Erkrankten Menschen wäre zu empfehlen, ihre Selbstheilungskräfte nicht zu untergraben, indem sie hypersensibel auf die Worte und nonverbalen Signale des Arztes reagieren – sondern Fragen stellen, wenn sie etwas verunsichert. In den meisten Fällen werden sie darauf auch klare Antworten bekommen. Falls die Verunsicherung trotzdem bestehen bleibt, kann immer noch eine Zweit- oder Drittmeinung eingeholt werden, wozu viele Ärzte im Zweifelsfall auch raten.

12.3.1 Übertragungsphänomene

Sigmund Freud, der Schöpfer der Psychoanalyse, wusste noch nichts von der Existenz der Spiegelneuronen, mit denen Gefühle von einem Menschen auf den anderen übertragen werden. Als scharfer Beobachter und Denker beschrieb er jedoch bereits hundert Jahre vor ihrer Entdeckung die Phänomene der „Übertragung" und „Gegenübertragung" in der Arzt-Patienten-Beziehung.

- Bei der Übertragung werden Gefühle, Erwartungen und Wünsche vom Patienten auf den Arzt projiziert; bei der Gegenübertragung vom Arzt auf den Patienten. Beides geschieht unbewusst und löst wechselseitig Gefühle aus, wie dies auch bei jedem anderen zwischenmenschlichen Kontakt der Fall ist.

Übertragungsphänomene beruhen auf der Sprachwirkung – dem Wortinhalt und dem Ton, in dem dieser ausgesprochen wird – sowie auf den nonverbalen Begleitsignalen der Körpersprache. Ein Patient kann beispielsweise durch seine angstvollen, aus Sicht des Mediziners vielleicht naiven Fragen bei einem Arzt Ungeduld auslösen. Seine Antworten werden dann vielleicht kurz sein und den Patienten nicht beruhigen können. „Jetzt warten wir erst einmal ab, wie das Medikament wirkt", wäre zum Beispiel eine solche Antwort, die eher weiter verängstigt als beruhigt. Diese Formulierung vermittelt, das Medikament könnte vielleicht nicht wirken – oder anders als beabsichtigt. Eine eventuelle Unsicherheit des Arztes, ob das verschriebene Medikament bei einer Krankheit tatsächlich die vorgesehene Wirkung hat, überträgt sich so auf den Patienten.

Natürlich ist ein Arzt kein Hellseher. Daher kann er auch nicht von vorneherein wissen, ob ein verordnetes Medikament bei einem Patienten genauso wirkt wie von ihm gedacht. Schließt das eine beruhigende Antwort generell aus? Wohl kaum. Eine solche wäre beispielsweise: „Diese Tabletten enthalten verbesserte Wirkstoffe. In einem Monat überprüfen wir den Heilungsverlauf." Das Wort „Heilungsverlauf" verstärkt beim Patienten die positive Annahme, dass dieses Medikament heilen kann.

Wie aus der Placebo-Forschung bekannt, sind positive Annahmen ausschlaggebend für die Wiederherstellung der Gesundheit. In einem solchen Zusammenhang eingenommene Scheinarzneimittel ohne jegliche pharmazeutische Wirkstoffe führen in bis zu 70 % der untersuchten Fälle zu einer Symptomverbesserung [8].

Bei der Gegenübertragung des Arztes auf den Patienten spielen vor allem der Ton, in dem etwas ausgesprochen wird, und seine Körpersprache eine große Rolle. Je schwerer eine Erkrankung ist, umso sensibler reagiert ein Mensch darauf.

„Wir sollten auf jeden Fall zur weiteren Abklärung Ihrer wiederkehrenden Migräneattacken eine Tomografie machen", sagt der Internist zu einem Patienten nach der Befragung zu seiner Vorgeschichte – der Anamnese. Dabei verändert sich der Ton seiner Stimme, die jetzt etwas höher klingt als vorhin, und auf der Stirn bilden sich kleine Falten. Das muss natürlich überhaupt nichts bedeuten. Aber die Worte „auf jeden Fall abklären" in Verbindung mit den nonverbalen Zeichen lassen den Patienten vermutlich nichts Gutes ahnen. Vielmehr nährt es eventuell die Befürchtung, es könne ein Gehirntumor gefunden werden. Anders klingt es zum Beispiel, wenn der Internist sagen würde: „Die möglichen Auslöser der Migräneattacken könnten durch eine Tomografie besser beurteilt werden. Die Therapie würde dann noch gezielter sein. Damit steigen die Chancen, die Beschwerden auf Dauer reduzieren oder vielleicht sogar besiegen zu können."

12.3.2 Das Gespräch mit dem Patienten

Da Worte im Zwischenhirn stets emotional eingefärbt werden, bevor sie das Großhirn erreichen und dort bewusst wahrnehmbar sind, können sie niemals gefühlsneutral sein. Das gilt auch für die Worte die jemand liest, beispielsweise jene über die mitunter angstauslösenden Risiken und unerwünschten Nebenwirkungen eines Medikamentes im Beipackzettel. Diese Möglichkeit lässt sich weitgehend ausschließen, wenn der Arzt den Patienten darüber aufklärt, was die allgemeinen Warnhinweise auf ihn und seine Krankheit bezogen bedeuten.

Vereinfacht ausgedrückt lässt sich sagen: Worte, mit denen Hoffnung vermittelt und die Zuversicht erhöht wird, wieder gesund werden zu können, dämpfen die Angst und wirken beruhigend. Das aktiviert und fördert die Selbstheilungskräfte. Wenn Worte hingegen eine vorhandene Angst verstärken, sie vielleicht sogar verursachen, so werden diese Kräfte geschwächt. Dafür spricht unter anderem, dass Angst der mächtigste Stressauslöser ist und dabei im Körper auch das Stresshormon Cortisol produziert wird. Dieses Stresshormon hat einen negativen Einfluss auf das Immunsystem, das doch sogar Krebs bekämpfen kann. Angst ist somit ein Feind der Gesundheit und der Verbesserung von Krankheitssymptomen [9].

Zur heilungsfördernden Wirkung der Sprache auf Patienten durch den Arzt schrieb der Neurologe Sigmund Freud bereits 1890: „Worte sind ja die wichtigsten Vermittler für den Einfluss, den ein Mensch auf den anderen ausüben will; Worte sind gute Mittel, seelische Veränderungen bei dem hervorzurufen, an den sie gerichtet werden, und darum klingt es nicht länger rätselhaft, wenn behauptet wird, dass der Zauber des Wortes Krankheitserscheinungen beseitigen kann …“[10].

Würden Worte keine heilende Wirkung haben können, so gäbe es schon längst keine Psychotherapeuten mehr. Im Unterschied zu einem Arzt und Psychiater verschreiben sie weder Medikamente noch führen sie Operationen durch. Das einzige Heilmittel, welches ihnen zur Verfügung steht, ist die Sprache.

Die Worte eines Arztes zu seinen Patienten sind für diesen niemals neutral und nur aufklärend. Sie haben unvermeidbar auch Nebenwirkungen. Die Sprache ist nicht steril wie ein OP-Saal. Sie kann Wachstumskeime für die Gesundung enthalten, aber auch schädliche Nocebo-Keime, die sie erschweren.

Ist einem Arzt das voll bewusst ist und verwendet er gezielt die richtigen Worte im Gespräch mit seinen Patienten, entsteht eine Win-Win-Situation: Der Gesundungsprozess wird verbal unterstützt und der Arzt wird von seinen Patienten gerne weiterempfohlen. Er festigt damit seinen guten Ruf und wird so auch mehr Privatpatienten in seine Praxis oder in die Klinik bringen. Bei verunsicherten Patienten schwindet hingegen das Vertrauen in seine Heilkunst. Dies begünstigt einen Arztwechsel. Die wachsende Zahl von Patienten, die aufgrund einer Internetrecherche mit einer selbst erstellten Diagnose oder Therapievorschlägen zum Arzt kommen, spricht leider für einen solchen zunehmenden Vertrauensverlust.

Wie ich aus den Kommunikationsseminaren weiß, die ich für das leitende ärztliche und pflegende Personal in mehreren deutschen Spezialkliniken durchführte, sind diese Berufsstände sehr aufgeschlossen für ein positives und gesundheitsförderndes Wording im Patientenkontakt. So sagte beispielsweise der Chefarzt einer onkologischen Abteilung in der Abschlussrunde des Seminars: „Wir betonen im

Gespräch mit dem Patienten mitunter zu sehr die Krankheitsaspekte. Für uns ist klar, dass wir dabei natürlich in erster Linie an die Therapiemöglichkeiten und eine mögliche Wiederherstellung der Gesundheit denken. Beim Patienten kann diese Betonung des Krankheitsgeschehens jedoch missverständlich aufgefasst werden. Das lässt sich an seinen ängstlichen Reaktionen erkennen. Es ist in solchen Fällen mühsam, ihn wieder zu beruhigen und eine berechtigte Hoffnung zu wecken, die seine Heilung unterstützt. Wenn wir uns nur auf die Krankheit und die Therapie fokussieren, kann der Mensch mit seinen jeweiligen Ängsten aus dem Blickfeld geraten. Unsere wohlüberlegten Worte in allen Phasen der Erkrankung, beginnend bei der Diagnose, sollten seinen Gesundungswillen stärken."

Eine ähnliche Auffassung vertritt auch der eingangs zitierte renommierte Schmerzforscher Walter Zieglgänsberger. In einem Interview mit der Wochenzeitschrift „Die Zeit" sagt er dazu: „Sprache ist das schärfste aller Schwerter. Darum bin ich immer sehr vorsichtig dabei, einen Patienten aufzuklären … Unsere Aufgabe ist es, Hoffnung zu machen" [11].

12.3.3 Negative Erwartungshaltungen nicht begünstigen, positive fördern

Macht man sich bewusst, was die Sprache ungewollt auslösen kann, fällt es leichter, in einem Patientengespräch ein „Wortdompteur" zu sein. Dies bedeutet die Worte richtig zu dosieren und das Wissen über mögliche Krankheitsverläufe zu „zähmen", falls sie verunsichernd wirken oder eine negative Erwartungshaltung fördern könnten. Natürlich ohne dabei die Erkrankung zu beschönigen und die Aufklärungspflicht zu vernachlässigen. Aufklären bedeutet aber nicht zwangsläufig, alle negativen Aspekte in den Vordergrund stellen zu müssen. In der Medizin wird gegenwärtig sogar die Frage des „erlaubten Verschweigens" diskutiert. Dabei könnte ein Patient zum Beispiel entscheiden, nicht über alle möglichen Nebenwirkungen eines Medikamentes aufgeklärt zu werden, sofern diese nicht sehr gravierend wären. Der Hintergrund dieser Diskussion besteht in der Vermeidung von Nocebo-Effekten durch eine ängstliche Erwartungshaltung des Patienten aufgrund einer umfassenden Aufklärung über alle möglichen Risiken einer Therapie.

Der Gesundungswille eines Patienten kann durch das ärztliche Wording aktiv unterstützt werden, indem die verwendeten Worte eine positive Erwartungshaltung fördern. Es macht beispielsweise einen großen Unterschied, ob zu Beginn des Gespräches mit dem Patienten über die Diagnose und Therapie von einem „bösartigen Tumor" gesprochen wird oder von einem „gut behandelbaren Krebstumor." Beides löst andere Assoziationen in seinem Kopf aus.

Priming-Vorgänge im Gehirn, so wie in Kap. 2.2.11 beschrieben wurde, spielen auch hier eine wichtige Rolle. Das Wort „bösartig“ löst zwangsläufig Ängste aus, während „gut behandelbar“ die Hoffnung nährt, wieder gesund werden zu können. Natürlich ist ein solches Wording nur bei einer Diagnose angebracht, die diese Worte auch rechtfertigen. Dies gilt selbstverständlich auch für alle übrigen Beispiele in diesem Kapitel.

Es liegt am Arzt, bei chronischen Rückenschmerzen nicht sofort das beunruhigende Skalpell im Patientengespräch in den Vordergrund zu stellen, wenn es aufgrund des Befundes nicht wirklich zwingend notwendig ist – und damit womöglich Ängste zu schüren. Medizinkritische Sendungen in den Medien berichten immer wieder von internen Zielvorgaben bei Operationen, die aus kaufmännischer Sicht für die Wirtschaftlichkeit einer Klinik erforderlich sind. Es ist zu hoffen, dass dort trotzdem alle Alternativen ausgeschöpft werden, bevor der OP-Tisch vorbereitet wird.

12.3.4 Wording-Beispiele für das Patientengespräch

Der Erfolg einer Behandlung beginnt stets im Kopf. Erwartungshaltungen und Ängste spielen dabei eine große Rolle, da sie diese beeinträchtigen können. Umgekehrt bedeutet dies nicht, man könne sich einfach gesund denken, wie dies von den Anhängern eines naiven positiven Denkens behauptet wird. Positive Erwartungshaltungen fördern jedoch die Heilung, das ist unbestritten. Der Arzt kann durch sein Wording wesentlich dazu beitragen.

Beispiel 1: Darmentzündung

Ein 60-jähriger Patient stellt dem Facharzt für Chirurgie nach einer Darmspiegelung verschiedene Fragen zu seiner Darmentzündung, einer Colitis ulcerosa. Zuvor hatte er sich im Internet ausführlich über diese Krankheit informiert und eine ängstliche Erwartungshaltung aufgebaut, da die Colitis das Krebsrisiko erhöht. Bei seiner Recherche stieß er außerdem auf die Information, bei einer Koloskopie könnte der Darm perforiert werden; was allerdings eine seltene Komplikation ist. Vor der Darmspiegelung hatte der Patient eine Einverständniserklärung unterschrieben. In ihr wurde – juristisch wasserdicht – auf alle Risiken und Komplikationsgefahren hingewiesen. Im anschließenden Gespräch wies ihn der Arzt im Rahmen seiner Aufklärungspflicht im Sinne einer Formsache noch einmal darauf hin.

Nach der Untersuchung erwartet der Patient eine Bewertung seines Krebsrisikos. Natürlich hofft er insgeheim auf beruhigende Antworten. Das Wartezimmer ist voll und der Arzt steht unter Zeitdruck. Außerdem sieht er seine berufliche Kompetenz ein wenig angezweifelt, da der Patient aufgrund dessen Internetrecherche auf die kurzen Antworten des Chirurgen weiter nachfragt. In der ärztlichen Stimme klingt daher Ungeduld mit, als er in verabschiedender Weise sagt: „Kommen Sie bitte einmal im Jahr zur Darmspiegelung. Sollten sich die Symptome verschlechtern, natürlich vorher. Im Moment gibt es zwar keine direkten Anzeichen dafür, aber wir sollten die Erkrankung weiterhin beobachten.“ Auf die Aussagekraft von Internetprognosen zu dieser Erkrankung geht er nicht näher ein. Der betroffene Patient wird sich daher vermutlich weiterhin durch sie verunsichern lassen – oder eventuell den Facharzt wechseln.

Die ärztliche Aussage wird ihn jedenfalls kaum beruhigen. Er könnte denken: „Die Symptome verschlechtern sich vielleicht und nur im Moment gibt es keine Anzeichen dafür.“ Das wäre eine negative Autosuggestion, die seine Gesundung nicht unterstützt, sondern die Beschwerden durch die ängstliche Erwartungshaltung – die vom Arzt nicht ausgeräumt wurde – möglicherweise sogar verstärkt.

Um es nicht so weit kommen zu lassen, könnte der Arzt zu diesem Patienten beispielsweise in beruhigend-aufklärender Weise sagen: „Bei Internetdiagnosen ist allergrößte Vorsicht geboten. Ebenso bei Prognosen über den möglichen Krankheitsverlauf. Ich rate Ihnen davon ab, weil sie meist unbegründeterweise Ängste auslösen, die nicht gut für Ihre Gesundheit sein könnten. Prognosen einer Erkrankung hängen stets vom gesundheitlichen Status des einzelnen Patienten ab. Ihrer ist gut. Er gibt keinerlei Anlass, in irgendeiner Weise beunruhigt zu sein. Sie können also zuversichtlich sein. Wie Sie sehen, hat sich die leichte Umstellung Ihrer Ernährungsgewohnheiten – weniger Fleisch, mehr Gemüse – positiv auf Ihre Gesundheit ausgewirkt. Nächstes Jahr machen wir wieder einen Kontrollblick in Ihren Darm, falls sich die Beschwerden nicht deutlich verbessert haben. Was Ihre Frage zu den Risiken einer Darmperforation anbelangt, kann ich nur noch einmal sagen: Mir ist persönlich kein einziger Fall in unserer Stadt bekannt, in dem so etwas jemals vorgekommen ist. Das sind absolute Ausnahmefälle.“

Beispiel 2: nervöse Herzbeschwerden

In diesem zweiten Beispiel geht es um einen 55-jährigen Mann, der sich vom Hausarzt in die kardiologische Ambulanz eines Krankenhauses zur Untersuchung einweisen lässt. Die Verdachtsdiagnose lautet: nervöse Herzbeschwerden. Unter starker Stressbelastung waren in letzter Zeit mehrmals unbestimmte Schmerzen im Brustkorb aufgetreten; zuletzt vor drei Stunden. Auch dieser Patient hatte sich zuvor im Internet über die möglichen Ursachen informiert. Dabei baute er eine ängstliche Erwartungshaltung vor einer drohenden Angina Pectoris und einem Herzinfarkt auf.

Nach dem kurzen Gespräch mit einem jüngeren Assistenzarzt im Krankenhaus misst dieser den Blutdruck und Puls. „Nehmen Sie Blutdrucksenker ein?", fragt er mit hochgezogener Augenbraue den Patienten. „Nein", antwortet dieser, „müsste ich das denn?" „Ihr Blutdruck ist sehr hoch", sagt der Arzt. „170 zu 120 – das beunruhigt mich etwas. Wir müssen später unbedingt eine Nachmessung machen. Kennen Sie Ihre Blutdruckwerte aus der jüngeren Vergangenheit?" „Normalerweise sind sie besser als jetzt", antwortet der Patient, „circa 150 zu 100". „Das ist natürlich noch immer zu hoch", sagt der Arzt, „vor allem der zweite Wert. Sie kennen die damit verbundenen Risiken. Wir müssen auf alle Fälle als erstes ein EKG machen. Anschließend sehen wir weiter."

In diesem Fallbeispiel könnte die ängstliche Erwartungshaltung des Patienten durch ein anderes Wording zumindest gemildert werden. Beispielsweise so: „Die geschilderten Beschwerden sprechen nicht für eine akute bedrohliche Erkrankung: kein Ausstrahlen der Schmerzen in andere Körperregionen, keine Atemnot oder Beklemmungszustände und ähnliches mehr, wie es etwa für eine Angina Pectoris typisch wäre. Ich messe jetzt zuerst Ihren Blutdruck und den Puls. Wenn man sich ängstigt oder aufgeregt ist, wäre es ganz normal, dass die Werte deutlich höher sind als sonst. Dann machen wir ein EKG und kontrollieren Ihre Blutwerte. Anschließend klären wir die weiteren Schritte, falls solche erforderlich wären."

In diesem Fallbeispiel wird der Arzt nach dem Abschluss der Untersuchungen übermäßige oder unberechtigte Ängste mit einem aufklärenden Gespräch ausräumen. Damit wird der Gefahr, dass ein Teufelskreis entstehen könnte, entgegengewirkt, bei dem die Angst die Wahrnehmung der Symptome verstärkt und diese wiederum die Angst erhöht. Durch eine solche wechselseitige Verstärkung könnte es zu einer Organfixierung kommen, bei der die Gedanken unablässig um die gestörte Funktion des jeweiligen Organs kreisen – in unserem Beispiel um das Herz. Die daraus entstehende mentale Belastung kann die Heilung beträchtlich erschweren und sogar gesundheitliche Schäden begünstigen.

12.4 Nocebo-Worte: Was Angehörige von Kranken besser vermeiden

Im Unterschied zu einem Arzt können Angehörige von Kranken alle Worte vermeiden, die eine negative Erwartungshaltung verstärken oder hervorrufen. Ein Arzt muss den Patienten über mögliche Risiken einer Therapie aufklären, einen Befund mit einer Prognose der Krankheit erstellen und kann dabei unmöglich auf ärztliche Begriffe verzichten, die zum medizinischen Standardrepertoire gehören, beispielsweise „progressiver Verlauf" beim Fortschreiten einer Krankheit.

Die soziale Umgebung eines kranken Menschen – Angehörige, Freunde, Arbeitskollegen – kann ihm helfen, eine negative Erwartungshaltung hinsichtlich seiner Erkrankung zu durchbrechen. Damit tragen diese Menschen dazu bei, dass sich leichter eine heilungsfördernde Erwartung entwickeln kann. Drei Punkte sind dabei besonders wichtig.

12.4.1 Ratschlag 1: nicht zu ausführlich oder im Detail über die Krankheit sprechen.

Aus der Schmerzforschung ist bekannt: Das Sprechen über den Schmerz steigert ihn. Hirnscans zeigen, wie schmerzbeschreibende Worte – „stechend", „ziehend", „brennend", „quälend" usw. – das Schmerzgedächtnis anfeuern [12].

Statt sich fortwährend den Symptomen einer Erkrankung zuzuwenden und den Betroffenen zu bedauern, hilft es ihm mehr, wenn seine Gedanken von der Krankheit weggelenkt werden. Anderenfalls beschäftigt sich das Gehirn ständig mit der Krankheit statt mit ihrer möglichen Heilung und bleibt darauf fixiert. Das begünstigt negative Erwartungen, die eine Verbesserung des Krankheitsbildes und somit eine mögliche Gesundung erschweren. Wie dieses Weglenken der Gedanken von der Krankheit und den Auswirkungen auf das Leben im Einzelfall aussieht, ist sehr unterschiedlich. Es hängt von den Interessen und Vorlieben eines erkrankten Menschen ab, über die mit ihm gesprochen werden kann. So könnte man ihm beispielsweise die Frage stellen: „Was möchtest du als erstes tun, wenn du wieder gesund bist?" Oder: „Wenn sich die Symptome verbessert haben, was wollen wir dann gemeinsam unternehmen?" Bei einer chronischen Erkrankung könnten sich Angehörige in den Gesprächen mit dem Kranken auf die Aktivitäten konzentrieren, die trotz seiner Einschränkungen durch die Chronifizierung für ihn möglich sind. Auf diese Weise können auch bei Menschen, die ernsthaft erkrankt sind, positive Vorstellungen und damit gute Gefühle geweckt werden. Diese sind heilungsfördernd und verbessern vor allem das subjektive Empfinden von krankheitsbedingten Erschwernissen und Beschwerden – sie werden weniger negativ wahrgenommen. In solchen Gesprächen wirken die Worte von nahen Bezugspersonen des Kranken wie ein heilender Balsam, indem sie seine Gedanken einfühlsam auf das lenken, was ihm gute Gefühle vermitteln könnte.

12.4.2 Ratschlag 2: keinen falschen Trost spenden

Ernsthafte und schwere Erkrankungen lösen verständlicherweise Angst und Sorgen aus. Häufig sind sie von depressiven Verstimmungen begleitet, die in eine chronische Depression übergehen können. Angehörige, Freunde und Bekannte meinen es immer gut, wenn sie den Erkrankten zu trösten versuchen. Trotzdem kann dieser Trost in die falsche Richtung gehen und keine positiven, sondern negative Gefühle auslösen. Das ist dann der Fall, wenn der Trost an der Oberfläche bleibt und leichtfertig ausgesprochen wird. Einem kranken Menschen signalisiert dies, dass seine Ängste und Sorgen nicht richtig verstanden werden. Einige Beispiele für einen solchen falschen Trost: „Kopf hoch, es wird schon wieder werden!" Lass' dich nicht unterkriegen, „du hast doch einen starken Willen!" „Zum Glück ist deine Erkrankung nicht ganz so schlimm, wie du befürchtet hast." „Nur nicht aufgeben. Es gibt sicherlich noch andere Behandlungsmöglichkeiten." „Die Therapie wird schon anschlagen. Das braucht eben seine Zeit" „Du wirst schon wieder gesund werden, lass' den Kopf nicht hängen."

Sollte sich parallel zu einer organischen Erkrankung bereits eine Depression entwickelt haben, wäre es grundfalsch zu versuchen, den Betroffenen auf eine oberflächliche Weise aufzumuntern: „Heute ist ein wunderschöner Frühlingstag. Die Sonne scheint und bald blüht wieder der Flieder, den du so gerne magst. Komm, schau' aus dem Fenster und versuch dich ein wenig zu freuen." Durch diese Worte wird ein depressiver Mensch auf etwas hingewiesen, was er aufgrund seiner Depression im Moment nicht mehr empfinden kann – die Freude über den Frühling. Damit wird sein Verstimmungszustand verstärkt, denn er spürt: „Ich sollte mich eigentlich freuen, kann es aber nicht mehr."

In einer solchen Situation wäre es besser, den kranken Angehörigen zu fragen: „Ich weiß im Moment nicht, was dir gut tun könnte, damit du dich etwas besser fühlst. Hättest du vielleicht einen Vorschlag? Möchtest du jetzt lieber alleine sein oder soll ich bei dir bleiben?"

12.4.3 Ratschlag 3: keine negativ besetzten Worte verwenden

Worte, die negativ besetzt sind, haben eine Nocebo-Wirkung. Sie führen zu unerwünschten Bahnungsvorgängen im Gehirn, die schädliche Assoziationen und

Gefühle auslösen. Sie können, wie bereits beschrieben, negative Erwartungshaltungen verstärken oder sogar verursachen. Beispielsweise primen die Worte „drohende Komplikationen“ im Gehirn Gedankenketten, die mit „bedrohlich“, „lebensbedrohend“ und „gefährlich“ in Verbindung stehen. Dadurch wiederum werden Angstgefühle getriggert. „Unerwünschten Komplikationen wirken wir präventiv und vorsorglich entgegen“ führt zu anderen Assoziationen, da diese Worte die Gedanken auf die Möglichkeit lenken, dass Komplikationen ausbleiben. Das nährt die Hoffnung auf eine erfolgreiche Behandlung.

Wichtig ist, einen Erkrankten über die negative Suggestivwirkung von Nocebo-Worten auf das Gehirn aufzuklären. Anderenfalls könnte er denken, die Krankheit wird beschönigt, wenn beispielsweise von einem „besiegbaren“ statt von einem „hartnäckigen“ Tumor gesprochen wird.

Nocebo-Formulierungen, die von der engeren sozialen Umgebung eines Erkrankten besser vermieden werden, sind die folgenden Beispiele: „besorgniserregend“, „geringe Heilungsaussichten“, „ungünstige Prognose“, „sehr schlechte Blutwerte“, „schwere Krankheit“, „gefährliche Folgewirkungen“, „birgt große Risiken in sich“, „das ist eine schlechte Nachricht“, „negativer Krankheitsverlauf“, „führt hoffentlich nicht zu einer Metastasenbildung“, „das könnte andere Organe in Mitleidenschaft ziehen“, „eine beunruhigende Entwicklung“, „ein galoppierender Verlauf“, „bedrohliche Nebenwirkungen“, „lebensbedrohend“, „das bringt dich noch ins Grab“, „wie du dich ernährst, ist das ein Sargnagel“ oder „Endstadium“.

„Wie sehr leidest du an deinen Symptomen?“ wäre eine Aufforderung, sich gedanklich auf das Leiden zu konzentrieren – statt auf seine Überwindung. Weitere Beispiele für negative Suggestionen wären: „Denk’ an dein schwaches Herz.“ „Bleib’ bitte ruhig, ansonsten bekommst du noch einen zweiten Infarkt. So wie dein Vater. Du bist leider erblich belastet.“ „Es wird einfach nicht besser.“ „Ich befürchte, du musst dich damit abfinden.“ „Womöglich verstärken sich die Symptome noch.“ „Du musst dich sofort operieren lassen! Zögere das nicht hinaus, weil das sehr riskant ist“ – statt: „Eine Operation ist die beste Möglichkeit, um wieder gesund zu werden, sagt der Arzt. Wann vereinbaren wir einen Termin mit ihm?“

12.4.4 Ratschlag 4: dem Menschen zuwenden, nicht der Krankheit

Menschen, die erkrankt sind, sprechen häufig immer wieder über die jeweilige Krankheit. Man spricht in diesen Fällen von einem „Krankheitsgewinn“, weil Kranke durch ihr soziales Umfeld mehr Zuwendung erhalten. Insbesondere ältere Menschen und solche, die sich einsam fühlen, sind davon betroffen. Dies kann dazu führen, dass sie unbewusst an ihrer Erkrankung festhalten, um die Aufmerksamkeit auf sich zu ziehen. Umso wichtiger ist es deshalb, sich mit seinen Worten dem Menschen, seinen Interessen und Vorlieben zuzuwenden und weniger der Krankheit. Besser ist es auch, die besitzanzeigenden Fürwörter „mein, dein, Ihre“ in Bezug auf die Krankheit zu vermeiden. So suggeriert beispielsweise „dein“ oder „Ihr“ Tumor dem Gehirn, er wäre eine Art Besitz, der dem Kranken „gehört“. Auch er selbst sollte das neutrale „dieser Tumor“ dem „mein Tumor“ vorziehen.

12.4.5 Ratschlag 5: Schuldgefühle nicht verstärken

Bei erkrankten Menschen kann es zu Selbstvorwürfen und Schuldgefühlen kommen, die ihrer Heilung abträglich sind. Etwa weil eine Umstellung der Lebensweise trotz körperlicher Warnhinweise nicht eingehalten wurde und so die Krankheit leichter entstehen konnte. Angehörige, Freunde und Bekannte sollten diese Selbstanschuldigungen keinesfalls bestätigen, indem sie beispielsweise sagen: „Das war vorhersehbar. Aber leider hast du nicht auf den Arzt gehört.“ In solchen Fällen wäre es hilfreich, dem Erkrankten zu empfehlen, eine psychologische Beratungsstelle aufzusuchen. In vielen Kliniken gibt es eine solche oder man weiß dort, an wen er sich wegen seiner Schuldgefühle wenden kann.

Gläubige Menschen sehen manchmal in ihrer Krankheit eine Strafe oder eine zu erduldende Prüfung Gottes. Auch solche Vorstellungen haben eine Nocebo-Wirkung. Denn der Erkrankte denkt dann, er hätte es verdient, bestraft zu werden, und er müsse durch ein Leiden im Glauben hart geprüft werden. Angehörige oder Freunde sollten allerdings nicht versuchen, einem Menschen das auszureden. Erstens wird das kaum gelingen und zweitens führt ein solcher Versuch nur dazu, dass er sich unverstanden fühlt. Nützlich wäre es hingegen, ein Gespräch mit einem Priester vorzuschlagen, der das alttestamentarische Bild eines strafenden Gottes korrigieren könnte. In der christlichen Religion ist dieser nach dem Neuen Testament bekanntlich verzeihend und liebend. Bei einem gläubigen Menschen kann der Glaube an einen „Heiland“ statt an einen „zürnenden Gott“ die Selbstheilungskräfte stärken, mit denen die medizinische Therapie unterstützt wird.

Fazit

Jeder Glaube, natürlich auch ein weltlicher, kann, im übertragenen Sinn verstanden, Berge versetzen. Schädliche Nocebo-Worte verwenden heißt, das Gehirn daran zu hindern. Der Berg bleibt dann dort, wo er war. Was das bei Erkrankungen bedeutet, liegt auf der Hand.

Im sprachlichen Umgang mit kranken Menschen wird einmal mehr deutlich, wie empfindlich das Gehirn auf Worte auch körperlich reagiert. Sie können sowohl erwünschte Nebenwirkungen haben, die gut für die Gesundheit sind, aber auch unerwünschte, die ihr schaden. Möchte man einem Erkrankten schonend etwas „beibringen", hilft es ihm sehr, wenn dabei keine Nocebo-Worte fallen.

Worte können sich auch als schädlich erweisen, wenn uns ein Mensch damit täuschen will – über sich selbst und seine Absichten. Im folgenden Abschnitt wird beschrieben, was an der Sprache verräterisch ist, woran Sie Wortblender erkennen und welche Fallen im eigenen Kopf das verhindern können. Sie lesen dort unter anderem, wie eine vermögende Frau die verbalen Täuschungsmanöver eines Liebesbetrügers nicht erkannte und deshalb sehr viel Geld verloren hat.

Literatur

1. Epiktet, griechischer Philosoph um 50 bis 138 n.Chr. www.aphorismen.de. Zugegriffen: 12. März 2015
2. www.gutzitiert.de. Zugegriffen: 12. März 2015
3. Zitiert nach Scheiber 2013 und aus einem Interview mit der Zeitschrift „Der Spiegel", Nr. 36/2008
4. Die Zeit Nr. 47/2007
5. Podiumsgespräch mit Professor Gerd Schnack, veröffentlicht auf www.jesus.ch. Zugegriffen: 12. März 2015
6. Arzt und Praxis Nr. 996 (2013)
7. http://de.wikipedia.org/wiki/Nocebo-Effekt. Zugegriffen: 12. März 2015
8. www.placeboforschung.de. Zugegriffen: 12. März 2015
9. Siegel DJ (2010) Die Alchemie der Gefühle. Kailash, München, S 100
10. Freud S (1890) Psychische Behandlung (Seelenbehandlung). eBook, www.zenisis.de., S 301–302. Zugegriffen: 12. März 2015
11. Die Zeit Nr. 47/2007
12. P.M. Magazin online. Artikel „Schluss mit dem Schmerzterror!"

Empfohlene Literatur

13. Frank G (2014) Gebrauchsanweisung für Ihren Arzt. Knaus, München
14. Fritzsche K, Wirsching M (2005) Psychosomatische Medizin und Psychotherapie. Springer, Heidelberg
15. Heier M (2011) Nocebo: Wer's glaubt wird krank. Hirzel, Stuttgart
16. Lieb H, von Pein A (2014) Der kranke Gesunde: Psychosomatische Beschwerden: Was mir die Signale meines Körpers sagen. Trias, Stuttgart
17. Scheiber W (2013) Mentaltraining gegen chronische Rückenschmerzen! Google eBook

Teil III
Sprachprofiling

„Rede, damit ich dich sehe."

Sokrates (griechischer Philosoph, um 469 v.Chr)

Im dritten Abschnitt dieses Buches lesen Sie, was Ihnen die Worte eines Menschen über ihn verraten können, ohne dass dies dem Sender bewusst ist. Dieses Wissen ist für Sie wie ein drittes Ohr. Mit ihm gewinnen Sie aufschlussreiche Erkenntnisse über die Denkweise und Absichten eines Menschen. Sie lernen auch die Gefahrenquellen kennen, die bei der Einschätzung von Menschen bestehen und die in Ihnen selbst liegen – in den Wahrnehmungsmechanismen des Gehirns. Kurzum: Sie werden als zukünftiger Sprachprofiler den sprachlichen Fingerabdruck Ihres Gegenübers entschlüsseln können und wissen, was dieser Abdruck über seine Person und Absichten aussagt.

Denken und Sprache sind eineiige Zwillinge

Das vermittelte Wissen kann Ihnen allerdings auch einen besseren Aufschluss über die Persönlichkeit des Absenders von schriftlichen Mitteilungen geben. Zum Beispiel, wenn Sie eine wütend verfasste E-Mail mit anklagenden Vorwürfen erhalten oder der Inhalt langatmig ist, viel Unwesentliches enthält und der E-Mail-Verfasser nicht zur Sache kommt.

Aus der vorwurfsvollen E-Mail können Sie beispielsweise schließen, dass der Versender nicht den Mut hat, Ihnen persönlich zu sagen, was ihn an Ihrer Person oder an Ihrem Verhalten stört. Sein Selbstwertgefühl wird also nicht sonderlich groß sein. Aus dem langatmigen Inhalt lässt sich der Schluss ziehen, der Absender könne gedanklich die Spreu vom Weizen nicht trennen oder er hat ein großes Mitteilungsbedürfnis. Er wird auch im Gespräch mühsam, kompliziert und umständlich sein. Denn Denken und Sprache sind eineiige Zwillinge, die als gesprochenes

Wort oder als geschriebene Mitteilung ein Abbild der Persönlichkeit des Menschen geben.

Manchmal verkleidet sich jedoch der denkende Zwilling und setzt dem Sprachzwilling eine Maske auf, um Menschen damit zu täuschen. Wenn Sie den dritten Abschnitt dieses Buches gelesen haben, erkennen Sie verbale Tarnkappen leichter und können schwerer getäuscht und enttäuscht werden.

Was heißt „Sprachprofiling"?

Der Begriff „Sprachprofiling" stammt aus der forensischen Linguistik und Phonetik. Diese Fachgebiete beschäftigen sich beispielsweise damit, wie Erpresserbriefe aufgrund der Wortwahl und eines typischen Musters im Satzbau verdächtigen Personen zugeordnet werden können. Oder durch eine vergleichende Stimmanalyse bei Drohanrufen wird ein Hauptverdächtiger überführt.

In diesem Abschnitt geht es nicht um die Analyse von schriftlichen Mitteilungen, sondern um das gesprochene Wort und seine nonverbalen Begleitsignale. Darauf bezieht sich hier der Begriff „Sprachprofiling", das in dieser Form erstmals in einem Buch ausführlich beschrieben wird.

Verräterisches aus dem Mund 13

13.1 Ihre Werkzeuge als Sprachprofiler

Als Sprachprofiler gehen Sie ähnlich wie ein Bildhauer vor, der aus einem Marmorblock zunächst die ersten Konturen und dann die ganze Gestalt herausmeißelt. Ihr Meißel besteht aus zwei Teilen.

1. Analytisch zuhören, ohne den Gesprächspartner voreilig aufgrund seiner Äußerungen zu bewerten. Rasches Bewerten seiner Person ist ein Fehler, der häufig begangen wird und durch den wir zu wenig über diesen Menschen erfahren.
2. Im Gesprächsverlauf die richtigen Fragen stellen, die nicht ausforschend wirken dürfen, da sich ein Mensch ansonsten verschließt. Sie sollten aus Interesse an der Person des Gegenübers gestellt werden, dann wird sich er oder sie leichter öffnen.

Durch diese beiden Punkte erhalten Sie wertvolle Aufschlüsse über einen Menschen. Sie erfahren damit seine Eigenschaften, die Einstellung und Denkweise, seine handlungsantreibenden Bedürfnisse sowie die Fantasie- und Vorstellungswelt, die seine Bedürfnisse widerspiegeln.

Darüber hinaus gibt es einen noch einen zweiten Meißel für die Feinarbeit. Er besteht ebenfalls aus zwei Komponenten:

- *Komponente 1*: bewusstes Registrieren der Körpersprache und des Tons, in dem etwas gesagt wird. Dazu gehört vor allem die Veränderung der nonverbalen Signale und der Stimme im Gesprächsverlauf. Durch das Beobachten dieser „zweiten Sprache" eines Menschen, die in punkto Ehrlichkeit aufschlussreicher

H. Eicher, *Die verblüffende Macht der Sprache*,
DOI 10.1007/978-3-658-08516-2_13

ist als der Wortinhalt – die „erste Sprache" –, schalten Sie Ihren Lügendetektor im Kopf ein.
- *Komponente 2*: investigative Fragen stellen, die sich auf das konkrete Verhalten in bestimmten Situationen aus der Vergangenheit beziehen. Ich werde Ihnen dazu in Kapitel Kap. 14.2 ein leicht anwendbares Interpretationsschema aus der Vernehmungspsychologie vorstellen. Damit können Sie die Glaubwürdigkeit der Antworten in einem Gespräch besser beurteilen. Zum Beispiel in einer Verhandlungssituation, bei der Mitarbeiterauswahl in Einstellungsinterviews oder in wichtigen privaten Lebenssituationen.

Manchmal erfahren Sie durch die beiden vorgestellten „Meißel" mehr über einen Menschen, als dieser selbst über sich weiß. Dieser verblüffende Umstand erklärt sich so: Viele Menschen sind gegenüber der eigenen Denk- und Handlungsweise wenig objektiv, reflektieren sie nicht selbstkritisch genug und wehren ein konstruktives Feedback von Dritten durch Rechtfertigungen ab. In diesem Fall bleiben sie Gefangene im eigenen Denkgefängnis und können sich selbst nicht zutreffend einschätzen. Einem Außenstehenden gelingt das leichter, wenn er das Wissen aus diesem und dem folgenden Kap. 14 richtig anwendet.

Mit dem Wissen richtig umgehen

Bevor Sie weiterlesen, muss ich eine kleine Warnung aussprechen: Nachdem Sie den dritten Abschnitt dieses Buches gelesen haben, hören Sie das, was in einem Gespräch gesagt wird, anders als zuvor. Sie werden kaum mehr etwas „überhören", was Ihnen wertvolle Aufschlüsse über Ihr Gegenüber und seine Absichten geben kann. Falls Sie das, was Sie zusätzlich aus den Worten und den nonverbalen Signalen Ihres Gegenübers heraushören, ihm auch mitteilen, könnte das vielleicht einen kleineren Konflikt heraufbeschwören. Behalten Sie also nach Möglichkeit für sich, was Sie als Sprachprofiler über einen Menschen herausgefunden haben. Vor allem dann, wenn Sie ihn näher kennen oder in einer engeren Beziehung zu ihm stehen. Dieses Wissen ist in erster Linie für die zutreffende Einschätzung eines Menschen gedacht, auch dafür ihn besser zu verstehen, aber nicht, um ihn damit „aufzudecken".

Das gilt allerdings nicht für jene Personen, die Sie absichtlich täuschen wollen, um daraus einen Vorteil zu ziehen. Damit meine ich Wortblender wie Finanz- oder Beziehungsbetrüger sowie alle Menschen, die anderen etwas vorgaukeln wollen, etwa in einem Bewerbungsgespräch. Als Sprachprofiler werden Sie diese Blender leichter enttarnen. Thomas Mann hat die Täuschungskünste, die sie verwenden, sehr eindrücklich in einem unvollendet gebliebenen Roman beschrieben: „Bekenntnisse des Hochstaplers Felix Krull". Wie diese „Felix Krulls" vorgehen, erläutere ich an einem abschließenden Beispiel in Kap. 14.5, in dem es um einen Liebesbetrüger und um viel Geld geht. Bis dorthin haben Sie Ihr eigenes Wissen über die Einschätzung von Menschen mit den Inhalten, die Sie hier lesen, abgeglichen. Als kundiger Sprachprofiler decken Sie daher Täuschungsversuche auf und können von niemandem geblendet werden.

13.2 Was + Wie = Wer

Der wichtigste Grundsatz von Tatort- oder Fallanalytikern, die umgangssprachlich „Profiler" heißen, lautet: Was und Wie = Wer. Diesen Grundsatz verwenden wir später bei der Sprachanalyse. Deshalb beschreibe ich im nun Folgenden, wie er bei der Aufklärung eines Mordes eingesetzt wird und was darunter zu verstehen ist [1].

Jeder Mörder hinterlässt bei seiner Tat eine persönliche Visitenkarte, womit nicht die DNA oder der Hautleistenabdruck – seine Fingerabdrücke – gemeint sind. Profiler unterscheiden drei Punkte: Erstens die Tatortinszenierung: Das ist die Veränderung des Tatortes durch den Täter. Um die Fahnder beispielsweise auf eine falsche Spur zu führen, täuscht er einen Raub vor. Zweitens den Modus Operandi: Dazu zählen die Tathandlung, die Tatumstände und der Ort des Verbrechens. Drittens die Täterhandschrift: Sie spiegelt das Leitmotiv des Verbrechens wider, beispielsweise sexuellen Sadismus oder die Machtausübung an wehrlosen, gefesselten Opfern.

Die Tat und die Einzelheiten ihrer Ausführung sind das „Was" und das „Wie". Sie erlauben Rückschlüsse auf das Motiv des Täters und seine Persönlichkeit – auf das „Wer". Wie in Kap. 3.1.1.2 beschrieben wurde, beruht das Verhalten eines Menschen auf seinen Bedürfnissen, die bewusst oder unbewusst Entscheidungen auslösen und zu einer bestimmten Handlungsweise führen. Sein Verhalten kann daher niemals lügen. Denn es trägt nach außen, wozu er sich unwiderruflich entschieden hat, und es macht deutlich sichtbar, worin seine Entscheidungen bestehen. Für einen Mord bedeutet das: Die Art und Weise, wie die Tat begangen wurde, erlaubt konkrete Rückschlüsse auf die Bedürfnisse des Täters und sein Hauptmotiv, in dem diese zum Tragen kommen. Dazu ein Beispiel.

Beziehungstat

Eine männliche Leiche mit 18 Messerstichen wird im Wald von Spaziergängern entdeckt. Die gerichtsmedizinische Untersuchung ergibt: Bereits drei Stiche waren tödlich. Wozu also die 15 weiteren Einstiche? In diesem Fall wird von einer sogenannten „Übertötung" gesprochen. Sie lässt darauf schließen, dass der Täter einen großen Hass auf das Opfer hatte. Wodurch könnte dieser entstanden sein? War der Getötete vielleicht ein „Zufallsopfer"? Hatte er sich heftig gewehrt und stach der Täter deshalb so oft auf ihn ein? Wollte er damit „auf Nummer sicher" gehen? Diese Annahme ist wenig wahrscheinlich, nachdem drei Stiche zum Tod führten. Da es an der Leiche keine Abwehrverletzungen an den Händen gibt, scheidet ein Kampfgeschehen als Ursache der vielen Einstiche am Körper aus. Es ist also mit hoher Wahrscheinlichkeit davon auszugehen, dass sich Opfer und Täter kannten und eine sogenannte Beziehungstat vorliegt.

Im sozialen Umfeld des Ermordeten werden nun all jene Personen unter die Lupe genommen, die Gründe gehabt haben könnten, ihn zu hassen. Ins Fadenkreuz der Fahnder geraten dabei Menschen, die aggressive Gefühle schwer kontrollieren können und überempfindlich reagieren. Aber auch solche, deren Sozialverhalten „überangepasst" ist und die eine Verhaltensfassade errichten. Wie erkennt man diese Menschen? Sie sind stets überfreundlich, äußert korrekt im Verhalten und sie „schlucken" verbale, an sie gerichtete Angriffe scheinbar widerstandslos hinunter, als ob sie diese akzeptieren oder davon nicht berührt würden. Aber der äußere Schein trügt häufig. In ihrem Inneren stauen sich die emotionalen Verletzungen und es entstehen aggressive Fantasien. Bei den sozial Überangepassten bestätigt sich oftmals eine Erkenntnis aus der Persönlichkeits- und Sozialpsychologie: Je seriöser die äußere Fassade eines Menschen wirken soll, desto mehr hat er meistens zu verbergen. Mitunter können das sogar Mordgedanken sein.

13.2.1 Das „Zusätzliche" als Hinweis auf die Persönlichkeit

Ein Profiler stellt sich bei einem Mord stets eine entscheidende Leitfrage: Was hat der Täter bei Tatausführung zusätzlich getan, was er nicht hätte tun müssen, da es für die Ermordung nicht zwingend erforderlich war – was war dafür „überflüssig"? In dem obigen Beispiel waren das die 13 Messerstiche. Auch die Veränderung des Tatortes zählt dazu, da man einen Menschen töten kann, ohne dort etwas zu verändern. Diese Zusatzhandlungen liefern wertvolle Aufschlüsse über das Motiv und das Persönlichkeitsprofil des Täters.

Als Sprachprofiler liefert Ihnen das „Zusätzliche" in der Kommunikation mit einem Menschen ebenfalls aufschlussreiche Hinweise auf seine Persönlichkeit und Bedürfnisse. Darunter ist alles zu verstehen, was a) über die Beantwortung einer einfachen Frage deutlich hinausgeht oder was b) auf eine geschlossene Frage zusätzlich geantwortet wird, die sich mit einem Ja oder Nein und einigen erläuternden Bemerkungen beantworten ließe. Dazu ein Beispiel.

Mögliche Profiling-Fragen

Sie stellen einem Bekannten die Frage: „Ist das gestrige Gespräch mit deinem Chef so verlaufen, wie du dir das vorgestellt hast?" Die Antwort könnte aus wenigen Sätzen bestehen, zum Beispiel: „Ja, ich bin sehr zufrieden. Er war mit meinem Vorschlag einverstanden. Zwar nicht sofort, aber ich konnte ihn schließlich überzeugen." Oder: „Nein, es hätte besser laufen können. Ich werde bei Gelegenheit bei ihm einen weiteren Vorstoß machen. Steter Tropfen höhlt bei ihm vielleicht den Stein." Normalerweise würde man jetzt die eine oder andere Frage an den Bekannten stellen oder das Thema wechseln. Falls Sie keine Frage an ihn stellen und er erzählt unaufgefordert länger weiter, erfahren Sie einiges über seine Person. Er schildert vielleicht ausführlich, wie das Gespräch mit seinem Chef verlaufen ist, trifft Bewertungen seiner Person oder stellt sich selbst in einem positiven Licht dar. All dies ist das Zusätzliche zu der Antwort auf Ihre Frage – das, wonach Sie ihn nicht gefragt haben.

Sie können sich nun gedanklich zum Beispiel folgende Profiling-Fragen stellen, abhängig vom Inhalt des Gesagten:

- „Warum redet mein Bekannter darüber so ausführlich?
- Was will er ‚loswerden'?
- Rechtfertigt er sein Verhalten gegenüber seinem Chef? Falls ja: warum mir gegenüber?
- Sucht er meine Zustimmung?
- Ist er sehr mitteilungsbedürftig, weil ihm vielleicht zu wenig zugehört wird?
- Will er mich in irgendeiner Weise beeindrucken, da sein Selbstwertgefühl eher gering ist?
- Erwartet er deshalb eine Bestätigung von mir, dass es gut und richtig war, was er zu seinem Chef gesagt hat?
- Denkt er fatalistisch nach dem Motto ‚Ich kann ohnehin nichts ändern'?
- Sieht er sich als Opfer der Umstände und Verhältnisse oder als ein Mensch, der sie aktiv verändern kann?
- Werde ich ‚angejammert', da sich mein Gegenüber psychisch entlasten möchte?
- Bagatellisiert er das, was ihn stört, durch einen beschwichtigenden Optimismus: ‚Das wird sich schon irgendwie lösen lassen'?
- Was streicht er besonders hervor und welchen Rückschluss lässt das auf seine Person zu?
- Betont er beispielsweise, wie clever er im Gespräch mit seinem Chef war, und klopft er sich so selbst auf die Schulter?
- Schimpft er über ihn sehr pauschal?

- Gehört er vielleicht zu den ‚Maulwürfen', die hinter vorgehaltener Hand Löcher in die Vertrauenswürdigkeit von Menschen graben und sie so unterminieren?
- Zeigt mir das: Er ist konfliktscheu und hat nicht den Mut, seinem Vorgesetzten mit den geeigneten Worten zu sagen, wie er über sein Verhalten ihm gegenüber denkt?"

▶ Solche gedanklichen Profilingfragen sind als Hypothesen zu verstehen und **nicht** als Urteile über einen Menschen.

Die Hypothesenbildung dient dazu, Annahmen treffen zu können, die sich im Gesprächsverlauf oder bei weiteren Begegnungen mit diesem Menschen bestätigen oder widerlegen lassen. Erst wenn ähnliche oder gleiche Muster in der Kommunikation immer wieder hervortreten, spricht das für eine Bestätigung der getroffenen Hypothesen. Ein Beispiel für ein solches charakteristische Muster wäre, die Schuld stets bei anderen zu suchen, wenn das Vorhaben Ihres Bekannten nicht so aufging, wie er sich das vorstellte. Das spricht für einen Menschen mit einem geringen Selbstwertgefühl, das durch die Schuldzuweisung stabilisiert werden soll. Oder: Ihr Bekannter redet immer nur von sich und bezieht seinen Gesprächspartner nicht in die Kommunikation mit ein, der deshalb nur Zuhörer bleibt. Das würde für eine geringe soziale Kompetenz, mangelndes Einfühlungsvermögen und eine egoistische Haltung sprechen. Vielleicht auch für ein generelles Dominanzstreben mit einem hohen Ich-Bezug, bei dem das Du eine untergeordnete Rolle spielt.

13.2.2 Vorschnelle Bewertungen vermeiden

Neben der Hypothesenbildung über die Persönlichkeit des Senders aufgrund seiner ausführlichen Antwort auf eine geschlossene oder eine einfache Frage lässt sich beim Sprachprofiling eine Parallele zu Profilern ziehen, die ein Täterprofil erstellen. Dies betrifft den Umgang mit den eigenen Emotionen. Die Analyse der Bedürfnisse und des Leitmotivs, die zu einem Mord oder zu Serienmorden führten, muss sachlich und völlig emotionslos erfolgen. Fallanalytiker[1] versetzen sich in die Person des Täters und dürfen sich dabei nicht von ihren Gefühlen leiten lassen. Dies würde ihre analytische Arbeit unerwünscht beeinflussen. Sie könnten nicht objektiv bleiben, wenn sie sich zu Gefühlen hinreißen ließen, die bei Angehöri-

[1] Mit dem Profiler Thomas Müller aus Österreich führte ich einige Seminare für Führungskräfte durch. Von ihm erfuhr ich aus erster Hand die Arbeitsweise von Fallanalytikern (siehe Müller [2]).

gen des Opfers verständlich wären – „diese sadistische Bestie", „so ein perverses Schwein" usw.

> Nähere Aufschlüsse über einen Menschen lassen sich nur dann gewinnen, wenn sein sprachliches Verhalten – Inhalt, Ton, nonverbale Signale – nicht reflexartig positiv oder negativ bewertet wird. Das ist die Grundvoraussetzung des analytischen Zuhörens. Daraus entstehen Fragen, die in einem Gespräch gestellt werden können. Die Antworten geben Aufschluss über den Gesprächspartner, seine Annahmen und Einstellungsmuster sowie über seine Absichten im Gespräch.

Wer sich dabei von seinen Gefühlen zu sehr beeinflussen lässt, weil er vorschnell etwas gut oder schlecht findet, was er hört, gewinnt kein klares Bild von seinem Gegenüber. Es würden nur schattenhafte Umrisse sein, mehr nicht. Vorschnelle Bewertungen verführen dazu, keine Fragen mehr zu stellen, die weitere Aufschlüsse über einen Menschen geben würden. Dadurch bleiben viele weiße Flecken auf seiner Landkarte zurück, die der eigene Kopf als verzerrte Vorstellung von ihm hat.

13.2.2.1 Urteilsfreies Zuhören

Wie lassen sich vorschnelle Bewertungen in einem Gespräch vermeiden, umso mehr über einen Menschen zu erfahren? Die dafür elementare Technik bezeichne ich als „urteilsfreies analytisches Zuhören" mit einer frei schwebenden Aufmerksamkeit. Darunter ist ein konzentriertes Zuhören zu verstehen, bei dem nicht bewertende Gedanken von der Erfassung weiterer Gesprächsinhalte ablenken. Der analytisch denkende Verstand trifft dabei Hypothesen, so wie es bereits geschildert wurde, und drängt Werturteile zur Seite. Dazu braucht das Gehirn allerdings eine Anweisung. Denn jeder Mensch setzt Aussagen, die ein anderer zu einem bestimmten Thema trifft, automatisch in Bezug zu seinen eigenen Wertmaßstäben. Das Gehirn färbt die Übereinstimmungen emotional positiv und die Abweichungen negativ ein. Findet ein Mensch, mit dem Sie ein persönliches Gespräch führen – und den Sie nicht für einen Dummkopf halten –, etwas schlecht und falsch, das Sie aber für gut und richtig halten, wird Ihnen das kein gutes Gefühl vermitteln können. Gleiches gilt für die umgekehrte Richtung, wenn Sie etwas schlecht und falsch finden und jemand anderer hält genau das aber für gut und richtig. Dies führt zu einer Abwehrreaktion im Gehirn und lässt Sie das, was jemand sagt, nur mehr gefiltert hören: Ist gut, ist schlecht, ist richtig, ist falsch.

Um diesen Bewertungsmechanismus des Gehirns vorübergehend zu neutralisieren, da er Gefühle auslöst und Ihre Wahrnehmung unerwünscht beeinflusst, muss dem Gehirn ein Gedanke sozusagen „eingehämmert" werden: „Alles, was mein Gesprächspartner sagt, gibt mir Aufschluss über seine Denkweise und seine Persönlichkeit. Ob ich damit übereinstimme, ist vorläufig völlig egal. Ich werde mir erst später ein Urteil darüber bilden. Bis dahin begebe ich mich auf eine mentale Tribüne. Dort kann ich Distanz zu meinen Emotionen wahren. Ich höre wie ein ‚Undercover-Agent' zu, ohne mich davon beeinflussen zu lassen, ob das, was gesagt wird, von mir als gut oder schlecht, als richtig oder falsch befunden wird. Es sagt nur etwas über mein Gegenüber aus, aber nichts über mich selbst."

Auf diese Weise können Sie in einem Gespräch auch leichter den tatsächlichen Gefühlszustand Ihres Gegenübers erkennen, der vom vorgespielten abweichen kann, falls Sie jemand über seine wahren Absichten täuschen will. Seine emotionale Befindlichkeit wird Ihnen durch die Spiegelneuronen als Kopie übermittelt. Hat jemand generell eine negative Einstellung zu Ihnen, obwohl er Gegenteiliges bekundet, wird das bei Ihnen ein schlechtes Gefühl auslösen.

- Wenn Sie Ihre Gefühle nicht neutralisieren, vermischen sich Ihre eigenen Empfindungen mit denen Ihres Gegenübers. Durch eine Neutralisierung registrieren Sie leichter, wie sich Ihr Gesprächspartner fühlt und ob das zu seinen Äußerungen passt oder ob er Sie täuschen will.

Beispielsweise können Sie so bemerken, ob sich ein Mensch, der sehr selbstsicher auftritt, innerlich seiner selbst nicht ganz so sicher ist, wie er es vorgibt. Oder Sie spüren, wie sich seine Stimmung verschlechtert, weil sein Plan nicht aufgeht, Sie von etwas zu überzeugen – zum Beispiel als Eigentümer einer Wohnung, die er Ihnen verkaufen will. Im Gespräch hatte er vielleicht erwähnt, es würde noch zwei ernsthafte Interessenten geben, von denen sich einer kommende Woche entscheiden wird – obwohl das nicht stimmt. Wenn Sie darauf nicht eingestiegen sind, obwohl Ihnen das Objekt gefällt, aber kein Zeitdruck besteht, wird seine Enttäuschung durch die Spiegelneuronen in Ihnen gespiegelt. Das heißt ziemlich sicher: Es gab offenbar keine weiteren Kaufinteressenten. Das könnte für Sie der Anlass sein, eine deutliche Preisreduzierung zu fordern. Oder Sie lassen überhaupt die Finger vom Kauf, weil der Verkäufer als zu wenig vertrauenswürdig eingeschätzt wird.

13.2.2.2 Der Vorteil einer emotionalen Neutralisierung

Das Gehirn rastert in einem Gespräch viele Details von einem Menschen ab, die der bewussten Wahrnehmung entgehen: minimale Veränderungen in der Stimme und kleinste Veränderungen in den nonverbalen Signalen. Dabei wird sogar die Aussendung von Dufthormonen – den Pheromonen – miteinbezogen, die im Körperschweiß enthalten sind und die unterhalb der Wahrnehmungsschwelle liegen können. Falls Ihr Gesprächspartner „ins Schwitzen kommt", weil ihm beispielsweise einige Fragen von Ihnen unangenehm sind, „riecht" Ihr Gehirn das, auch wenn Ihre Nase Ihnen kein Geruchssignal sendet. Wenn Sie ihm gegenüber neutral eingestellt bleiben, vermitteln Ihnen Ihre Spiegelneuronen aufschlussreiche Eindrücke, wie er sich tatsächlich fühlt; unabhängig von seinen Worten.

Die geschilderte emotionale Neutralisierung, bei der Sie sich kurzfristig auf eine mentale Tribüne begeben, statt die Äußerungen von anderen Menschen sofort zu bewerten und ihnen vielleicht zu widersprechen, gehört zum unverzichtbaren Rüstzeug eines Sprachprofilers. Es hilft, das Gegenüber besser einschätzen zu können. Wenn Sie beispielsweise erst nach dieser Einschätzung seinem Standpunkt entgegentreten, den Sie nicht teilen, so haben Sie zuvor einen wertvollen Aufschluss über seine Gefühlslage gewonnen.

Für Ihre Argumentation ist das überaus nützlich. In einer schwierigen Verhandlungssituation erkennen Sie so zum Beispiel: Der Verhandlungspartner fühlt sich bei einem der Besprechungspunkte unsicher, obwohl er nach außen hin nicht so wirkt. In diesem Fall könnten Sie hier mit weiteren Argumenten nachsetzen und so seine Unsicherheit verstärken. Oder Sie spüren seine Enttäuschung, die er äußerlich verbirgt. Nun könnten Sie ihm eine „goldene Brücke" bauen, die ihn aus dem Stimmungstief herausholt, sodass er Ihnen leichter zustimmen wird: „Ich mache Ihnen jetzt ein faires Angebot, mit akzeptablen Bedingungen für beide Seiten. Wenn Sie diesem zustimmen, können wir zum Mittagessen gehen, da wir alles unter Dach und Fach gebracht haben." Nach solchen Worten werden Sie spüren, wie sich die Stimmung des Gegenübers schlagartig aufhellt. Er wird daher Ihr Angebot leichter akzeptieren.

13.3 Die Sprache als DNA der Senderpersönlichkeit

Denken und Sprache sind im Gehirn engstens miteinander verwoben. Eine klare Denkweise führt beispielsweise zu einer klaren Ausdrucksweise und ein verworrenes und kompliziertes Denken äußert sich als sprachlicher Nebel. Ein Mensch kann zwar vorgeben, anders zu denken, als es tatsächlich der Fall ist, aber er wird das in einem Gespräch nicht auf Dauer durchhalten können. Der Aufwand des Gehirns ist groß, wenn es dem motorischen Sprachzentrum laufend befehlen muss, Sätze zu formulieren, die nicht den tatsächlichen Gedanken eines Menschen entsprechen. Es werden ihm daher in einer längeren Gesprächssituation einige Äußerungen „herausrutschen", die seine wahre Denkweise verraten, da sein Gehirn ermüdet. Die Körpersprache sowie eine leicht veränderte Stimmlage senden ebenfalls Signale, die Hinweise auf eine Lüge sein können, womit wir uns in Kap. 14 näher beschäftigen.

13.3.1 Wie gut kennt man die Menschen, die man gut kennt?

Einiges von dem, was Sie in diesem Kapitel lesen, wissen Sie, ohne es bewusst zu wissen. In einem Gespräch fiel Ihnen dann bisher manches nicht auf, vor allem dann, wenn die Beziehung zu einem Menschen sehr eng ist und so die Objektivität teilweise verloren geht. Man kennt diesen Menschen scheinbar in- und auswendig, oder glaubt zumindest, dies wäre der Fall. Daher scheint aus der Erfahrung heraus klar zu sein, wie er in einem Gespräch worauf reagiert. Aber wie gut kennen Sie ihn tatsächlich?

Viele Menschen führen ein Doppelleben und verheimlichen gerade den engsten Angehörigen ihre andere und ihnen unbekannte Seite. Eine unerwartete Liebesaffäre, die den Betrogenen aus allen Wolken fallen lässt, wäre ein Beispiel. Die heimliche Spielsucht, die eine Existenz zerstört, ein weiteres.

Speziell bei Serienmorden fällt den Ermittlungsbehörden immer wieder auf: Selbst die nächsten Angehörigen haben scheinbar keinen blassen Schimmer von den dunklen Fantasien ihres Ehemannes oder Verwandten, die er sorgsam vor ihnen verborgen hält. Vermutlich „überhörten“ sie verräterische Äußerungen oder sie sahen über Dinge hinweg, die einen Menschen normalerweise hellhörig machen müssen.

Ein böses Beispiel

Ein böses Beispiel ist der US-amerikanische Serienmörder Dennis Rader, der als „BTK-Killer“ über zwanzig Jahre Angst und Schrecken verbreitete. Die drei Buchstaben stehen für „Bind, Torture, Kill“ (fesseln, foltern, töten). Als seine Frau eines Tages unerwartet früh nach Hause kam, fand sie ihren Mann halbnackt und gefesselt an der Badezimmertür hängen. Er hatte das selbst inszeniert, um sich sexuell zu stimulieren. Seine Bondage-Fantasien waren nicht aus einer „grauen Schattenwelt“ und für die ungestillten Sehnsüchte sexuell gelangweilter Frauen bestimmt, sondern blutrot gefärbt. Offenbar ist es ihm gelungen, gegenüber seiner Frau eine plausible Erklärung für die Selbstfesselung zu finden und seine geheimen Fantasievorstellungen vor ihr zu verbergen. Sie kosteten später mindestens zehn Menschen das Leben [3].

Auf Youtube gibt es Aufzeichnungen von der Befragung des Killers vor Gericht, die Sie bei Interesse ganz einfach finden können, indem Sie dort seinen Namen eingeben. Ohne eine innere Regung schildert Rader vor Gericht die Ausführung seiner grausamen Taten und antwortet auf die Fragen des Staatsanwaltes wie ein gehorsamer Schüler vor einem strengen Lehrer. Seine aktive Teilnahme am Gemeindeleben und in einer Freikirche ließ niemand vermuten, welche abartigen Triebe ihn zu seinen extrem sadistischen Taten veranlassten und was für ein emotionaler Zombie er in Wahrheit gewesen ist. Durch diese Tarnung als „anständiger" Bürger stellte vermutlich auch niemand Fragen an ihn, die zu verdächtigen Antworten hätten führen können.

13.3.2 Verräterische Sprache

Die biologische DNA, der genetische Fingerabdruck, ist wie ein Strichcode, dessen Informationen ausgelesen werden können. Selbst kleinste Haarschuppen reichen aus, um die Erbinformation identifizieren zu können. Bei allen Menschen stimmen die drei Milliarden Grundbausteine der DNA, die Nukleotiden, zu 99,9 % überein. Die verbleibenden 0,1 % sind für die Unterschiede verantwortlich. Zum Beispiel für die Farbe der Augen oder die Disposition zu bestimmten Erkrankungen.

Bei der Sprache verhält es sich ähnlich: Innerhalb der sozialen Umgebung – dem Sprachmilieu – gibt es große Übereinstimmungen im sprachlichen Ausdruck, in Form von typischen Redewendungen und Formulierungen sowie der Art und Weise, wie etwas gesagt wird. Die individuellen Unterschiede sind dabei jedenfalls wesentlich kleiner als die Gemeinsamkeiten. Diese Differenzen entstehen durch die Persönlichkeit eines Menschen. Was und wie jemand etwas sagt, lässt aufschlussreiche Rückschlüsse über ihn zu.

Molekularbiologen arbeiten bei der DNA-Analyse an einem Quantensprung: Aus dem Erbgut wird sich eines Tages bestimmen lassen, wie der Träger der DNA aussieht – Körpergröße, Gesichtsform usw. Die psychologische DNA, die Persönlichkeit eines Menschen, lässt sich jedoch bereits heute durch seine Sprache entschlüsseln. Sie ist aufschlussreicher, aber auch verräterischer, als viele Menschen denken.

Die folgenden Punkte sind für das Sprachprofiling die wichtigsten Kriterien. Sie definieren jeweils einzelne Aspekte der Persönlichkeit eines Menschen. Wenn Sie diese wie ein Puzzle zusammenfügen, so haben Sie ein Bild des ganzen Menschen. Dabei ist das Ganze immer mehr als die Summe seiner einzelnen Teile. Denn die Teilbereiche einer Person wirken zusammen und sind nicht als getrennte, voneinander unabhängige Einheiten zu sehen. Ähnlich ist es bei einem Haus: Es lässt sich nicht hinreichend beschreiben, wenn jemand nur die Küche oder den Keller kennt. Es ist mehr ist als die Summe aller Baumaterialien und Einrichtungsgegenstände.

13.3.2.1 Einstellung und Wertehaltung

Die Einstellung und die Werte, zu denen sich ein Mensch bekennt, sagen aus, was er für gut oder schlecht, richtig oder falsch hält. Das kann beispielsweise politische

Themen, Erziehungsfragen oder das Verhältnis von Mann und Frau betreffen. Ein österreichischer Abgeordneter zum Nationalrat, der einer rechtspopulistischen Partei angehört, bezeichnete Flüchtlinge aus Syrien als „Erd- und Höhlenmenschen". Damit verriet er seine Einstellung zu diesen Menschen, die er offenbar nicht als gleichwertig zu den Bürgern des eigenen Landes ansieht. Ein anderes Beispiel wäre die Äußerung: „Kinder brauchen eine harte Hand und Ohrfeigen haben noch keinem geschadet." Sie spricht für einen Menschen, der zumindest teilweise autoritär eingestellt ist und der streng erzogen wurde. Wenn Sie ihn fragen, warum er so denkt – ohne seine Bemerkung zu bewerten –, erfahren Sie sehr viel über ihn selbst sowie über seine eigene Erziehung. Nicht wertende Fragen ohne Untertöne oder scheinbar absichtlose Äußerungen sind der Königsweg zur Erkundung der Einstellung eines Menschen und seiner Wertehaltung, zum Beispiel: „Wie sind Sie zu dieser Auffassung gekommen?" Oder: „Auch wenn ich Ihre Meinung nicht unbedingt teile, interessiert es mich, welche Gründe Sie dafür haben."

Durch wertende Kommentare, die einem auf der Zunge liegen könnten, lässt sich nicht allzu viel über die Einstellung des Gegenübers erfahren – beispielsweise „Wie können Sie nur zu einer solchen Auffassung kommen! Ich finde sie völlig falsch". Als Sprachprofiler wollen Sie wissen, wie Ihr Gegenüber tickt. Daher ist es ratsam, auf bewertende Aussagen in jeder Hinsicht zu verzichten – über ihn selbst und die von ihm vertretene Meinung.

Lassen Sie diesen Menschen in dem guten Glauben, Sie würde es näher interessieren, worin seine Auffassung besteht und was diese begründet, obwohl Ihr eigentliches Interesse seiner Denkweise und dem Menschen dahinter gilt. Dann werden Sie viel über ihn erfahren und das eine oder andere „Geständnis" und Eingeständnis von ihm hören. Damit Sie mich nicht missverstehen: Zu dieser Vorgangsweise rate ich nur, wenn Sie als Sprachprofiler mehr über einen Menschen aufgrund seiner Äußerungen in Erfahrung bringen wollen.

13.3.2.2 Selbstwertgefühl und innere Stärke

Wie ein Mensch über sich selbst denkt und wie er seine Fähigkeiten einschätzt, sagt sehr viel über sein Selbstwertgefühl aus. Das ist der Wert, den ein Mensch seiner Persönlichkeit beimisst. Menschen mit hohem Selbstwertgefühl prahlen nicht mit ihren angeblichen Stärken und sie treten nicht betont selbstbewusst auf. Ein demonstrativ zur Schau gestelltes Selbstbewusstsein spricht dafür, dass sich jemand ist seiner selbst nicht so sicher ist, wie er es vorgibt.

- Ob selbstbewusstes Auftreten von einer inneren Stärke getragen oder nur eine Fassade ist, zeigt sich vor allem darin, ob jemand glaubwürdig einräumt, auch persönliche Schwächen zu haben.

In Interviews für die Mitarbeiterauswahl wird Bewerbern häufig die Frage nach ihren Stärken und Schwächen gestellt. Die Antworten sind meistens wenig aussagekräftig, weil diese Frage üblich ist und daher vorhersehbar war. Die Auswahlkandidaten können sich also vorab eine passende Antwort zurechtlegen, die sozial erwünscht ist. Beispielsweise: „Meine Schwäche ist, ich bin manchmal zu genau bei meiner Arbeit."

Wie ein Mensch tatsächlich über sich denkt und was er sich zutraut und was nicht, lässt sich in Situationen erkennen, die er für schwierig hält oder die für ihn belastend sind; beispielsweise eine gravierende berufliche Veränderung oder eine Ehescheidung. In schwierigen Situationen zeigt sich die Persönlichkeit eines Menschen stets wie im Brennglas – seine Stärken und Schwächen werden hier deutlich sichtbar. Solche Lebenssituationen sind die Stunde der Wahrheit, in der auch sein Selbstwertgefühl und seine innere Stärke gut erkennbar sind. Was genau ist für ihn schwierig und warum? Wie denkt er darüber? Welche Alternativen werden erwogen? Was für Gedanken gehen ihm durch den Kopf und welche Gefühle lösen sie bei ihm aus? Wofür will er sich entscheiden? Was spricht aus seiner Sicht gegen diese Entscheidung und welche Gründe gibt es dafür? Wie rechtfertigt er sie vor sich selbst und vor anderen? Wenn ein Mensch über diese Dinge spricht, spiegelt sich darin seine innere Stabilität wider, sowie seine persönlichen Stärken und Schwachpunkte. Deutlicher als sie im alltäglichen Leben jemals erkennbar sind. Denn in schwierigen Situationen greift jeder auf seine persönlichen Ressourcen zurück und schöpft sie so weit wie möglich aus. Worin diese Ressourcen bestehen, sehen Sie eben nur in solchen Situationen.

Das Selbstwertgefühl eines Menschen tritt auch klar zutage, wenn ihm ein anderer ein kritisches, aber konstruktives und mit Wertschätzung vermitteltes Feedback über sein Verhalten gibt – der Vorgesetzte, Arbeitskollegen, Kunden, Freunde, der eigene Partner. Wie reagiert ein Mensch mit einem stabilen Selbstwertgefühl darauf? Er nimmt das Feedback an und lernt daraus, wie sein Verhalten auf diese Menschen wirkt. Damit erhöht sich sein sozialer Realitätsbezug: Seine Realitätsdichte nimmt zu und die wohlgefälligen Illusionen über sich selbst, die nahezu jeder hat, werden kleiner. Menschen mit einer geringen sozialen Lernfähigkeit werden ein solches Feedback mit einem „Gegenfeedback" beantworten. Es besteht meistens darin, das eigene Verhalten als Reaktion auf das Verhalten des Feedbackgebers oder auf das anderer Menschen zu rechtfertigen. Der Grund ist ein mangelndes Selbstwertgefühl.

Wählen Menschen den bequemen Platz zwischen Ausreden und verbreiteten Unwahrheiten über sich selbst, so findet sich die Ursache oftmals in ihrem geringen Selbstwertgefühl. Ein sicheres Indiz dafür: mimosenhafte Reaktionen bereits auf Ansätze von Kritik an ihrer Person oder ihrem Verhalten. Dabei es gibt es laute und leise Mimosen. Die leise Variante bevorzugt den Rückzug in den Schmollwinkel. Ihr Signal des Schmollens lautet: „Komm', sei wieder lieb zu mir und entschuldige dich." Die laute Variante besteht in verbalen Gegenangriffen. Je stärker die Empfindung dieser Menschen ist, angegriffen zu werden, umso heftiger wird die Gegenattacke ausfallen. Ihr Signal: „Nimm' sofort zurück, was du gesagt hast."

Sprachprofiler wissen: Diese mitgesendeten Signale verraten ein geringes Selbstwertgefühl. Wird diesen Signalen, beispielsweise einer einschüchternd-dominanten Körpersprache, durch den Empfänger Folge geleistet, erhöht sich das Selbstwertgefühl des Senders kurzfristig. Menschen mit einer leisen Stimme verraten: „Ich bin mir meiner selbst nicht sicher. Ich habe Angst, zurückgewiesen und nicht akzeptiert zu werden." Jene, die ein „lautes Organ" haben, tun das ebenfalls. Nur auf eine andere Weise.

13.3.2.3 Soziale Kompetenz

Menschen, die wie ein Wasserfall reden und andere kaum zu Wort kommen lassen, sie ständig unterbrechen oder ihre Antworten nur als Stichworte missbrauchen, um weiterquasseln zu können, verraten damit über sich: Meine Einfühlungsfähigkeit ist klein und mein Geltungsstreben und Egoismus sind dafür umso größer.

Im sprachlichen Verhalten zeigt sich sehr deutlich die soziale Kompetenz eines Menschen. Diese beansprucht zwar fast jeder Mensch gerne für sich, aber nicht jeder verfügt im Umgang miteinander auch tatsächlich darüber. In der Kommunikation ist sie an fünf Hauptmerkmalen klar erkennbar.

Merkmal 1: aktives Zuhören

Es signalisiert dem Gegenüber: „Ich habe verstanden, was du sagt, auch wenn ich die jeweilige Sichtweise nicht zwangsläufig teilen muss." Einen Standpunkt oder eine Meinung zu verstehen und sie zu respektieren ist nicht gleichbedeutend mit dem eigenen Einverständnis dazu. Sozial kompetente Menschen unterscheiden beides sehr genau und bringen auch klar zum Ausdruck, warum sie anders denken als ihr Gesprächspartner. Ohne ihn wegen seiner eigenen Auffassung zu kritisieren oder zu belehren.

Merkmal 2: Argumente nachvollziehen

In einem Gespräch oder in einer Diskussion werden vorgebrachte Argumente nicht reflexartig mit Gegenargumenten beantwortet, ohne zuvor auf sie erkennbar eingegangen zu sein. Bei diesem Punkt denken Sie vielleicht an manchen Politiker, der seine soziale Kompetenz in politischen Diskussionen vermissen lässt, sie aber dafür beim Händeschütteln mit dem Wahlvolk für den Stimmenfang umso demonstrativer zur Schau stellt.

Merkmal 3: Fragen stellen und persönliches Interesse bekunden
Sozial kompetente Menschen reden nicht ständig von sich und über das, was sie beschäftigt. Sie stellen ihrem Gegenüber Fragen, die Interesse an seiner Sichtweise, an der jeweiligen Situation, über die er spricht, oder an seiner Person erkennen lassen. Dabei werten sie seine Antworten nicht voreilig und geben keine ungebetenen Ratschläge oder „Ich-an-Ihrer-Stelle-Belehrungen" ab.

Ob ein Interesse echt ist oder nur vorgetäuscht, lässt sich an folgenden Kriterien erkennen: Die gestellten Fragen passen zum jeweiligen Gesprächsthema und wirken nicht wie künstliche Verlegenheitsfragen. Der Fragensteller zeigt außerdem eine angemessene gefühlsmäßige Reaktion, wenn es in einem Gespräch um persönliche Angelegenheiten geht, die mit Gefühlen verbunden sind.

Wenn beispielsweise über eine belastende Situation gesprochen wird und der Gesprächspartner lächelt fast unmerklich, so ist dies sehr verräterisch. Sein Lächeln zeigt, dass er sich in sein Gegenüber schwer hineinversetzen kann und daher nicht weiß, wie diesem zumute ist. Oder er outet sich so als ein schadenfreudiger Mensch. Die Quelle der Schadenfreude kann natürlich auch die schlechte Beziehung zu einem anderen Menschen sein, über den in einer solchen Situation gelächelt wird – weil ihm der Schaden „vergönnt" wird.

Merkmal 4: keine unnötigen Widerstände verursachen
In einem Gespräch oder in einer Diskussion werden nicht unnötige Widerstände beim Gegenüber produziert, wie dies beispielsweise bei einem ständigen „Ja, aber" der Fall ist. Damit zeigt sich jemand als übervorsichtiger Bedenkenträger oder er signalisiert damit, sich für klüger zu halten als sein Gesprächspartner.

Auch beim Umgang mit Konflikten wird die soziale Kompetenz eines Menschen sichtbar, so wie dies in Kap. 5.4 beschrieben wurde. Ein unnachgiebiges Beharren auf einem Standpunkt, ohne jegliche Kompromissbereitschaft, spricht für eine starre Denkweise, aber nicht für Sozialkompetenz. Gleiches gilt für das Gegenteil, den „Chamäleon-Stil" in der Kommunikation: Durch die fehlende innere Stärke passen sich diese Menschen der Meinung anderer unkritisch an. In beschönigender Weise wird dies auch als „situationselastisches Denken" bezeichnet. Menschliche „Gummibänder" sollten Sie vorsichtig werden lassen. Hinter ihrer Elastizität steckt meist ein Kalkül, wie sie durch die Dehnbarkeit ihrer vertretenen Auffassung einen persönlichen Vorteil haben können; womit nicht eine Kompromissbereitschaft gemeint ist oder die erforderliche Anpassung an veränderte Verhältnisse.

Formulierungen wie „So können Sie die Sache nicht angehen" oder „Sie sollten sich besser eine andere Vorgangsweise überlegen" wirken dominant, wenn sie in einem harten Ton ausgesprochen werden, und belehrend. Beides werden sozial kompetente Gesprächspartner vermeiden. Ohne dass sie deshalb zu sprachlichen „Weicheiern“ mutieren, die nach Möglichkeit nirgendwo anecken wollen, da sie eine dünne Schale zur Außenwelt haben und befürchten, sie könnte durch die Reaktion anderer Menschen einen Sprung bekommen.

Merkmal 5: angemessenes Sprechtempo und verständliche Ausdrucksweise
Das verständliche Sprechen ist ein weiteres und sehr deutliches Indiz für die soziale Kompetenz eines Menschen. Jene, die sehr viel reden, sprechen meistens auch sehr schnell. Ihren Gedankengängen kann nur folgen, wer einen Verständnisturbo im Gehirn zünden könnte. Da es diesen nicht gibt, wird vieles von dem, was sie sagen, kaum jemand richtig verstehen können.

Die Sprache ist ein Verbindungsmittel. Das Wort Kommunikation leitet sich von „communicare“ ab, was „teilhaben“ und „etwas gemeinsam machen“ bedeutet. Wer ohne Sprechpausen seine Wortsalven wie aus einem automatischen Maschinengewehr abfeuert, stellt zum Empfänger keine gute Verbindung her. Er lässt ihn an seinen Gedanken nur sehr beschränkt teilhaben. Sozial kompetent ist das nicht. Gleiches gilt für das „Gedankenhüpfen“, bei dem von einem Thema zum anderen gesprungen und dabei nur an der Oberfläche gekratzt wird. Das hat weniger mit einer geistigen Flexibilität zu tun als mit Oberflächlichkeit, die im Gespräch nervt.

Das andere Extrem sind Menschen, deren Gedanken wie eine klebrige Masse sind. Ihr Sprachfluss lässt an die Vorwärtsbewegung einer Schnecke denken. Immerhin: Jedes ihre Worte ist sehr gut verständlich, falls das Gegenüber nicht im Gespräch mit ihnen zwischendurch gelegentlich einnickt. Dieses Schneckentempo in der Kommunikation spricht bei geistig und körperlich völlig gesunden Menschen – und natürlich sind nur solche in diesem Kapitel gemeint – nicht für eine besondere Sozialkompetenz. Denn der Zuhörer wird ungeduldig, verliert das Interesse am weiteren Gespräch und der Sender registriert dies kaum: Seine Worte kriechen weiterhin langsam in das Ohr des Empfängers hinein. Die damit mitgesendete, aufschlussreiche Botschaft über den Sender: „Was ich zu sagen habe, ist wichtig, und daher sollst du jedes meiner Worte gut verstehen können.“ Eine andere Interpretationsmöglichkeit ist ein erhöhtes Kontaktbedürfnis: Das Gespräch dauert länger, wenn jemand langsam spricht.

Schnelles Sprechen ist häufig mit dem Verschlucken von Silben verbunden. Deshalb wird nicht alles verstanden, was die „Speed Speaker“ sagen. Insbesondere bei Telefonanrufen kommt so oftmals nur ein Teil beim Empfänger an. Auch hier gibt es das andere Extrem: Menschen, die nahezu jeden Satz aus ihren Gedankenblöcken sorgfältig herausstanzen und aufmerksamkeitsheischend betonen. So, als ob sie dafür einen Literaturpreis erhalten wollten. Ein natürliches Sprechverhalten ist das sicherlich nicht. Vielmehr wirkt es künstlich und aufgesetzt. Die Senderabsicht ist natürlich eine andere: Er will beeindrucken. Menschen jedoch, die auf ihrem Fachgebiet sehr viel wissen, wollen damit nicht „Eindruck schinden". Sie beziehen den bekannten Satz des Philosophen Sokrates auf sich: „Ich weiß, dass ich nichts weiß" – ohne alles zu relativieren.

Auch ein kaum verständlicher Dialekt, der außerhalb des eigenen Sprachmilieus beibehalten wird, spricht nicht für die soziale Kompetenz, wenn der Empfänger nur erahnen kann, was der Sender meint. Es deutet eher auf eine „Wir-sind-wir-Einstellung" hin: „Hauptsache, ich werde in meiner Sprachumgebung verstanden. Alles andere ist mir gleichgültig."

13.3.2.4 Allgemeine Intelligenz und differenziertes Denken

Die Intelligenz eines Menschen wird in verschiedene Bereiche unterteilt, zum Beispiel in eine mathematische oder eine praktische Intelligenz. Sie ist eine Verstandesfunktion und weitgehend bildungsunabhängig. Daher kann beispielsweise ein Professor auf seinem Gebiet zwar ein größeres Wissen als ein Nichtakademiker haben, aber trotzdem weniger intelligent sein als dieser. Viele erfolgreiche Menschen, die zum Beispiel als Firmengründer ohne abgeschlossenes Studium beeindruckende Leistungen zustande brachten, beweisen dies sehr eindrücklich. Ihre allgemeine Intelligenz ist sicherlich sehr hoch. Dazu gehören vor allem differenziertes Denken sowie die Fähigkeit, Zusammenhänge auf einem bestimmten Gebiet, zum Beispiel in der Wirtschaft, richtig zu erkennen und daraus die passenden Schlussfolgerungen abzuleiten.

Je höher seine allgemeine Intelligenz ist, umso differenzierter und weniger pauschal sind die Aussagen eines Menschen. Geschuldet ist das einem Denkvermögen, das nicht an der Oberfläche einer Sache kleben bleibt, sondern in ihre Tiefe vordringt. Ohne sich dabei im Detail zu verlieren und den Wald vor lauter Bäumen nicht mehr zu sehen.

Die allgemeine Intelligenz eines Menschen ist also eine Denkintelligenz, die sich in der Kommunikation als sprachliche Intelligenz ausdrückt. Sie hängt nicht davon ab, wie groß der aktive Wortschatz ist und wie „gewählt" sich jemand ausdrücken kann. Mit vielen Worten lässt sich ein großer Unsinn sagen und mit wenigen der Nagel auf den Kopf treffen. Was gut durchdacht ist, braucht meist keine langatmigen Erklärungen. Daher lässt sich umgekehrt sagen: Was umständlich erklärt wird, wurde offenbar nicht ausreichend gedanklich bearbeitet, sondern dem Zuhörer geistig halbverdaut serviert.

Ein weiteres Merkmal des differenzierten Denkens: Es werden keine „Äpfel-mit-Birnen-Vergleiche" angestellt, die wichtige Beurteilungskriterien außer Acht lassen. Beispielsweise wenn die Legalisierung von Cannabis mit einer generellen Aufhebung des Verbotes gefährlicher Drogen und den Folgen daraus verglichen wird. Oder wenn der Preis von Waren oder Dienstleistungen gegenübergestellt wird, ohne die Qualitäts- und Leistungsunterschiede detailliert in Betracht zu ziehen. Solche Vergleiche werden bei Verhandlungsgesprächen durch gewiefte Verhandler bewusst getroffen, um daraus einen Vorteil ziehen zu können – zum Beispiel bei Preisvergleichen. Dies spricht nicht gegen die allgemeine Intelligenz, sondern in diesem Fall für sie.

Nicht zuletzt zeigt sich die allgemeine Intelligenz eines Menschen in der Fähigkeit, Meinungen oder Kommentare in den Medien von der Berichterstattung zu unterscheiden und beides zur eigenen Urteilsbildung zu nutzen – statt es unkritisch zu übernehmen. In einem Gespräch, zum Beispiel über politische Fragen, zeigt sich sehr rasch, wie kritisch oder leichtgläubig jemand mit den Informationen aus den Medien umgeht.

13.3.2.5 Typische Formulierungen

Menschen, für die theoretisch Vieles denkbar ist, was sie aber praktisch nicht umsetzen, oder die sich dafür nicht in irgendeiner Form einsetzen, verstecken sich meist hinter unpersönlichen Formulierungen. Je gehäufter sie verwendet werden, umso stärker drängt sich der Verdacht auf, dass sie nicht zu den Menschen zählen, die handlungsorientiert und umsetzungsfreudig sind.

Typisch für sie sind Aussagen, bei denen das unpersönliche „man müsste" oder „es sollte", das Unkonkrete und generell der Konjunktiv dominieren: „Das gehörte anders gemacht", „man müsste sich das einmal näher ansehen" oder „eigentlich sollten wir uns damit etwas mehr beschäftigen". Einen einfacher Satz wie „Ich beschäftige mich jetzt ausführlich mit dieser Angelegenheit" werden Sie von diesen Menschen eher selten hören; ausgenommen, etwas ist besonders wichtig für sie. Eines ihrer Lieblingswörter lautet: Jein.

Handlungsorientierte Menschen

Handlungsorientierte Menschen verwenden vor allem Aktiv- und nicht Passivsätze, wenn es um die mündliche oder schriftliche Kommunikation geht. Bei den Aktivsätzen steht die handelnde Person im Mittelpunkt: „Ich habe das erledigt" oder „Mein Vorhaben ist gescheitert". Bei den Passivsätzen tritt die Person in den Hintergrund und das Geschehen steht im Zentrum: „Es wurde erledigt" oder „Das Vorhaben ist nicht aufgegangen". Nun ließe sich vielleicht annehmen, solche Formulierungen seien nur Sprachgewohnheiten, die nichts über einen Menschen aussagen. Das wäre deswegen falsch, weil Denken und Sprache eine Einheit bilden. Jedes Wort war vorher ein Gedanke, der nicht vom Himmel gefallen ist, sondern aus dem Gehirn durch den Mund als Schallwelle strömt.

Die alte Volksweisheit „Wie der Schelm denkt, so ist er“ meint, dass anderen Menschen Absichten unterstellt werden, die jemand selbst hat. Ein Sprachprofiler erweitert diese Bedeutung: Wie ein Mensch denkt, sagt aus, was für ein Mensch er ist. An seinen Worten lässt sich das sehr gut erkennen, wenn er sie unbefangen äußert und nicht verschleiern möchte, wie er tatsächlich denkt.

Bei den Aktivsätzen empfindet sich jemand als Urheber seiner Handlungsweisen, während Passivsätze seine Urheberschaft verbergen. Aktive Formulierungen sprechen für einen Menschen, der das Gesetz des Handelns für sich beansprucht. In Verbindung mit einem häufigen „Ich“ kann es allerdings auch Wichtigtuerei bedeuten. Passive Sätze können aus falscher Bescheidenheit verwendet werden oder weil derjenige, der sie häufig verwendet, verantwortungsscheu ist und Angst vor Kritik hat. Diese beiden Interpretationsbeispiele skizzieren jeweils zwei Extrempositionen. Ein Vergleich der Worte eines Menschen mit seinen Taten gibt Ihnen hier die letzte erforderliche Sicherheit, um ihn richtig einschätzen zu können.

Bei den Passivkonstruktionen im Satzbau sind allerdings kulturspezifische Unterschiede zu berücksichtigen. Was ich hier als Beispiele genannt habe und nennen werde, bezieht sich auf die deutsche Sprache und auf Menschen, die sie vollständig beherrschen. Im Spanischen heißt es beispielsweise: „Es zerbrach sich die Vase“ – „Se rompió el florero“ [4]. Die hier und im folgenden genannten Beispiele gelten auch nicht für die Sprache von Wissenschaftlern, die innerhalb ihres Fachgebietes generell vorsichtiger formulieren, als es in den verschiedensten Berufen, in alltäglichen Situationen und im privaten Alltag üblich ist.

Entscheidungsfreudige Menschen und übervorsichtige Eiertänzer

Menschen, die sehr vorsichtig und zögerlich sind, verwenden andere Formulierungen als jene, die entscheidungsfreudig sind. Die Entscheidungsfreudigen kommen wesentlich rascher zu einem Entschluss als die Übervorsichtigen, die alles doppelt und dreifach absichern wollen, bevor sie entscheiden. Ihre Risikoaversion ist um ein Vielfaches geringer als die der Zögerer und Zauderer. Risiken gehören für diese Menschen zum Leben, die niemand gänzlich ausschalten kann, aber auch nicht naiverweise übersehen sollte. Entscheidungsfreudige umklammern auch nicht jeden Euro mit ängstlicher Hand bei Anschaffungen und Investitionen, oder drehen ihn dreimal um, bevor sie ihn ausgeben, wenn sie ein gutes Einkommen haben.

Für die Übervorsichtigen ist das Leben wie eine Buchhaltung, in der alles exakt in Soll und Haben einteilbar ist. Da sie vor allem die Risiken bei jeder Entscheidung sehen, wägen sie immer wieder ab, ob der sich daraus ergebende Saldo zu 100 % ein Vorteil für sie sein könnte. Bombensichere 110 % wären ihnen am liebsten. Sprachlich ist diese Denkweise beispielsweise an folgenden Aussagen zu erkennen: „nur ja nichts übereilen“, „Wir müssen das sehr sorgfältig prüfen“, „Das sollten wir bedächtig angehen". „Das muss gründlich und bestens überlegt sein", „auf keinen Fall irgendein Risiko eingehen", „Aufpassen, das könnte womöglich schief gehen!", „Vermutlich haben wir etwas übersehen. Das muss alles noch einmal genauestens überlegt werden", „Doppelt hält immer besser", „Kontrolle ist das Wichtigste", „Bitte nur ja nichts überhasten", „unbedingt auf Nummer sicher gehen", „Vorsicht ist die Mutter der Porzellankiste" oder „Nur schön auf dem Teppich bleiben und nicht abheben".

Für die Entscheidungsfreudigen ist das Leben nicht wie ein Hochsicherheitstrakt, in dem alles unter Kontrolle gehalten wird. Sie verwenden andere Formulierungen als die zögernden „Sicherheitsfreaks", ohne deshalb risikobesessen zu sein. Beispielsweise: „Alle Risiken können wir niemals ausschalten", „Mut zum Risiko gehört dazu", „Die wichtigsten Kriterien kennen wir, nun entscheiden wir", „Falsche Vorsicht lähmt uns", „Wir sollten Vertrauen in unsere Einschätzung der Lage haben", „Die Entscheidung wird nicht besser, wenn wir sie vertagen, sondern eher schlechter", „Wer wagt, gewinnt", „Probieren geht über zu langes Studieren" oder ganz kurz: „No risk, no fun."

Übertrieben vorsichtige und entscheidungsfreudige Menschen beurteilen auch ihre persönliche Zukunft unterschiedlich. Wenn Sie danach fragen, werden die einen sie eher skeptisch einschätzen – „Man kann nie wissen, was auf einen alles zukommt" –, während die anderen in dieser Hinsicht wesentlich optimistischer sind.

Verwendet jemand häufig die Worte „Problem", „problematisch" und „schwierig", so kann das bedeuten, dass dieser Mensch zu wenig die Lösungen und Chancen im Auge hat, die sich aus Problemen ergeben können. Auch deshalb fällt es ihm oftmals schwer, sich zu entscheiden, weshalb sie lieber einen sprachlichen Eiertanz hinlegen, der ihre Denkweise klar spiegelt.

13.3.2.6 Die Sprache der Gefühle und des nüchternen Verstandes

Menschen, die ihre Gefühle zulassen und vielleicht sogar sehr gefühlsbetont sind, erkennen Sie auch an ihrer Wortwahl. Sie verwenden, dort wo es ihnen passend erscheint, Worte, die emotionale Bezüge herstellen, beispielsweise „Gefühl", „empfinden", „anfühlen", „einfühlen", „gefühlsmäßig", „spüren", „erwärmen". In einem Gespräch klingt das zum Beispiel so: „Wie fühlst du dich dabei?", „Ich empfinde das als schöne Geste", „Gefühlsmäßig tendiere ich zu einem Nein". „Das fühlt sich gut für mich an", „Ich spüre, das ist ein guter Weg" oder „Ich kann mich dafür nicht erwärmen".

Für Menschen, die ihr Leben bis ins letzte Detail versachlicht haben, existieren die Gefühle nur in gewissen intimen Momenten. Anschließend kehrt der Alltag ein, in dem der nüchterne Verstand sein Handwerk zu erledigen hat – zwölf Stunden oder mehr pro Tag.

Gefühle sind etwas für Frauen, denken die reinen Sachlogiker. Das drückt sich natürlich auch in ihrer Wortwahl aus. Alles, was sich nach Gefühlen anhören könnte, bleibt sprachlich ausgespart – so, als ob es sich dabei um unaussprechliche Fremdworte handeln würde. Solche Menschen fragen zum Beispiel nie oder nur sehr selten „Wie fühlst du dich dabei“, sondern „Wie denkst du darüber?“. Oder: „Was sagt dein Verstand dazu“ statt „Was meint dein Gefühl dazu?“. Von ihnen wird man auch im Privatleben öfters hören: „Du musst das von der logischen Seite her sehen“, „Ziehe bitte die richtigen Schlüsse daraus“, „Hier müssen wir klar denken. Gefühle tun nichts zur Sache“, „Eine eindeutige Verstandesentscheidung.“ In punkto Gefühlswelt sind diese Menschen „stille Wasser“, die freilich auch tief sein können.

Speziell Männer können mitunter wahre „Weltmeister“ sein, wenn es um den fehlenden sprachlichen Ausdruck von Gefühlen geht. Ihre Gehirnfunktionen unterscheiden sich aber nicht wesentlich von denen einer Frau – wie in Kap. 11.1 ausführlicher beschrieben wurde. Niemand kann seinem Gehirn untersagen, fortwährend Gefühle auszulösen, weil dieser Mechanismus naturgegeben ist. Im Sprachausdruck können sie allerdings vermieden werden. Der Witz dabei: Speziell jene Menschen, die im Kopf scheinbar nur logische Denkvorgänge produzieren, werden von ihren Gefühlen mehr gesteuert, als sie wissen. Das Gehirn lässt sie in dem guten Glauben, es wäre umgekehrt. So können die Gefühlszentren das Ruder in der Hand behalten, ohne dass dies den Menschen auffällt, die ihre Welt nur durch eine Logikbrille sehen. Wenn Sie einen solchen Menschen beispielsweise fragen, warum er für bestimmte Produkte deutlich mehr Geld ausgibt, als es notwendig wäre, obwohl vergleichbare Produkte denselben Zweck erfüllen würden – Auto, Einrichtungsgegenstände usw. –, werden Sie eine durchaus logische Begründung hören. Ein näheres Hinhören wird Ihnen allerdings zeigen: Sonderlich logisch sind die genannten Gründe nicht wirklich.

13.3.3 Bedürfnisse und innerer Antrieb

Die gedanklichen Fantasien und konkreten Wünsche eines Menschen verraten uns, was ihn geistig beschäftigt und wonach er sich vielleicht sogar innerlich sehnt. Durch die Frage, was die Auslöser für diese Beschäftigung sind und was mit den Wünschen in Verbindung steht, lässt sich viel über die jeweiligen Bedürfnisse erfahren. Ebenso über seinen inneren Antrieb, diese in konkrete Ziele zu gießen und sie in die Tat umzusetzen.

Bevor eine Filmszene gedreht wird, kommt es zu einer „Motivbegehung“ durch den Regisseur, die Kameraleute und Schauspieler. Dabei werden am Drehort die dortigen Gegebenheiten näher ins Auge gefasst – zum Beispiel die Lichtverhältnisse –, um ein gutes Drehergebnis zu erhalten. Wenn Sie wichtige persönliche Bedürfnisse eines Menschen in Erfahrung bringen, so ist das wie eine Art Motivbegehung: Sie erfahren die Voraussetzungen und Umstände für seine „Lebensfilme" – was sich in seinem Leben abspielt – und was ihr jeweiliger Inhalt ist. Die Regie führen dabei seine Bedürfnisse.

Wertungsneutrale Fragen führen zu aufschlussreichen Antworten
Erwähnt jemand zum Beispiel im Gespräch, er möchte sich ein Fahrrad für 7000 € kaufen, kann es dafür ganz unterschiedliche Gründe geben, die etwas über die Bedürfnisse dieses Menschen aussagen. Kauft er es aus Prestigegründen und fährt er nur gelegentlich damit? Oder ist es für geplante Touren mit Zeitmessung ratsam, sich ein solches Fahrrad anzuschaffen? Falls der Grund ein Tourenwettbewerb ist: Warum fährt er mit und was motiviert ihn dazu? Was erwartet er sich davon? Dieses einfache Beispiel macht ein Grundprinzip des Sprachprofiling sichtbar: Keine Annahmen über die Beweggründe eines Menschen treffen, sondern sie durch neutrale Fragen herausfinden und wertende Kommentare vermeiden. Beispielsweise so: „Ich bin auf diesem Gebiet ein Laie, was macht dieses Fahrrad für Sie so besonders?" Allerdings: „Wozu ein so teures Fahrrad, das diesen Preis doch niemals wert sein kann?", wäre ein Beispiel für das Gegenteil.

Durch interessierte und wertungsneutral gestellte Fragen zum Verhalten eines Menschen im Alltag sagen seine Antworten viel mehr über ihn aus, als dies oberflächlich gesehen den Anschein hat. Denn im Gehirn des Angesprochenen ist das, was er gefragt wird, mit anderen Dingen und Erlebnissen assoziativ verknüpft, die für ihn eine besondere Bedeutung haben. Ihr gilt das eigentliche Interesse in einem Gespräch, in dem Näheres über seine Persönlichkeit und seine inneren Antreiber in Erfahrung gebracht werden soll. Ihn direkt darauf anzusprechen wird nicht funktionieren, falls keine nähere Beziehung zu ihm besteht. Er würde sich ausgefragt und „ausgehorcht" fühlen und daher weitere Fragen abblocken.

Sagen oder tun zwei Menschen scheinbar das Gleiche, gibt es dafür oftmals völlig unterschiedliche Gründe, die etwas über ihre inneren Antreiber aussagen – und damit über sie selbst. Auch bei den ganz alltäglichen Dingen, wie etwa regelmäßigen Spaziergängen, ist dies der Fall. Sind es gesundheitliche Beweggründe und soll mit ihnen Erkrankungen vorgebeugt werden? Welche Befürchtungen bestehen und warum? Oder liegt der Grund darin, dass sich jemand an der schönen Landschaft erfreut und gerne an der frischen Luft ist? Was bereitet ihm dabei eine Freude – die Bäume, ein See, die Berge, die Kühe auf der Weide, die Bewegung an sich? Die Antworten auf diese Fragen geben Aufschluss über die innere Bedürfnishierarchie eines Menschen: Was ist für ihn aus welchen Gründen besonders wichtig und was ist ihm dabei weniger wichtig? Wenn Sie das wissen, lässt sich der Gesprächsfaden aufgrund der erhaltenen Antworten weiterspinnen.

▶ Selbst durch scheinbar alltägliche Situationen lässt sich sehr viel über jemanden herausfinden. Oftmals sind es gerade sie, die einen Schlüssel für das bessere Verständnis eines Menschen bereitstellen.

13.3.4 Was wird aus guten Vorsätzen?

Trifft ein Mensch gute Vorsätze, so können Sie einem Gespräch seine innere Antriebskraft erkunden, diese in die Tat umzusetzen. Von ihr hängt es ab, ob Wünsche in konkrete Ziele fließen und diese auch verwirklicht werden. Dazu ein Beispiel. Ein Arbeitskollege erzählt Ihnen, er habe sich vorgenommen, sein Gewicht zu reduzieren. Er will seine Ernährung umstellen und etwas Sport betreiben. Einen Monat später würden Sie sehen, wie ernst es ihm damit war. Falls Sie vorab eine Prognose über die Ernsthaftigkeit dieses Vorsatzes machen möchten, fragen Sie ihn, wie er sich die Umsetzung konkret vorstellt. Schildert er ausführlich und mit erkennbarer emotionaler Beteiligung, warum er das vorhat und wie er an die Gewichtsreduktion herangehen wird, spricht das für die Umsetzung des Vorsatzes. Ist die Antwort vage und allgemein gehalten und wird sie ohne besondere Gefühlsregung ausgesprochen – „ich sollte das jetzt endlich einmal angehen“ oder ähnliches – gehört er vermutlich zu den Menschen, die gute Vorsätze an die Kühlschranktür kleben – und sie da auch lassen, ohne sie umzusetzen. Die Ursache des zu schwachen Willens: Andere Bedürfnisse sind für ihn wichtiger und der Wunsch, Gewicht abzunehmen, ist schwächer. In Kap. 8.1.2 hatten wir diesen Vorgang im Gehirn als das Prinzip „Ober sticht Unter“ bereits kennengelernt.

Zwei „Schweinehunde“

Menschen, die gute Vorsätze bekunden, sie aber selten verwirklichen, machen dafür häufig zwei Schweinehunde verantwortlich: Den inneren und den äußeren. Der innere Schweinehund sind die stärkeren Bedürfnisse – der „Ober“ –, der die schwächeren aussticht, den „Unter“. Der äußere Schweinehund hat meist zahlreiche Geschwister: die berühmten Umstände, die angeblich die Umsetzung eines Vorsatzes oder Vorhabens immer wieder verhindern.

Wer diese beiden Schweinehunde als Gründe dafür nennt, warum der Vorsatz noch immer mahnend an der Kühlschranktür klebt, sagt damit über sich zwei Dinge aus. Erstens: Er kennt seine konkurrierenden Bedürfnisse und damit sich selbst zu wenig. Daher kommt er ihnen nicht auf die Schliche, wie sie ihn bei der Verwirklichung seiner Vorsätze stets ausbremsen. Zweitens: Er sucht die Ursachen woanders als bei sich, wenn wünschenswerte Dinge nicht von ihm in konkrete Taten verwandelt werden. Das Prinzip heißt Schuldumkehr: Der Täter ist das Opfer.

Mangels Selbsteinsicht schieben diese Menschen gerne die Schuld, weshalb aus einem Vorsatz nichts wurde, den beiden Schweinehunden in die imaginären Schuhe. Diese Fantasietiere werden zu Projektionsflächen für Ausreden aller Art. Man liegt daher richtig, wenn bei einem „Ausredenkaiser" vermutet wird, dass er Ziele nicht beharrlich genug verfolgt und seine Zielstrebigkeit gering ist; was sich als inkonsequentes Verhalten zeigt. Seine psychische Labilität lässt ihn wie ein Schilfrohr im Wind zwischen Vorsätzen und ihrer Ausführung schwanken. Diese Menschen pflegen eine Art Liebesverhältnis zu ihrem eingebildeten inneren Schweinehund, der ein reines Hirngespinst ist. Daher werden sie von ihm an der kurzen Leine durchs Leben geführt und reißen sich nicht von ihr los.

13.4 Aufschlussreiche Gedanken- und Fantasiewelten

Wer Zugang zur Gedanken- und Fantasiewelt eines Menschen erhält, gewinnt einen tiefen Einblick in seine Persönlichkeit und in das, was ihn innerlich antreibt. Wie lässt sich das erreichen? Im Unterschied zu einem Psychiater liegen die Menschen, die Sie nicht näher kennen, ja nicht vor Ihnen auf der Couch zur Analyse. Aber sie erzählen häufig von sich aus, womit sie sich gerne beschäftigen.

Wenn Sie interessiert, aber nicht auskundschaftend nachfragen, wie intensiv diese Beschäftigung ist, ob es eine Leidenschaft ist oder nur ein Ausgleich zu beruflichen Tätigkeit, wie jemand dazu gekommen, was der Auslöser dafür war usw., so öffnet sich eine Tür zur inneren Welt des Gegenübers: zu dem, was ihm gute Gefühle verschafft, die er durch sein Verhalten immer wieder aktiv herbeiführen wird. In Kap. 4.1 wurde dieser wichtige Punkt im Sprachprofiling bei der Analyse einer verhinderten Flugzeugentführung als „Zug-Metapher" näher beschrieben.

13.4.1 Zutritt zu verbotenen Filmen im Kopfkino

Könnten Sie sehen, welche Filme im Kopfkino eines Menschen immer wieder ablaufen, so wüssten Sie mit ziemlicher Sicherheit, wie er sich in der Zukunft verhalten wird. Sind es Filme, die nur er und sonst niemand sehen darf, so rollt er keinen roten Teppich aus und verteilt keine Freikarten, mit denen andere Menschen Zutritt zu seinen Fantasien erhalten. Durch unbedachte Äußerungen oder mit den richtigen Fragen bekommen Sie jedoch eine Eintrittskarte in das Innenleben dieses

Menschen, von der er nichts weiß. Nicht immer für die erste Reihe, aber auch auf den hinteren Plätzen sehen Sie gut, was für ein Lieblingsfilm im Kopfkino läuft. Beispiele dafür folgen später.

Kopfkinofilme, die lustvoll sind, treiben das Verhalten an. Ihnen liegen ganz bestimmte Bedürfnisse zugrunde, die durch reale Erlebnisse befriedigt werden sollen. Auf dem Gebiet der Sexualität ist das besonders offenkundig. Der Breitwandfilm im Kopf – die sexuellen Fantasien – führt dazu, dass der Filminhalt von diesem Menschen auch gelebt werden will: In der realen Welt und dort natürlich als Hauptdarsteller. So entsteht ein Kreislauf: Lustvolle Vorstellungen führen zu lustvollen Handlungen, die verhaltensverstärkend wirken. Verstärkend heißt, dass dieses Verhalten in Zukunft öfter auftreten wird. In umgekehrter Hinsicht ist das genaue Gegenteil der Fall: Ein Verhalten, das zu unangenehmen Gefühlen führt, wird zukünftig soweit es möglich ist vermieden.

Wenn Sie also wissen, welche Gedanken und Fantasien für einen Menschen emotional sehr positiv besetzt sind, so können Sie in Teilbereichen vorhersehen, wie er sich in Zukunft verhalten wird. Sollten Sie in Erfahrung bringen, was für ihn emotional sehr negativ besetzt ist, so wissen Sie, was er zukünftig vermeidet.

Bei abartigen sexuellen Trieben, beispielsweise der Pädophilie, tritt die Verhaltensverstärkung durch lustvolle Erlebnisse überdeutlich in Erscheinung. Es ist nahezu ausgeschlossen, um bei diesem Beispiel zu bleiben, dass ein Pädophiler, der sich wegen seines Triebes nicht behandeln lässt, sein Triebverhalten ändert. Falls er aufgedeckt wird und ohne therapeutische Behandlung bleibt, ändert sich nur eines: Der Pädophile wird in Zukunft vorsichtiger vorgehen, um seine Lust zu befriedigen, da er aus den Fehlern lernte, die zu seiner Enttarnung führten. Das bestätigte mir auch eine sehr erfahrene Chefärztin in einer Spezialklinik für psychisch kranke Straftäter.[2]

13.4.2 Den verbalen Schleier lüften

Menschen, die etwas verschleiern wollen, verursachen einen hohen Energieaufwand in ihrem Gehirn. In ihrem Kopf muss immer wieder ein Schutzwall errichtet werden, damit keine Gedanken durch den Mund strömen, die anderen verraten,

[2] In einer deutschen psychiatrischen Spezialklinik führte ich Kommunikationsseminare für das leitende Personal durch. Dort sind auch, zum Teil in einem Hochsicherheitstrakt, psychisch kranke Straftäter untergebracht, unter anderem pädophile Straftäter. Eine Chefärztin, die für die Therapie von Sexualstraftätern verantwortlich ist, vermittelte mir in einem Gespräch die Vorgehensweise, die in diesem Kapitel kurz angeschnitten wurde. Aus Vertraulichkeitsgründen können hier keine Details genannt werden.

wie sie denken. Trotzdem lassen sich Verschleierungsversuche gezielt aufdecken. Dazu ein Beispiel aus dem Maßregelvollzug, in dem psychisch kranke Straftäter zur Besserung und Sicherheitsverwahrung untergebracht werden. Als Sprachprofiler ziehen Sie aus dem daraus Abgeleiteten einen Gewinn; unabhängig davon, worin Ihre berufliche Tätigkeit besteht.

Bevor Sexualstraftäter entlassen werden sollen, muss zuvor die Rückfallgefahr durch einen sachverständigen Psychiater beurteilt werden. Ein wesentlicher Punkt sind dabei die sexuellen Fantasien des Straftäters, die ihn intensiv beschäftigen, da er während der Sicherheitsverwahrung viel Zeit zum Nachdenken hat und dort nicht chemisch kastriert wurde. Der Gutachter befragt ihn dazu. Wird er sofort die volle Wahrheit hören? Eher selten. Sein Gegenüber wird zunächst verschweigen, was ihm in sexueller Hinsicht gedanklich fortwährend durch den Kopf geht, falls das mit einer Strafe bedroht ist. Es würde verhindern, wieder in die Freiheit zu gelangen.

Ein solcher Straftäter wird beispielsweise angeben, die Psychotherapie in der Strafanstalt habe ihm sehr geholfen, seine abnormen Fantasien endlich in den Griff zu bekommen. Der Psychiater wird sich ausführlich schildern lassen, in welcher Weise das der Fall ist und was ihn nun sexuell erregen kann. Die Antwort darauf ist schwierig, auch für raffinierte Lügner. Denn er muss etwas erfinden, was in punkto Sexualität „normal" ist; ihn aber tatsächlich nicht erregen kann. Er würde dies also emotionslos schildern, was sehr auffällig ist. Niemand schildert im sachlichen Ton einer Bilanzpräsentation seine sexuellen Fantasien, die für ihn angeblich erregend sind.

Sind die Antworten unglaubwürdig, wird die Freilassung nicht befürwortet. Was glaubwürdig und schlüssig ist oder nicht, ergibt sich aus der Kenntnis der Person des Straftäters und seiner Taten. Wurde beispielsweise ein Straftäter wegen mehrfacher Vergewaltigung sicherheitsverwahrt, muss er vor allem glaubwürdig erklären können, keine sexuellen Gewaltfantasien mehr zu haben. Er muss unter anderem genau begründen, wie er sich in Zukunft seine Sexualkontakte vorstellt und warum das so ist. Vorlügen lässt sich so etwas gegenüber einem Fachmann nur in absoluten Ausnahmefällen.

13.4.2.1 Sozial erwünschte Antworten erkennen

Die geschilderte Methodik, gezielt, hartnäckig und energisch nach einer näheren Begründung für ein bestimmtes Verhalten oder eine Auffassung zu fragen, bewahrt Sie davor, durch sozial erwünschte Antworten über die tatsächliche Denkweise eines Menschen getäuscht zu werden. Das sind Antworten, die vielleicht einen Wahrheitskern enthalten, aber nicht der ganzen Wahrheit entsprechen. Der Sender nimmt dabei an, der Empfänger würde gerne hören, was er sagt. Je raffinierter er ist, umso leichter kann ihm dies gelingen.

Sollten Sie den Verdacht haben, in einem Gespräch sozial erwünschte Antworten auf Ihre Fragen zu erhalten, fragen Sie genau nach, warum jemand so denkt, so handelt oder handeln wird, wie er es sagt. Ist die Begründung klar nachvollziehbar, sagt Ihr Gesprächspartner mit einer viel größeren Wahrscheinlichkeit die Wahrheit wie im gegenteiligen Fall. Sind die jeweiligen Begründungen für Sie unscharf, redet er Ihnen vermutlich nach dem Mund. Er will Sie also über seine tatsächliche Denkweise im Unklaren lassen.

In einem Gespräch, bei dem Sie eine solche Täuschung annehmen, ist es wichtig zu antizipieren: „Was könnte mein Gesprächspartner erwarten, dass ich über ihn denken soll?“ So können Sie leichter erkennen, ob er bewusst darauf abzielt, dass Sie von ihm einen ganz bestimmten Eindruck erhalten. In diesem Fall wird von ihm betont oder mehrfach wiederholt, was Sie aus seiner Sicht vermutlich hören wollen. Er möchte damit deutlich herausstreichen, ähnlich oder gleich wie Sie zu denken, um so Ihren Erwartungen zu entsprechen. Vor allem wenn Sie diesen Menschen nicht näher kennen, sollte Sie das hellhörig machen. Denn viele Ja-Sager sind Nein-Denker. Achten Sie dabei auch auf seine emotionale Beteiligung, die Sie durch Ihre Spiegelneuronen spüren: Fehlt sie völlig, so hat das, was Sie von ihm hören, für ihn keine besondere Bedeutung. Wirkt sie aufgesetzt und übertrieben, möchte er Sie offenkundig täuschen.

Natürlich gibt es Menschen, die generell emotional unterkühlt wirken, die ihre Gefühle unterdrücken oder aufgrund ihrer Erziehung lernen mussten, dies zu tun. Trotzdem können Sie sicher sein, dass auch sie eine emotionale Regung zeigen werden, wenn ein Gedanke oder eine Vorstellung für sie eine gefühlsmäßige Bedeutung hat. Das Gehirn lässt „seinem“ Menschen gar keine andere Wahl.

13.4.2.2 Unbedachte Äußerungen verraten sehr viel

Manchmal sind es unbedachte Äußerungen, mit denen die Tür zur Gedanken- und Fantasiewelt eines Menschen einen kleinen Spalt aufgeht. Nun können Sie einen aufschlussreichen Blick in sie hineinwerfen. Vielleicht macht das sogar hellhörig, wie das folgende Beispiel zeigt.

Vor einiger Zeit saß bei einer Grillparty ein circa 45-jähriger Mann bei mir am Tisch, den ich nicht kannte. Er war auffallend korrekt gekleidet, sehr gepflegt; und jedes Haar saß an seinem Kopf an der richtigen Stelle. Wie aus dem Ei gepellt war er das, was man einen „Schönling“ nennt. Er unterhielt sich mit seinen Sitznachbarn und ich hörte ihn sagen: „Kinder haben so etwas Unschuldiges an sich.“ Um mich am Gespräch zu beteiligen, sagte ich in die fröhliche Runde: „Warum sind

Kinder unschuldig, sie können doch einiges anstellen, abhängig vom Alter natürlich."

Er fühlte sich angesprochen und antwortete: „Da haben Sie natürlich Recht. Ich habe das nur generell gemeint." Daraufhin sagte ich: „Meine Kinder waren nicht immer Unschuldslämmer. Wie viele Kinder haben Sie? Vermutlich sind sie noch sehr klein. Da sehen sie ja wirklich sehr unschuldig aus und sie sind es ja auch." „Keine", meinte er, „aber lassen wir dieses Thema. Ich hole mir jetzt ein Bier. Bis später vielleicht." Seine Reaktion ließ mich vermuten: Er weicht mir aus irgendeinem Grund aus. Jedenfalls hielt ich sie für untypisch in einer solchen Situation. Ich dachte mir zunächst: „Vielleicht wollte er Kinder haben und seine Frau kann vielleicht keine bekommen. Daher ist dieses Thema für ihn negativ besetzt und er möchte darüber nicht sprechen."

Als ich mit ihm später noch einmal das Gespräch suchte, erfuhr ich etwas mehr über ihn. Er stellte Spielzeug aus Holz her und verkaufte es direkt an Kindergärten. Während er das erzählte, kam plötzlich ein Leuchten in seine Augen. Ich dachte mir: „Ist das wegen der Freude, die sein fabriziertes Holzspielzeug den kleinen Kindern verschafft?" Aber wie würde das zu seiner Bemerkung von der Unschuld der Kinder passen, obwohl er selbst keine hat? Gab es vielleicht andere Gründe für das flackernde Licht in seinen Augen? Ich spürte die innerliche Unruhe dieses Mannes, auch wenn er sich äußerlich beherrscht darstellte. Meinen „unauffälligen" Fragen wich er aus und als Mensch war er nicht näher zu greifen. Ich hielt das für ein sicheres Anzeichen, dass er etwas zu verbergen hatte.

Ein Jahr nach dieser Grillparty sagte mir ein Bekannter, dieser Mann stünde wegen Pädophilie vor Gericht. Er hatte sich aus dem Internet Kinderpornos heruntergeladen. In unserem damaligen Gespräch schätzte ich ihn als durchaus intelligenten und sprachgewandten Menschen ein. Sein Verhalten zeigt: Ein starker Trieb kann die Intelligenz teilweise ausschalten. Anders ist es kaum erklärbar, dass ein intelligenter Mensch wie er am Firmencomputer illegale und verabscheuungswürdige Pornos aus dem Internet herunterlädt – und dabei seine Kreditkartendaten eingibt. Er hielt sich offenbar für klüger als spezialisierte Internetfahnder, die zum Glück die IP-Adresse auch in geschützten Netzwerken ausforschen können – selbst dann, wenn sie nicht für die NSA arbeiten.

Da kein Mensch einsam auf einer Insel lebt, sondern Freunde, Bekannte und Berufskollegen hat, lassen sich unbedachte Äußerungen kaum vermeiden. Allerdings werden sie von der engeren Umgebung meist nicht als auffällig registriert. Erst im Nachhinein, so wie es auch in diesem Pädophiliebeispiel gewesen ist, fallen den Menschen, die näheren Kontakt zu solchen Personen hatten, die Schuppen von den Augen. Ihnen wird klar: Bestimmte Äußerungen hätten sie eigentlich hellhörig machen müssen. Oder sie haben diese bewusst überhört, weil sie einen

Berufskollegen oder Freund nicht in Verlegenheit bringen wollten. Wer solche unbedachten Äußerungen hört, muss deshalb einen Mensch nicht sofort unter Generalverdacht stellen. Aber die Warnlampen im Kopf könnten aufblitzen. Dann wird jeder, der hellhörig wurde, auch nachfragen und hinterher nicht so tun, als hätte er diesem Menschen so etwas niemals zugetraut.

13.4.2.3 Scheinbare Versprecher sind kein Zufall

Die sprachlichen Fehlleistungen, die „Versprecher", gewähren ebenfalls einen aufschlussreichen Einblick in die Gedankenwelt eines Menschen. Oft sind sie sehr verräterisch. „Ich möchte auf Ihr Wohl aufstoßen" statt „anstoßen" sagt der Mitarbeiter zu seinem Chef bei der Weihnachtsfeier. Vermutlich „stößt" ihm in der Beziehung zum Vorgesetzten etwas auf, aber er traut sich nicht, mit ihm darüber offen zu sprechen. Das sagt einiges über ihn und sein gebücktes inneres Rückgrat aus.

Weitere Beispiele sind: „Sehr geehrter Herr Geschwätzführer" statt „Geschäftsführer", „Ihr Vorurteil" statt „Ihr Vorteil", „Das könnte für sie eine Drohbotschaft sein" statt „Frohbotschaft", „Ich belehrte ihn mit einem Besuch" statt „beehrte", „Ich wollte ohne Bekleidung zu diesem Treffen gehen" statt ohne „Begleitung", „Ich beschoss diese Maßnahme" statt „beschloss". Und wer beim Betriebsausflug im Winter vom „Nacktrodeln" auf der Piste schwärmt, obwohl er „Nachtrodeln", sagen wollte, verrät ebenfalls seine intimen Fantasien.

Normalerweise zensiert das Gehirn solche Äußerungen. Doch manchmal schlüpfen sie durch die Zensur. Diese Freud'schen Versprecher, deren Ursachen Sigmund Freud ausführlich beschrieb, geben Aufschluss über die Gedanken und verborgenen Fantasien eines Menschen [5].

13.4.3 Die „Lieblingszeit"

Menschen, die sich gedanklich gerne in ihrer Vergangenheit aufhalten, zeigen das auch sprachlich. Sie reden besonders gern über längst vergangene Zeiten. Das kann zum Beispiel für eine Flucht aus der Gegenwart sprechen, weil sie nicht als positiv empfunden wird. Wenn Sie nach den Gründen fragen, erfahren Sie viel über diesen Menschen. Auch die eigenen Zukunftsaussichten werden solche Menschen eher negativ und als nicht „rosig" bewerten. Erkennbar ist das vor allem daran, dass von der „guten alten Zeit" geschwärmt wird, in der alles angeblich viel besser war, als es gegenwärtig ist.

Eine andere Ursache kann darin bestehen, dass belastende Erlebnisse, etwa eine Ehescheidung, nicht richtig verarbeitet wurden. Dann wird die Vergangenheit ständig neu aufgerollt und frühere Umstände oder Ereignisse werden beklagt. Die schlechten Gefühle, die damals entstanden sind, reichen bei diesen Menschen oft bis in die Gegenwart hinein. Damit ist häufig eine anklagende Haltung gegenüber jenen Menschen verbunden, die diese schlechten Gefühle auslösten. Oder sie geißeln sich mit Selbstanklagen.

Der andere Pol auf der Zeitenskala sind Menschen, die gedanklich bevorzugt in der Zukunft leben. Ein Carpe Diem gibt es für sie bestenfalls im Urlaub. Ihr Lebensmotto lautet oftmals: „Was du heute kannst besorgen, verschiebe lieber auf den Tag nach übermorgen" – die berühmte „Aufschieberitis". Als ich noch in die Volksschule ging, stand einmal auf der Tafel: „Morgen morgen nur nicht heute, sagen alle faulen Leute." Der Lehrer wusste nicht, was Sprachprofiling heißt, da es diesen Begriff damals noch nicht gab. Ob er mit diesem Spruch Recht hatte, weiß der Leser selbst, wenn er an Menschen denkt, die häufig sagen: „Leider ist mir etwas dazwischen gekommen, darum konnte ich mich damit nicht beschäftigen."

Diesen Menschen zerrinnt die Zeit in der Gegenwart unbemerkt zwischen den Fingern, wie der herabrieselnde Sand in einer Sanduhr. Die Themen, worüber sie immer wieder besonders gerne sprechen, beschäftigen sich mit der eigenen Zukunft. Auch das kann eine Flucht aus der Gegenwart sein – die Vorwärtsflucht –, wenn Luftschlösser gebaut werden, weil das Hier und Jetzt als einengend empfunden wird. Konkrete Pläne zu schmieden und mit Menschen darüber zu reden ist etwas völlig anderes. Dabei wird die Gegenwart als Fundament für die Zukunft gesehen.

13.4.4 Täter oder Opfer?

Eine „Opfermentalität" tritt zum Vorschein, wenn sich jemand generell als passives Opfer seiner Umstände fühlt. Sprachlich ist das unter anderem daran erkennbar, dass sehr häufig Formulierungen verwendet werden wie „Daran kann ich nichts ändern", „Das liegt alles nicht an mir" oder „Da kann ich nichts dafür". Menschen, deren beständige Sorge es ist, etwas falsch zu machen, falls sie sich nicht passiv ihren Umständen unterwerfen, können auch als „Misserfolgsvermeider" bezeichnet werden. Im Gegensatz dazu stehen die „Erfolgssucher", die Umstände verändern, wenn sie nicht oder nicht mehr zu ihrem Lebenskonzept passen. Sie sind „Täter", wobei dieser Begriff hier nicht negativ zu verstehen ist. Die Tätersprache ist aktiv, ohne weichspülenden Konjunktiv: „umsetzen", „in Angriff nehmen", „Packen wir es an" oder „Wir machen das jetzt!".

Die Unterscheidung zwischen „Opfermentalität" und „Tätermentalität" ist zum Beispiel bei Personalentscheidungen sehr wichtig. Von der jeweiligen Grundmentalität hängt es ab, ob unerfreuliche Umstände nur beklagt oder mitdenkend verändert werden. Die jeweilige Mentalität begleitet einen Menschen meist durch sein ganzes Leben. Sie ist im Gehirn sehr fest verankert als Grundeinstellung zum eigenen Leben und was darin aus eigenem Antrieb veränderbar ist.

13.4.5 Was jemand über seine Eltern sagt, ist vielsagend

Wenn Sie einen Menschen nach seiner Beziehung zu seinen Eltern fragen, so erfahren Sie durch seine Antworten ebenfalls sehr viel über ihn. Immerhin waren sie die wichtigsten Bezugspersonen in einer Entwicklungszeit, die für sein weiteres Leben prägend ist. So wird ein Erwachsener, der liebevoll erzogen wurde, mit viel Vertrauen in sich und sein weiteres Leben ausgestattet. Er wird beispielsweise nicht allzu ängstlich sein, eine optimistische Grundhaltung besitzen und seine Kinder ebenfalls liebevoll erziehen. Bei einer lieblosen Erziehung verhält es sich leider gegenteilig.

Für die Partnerwahl ist dieser Punkt besonders wichtig. Ein Mensch, der ohne wärmende Liebe aufgewachsen ist – bei Eltern oder Ersatzeltern –, wird gefühlsarm sein. Vielleicht sogar kalt wie ein Eisberg. Die Gefühlsarmut ist ein Schutz vor emotionalen Verletzungen, die in der Kindheit offenbar erfolgt sind. Wer keine Gefühle zeigt, riskiert nicht, emotional verletzt zu werden.

Menschen, die als Kind durch die unberechenbare Launenhaftigkeit der Eltern ständig emotionale Wechselbäder ertragen mussten, können später mit ihren Gefühlen nicht richtig umgehen. Falls dieser Punkt als Erwachsener nicht aufgearbeitet wurde, wiederholen sie dieses erlebte „Kalt-Warm-Muster" bei ihren späteren Partnern. Auch diese werden häufig – zu häufig – in der Beziehung zu einem solchen Menschen Wechselbäder der Gefühle erleben. Sie werden von ihrem Partner ängstlich umklammert, um nicht verloren zu werden. Einige Tage später folgt die Kehrtwendung in Form von eisiger emotionaler Kälte und Zurückweisung. Denkbar ist auch, dass sie in einer Beziehung nur einschnürend umklammert werden. Bereits ein freundliches Wort vom Nachbarn kann heftige Eifersuchtsszenen auslösen.

Fragen nach der Beziehung zum gegengeschlechtlichen Elternteil sind besonders wichtig und auch für jeden Nichtpsychologen sehr aufschlussreich. Das Beziehungsverhältnis des Sohnes zu seiner Mutter und das der Tochter zu ihrem Vater prägt das spätere Verhalten zum Geschlechtspartner entscheidend. Es ist wie ein Teleskop, mit dem Sie in die Ferne schauen können – in die Zukunft dieses Menschen in seinen Intimbeziehungen.

Frauen mit einem positiven Vaterbild und Männer mit einem positiv geprägten Bild von ihrer Mutter werden in einer Beziehung wesentlich weniger Probleme verursachen als im umgekehrten Fall. Bei Kindern, denen der gegengeschlechtliche Elternteil in der Erziehung fehlte, gibt es meistens einen teilweisen Ersatz – die Oma oder den Ersatzvater zum Beispiel. Für sie gilt Ähnliches wie für die Beziehung zu den leiblichen Eltern.

Menschen mit einem sehr negativen Bild vom gegengeschlechtlichen Elternteil werden dessen Eigenschaften in ihrer Beziehung zum Partner hineinprojizieren. Dort bekämpfen sie die ungeliebten Eigenschaften des Vaters oder der Mutter. Das Resultat: Ein ständiges Kritisieren des Verhaltens und der Eigenschaften des Partners, obwohl sie ihn „irgendwie" lieben. Diese Ambivalenz der Gefühle ist ein frühes Muster aus der Kindheit, das sich in der Beziehung zu den Eltern herausgebildet hat. Dies ist keinesfalls naturgegeben, was allenfalls Menschen behaupten können, die alles der Macht der Gene zuschreiben wollen, obwohl vieles noch unbewiesen ist. Außerdem: Die Umweltbedingungen haben großen Einfluss auf die Wirkmechanismen in den Genen und sie können ihre Aktivität in Teilbereichen sogar „besiegen". Das belegen die Erkenntnisse einer aufstrebenden Forschungsrichtung: der Epigenetik.

Was die Worte eines Menschen über die „DNA" seiner Persönlichkeit aussagen können, wurde in diesem Kapitel beschrieben. Doch wie können Sie unterscheiden, ob diese Worte der Wahrheit entsprechen oder eine blanke Lüge sind? Wie Sie verbale Tarnkappenträger enttarnen und so vor einem möglichen Schaden bewahrt bleiben, lesen Sie im nächsten Kapitel.

Literatur

1. Ressler B (1993) Ich jagte Hannibal Lecter. Heyne, München
2. Müller T (2004) Bestie Mensch: Tarnung – Lüge – Strategie. Ecowin, Salzburg
3. Douglas J (2008) Das Profil eines Mörders. Wiley-VCH, Weinheim
4. Spektrum der Wissenschaft 04/2012: Wie die Sprache das Denken formt
5. Freud S (2006) Zur Psychopathologie des Alltagslebens. Fischer, Frankfurt a. M.

Empfohlene Literatur

6. Berner W (2011) Perversion. Psychosozial Verlag, Gießen
7. Drommel RH (2011) Der Code des Bösen. Heyne, München
8. Navarro J (2010) Menschen lesen. mvg, München
9. Stöberl H (2007) Der Zusammenhang von Sprache und Beruf im Kontext unternehmerischer Praxis. Peter Lang, Frankfurt a. M.

Verbale Tarnkappen erkennen 14

Im vorigen Kapitel haben wir gesehen, was durch die Äußerungen eines Menschen über ihn in Erfahrung gebracht werden kann: mehr als ihm manchmal vielleicht lieb sein wird. In diesem Kapitel beschäftigen wir uns mit der Frage, wie der Wahrheitsgehalt sprachlicher Äußerungen bestimmbar ist. In vielen Situationen ist es ganz besonders wichtig zu erkennen, ob jemand zur Wahrheit ein distanziertes Verhältnis hat, beispielsweise in einer Verhandlung oder bei Personalentscheidungen.

Sie werden in diesem Kapitel auch eine neue Interviewmethode kennenlernen, die bei der Mitarbeiterauswahl die Sicherheit erhöht, eine richtige Personalentscheidung zu treffen. Auch wenn das nicht zu Ihren beruflichen Aufgaben zählt, möchte ich Ihnen die besagten Abschnitte empfehlen. Sie tragen dazu bei, Menschen aufgrund ihres Sprachverhaltens besser und richtig einschätzen zu können.

Im letzten Kapitelabschnitt analysiere ich das Echtbeispiel eines Liebesbetrügers, der sich eine erhebliche Summe Geld mit seinen Worten erschlich. Dabei aktivierte er die drei gefährlichsten Wahrnehmungsfallen im Kopf eines jeden Menschen, die noch beschrieben werden.

Die Anwendung des Wissens aus diesem und dem vorangegangenen Kapitel schützt Sie vor Täuschungsversuchen und betrügerischen Absichten. Es ist gleichsam ein Schutzschild, ähnlich wie eine Firewall oder ein Virenschutzprogramm, das manipulierende „Worttrojaner" rechtzeitig identifiziert.

H. Eicher, *Die verblüffende Macht der Sprache*,
DOI 10.1007/978-3-658-08516-2_14

14.1 Ursache und Ziel unterscheiden

Wenn Sie als Sprachprofiler die Kommunikation von Menschen unter die Lupe nehmen, so können Sie dies unter zwei Gesichtspunkten tun. Der erste Aspekt: Warum sagt jemand etwas zu Ihnen? Das sind die Ursachen oder der Auslöser der Kommunikation. Zum Beispiel die Weitergabe einer Information, die für Sie wichtig ist. Oder weil jemand ein schlechtes Gewissen hat und Ihnen etwas beichten möchte. Der zweite Aspekt: Das Ziel und die Wirkung, die mit der Kommunikation verfolgt werden. Zum Beispiel, dass Sie aufgrund neuer Informationen, die Sie erhalten haben, eine Mitarbeiterbesprechung abhalten. Oder jemand möchte sich durch seine „Beichte" besser fühlen und Sie sollen diesem Menschen verzeihen. Das Ziel in der Kommunikation könnte auch ein Einschüchterungsversuch sein und ähnliches mehr. Die Ursachen dafür liegen in dem Gegenüber und seiner Persönlichkeit.

In einem Gespräch gibt es neben dem Anlass also immer auch eine Absicht, die mit den Worten und dem jeweiligen Ton, in dem sie vermittelt werden, verfolgt wird. Eine völlig absichtslose Kommunikation ist nicht denkbar. Sie wäre ein leeres Geplapper ohne irgendeinen Sinn. Falls die jeweilige Absicht nicht offenkundig ist, helfen zwei gedankliche Fragen, sie leichter zu erkennen: „Was will mein Gegenüber mit seinen Worten bei mir vermutlich auslösen und erreichen? Was könnte der persönliche Nutzen für ihn sein?" Wenn Sie seine Absichten erahnen oder erkennen, können Sie weder manipuliert noch getäuscht werden. Gleichzeitig erfahren Sie etwas über den Menschen, der hinter der Absicht steckt.

Dazu ein einfaches Beispiel zur Veranschaulichung. Jemand schildert Ihnen, was ihn an Ihrem Verhalten gestört hat. Der Ton dieses Menschen ist vorwurfsvoll. Seine Absicht: Sie sollen ein schlechtes Gewissen bekommen, eingestehen, dass er Recht hatte und sich bei ihm entschuldigen oder „Besserung" geloben. Vielleicht erwartet er auch, getröstet zu werden, und sucht Ihre Zuwendung.

Ein weiteres Beispiel. In einer Verhandlung sagt Ihr Gegenüber: „Trotz allem, uns liegt ein deutlich besseres Angebot vor". Seine Absicht ist nicht schwer zu erraten: Sie sollen beim Preis nachbessern. Wenn Sie darauf beispielsweise antworten: „In welchen Details besteht für Sie ein wichtiger Unterschied?", locken Sie Ihr Gegenüber aus der Reserve. Wenn Sie hingegen Ihr Angebot sofort argumentativ rechtfertigen, wird es schwierig zu erkennen, ob Sie nur geblufft werden sollten.

14.2 Vom Wissen der Vernehmungsspezialisten profitieren

Es gibt einige wesentliche sprachliche Merkmale, mit denen Sie wahre von unwahren Antworten leichter unterscheiden können. Sie gehören zum Standardrepertoire von Vernehmungsspezialisten. Diese unterscheiden *erlebnisfundierte Aussagen* von mehr oder weniger frei erfundenen. Denn bleibt jemand bei der Wahrheit, ist das, was er sagt, im Gehirn leichter abrufbar als die Unwahrheit. Letztere muss erst konstruiert werden und das kostet Zeit, auch wenn es vielleicht nur einige Sekundenbruchteile sind. „Lassen Sie mich kurz überlegen" könnte in einer angespannten oder kritischen Situation ein Hinweis darauf sein, dass ein Verdächtiger, den die Polizei vernimmt, Zeit für die Konstruktion der Unwahrheit braucht. Ebenso verräterisch: „Nur damit ich nichts durcheinander bringe: Was genau wollen Sie von mir wissen?"

Wie sich jemand tatsächlich in einer Situation verhielt, zu der er befragt wird, ist in seinem Gedächtnis abgespeichert. Dies lässt sich daher auch nachvollziehbar und ohne Umschweife schildern. Lügen ist in einem längeren Gespräch anstrengend und erfordert eine hohe Konzentration. Die Unwahrheit muss erfunden werden und sie sollte einigermaßen plausibel klingen. Bei den weiteren Fragen darf sich der Lügner mit seinen Antworten nicht „verplappern". Er muss daher ständig abgleichen, ob sie zu seinen bisherigen Aussagen nicht im Widerspruch stehen. Für das Gehirn bedeutet das einen großen Aufwand. Die Zeit zwischen Frage und Antwort wird deshalb länger. Klar, der Lügner muss nachdenken, wie seine aufgetischte Geschichte aus seiner Sicht logisch erklärbar ist. Diese verzögerten Reaktionszeiten deuten darauf hin, dass die Wahrheit gerade erfunden wird.

Bei der Analyse und Beurteilung der Glaubwürdigkeit von Antworten gibt es einige wichtige sprachliche Merkmale, die für oder gegen eine glaubhafte Aussage sprechen. Für die Glaubwürdigkeit spricht, wenn die Antworten farbig, stimmig, lebendig, konkret, detailliert, wirklichkeitsnah, prägnant, logisch schlüssig und auch gefühlsmäßig zumindest in einigen Ansätzen nachvollziehbar sind.

14.2.1 Lieber dreimal nachhaken als einmal getäuscht werden

Ein Täuschungsverdacht entsteht immer dann, wenn die Antworten allgemein sind, konstruiert wirken, diffus klingen, oberflächlich, ungenau, schwammig und ausweichend sind und durch weitläufige, aber nichtssagende Leeraussagen vom Thema ablenken wollen. Dies lässt den Eindruck entstehen: „Irgendetwas stimmt nicht an dieser Geschichte, die mir da erzählt wird." Ein Verhörspezialist hakt bei solchen Antworten so lange nach, bis die Aussagen für ihn schlüssig sind oder die Widersprüchlichkeiten das Lügengebäude wie ein Kartenhaus in sich zusammenfallen lassen. Dabei wechseln offene mit geschlossenen Fragen ab. Beispielsweise so: „Wie haben Sie sich in dieser Situation verhalten?“ Nach der Antwort kommt, abhängig von ihrem Inhalt, eine geschlossene Frage: „Haben Sie darauf wütend reagiert?“ Dann folgt wieder eine offene Frage: „Was geschah anschließend? Können Sie mir bitte den weiteren Gesprächsverlauf mit dem späteren Opfer schildern?“

Bei Coaching-Gesprächen mit Führungskräften und Personalmanagern stelle ich manchmal fest: In Auswahlgesprächen mit Bewerbern haken sie bei Antworten nicht immer konsequent genug nach, wenn diese die obigen Kriterien für eine Glaubwürdigkeit vermissen lassen. Sie gehen manchmal etwas zu früh zum nächsten Fragepunkt über.

Ein Bewerbergespräch ist zwar kein Verhör, aber die Grundsätze der Vernehmungspsychologie lassen sich hier trotzdem gewinnbringend einsetzen. Da jede Fehlbesetzung sehr viel Geld kostet, wird niemand ernsthaft zögern, sie auch anzuwenden. Außerdem liegt es im Interesse des Bewerbers, nicht falsch eingeschätzt zu werden: Er könnte den Job nicht bekommen, obwohl er dafür geeignet war. Oder er könnte eingestellt und wieder entlassen zu werden, da ihn die Aufgabe überfordert.

14.2.2 Verräterische Signale sind Gold wert

Das Gehirn ändert während eines Tages unzählige Male seinen Zustand. Es passt so den gesamten Organismus an die jeweilige Situation an. Allein der Blutdruck, um ein Beispiel zu nennen, ändert sich mehrmals pro Minute. Während eines Gespräches kann er sogar größeren Schwankungen unterliegen – abhängig von den dadurch ausgelösten Gefühlen.

Der sich laufend verändernde Gehirnzustand spiegelt sich in der Körpersprache und im Ton der Stimme wider. Willentlich sind diese nach außen dringenden Anzeichen eines wechselnden Gehirnmodus nicht steuerbar. Sie werden vom autonomen Nervensystem gesteuert und laufen automatisiert ab. Wird dies trotzdem versucht, schlagen spezielle Sensoren im Gehirn des Empfängers Alarm, falls der Inhalt der Worte und der Ton, in dem sie ein Mensch vermittelt, mit seiner Körpersprache nicht übereinstimmen. Das wäre beispielsweise dann der Fall, wenn das Gegenüber ganz bewusst im Brustton der Überzeugung sagt: „Da gebe ich Ihnen absolut Recht. Sie treffen damit eine sehr gute Entscheidung.“ Gleichzeitig schüttelt er fast unmerklich mit dem Kopf oder weicht instinktiv dem Blickkontakt aus.

Wie passt das zum Gesagten und dem Tonfall? Das Sprachpaket ist in diesem Fall eine Mogelpackung: Der Inhalt klingt gut, aber das Gegenteil ist der Fall. Um das rechtzeitig zu erkennen, schalten Sie daher am besten Ihren „Lügendetektor" im Kopf ein, sollten Sie den Verdacht hegen, jemand wolle Sie täuschen. Achten Sie also auf solche widersprüchlichen Signale

Aber die Warnsensoren des Lügendetektors im Gehirn können leider auch versagen. Etwa dann, wenn eigene Wunschvorstellungen oder geheime Sehnsüchte die Wahrnehmung trüben. Menschen hören eben manchmal nur das, was sie gerne hören wollen. In diesen Fällen sinkt die Bewusstseinsklarheit hinsichtlich der womöglich unlauteren Absichten, die ein anderer Mensch durchaus verfolgen kann. Wunschdenken lässt uns praktisch farbenblind werden und das alarmierende Rot des Warnsensors in ein beruhigendes Grün umdeuten. Ich gehe auf diesen Punkt in Kap. 14.5 noch näher ein. Die Gefahr, dadurch aufs Glatteis geführt zu werden, ist immens. Beispielsweise im Zusammenhang mit Finanz- oder Beziehungsbetrügern, um nur zwei Möglichkeiten zu nennen, die immer wieder Schlagzeilen machen.

14.2.3 Welche Töne schlägt Ihr Gegenüber an?

Mit seinen Worten kann ein Mensch lügen, mit seiner Körpersprache und dem Ton seiner Stimme also nicht. Daher verrät uns der Ton, der bekanntlich die Musik macht, häufig mehr über den Gesprächspartner als der Gesprächsinhalt. Er kann beispielsweise belehrend, dominant, unterwürfig oder freundlich sein. Damit gibt der Sender viel von sich preis, beispielsweise, dass er sich für klüger hält als sein Gegenüber, für überlegen, unterlegen oder gleichgestellt. Der Ton kann auch moralisierend sein und für einen „Gutmenschen" sprechen, der sich einbildet, höhere moralische Einsichten zu besitzen, die ihn über die Lebensweise anderer Menschen erheben.

Aber die variantenreichen Töne der Stimme verraten noch viel mehr. Wird der Ton leiser, weil jemand etwas verbergen möchte? Oder bedeutet das Leisewerden im Gesprächsverlauf, dass er innerlich einknickt und bereit ist, nachzugeben? Soll mit der leisen Stimme die Aufmerksamkeit auf sich gezogen werden, als ob ein Geheimnis enthüllt würde? Wird die Stimme matter, weil sich Enttäuschung und Resignation ausbreiten? Wird sie lauter und emotional, weil sich jemand unterlegen fühlt? Klingt sie im Gesprächsverlauf heiser, weil die Stimmbänder durch Stressreaktionen in ihrer Funktion beeinträchtigt wurden? Oder liegt dies am vielen Reden? Tönt die Stimme gepresst? Was ebenfalls für eine Stressreaktion spricht. Hört sich die Wortmelodie ähnlich an, wie die Flötentöne eines indischen Schlangenbeschwörers – suggestiv und einschmeichelnd? Verfolgt sie eine ähnliche Absicht, wie es die Töne des Blasinstrumentes tun, und soll der Zuhörer gebannt und wie hypnotisiert den Worten folgen? Sind die ironischen Untertöne als überheblicher, bissiger und verletzender Spott zu interpretieren, oder ist es eine feine Ironie, die eine innere Distanz zu den damit kommentierten Geschehnissen zeigt? Verraten die Untertöne einen giftigen Zynismus oder einen boshaften Sarkasmus? Ist der Ton „rau, aber herzlich"? Oder ist der raue Ton wie die Peitsche des Raubtierdompteurs, um damit Menschen auf Distanz zu halten, oder um ihnen beizubringen, was sie zu tun haben? Selbst ein Schweigen kann durchaus beredt und verräterisch sein: Ist es bedrückend und quälend, schamhaft und verlegen, schuldhaft oder nur nachdenklich?

Auch Lachen und Weinen können aufschlussreich sein Ein Lachen an der falschen Stelle in einem Gespräch – dort, wo üblicherweise niemand lacht – drückt sehr viel über einen Menschen aus. Neben der Schadenfreude kann das beispielsweise Zynismus, abwertender Spott und Hohn oder Bösartigkeit sein. Was es jeweils bedeutet, hängt von der Situation und den Menschen ab, über die gelacht wird. Auch die Art des Lachens ist in dieser Hinsicht aufschlussreich. Lacht sich jemand hämisch ins Fäustchen, weil er jemandem etwas ausgewischt hat, oder ist es ein aggressives, abgehacktes und stoßartiges Lachen im Stakkatostil? Erinnert das Lachen an das Meckern einer Ziege, mit dem sich unterdrückte Gefühle Luft verschaffen, oder ist es ein befreiendes Lachen, weil ein Problem endlich gelöst werden konnte?

Auch die Art des Weinens kann Ihnen Aufschluss über einen Menschen geben. Sind es beispielsweise nur „Krokodilstränen", die vergossen werden, um damit Mitleid zu erhaschen? Sind es „erpresserische" Tränen, mit denen immer wieder versucht wird, andere Menschen dem eigenen Willen zu unterwerfen oder etwas zu verhindern – zum Beispiel eine Trennung oder eine drohende Kündigung des Arbeitsverhältnisses? Weint jemand vor Freude? Wenn ja, worüber und warum? Oder sind die Tränen Ausdruck dessen, dass jemand nur „nahe am Wasser gebaut" und sehr mitfühlend ist?

Selbst ein Seufzen kann in einem Gespräch eine deutbare parasprachliche Äußerung sein, da es auf etwas Belastendes verweist. Gleiches gilt für ein Stöhnen, das Zeichen einer seelischen Belastung sein kann, aber auch der Ausdruck großen Wohlbehagens.

14.2.4 Die dynamische Interpretation der nonverbalen Signale

Eine ebenso wichtige Rolle für die Wirkung unserer Worte kommt der gesamten Körpersprache zu. Sie sagt, gemeinsam mit dem angeschlagenen Ton, oft mehr aus als der gesprochene Inhalt. Häufig wird sie in den einschlägigen Ratgeberbüchern jedoch zu statisch und damit falsch interpretiert. Eine statische Interpretation deutet Mimik und Gestik in verallgemeinernder Weise. Verschränkte Arme zum Beispiel bedeuten nicht generell, dass sich jemand schützen will oder für verwundbar hält. Es kann einfach nur bequem sein, so dazusitzen. Oder: Wenn sich jemand am Hals oder Kopf kratzt, ist die Ursache vielleicht ein banaler Juckreiz und nicht, wie Hobbydeuter meinen, ein Zeichen für Zweifel und Unsicherheit. Sollte sich jemand im Gespräch mehrmals räuspern, bietet man ihm besser ein Glas Wasser an, als anzunehmen, das würde „irgendwie verdächtig" sein. Vielleicht ist auch nur die Raumtemperatur zu hoch.

Eine dynamische Interpretationsweise ist deutlich realitätsbezogener als eine statische Momentaufnahme und damit wesentlich aussagekräftiger. Sie analysiert die Veränderung der nonverbalen Signale im gesamten Gesprächsverlauf und bezieht auch eine veränderte Stimmlage mit ein. Dabei wird darauf geachtet, wie der Gesprächspartner auf gezielt gestellte Fragen reagiert. Bei Verhörspezialisten ist dies gängige Praxis. Der analytische Verstand spielt hier eine wichtige Rolle in seiner Funktion als oberste Kontrollinstanz des Gehirns – das ist sein eigentlicher Job. Mit seiner Hilfe lässt sich entschlüsseln, was uns die Körpersprache gemeinsam mit dem Ton mitzuteilen hat. Die richtige Interpretation dieser Signale ist ein wichtiger Baustein im Sprachprofiling, einem der wichtigsten Instrumente zur Steigerung der Menschenkenntnis.

Dazu möchte ich Ihnen ein Zweiphasenmodell vorstellen. Sie können davon beispielsweise bei jedem Verkaufsgespräch profitieren – als Einkäufer wie als Verkäufer. Selbst dann, wenn Ihr Gegenüber eine Brille mit schwarzen Gläsern trägt, ein Pokerface aufsetzt und Sie mit seinen Worten bluffen will, sind Sie es, der letztendlich leichter die Trümpfe ausspielen kann. Sie vermeiden damit einen undurchschaubaren „Kuhhandel" und steuern gezielter auf einen beiderseitig akzeptablen Deal zu.

Wer mit dem Zweiphasenmodell zum Beispiel in einer Verhandlung arbeitet, wird jedenfalls bessere Ergebnisse erzielen als Verhandlungspartner, die möglicherweise mit gockelhaften Machtdemonstrationen von den ersten Verhandlungsminuten an das Gegenüber beeindrucken wollen: „Ich bin auf einen Kampf eingestellt." Das „Gockel-Ergebnis" kann unter Umständen ein Verhandlungsabbruch oder sogar ein Streik sein, wenn bei Tarifverhandlungen mehrere Kampfhähne mit aufgestelltem Kamm aufeinandertreffen. Aber es kann zum Beispiel auch ein schlechterer Verkaufspreis sein, als es erwartet wurde, wenn es dem „Machtgockel" gelingt, den Verhandlungspartner zu beeindrucken.

14.2.4.1 Phase 1: die „Baseline" bestimmen

In *Phase 1* wird beobachtet, wie die Körpersprache des Gegenübers in der Normalsituation aussieht. Das ist eine Situation, die ihm wenig oder keinerlei Stress bereitet und in der er mit großer Wahrscheinlichkeit die Wahrheit sagt. Beispielsweise bei einem Smalltalk. Das körpersprachliche Verhalten, das sich in diesen Situationen zeigt, wird als *Basisverhalten* oder gängiger als *„Baseline"* bezeichnet. Auch die Wort- und Satzmelodie zählt dazu: die Höhen und Tiefen der Stimme sowie ihr Klang – matt, dünn, gepresst, hart, rau, sanft usw.

Das Basisverhalten ist für einen Menschen typisch, wenn er sich in Sicherheit wähnt und daher innerlich ruhig und nicht angespannt ist. Ein Verdächtiger ist in einem Verhör natürlich nervös, falls er nicht ein abgebrühter Serientäter mit zahlreichen Vorstrafen ist. Daher stellt ihm der Vernehmungsspezialist zunächst einige unverfängliche Fragen zu seiner Biografie und den persönlichen Verhältnissen. Damit wird der Stresspegel so weit wie möglich reduziert. Er bietet ihm in gleicher Absicht vielleicht einen Kaffee an und beginnt dann die Befragung zum Tatgeschehen in einem angemessenen Ton, der Ruhe und Souveränität ausstrahlt. Anders also wie in manchen Krimis im Fernsehen, in denen ein Hauptverdächtiger vom Kommissar angeschrien wird: „Gestehen Sie endlich den Mord. Leugnen ist doch zwecklos!" Um den Unterschied einer wahrheitsfördernden Sprachwirkung zu illustrieren, stelle ich dieser Äußerung im Krimi eine gegenüber, die ein Vernehmungsspezialist in der Realität macht: „Es gibt Situationen, in denen ein Mensch ausrastet. Manchmal endet das so wie in diesem Fall. Über die möglichen Gründe möchte ich jetzt mit Ihnen sprechen."

Für Sie als Sprachprofiler bedeutet das in beruflichen oder privaten Situationen: Konfrontieren Sie Ihren Gesprächspartner nicht gleich zu Beginn mit Fragen oder Äußerungen, die für ihn unangenehm sein könnten. Überfallen Sie ihn nicht damit und verzichten Sie auf alles, was bei ihm Stress auslöst, zum Beispiel auf Vorwürfe. Anderenfalls werden Sie der Wahrheit nicht so leicht auf die Spur kommen, weil Ihr Gegenüber innerlich „zumacht" oder gewappnet ist, da er weiß, worauf Sie hinauswollen. Sprechen Sie daher zunächst über allgemeine oder unverfängliche Dinge und beobachten Sie dabei seine Baseline in der Körpersprache und Stimme.

14.2.4.2 Phase 2: verhaltensprovozierende Fragen stellen

In *Phase 2* wird der Gesprächspartner mit kritischen Fragen konfrontiert, um ihn aus der Reserve zu locken. Falls damit ein wunder Punkt berührt wird, löst das Stress bei ihm aus. Sie werden von Verhörspezialisten als „verhaltensprovozierende Fragen“ bezeichnet [1].

In der Vernehmung eines Tatverdächtigen könnte das beispielsweise diese Frage sein: „Wieso haben Sie vorhin gesagt, Sie wollten einer Auseinandersetzung unbedingt aus dem Weg gehen? Was Sie gerade sagten, steht dazu eindeutig im Widerspruch. Wie erklären Sie sich das?“

Solche Fragen provozieren beim Gegenüber durch den ausgelösten Stress ein Abweichen des körpersprachlichen Verhaltens und seiner Stimme von der Baseline. Dies ist ein klares Indiz dafür, dass der angesprochene Punkt für ihn unangenehm ist. Warum? Vermutlich, weil er eine Wahrheit enthüllen könnte, die er lieber verschweigen möchte. Der erzeugte Stress macht es für ihn allerdings schwerer zu lügen – falls er dies vorhatte –, denn das Gehirn muss die Stressreaktion unter Kontrolle bringen. Lösen solche verhaltensprozierenden Fragen keinen erkennbaren Stress aus, spricht das dafür, dass die Antwort der Wahrheit entsprechen könnte. Wer nichts zu verbergen hat, reagiert selten mit deutlich erkennbarem Stress auf kritische Fragen, die in einem neutralen Ton gestellt werden und die ihn nicht herabsetzen.

Beispiele für solche verräterischen Signale sind eine abrupte Verweigerung des Blickkontaktes, häufiges Schlucken durch einen trocken Mund, Veränderung der Mikroausdrücke im Gesicht, wie stärkeres Blinzeln und zusammengezogene Augenbrauen oder eine andere Stimmlage – die Stimme wird bei Stress meistens höher. Die Beine sind bei der Körpersprache besonders „ehrlich“, denn von ihnen wird unbewusst angenommen, dass der Gesprächspartner sie nicht sieht. Meistens verstellt ein Schreibtisch die Sicht auf sie. Verhörspezialisten wollen diese „ehrlichen“ Signalsender sehen. Sichtverstellende Tische würden das verhindern. Während der Vernehmung kann außerdem ein zweiter Spezialist unauffällig von der Seite beobachten, welche Signale die Beine aussenden. Verräterisch ist beispielsweise ein Wippen als Zeichen von Stress oder wenn sich die Fußspitzen Richtung Ausgang drehen, was für eine „Fluchtreaktion“ spricht – das Gegenüber will sich der Situation entziehen. Gäbe es nichts zu verbergen, würde er nicht „flüchten“ wollen.

Diese Beobachtungen des Abweichens der Körpersprache von der Baseline im Verlauf eines Gespräches zeigen also an, dass ein wunder Punkt angesprochen wurde. Dieser rückt nun ins Zentrum des Gespräches und kann beispielsweise so eingeleitet werden: „Mir fällt auf, dass diese Frage Ihnen sichtlich unangenehm war. Welche Gründe gibt es dafür? Helfen Sie mir, Ihre Reaktion richtig einzuordnen."

Bei Fernsehdiskussionen mit Politikern können Sie solche minimalen Veränderungen der Körpersprache und der Stimmlage wie auch den Gegensatz zu selbstsicheren Antworten gut beobachten, wenn ein politischer Gegner sie mit Tatsachen konfrontiert, die für sie unangenehm sind.

Das hier vorgestellte Zweiphasenmodell der dynamischen Interpretation nonverbaler Signale unterscheidet sich deutlich von einem allgemeinen Stressinterview bei Einstellungsgesprächen mit Bewerbern der engsten Wahl. Das Ergebnis solcher Interviews halte ich für nicht sonderlich aufschlussreich. Es zeigt nur, wie sich ein Bewerber in einer künstlich erzeugten Stresssituation verhält. Der entscheidende Punkt ist aber: Was löst bei ihm Stress aus, da im Gespräch kritische Punkte in seiner beruflichen Laufbahn berührt wurden, die direkt auf sein Verhalten und seine Persönlichkeit zurückzuführen sind?

14.3 Einsatz der investigativen Interviewmethode bei der Mitarbeiterauswahl

Mit der „investigativen Interviewmethode" werden mit hoher Treffsicherheit die Stärken, aber auch die Schwachpunkte eines Bewerbers identifiziert. Diese Auswahlmethode, die ich hier erstmals veröffentliche, habe ich in Zusammenarbeit mit einer Unternehmensberatung entwickelt. Sie wurde bereits mehrfach erfolgreich in der Praxis eingesetzt und sie erhöht die Urteilssicherheit bei Personalbesetzungen beträchtlich [2]. Methodisch besteht sie aus zwei Stufen.

14.3.1 Stufe 1: eine „wahrheitsfördernde" Atmosphäre schaffen

In der Bewerbungssituation ist ein gewisses Stresslevel durchaus natürlich. Zu Beginn des Interviews wird eine „wahrheitsfördernde" Atomsphäre hergestellt, um den Stress bei Bewerbern zu reduzieren. Eine solche Atmosphäre verfolgt zwei Hauptziele. Erstens: Der Bewerber öffnet sich leichter. Zweitens: Seine körpersprachliche Baseline wird besser sichtbar. Ebenso jene seiner Stimme.

Ein wahrheitsförderndes Klima bedeutet in stichwortartiger Aufzählung: kein Schreibtisch als distanzschaffende Barriere zwischen dem Bewerber und dem Interviewführer. Mit einem Schreibtisch sehen Sie außerdem den „ehrlichsten" Körperteil nicht: die Beine. Kaffee und Mineralwasser anbieten. Das Gespräch vertrauensfördernd einleiten. Zum Beispiel so: „Wir haben in den nächsten eineinhalb bis zwei Stunden ein gemeinsames Gesprächsziel: Ich möchte mit Ihnen klären, ob die Aufgaben dieses Jobs zu Ihnen passen. So stellen wir sicher, dass sie Ihren Vorstellungen entsprechen und Sie sich bei uns wohlfühlen könnten. Wenn Sie zwischendurch Fragen haben, bitte stellen Sie diese. Alles, was für Sie wichtig ist, soll nach diesem Gespräch für Sie geklärt sein."

Anschließend wird der Bewerber gebeten, kurz seinen bisherigen Werdegang zu schildern, was für ihn weitgehend stressfrei ist; falls er nichts zu verbergen hat.

Stufe 1 dauert circa zwanzig Minuten. Dabei wird die Baseline der Körpersprache und der Stimme beobachtet. Gleichzeitig erhält man erste Anhaltspunkte über die DNA der Persönlichkeit des Gegenübers, so wie dies in Kap. 13 beschrieben wurde – soziale Kompetenz, differenziertes Denken usw. In der nächsten Stufe, dem „eigentlichen" Einstellungsinterview, erhält der Interviewer noch wesentlich mehr von diesen DNA-Proben.

14.3.2 Stufe 2: verhaltensorientierte, investigative Fragen stellen

In dieser Phase geht es um die Position im Unternehmen, die besetzt werden soll. Die sich daraus ergebenden Anforderungen werden mit den Fähigkeiten und dem Persönlichkeitsprofil des Bewerbers abgeglichen. Ein alltäglicher Vorgang für jeden Personalmanager, auf den daher nicht näher einzugehen ist.

Bei der investigativen Interviewmethode wird keine einzige der allgemein bekannten Fragen gestellt, die in jedem Handbuch für die Bewerberauswahl nachzulesen sind. Manche von ihnen lassen ohnehin keine aussagekräftigen Antworten erwarten, beispielsweise: „Wo sehen Sie sich beruflich in fünf Jahren?" „Wie würden Sie sich selbst beschreiben?" „Wie könnten Sie mich überzeugen, dass Sie der Richtige für diesen Job sind?" „Was motiviert Sie?" „Was heißt für Sie Kundenorientierung?"

Bei der investigativen Interviewmethode werden Fragen gestellt, auf die sich kein Bewerber ausführlich vorbereiten kann, da sie ihm in dieser Form vermutlich noch nie durchgehend gestellt wurden. Außer der Interviewführer war mit den Grundsätzen der Vernehmungs- und Aussagepsychologie vertraut.

„Investigativ" meint hier, die Vertrauenswürdigkeit seiner Antworten zu beurteilen, die vorhandenen Stärken richtig zu erkennen und mögliche Schwachpunkte in der Persönlichkeit gezielt aufzuspüren. Mit dieser Methode reduzieren sich auch die sozial erwünschten Antworten, da ein Bewerber nicht wissen kann, was sein Gesprächspartner von ihm hören möchte. Er kann dies nur vermuten und tappt dabei mehr oder weniger im Dunklen. Menschen, die nichts verheimlichen und die niemandem etwas vorspielen wollen, haben kein Problem, überzeugende Antworten zu geben. Vorausgesetzt natürlich, sie bringen grundsätzlich die geforderten Fähigkeiten mit. Andere werden aber ohnehin nicht zu einem Interview eingeladen.

In Stufe 2 werden verhaltensbezogene Fragen gestellt. Wie in Kap. 13.2 beschrieben, ist das Verhalten stets der Ort, an dem die Entscheidungen eines Menschen sichtbar werden, seine Werte und Einstellungsmuster und sein innerer Antrieb. Daher werden bei dieser Methode keine Fragen zur Motivation des Bewerbers gestellt, weil niemand zuverlässig beurteilen kann, ob die Antworten wahr oder unwahr sind. Im besten Fall sind sie ehrlich, im schlechtesten Fall ein Fantasieprodukt im Sinne einer sozial erwünschten Antwort. Die Motivation zeigt sich in seinem Verhalten aus der beruflichen Vergangenheit sehr deutlich. Wenn der Bewerber seinen Werdegang schildert, lässt sich beurteilen, wie plausibel und glaubhaft seine Schilderung ist. Daher fordert man ihn bei dieser Methode auf, detailliert Situationen aus seiner beruflichen Vergangenheit zu beschreiben: Wie war die jeweilige Ausgangssituation? Wie hat er sich konkret in dieser verhalten? Was war das Ergebnis des Verhaltens? Welche Konsequenzen ergaben sich daraus für ihn, seine Kollegen und den Vorgesetzen, eventuell auch für Kunden? Wie haben diese Personen reagiert? Wie war seine Reaktion darauf?

14.3.3 Nicht mit Fragen im Trüben fischen

Mit Fragen, die sich nicht auf das konkrete Verhalten in der Vergangenheit des Bewerbers beziehen, wird mehr oder wenig im Trüben gefischt: „Wie verhalten Sie sich in Situation X?", „Wie würden Sie reagieren, wenn Y wäre?" oder „Was würden Sie einem Kunden antworten, falls er Z sagt?" Werden solche Fragen im Sinne eines Lehrbuches alle richtig beantwortet, so erhält der Kandidat 100 Punkte für sein Wissen. Aber bedeutet das automatisch, dass er es auch erfolgreich in der Praxis umgesetzt hat? Sicherlich nicht. Daher werden bei der investigativen Interviewmethode solche Fragen nicht gestellt, da die Antworten nur eines aussagen: ob sich der Bewerber sprachlich gut verkaufen kann. Wortblender können das besonders gut. Sie schlüpfen durch die Maschen von Auswahlnetzen, die durch die erwartbaren Fragen zu grobmaschig sind.

Für einen Teil der simulierten Aufgabenstellungen in Auswahlassessments gilt etwas ähnliches. Nämlich dann, wenn Rollenspiele und Aufgaben die berufliche Praxis nicht exakt abbilden. Wie etwa die sogenannte „Postkorbübung" aus der Steinzeit der Assessment Center oder Gruppendiskussionen zu völlig irrelevanten Themen für die Tätigkeit im jeweiligen Job.

Schwierige Situationen zeigen die Persönlichkeit im Brennglas
Bei der investigativen Interviewmethode stehen berufliche Situationen im Mittelpunkt, die aus Bewerbersicht einen mittleren und größeren Schwierigkeitsgrad aufwiesen. Er wird gebeten, solche zu nennen und zu beschreiben. Seine Antworten zeigen, was für ihn schwierig ist und ob er deshalb möglicherweise für seinen späteren Chef schwierig werden wird, weil dieser höhere Anforderungen stellt, die den Bewerber überfordern könnten. Dabei wird beobachtet, ob sich die Baseline der Körpersprache und der Stimme verändert. Wenn ihm die Erinnerung an eine geschilderte berufliche Situation Stress verursacht, verändert sich seine Baseline. Hier bleibt der Interviewer am Ball und hakt immer wieder nach, bis die Antworten eindeutig sind: überzeugend oder nicht überzeugend. Zum Beispiel so: „Ich habe nicht genau verstanden, was Ihr nächster Schritt war, um den Auslieferungstermin einhalten zu können. Worin bestand er?“ Oder: „ Wie haben Sie reagiert, als Ihr Chef die Abteilung umstrukturierte? Was meinten Ihre ehemaligen Kollegen dazu? Wie reagierten Sie darauf?“

Für die Beurteilung der Glaubwürdigkeit der Antworten werden die in Kap. 14.2 genannten Kriterien verwendet – konkret oder allgemein, ausweichend, plausibel usw. Ein wichtiger Punkt bei den Antworten: Beschreibt der Bewerber die jeweilige Situation oder erklärt und interpretiert er sie? Erklären und interpretieren heißt meistens, das eigene Verhalten zu rechtfertigen und es ungefragt zu begründen, um so einer Frage zuvorzukommen.

Taktisches Zurückspringen – aber nicht wie Inspektor Columbo Zu Teil 2 gehört auch ein „taktisches Zurückspringen“ zu einer Antwort, die zehn oder zwanzig Minuten zurückliegt und die nicht überzeugend beantwortet wurde. Im Unterschied zum Krimiklassiker „Inspektor Columbo“, der bei der Befragung von Verdächtigen ähnlich vorging, wird hier nicht die Formulierung verwendet „Übrigens, was ich ganz vergessen habe zu fragen“, sondern zum Beispiel direkt und in einem freundlichen Ton gesagt: „Wie passt das zu dem, was Sie eingangs gesagt haben? Das ist mir nicht ganz klar geworden.“

Der Grund für diese Vorgangsweise: Der Bewerber hat dieses Thema im Geist abgehakt und nimmt an, seine Antworten hätten überzeugt. Wird dieser Punkt wieder aufgegriffen, provoziert dies eine deutbare emotionale Reaktion. Sollte Stress entstehen, so bestätigt sich: Das ist ein wunder Punkt und die Wahrheit ist für den Bewerber unangenehm. Sie wird daher lieber verschwiegen. Damit bringt er sich vermutlich aus dem Rennen. Wenn Sie diesem Menschen anschließend die Hand geben, um sich von ihm zu verabschieden, wird sie nicht warm und trocken sein. Denn Stress aktiviert die Klimaanlage des Körpers und die Hände beginnen leicht zu schwitzen.

Die emotionale Beteiligung am Gespräch Bei der investigativen Interviewmethode wird während des gesamten Gesprächsverlaufes die emotionale Beteiligung des Bewerbers beobachtet. Im Sprachprofiling ist dies ein aufschlussreicher Punkt – nicht nur bei Auswahlgesprächen. Was wirkt emotional aufgesetzt, gespielt und künstlich? Eine übertriebene Freundlichkeit oder Begeisterung beispielsweise wäre ein Zeichen, dass etwas vorgetäuscht wird. Zeigt er Emotionen oder wirkt er emotionslos, da er seine Gefühle unterdrückt? Das würde für eine Verhaltensfassade sprechen und für einen Menschen, der sich ungern in die Karten blicken lässt. Schildert er ohne gefühlsmäßige Färbung eine Situation, die noch nicht allzu lange zurückliegt und in der es normal wäre, gefühlsmäßig zu reagieren? Beispielsweise enttäuscht zu sein, weil er einen Kunden an den Mitbewerber verlor? Das lässt den Schluss zu dass er davon emotional nicht sonderlich berührt wurde, oder dass die von ihm geschilderte Situation getürkt war.

► Ein sehr wichtiger Punkt beim gesamten Sprachprofiling: Die Wahrnehmung von Details im sprachlichen Verhalten eines Menschen – Inhalt, Körpersprache und Gesprächston – müssen von ihrer Interpretation unterschieden werden und dürfen sich nicht vermischen. Das Gehirn interpretiert automatisch alles, was es wahrnimmt. Um beides besser auseinander halten zu können und es zu trennen, helfen drei Fragen: „Was ist mir aufgefallen und wie lässt sich das beschreiben? Wie interpretiere ich das? Was spricht für die Interpretation?"

Kein unnahbarer Eisklotz sein Bei einem investigativen Auswahlinterview ist es wichtig, dass der Gesprächsführer von sich selbst einige persönliche Details, die der Wahrheit entsprechen, ins Gespräch einstreut – zum Beispiel ein Hobby. Damit wird das Gespräch aufgelockert. Außerdem erfährt er dadurch Dinge über den Bewerber, falls dieser daran kurz anknüpft. Sogar dann, falls er dazu schweigt, was der Interviewer über sich selbst sagt. Dies lässt Sie etwas Wichtiges über das Gegenüber erfahren, wie das folgende Fallbeispiel zeigen wird.

Viele Bewerber, die ich damit gescreent habe, bestätigen mir, dass sie diese Art der Gesprächsführung sehr schätzen, bei der ihnen nicht ein unnahbarer „Eisblock" gegenübersitzt, der nur Fragen stellt. Jene Kandidaten, die etwas zu verbergen haben, werden leichter aus der Reserve gelockt, wenn ihr Gesprächspartner keine kühle Fassade errichtet, sondern signalisiert: „Ich bin ein Mensch und keine Interviewmaschine."

14.3.4 Fallbeispiel: Dunkle Flecken in der Persönlichkeit

Kurz vor der Unterzeichnung des Dienstvertrages mit einem zukünftigen Bereichsleiter erhielt ich 2014 einen Anruf des Personalvorstandes vom einstellenden Unternehmen [3]. Ich sollte in seinem Auftrag diesen Mann in einem Gespräch screenen und feststellen, ob es dunkle Flecken in seiner Persönlichkeit gab. Von seinen Fähigkeiten her wäre der 45-jährige Diplomingenieur von allen Bewerbern die erste Wahl gewesen, wie mir der Personalvorstand in dem Internettelefonat sagte. Nun sei überraschend eine vertrauliche Information über den zukünftigen Bereichsleiter aufgetaucht, die aber auch nur ein böses Gerücht sein könne: Angeblich habe er einen Geldbetrag beim vorletzten Arbeitgeber abgezweigt. Deshalb sei er entlassen worden und man habe sich auf eine Trennung in beiderseitigem Einvernehmen geeinigt. Sein dortiger Chef war ein Verwandter seiner Frau. Deshalb wurde von einer Strafanzeige abgesehen. So viel zur Vorgeschichte.

Drei Tage später rief ich den ausgewählten Bewerber an, der über meinen Anruf informiert worden war. Ich sagte zu ihm: „Eine reine Routinemaßnahme, wie Sie vom Personalvorstand wissen." Mit diesem hatte ich zuvor vereinbart, womit dieses Gespräch begründet werden sollte. „Das Unternehmen will bei der Einstellung von Führungskräften eine externe Sichtweise zur Abrundung des Gesamteindruckes hinzublenden", fuhr ich fort. „Kein Problem", antwortete er, „wann und wo treffen wir uns?" Ich schlug ihm vor, das „Routinegespräch" in einem Restaurant zu führen und vorher gemeinsam zu essen. Der Grund dafür: Dort ist für ihn die Atmosphäre entspannter als in einem Büro. Außerdem ermüdet das Gehirn nach dem Essen, sodass dem Gesprächspartner leichter unbedachte Äußerungen herausrutschen, falls er etwas zu verbergen hat. „Eine gute Idee", meinte er, „ich lade Sie gerne zum Essen ein."

Diese avisierte Einladung hielt ich für ungewöhnlich. Wollte er damit vorab einen guten Eindruck bei mir hinterlassen? Vermutlich. Aber das muss nichts bedeuten. Wichtig ist nur, solche Äußerungen wahrzunehmen und ihnen im Gesamteindruck nach dem Gespräch den richtigen Stellenwert zu geben.

14.3.4.1 Das investigative Interview

Drei Tage später fand das Gespräch statt. Er kam pünktlich in das Restaurant, in dem wir den Treffpunkt für das Mittagessen und das anschließende Interview vereinbart hatten. Ich sagte einleitend zu ihm: „Sie sehen, ich bin ‚unbewaffnet'. Mein Aktenkoffer liegt im Büro, weil wir nur ein Routinegespräch führen. Dabei ist es nicht erforderlich, etwas zu notieren." Sein Lächeln wirkte aufgesetzt, als er antwortete: „Aber Sie könnten das Gespräch mit dem Handy aufnehmen." Ich legte mein ausgeschaltetes iPhone auf den Tisch und sagte scherzend: „Soll ich es einschalten?“ Dabei dachte ich mir: „Wieso kommt er auf die Idee, das Gespräch könnte aufgezeichnet werden?“ Auch wenn diese Bemerkung so gemacht wurde, als ob sie nicht ernst aufzufassen wäre, klang sie für mich doch so, als ob er misstrauisch sei. Wodurch könnte ein solches Misstrauen begründet sein, wenn es nichts zu verbergen gab? Diese Frage drängte sich mir auf.

Nach dem Essen bat ich ihn, mir die einzelnen Etappen seines beruflichen Werdeganges zu schildern, die ich natürlich kannte. Bei einer solchen Schilderung entsteht ein „Bewegungsprofil“. Damit bezeichne ich Folgendes: Bei einer Etappe seiner Laufbahn, die wichtig für den Bewerber war und positiv besetzt ist, verweilt er unwillkürlich länger. Ist sie mit negativen Erinnerungen verbunden, schildert er sie viel kürzer und „bewegt“ sich von ihr so schnell wie möglich weg. Möchte er bei einem Wechsel des Arbeitgebers die wahren Gründe dafür lieber verschweigen, wird er darauf also nur kurz eingehen.

In den folgenden zwei Stunden führte ich das investigative Interview und wandte an, was ich methodisch bereits beschrieben habe. Dabei streute ich auch etwas von mir selbst und meinem Leben ein. Daran knüpfte ich stets eine Frage. Ich erzählte beispielsweise kurz von den Berufsabsichten meiner älteren Tochter. Wenn ich weiß, dass jemand Kinder hat und ich bereits ihr Alter kenne, frage ich zum Beispiel: „Gibt es schon konkrete Berufsabsichten Ihres Sohnes? Will er in Ihre Fußstapfen treten oder geht seine berufliche Vorstellung in ein ganz andere Richtung?“ Durch die Antworten wird ein Bewerber als Mensch besser greifbar.

Mir fiel auf, dass der zukünftige Bereichsleiter keine einzige Frage zu den persönlichen Dingen, die ich ihm von mir erzählte, stellte – was sehr selten ist. Die meisten Bewerber empfinden es als angenehm, wenn sich der Interviewpartner als Mensch öffnet. Daher stellen sie auch die eine oder andere Frage, die ihr Interesse am Gegenüber zeigt. Vor allem dann, wenn die Gesprächsatmosphäre betont locker ist, so wie in diesem Fall in einem Restaurant nach dem Essen beim Kaffee. Meine Interpretation dieses Verhaltens: Er möchte die persönliche Nähe zu mir vermeiden. Das Unterlassene, so wie hier die fehlende Nachfrage zu dem, was ich ihm von mir selbst erzählte, kann so zu einem weiteren Anhaltspunkt im Sprachprofiling werden. Vor allem dann, wenn dies erfahrungsgemäß unüblich ist. Da mein Gesprächspartner sehr kontrolliert wirkte und keine emotionale Beteiligung am Gespräch erkennen ließ, nährte dies den Verdacht, dass er eine Verhaltensfassade errichtete– vielleicht nicht nur mir gegenüber.

Im weiteren Verlauf sprach ich ihn auf seinen beruflichen Wechsel beim vorletzten Arbeitgeber an. Hier hatte er bei der Schilderung seiner Berufslaufbahn zu Beginn des Interviews – wie erwartet – nur kurz verweilt. Auf die beiden anderen Arbeitgeber, die er gewechselt hatte, ging er vergleichsweise länger ein. Beim vorletzten Arbeitgeber hatten eventuell finanzielle Unregelmäßigkeiten zu seiner Kündigung geführt, wie ich ja wusste. Seine Antworten auf die Frage nach dem Grund für den dortigen Wechsel war ausweichend und sehr allgemein: „Die Aufgabe hat mir nicht mehr so richtig entsprochen. Ich wollte mich daher neu orientieren." Die Begründung, was ihm daran nicht mehr zusagte, war ebenfalls schwammig: „Zu wenig herausfordernd. Ich wollte in meiner Entwicklung nicht stagnieren." Seine weiteren Antworten zu diesem Punkt waren von ähnlicher Qualität – nichtssagend. Ich sah: „Hier komme ich nicht weiter." Körpersprachliche Signale, die verräterisch hätten sein können, gab es hier auch nicht. Das bedeutet: Er hatte diese Fragen zu seinem vorletzten Arbeitgeber erwartet und sich aus seiner Sicht passende Antworten zurechtgelegt. Damit hatte ich irgendwie gerechnet. Was er nicht wissen konnte: Wie wird beim Sprachprofiling der Inhalt einer Antwort auf ihre Glaubwürdigkeit überprüft? Seine Antworten sprachen jedenfalls nicht für eine solche.

14.3.4.2 Verräterische Signale für den Lügendetektor im Gehirn

Im letzten Gesprächsviertel streute ich in das Interview an passender Stelle bewusst ein, dass mein Sohn in Kürze die Ausbildung für die höhere Polizeilaufbahn beendet, was der Wahrheit entspricht. Ich wollte sehen, ob dieses Wort unangenehme Assoziationen bei ihm auslöst. Durch die Bahnungsvorgänge im Gehirn – das Priming – führen Worte zu Assoziationsketten im Gehirn, die Gefühle auslösen. Wer ein schlechtes Gewissen hat, wird mit dem Wort „Polizei" kaum positive Vorstellungen verbinden. Als ich kurz darüber sprach, begann mein Gegenüber leicht mit dem Fuß zu wippen, wie ich von der Seite sah. Ein erstes körpersprachliches Signal, das von seiner Baseline im bisherigen Verhalten abwich. Daher blieb ich bei diesem Thema und erwähnte wie nebenbei in einem nicht ernsthaften Ton: „Durch die Gespräche mit meinem Sohn weiß ich nun übrigens, wie ich mich besser gegen raffinierten Geldbetrug schützen kann. " Üblicherweise löst eine solche Bemerkung Interesse aus und der Gesprächspartner sagt dazu beispielsweise: „Interessant, geben Sie mir einen Tipp. Man weiß ja nie, wer einem begegnet." Die Reaktion meines Gegenübers: Er beendete abrupt sein Fußwippen und die Spitze des rechten Fußes drehte sich Richtung Ausgang. Seine Miene wirkte plötzlich wie eingefroren. Offenbar wollte er seine aufkommenden Emotionen unterdrücken. Er griff zum Wasserglas auf dem Tisch und trank es zur Hälfte leer. Ich sagte zu ihm: „Ich habe noch zwei oder drei Fragen an Sie, dann können wir zahlen." Er antwortete mit einer Höflichkeitsfloskel: „Sicherlich sehr interessant, was Sie da von Ihrem Sohn erfahren. Was kann ich Ihnen noch beantworten?"

Anschließend lenkte ich das Gespräch auf das Thema Geld. Ich sagte: „Als zukünftiger Bereichsleiter haben Sie sich bestimmt ein sehr gutes Gehalt ausverhandelt. Dieses Unternehmen ist bekannt, seinen Führungskräften attraktive Prämien zu bezahlen. Das schafft angenehme finanzielle Spielräume."

Als ich das gesagt hatte, wich er meinem Blick aus, und sein Fuß begann wieder zu wippen. Er antwortete: „Ja, ich bin durchaus zufrieden mit dem vereinbarten Gehalt. Mehr könnte es natürlich immer sein. Aber mit den Prämien passt es insgesamt."

„Okay", sagte ich. „Haben Sie eventuell noch eine Frage an mich?" „Nein", erwiderte er, „das Gespräch mit Ihnen war recht angenehm."

Als wir anschließend die Rechnung bezahlten, erledigte das jeder für sich. Seine Essenseinladung beim telefonischen Erstkontakt, die ich natürlich nicht angenommen hätte, schien in seiner Erinnerung verblasst zu sein. Das ist nicht unbedingt ein Zeichen für eine Handschlagqualität.

Mein Feedback an den Auftraggeber für dieses Screening-Gespräch in Kurzform: Die Glaubwürdigkeit seiner Aussagen beurteile ich insgesamt als sehr gering. Trigger-Worte für die Assoziationsbildung im Gehirn, die auf seine Person bezogen relevant sein könnten, wie „Polizei", führten zu beobachtbaren Stressreaktionen in der Körpersprache. Die Begründung für den Jobwechsel beim vorletzten Arbeitgeber war viel zu allgemein und für mich nicht weiter aufklärbar. Hier hatte er mit hoher Wahrscheinlichkeit etwas zu verbergen.

Ich schlug meinem Auftraggeber vor, diesen Punkt noch einmal genau zu hinterfragen, darauf zu insistieren und ausweichende Antworten nicht zu akzeptieren.

Eine Woche später rief mich der Personalvorstand an und informierte mich über das Ergebnis des weiteren Gespräches mit dem ausgewählten Bewerber: „Wir fühlten dem zukünftigen Bereichsleiter noch einmal auf den Zahn – freundlich im Ton, aber bestimmt in der Sache. Ich signalisierte ihm mehrmals, seinen Wechsel beim vorletzten Arbeitgeber nicht nachvollziehen zu können. Worauf er sichtlich nervös wurde. Dann kam eine überraschende Wendung. Er sagte: ‚Ich verstehe nicht, warum ich das nun wieder gefragt werde. Meine Gründe habe ich Ihnen doch bereits genannt. Scheinbar vertrauen Sie mir nicht. Eigentlich habe ich kein Interesse mehr an dieser Aufgabe.' Wir verabschiedeten uns gesichtswahrend. Unsere Entscheidung fiel auf den Zweitplatzierten im Auswahlranking."

14.3.5 Einsatzmöglichkeiten der investigativen Interviewtechnik

Es gibt viele dunkle Flecken, die ein Bewerber haben kann und die sich mit den herkömmlichen mehrstufigen Auswahlmethoden – ausführliches Standardinterview, Zweitgespräch, Assessment Center usw. – nicht oder nicht klar genug erkennen lassen. Beispiele für solche Flecken sind Spielsucht, Medikamentenmissbrauch mit Stimmungsaufhellern, ein zu hoher Alkoholkonsum, der in eine Abhängigkeit übergehen kann, zu teure Hobbys, die eine Überschuldung verursachen können oder mangelnde Vertrauenswürdigkeit hinter einer seriösen äußeren Fassade. Sie kann zur Weitergabe vertraulicher Firmendaten an Dritte durch ein zu spät erkanntes „U-Boot" führen.

Für ein Unternehmen entstehen große Probleme, falls es zur Einstellung eines Bewerbers kommt, der einen solch dunklen Fleck in seiner Persönlichkeit aufweist – das liegt auf der Hand. Mit der investigativen Interviewmethode werden dunkle Flecken leichter aufgedeckt. Es kommt außerdem zu sicheren Urteilen bei der Auswahl von Mitarbeitern und Führungskräften. Fehlbesetzungen werden damit auf ein absolutes Minimum reduziert.

Die investigative Interviewmethode kann auch bei Hearings mit internen Mitarbeitern angewendet werden, die sich für eine höhere Position bewerben. Nicht, um bei ihnen dunkle Flecken aufzuspüren – das unter Umständen eventuell auch –, sondern um herauszufinden, was ihnen Stress verursacht. Zum Beispiel bestimmte Situationen in der neuen Aufgabe, die mit deutlich mehr Verantwortung verbunden sind.

Die zehn Kernpunkte der investigativen Interviewmethode

1. Eine „wahrheitsfördernde" und persönliche Gesprächsatmosphäre herstellen. Dabei die Baseline der Körpersprache in einer weitgehend stressfreien Situation registrieren.
2. Den Werdegang schildern lassen und auf das Bewegungsprofil achten: Wo verweilt der Bewerber länger und wo kürzer? Was er kürzer schildert, später hartnäckig hinterfragen, falls dies ein wesentlicher Punkt in seiner Laufbahn war.
3. Vorwiegend verhaltensbezogene Fragen stellen: Wie hat sich der Bewerber in einer für ihn schwierigen beruflichen Situation konkret verhalten? Was war für ihn schwierig? Was war das Ergebnis seines Verhaltens? Welches Feedback löste es aus – durch den Vorgesetzten, Kollegen, Kunden?
4. Im Gesprächsverlauf verhaltensprovozierende „kritische" Fragen stellen: a) zur Laufbahn und b) zum Verhalten in beruflichen Situationen aus der Vergangenheit.

5. Taktisches Zurückspringen durch nachhakende Fragen zu einem späteren Zeitpunkt, wenn zuvor ein Punkt nicht überzeugend beantwortet wurde – zum Beispiel im Werdegang.
6. Urteilsfrei und analytisch mit einer frei schwebenden Aufmerksamkeit zuhören. Voreilige Bewertungen des Bewerbers vermeiden.
7. Die Glaubwürdigkeit der Antworten nach den Kriterien für „erlebnisfundiert" versus „Täuschungsverdacht" beurteilen. Verbale Tarnkappenträger damit enttarnen.
8. Die Körpersprache und Ton der Stimme im Gesprächsverlauf dynamisch interpretieren: Bei welchen Fragen und Gesprächsthemen weichen sie deutlich von der Baseline ab? Dies würde für eine „verdächtige" Stressreaktion sprechen. Beispielsweise wenn sich die Fußspitzen plötzlich Richtung Ausgang drehen.
9. Den drei wichtigsten Wahrnehmungsfallen entgegenwirken, da sie zu Fehlinterpretationen in Bezug auf Persönlichkeit eines Bewerbers führen: Augenfalle, Ähnlichkeitsfalle, Projektionsfalle (siehe dazu den folgenden Kap. 14.4).
10. In Spezialfällen, bei denen „dunkle Flecken" in der Persönlichkeit vermutet werden, Trigger-Worte einsetzen. Beispielsweise „Spielsucht" oder „Alkoholmissbrauch", falls ein solcher Verdacht besteht. Durch die Bahnungsvorgänge im Gehirn verändert sich die Körpersprache, wenn ein Trigger-Wort zu unangenehmen Vorstellungen beim Bewerber führt.

14.4 Die drei gefährlichsten Fallen im eigenen Kopf

Unser Gehirn arbeitet in mancherlei Hinsicht ziemlich urtümlich. Ein Sprachprofiler sollte diese urtümlichen Mechanismen kennen. Im Kontakt mit Menschen, denen Sie das erste Mal begegnen, stellen sie Fallen auf. Man tappt leichter in sie hinein, als oftmals angenommen wird. Da Ihr eigenes Gehirn sie aufstellt, sind sie unsichtbar. Die folgende Beschreibung macht diese drei wichtigsten Fallen sichtbar und verhindert, dass sie zuschnappen. Anderenfalls wird ein Mensch zum Gefangenen im eigenen Wahrnehmungsgefängnis und sieht Menschen nur mehr so, wie ein Inhaftierter die Außenwelt hinter den Gitterstäben.

14.4.1 Dem ersten Eindruck niemals vertrauen

Wenn wir einem fremden Menschen begegnen, so rastert ihn das Gehirn blitzschnell nach einem uralten, biologisch verankerten Freund-Feind-Schema ab. So entsteht ein Ersteindruck. Von den Sinnesorganen her gesehen sind wir in erster Linie Augenwesen. Ein Großteil der Informationen aus der Außenwelt ist optischer Natur. Bei der ersten Begegnung mit einem Menschen überlagern die optischen Eindrücke das, was er sagt. Selbst sehr vorsichtige Menschen tappen immer wieder in diese „Augenfalle" des ersten Eindruckes. Angeblich gibt es für ihn keine zweite Chance. Das ist wahr und falsch zugleich. Wahr ist: Menschen, die sich diesem Ersteindruck unreflektiert unterwerfen, geben anderen keine zweite Chance, diesen zu verbessern. Falsch ist es hingegen, diesem Eindruck völlig zu vertrauen und damit in eine Falle zu steigen, die auch als „Halo-Effekt" bekannt ist. Solche Menschen schließen unbewusst vom ersten Eindruck auf Details in der Persönlichkeit des Gegenübers. Ist der Ersteindruck gut, werden positive Eigenschaften bei ihm vermutet und umgekehrt. Durch die selektive Wahrnehmung wird im weiteren Gesprächsverlauf ausgeblendet, was nicht in dieses Bild von einem Menschen passt. Dies stellt geradezu eine Einladung für Blender und Betrüger da, ganz gezielt einen möglichst guten Ersteindruck zu machen.

Die selektive Wahrnehmung ist vor allem dann eine gefährliche Falle, wenn eine positive Erwartungshaltung an den Menschen besteht, der einem zum ersten Mal begegnet. Zum Beispiel bei der Mitarbeiterauswahl aufgrund seines guten Werdeganges und weil dringend eine freigewordene Stelle besetzt werden muss. Oder bei einem Erstgespräch mit einem Anlageberater, der angeblich „Superrenditen" für seine Klientel erwirtschaftet. Aber auch bei einem ersten persönlichen Date mit einem Menschen, der bei der Partnersuche im Internet gefunden wurde und der auf dem Foto so sympathisch aussah, kann diese Falle zuschnappen.

Drei Gegenmittel verhindern, dass Sie in diese Falle tappen:

1. Machen Sie sich bereits vor einem geplanten Gespräch die eigene Erwartungshaltung bewusst: Worin besteht sie und worauf gründet sie? Damit kennen Sie Ihre „Gefahrenquelle" bei der Einschätzung eines Menschen, dem Sie zum ersten Mal begegnen. Denn Sie wissen nun, welchen Eindrücken gegenüber Sie eventuell „blind" sind.
2. Beleuchten Sie die spontanen Eindrücke in den ersten fünf Minuten einer Begegnung, die auch eine Zufallsbegegnung sein kann, kurz gedanklich: Wodurch kamen sie zustande und was spricht für Ihren Ersteindruck? Damit verhindern Sie, dass Ihr Gehirn aufgrund eines urzeitlichen Mechanismus innerhalb weni-

ger Minuten „Freund“ signalisiert, obwohl es dafür noch zu wenige Anhaltspunkte gibt.

3. Wenn die ersten Eindrücke nicht so sind, wie es erwartet wurde, räumen Sie diesem Menschen die Chance für eine besseren Zweit- und Dritteindruck im Gespräch ein. Meine eigene Erfahrung dabei: Diese weiteren Eindrücke sind oftmals besser als der Ersteindruck. Das Gehirn kann mich nicht mehr so leicht überlisten, da ich einem Neandertalerschema „Freund-Feind“ stets misstraue, mit dem es unbekannte Menschen in Sekunden abtastet. Das Ohr ist für mich der bessere Menschenkenner als das Auge.

14.4.2 Ähnlich ist nicht gleich

Bei jeder Erstbegegnung vergleicht das Gehirn, ob an diesem Menschen Merkmale festzustellen sind, die Sie von anderen Menschen kennen. Dieser Vorgang geschieht unterhalb der Bewusstseinsschwelle. Besteht in einem der verglichenen Merkmale eine große Ähnlichkeit, so erinnert Sie dieser Mensch unbewusst an jene Menschen, mit denen die festgestellten Einzelheiten fast oder gänzlich übereinstimmen. Ein solches Merkmal kann beispielsweise der Klang der Stimme sein. Die Mimik und Gestik in der Kombination mit der Art und Weise, wie etwas gesagt wird, die Gesichtsform inklusive der Augenfarbe, die gleiche Brille oder eine elastische Gangart mit raumgreifenden Schritten.

All dies und noch vieles mehr kann Assoziationen zu einem Menschen herstellen, den Sie gut kennen. Besonders augenfällig ist das bei den Düften: Wenn jemand ein Parfüm oder Rasierwasser verwendet, dessen Duft Ihnen von einem anderen Menschen bekannt ist, wird er Sie unwillkürlich an diesen erinnern. Oder: Wenn in Ihrem Bekanntenkreis jemand 120 Kilo wiegt und Ihr Gegenüber ist in einer ähnlichen Gewichtsklasse, werden Sie unbewusst die Eigenschaften des Bekannten mit Ihrem Gesprächspartner in Verbindung bringen – obwohl diese vielleicht sogar konträr sind. Besonders groß ist diese „Verwechslungsgefahr“, wenn Ihr Gegenüber, den Sie das erste Mal sehen, in einem dieser Details Ihnen selbst ähnlich ist – Bekleidungsstil, Frisur, typische Ausdrucksweise usw. Er wird automatisch einen Sympathievorschuss ernten: Was Sie an sich selbst gut finden, werden Sie nicht bei jemand anderem für schlecht befinden. Einen Antipathievorschuss gibt es durch diesen Gehirnvorgang für jenen Menschen, der Sie an jemanden erinnert, der Ihnen unsympathisch ist oder mit dem Sie schlechte Erfahrungen gemacht haben.

Der beschriebene urzeitliche Gehirnvorgang sollte vermutlich in fernen Zeiten vor Gefahren warnen, die von Menschen ausgehen können. Das Gegenmittel: Fragen Sie sich, ob Sie dieser Mensch, dem Sie das erste Mal begegnen, an jemanden erinnern könnte. Falls ja, so wissen Sie, ob Sie dessen Eigenschaften unbewusst mit ihm in Verbindung bringen.

14.4.3 Sich selbst im anderen sehen: Wer ist wie?

Unterdrückt ein Mensch eigene Gefühle, Fantasien und Wünsche, die nicht zu seinem Bild von sich selbst passen und die er sich daher nicht „erlaubt", verlagert das Gehirn sie von der Innenwelt in die Außenwelt. Er projiziert sie dann in andere Menschen hinein und bekämpft sie dort möglicherweise. Dies verfälscht die Wahrnehmung der anderen Person, in die etwas hineininterpretiert wird, was nicht in ihr vorhanden ist. Durch die Projektion könnte er mehr über sich selbst erfahren als über diesen Menschen – falls er durchschaut, dass er projiziert. Zwei Beispiele dazu.

Beispiel 1: Sparsamkeit

Jemand ist extrem sparsam. Im Innersten besteht jedoch der Wunsch, das Leben etwas mehr genießen zu können und das ersparte Geld nicht für sein Totenhemd aufzuheben. Bekanntlich hat es keine Taschen. Wie schön für die Erben. Dieser Mensch möchte sich mehr gönnen – Kleidung, Essen, Reisen etc. –, gesteht sich diesen Wunsch aber nicht ein. Er wird andere Personen als zu ausgabefreudig oder sogar als verschwenderisch beurteilen, auch wenn sie das offenkundig nicht sind. Damit bekämpft er seinen uneingestandenen Wunsch, mehr Geld für sich selbst auszugeben, stellvertretend bei ihnen. Gleichzeitig erstrahlt sein Geiz in einem positiven Licht, wenn er gegen die angebliche Verschwendungssucht anderer opponiert. Seinen Geiz, das wird er wissen, sieht in seiner engeren Umgebung niemand positiv. Außer er bewegt sich nur unter gleichgesinnten Geizhälsen, die Kleidungsstücke lieber 30 Jahre im Schrank aufbewahren, weil sie dann wieder modern sein könnten, als sie für einen guten Zweck zu spenden.

Beispiel 2: Kontrolle

Ein pedantischer und überkontrollierter Mensch würde sich insgeheim lieber mehr dem Fluss des Lebens hingeben. Menschen, die das aber tun, werden von ihm als zu lockere Lebemenschen gesehen, die ihr Leben zu wenig unter Kontrolle haben. Gegen ihre angebliche Lockerheit opponiert er. Auch die umgekehrte Variante existiert: Oberflächliche Menschen, die nur mit einem Bein im Leben stehen, sich aber wünschen, das zweite würde ebenfalls Tritt fassen, projizieren in andere hinein, sie wären zu kontrolliert – obwohl sie nur weniger leichtfüßig sind. Solche Interpretationen angeblicher Eigenschaften von anderen Menschen sagen daher mehr über denjenigen aus, der urteilt, als über den Beurteilten.

Das Gegenmittel, um solche Projektionen zu vermeiden: ein Feedback von Menschen, denen vertraut wird und die nicht gleich denken wie man selbst, über das eigene Verhalten einholen. Dadurch wird leichter erkennbar, was auf andere projiziert wird, aber mit ihnen nichts zu tun hat. So lässt sich besser unterscheiden: Wer ist wie?

Der Wunsch als Vater des Gedankens

Bei einem weiteren Projektionsmechanismus des Gehirns ist der Wunsch der Vater des Gedankens. Dazu ebenfalls zwei Beispiele.

Beispiel 1: Interpretation

Bei einem Blind Date sagt ein Mann zu der Frau in den zehn ersten Minuten: „Ich finde dich sehr sympathisch." Damit wollte er ihr nur etwas Freundliches sagen, aber nicht mehr. Da sie ihn sehr anziehend findet, wertet sie das als kleines Liebesgeständnis. Wie er sich im weiteren Gespräch verhält, wird sie unter diesem Gesichtspunkt positiv interpretieren – und vielleicht enttäuscht werden, weil die Interpretation falsch war.

Beispiel 2: Der neue Abteilungsleiter

Eine Stelle wird in einem Unternehmen neu besetzt. Der Fachbereichsleiter sagt im Gespräch mit der Personalabteilung: „Wir brauchen einen Mann, der die Zügel fester in der Hand hält als sein Vorgänger. Er muss seine elf Mitarbeiter im Griff haben und darf kein Softie sein. Ansonsten spielen sie mit ihm Katz und Maus."

Für die Stellenausschreibung in den Jobbörsen und in der Presse gibt es zwar viele Bewerbungen, aber nur drei davon kommen grundsätzlich in Frage. Der Fachbereichsleiter entscheidet sich für einen Bewerber, der sehr selbstbewusst aufgetreten ist und ihm als Abteilungsleiter geeignet erscheint. Aus verschiedenen Gründen hat der HR-Verantwortliche Einwände gegen ihn. „Wir nehmen ihn trotzdem“, sagt der Bereichsleiter, „der Mann hat auf jeden Fall Rückgrat. Was Ihnen aufgefallen ist, schleift sich bei uns schon ab. Sein Profil ist im Großen und Ganzen okay. Außerdem: Bessere Kandidaten waren nicht am Markt.“

Zwei Monate nach seiner Einstellung fallen die Abteilungsergebnisse zurück. Es kommt zum Gespräch mit den Mitarbeitern ohne ihren Abteilungsleiter, um die Ursachen zu beleuchten. „Sein Führungsstil schwankt zwischen chaotisch und dominant“, sagt einer der Mitarbeiter. „Aber das Chaotische überwiegt“, meint ein anderer dazu.

Der Wunsch des Fachbereichsleiters war: einen führungsstarken Abteilungsleiter finden. In den selbstbewusst auftretenden Bewerber projizierte er diesen Wunsch hinein, interpretierte das dominante Verhalten irrtümlich als Führungsstärke und setzte seine Einstellung im Unternehmen durch. Doch diese wunschbestimmte Wahrnehmung hatte den Fachbereichsleiter in seiner Urteilsfähigkeit geblendet. Wie sich drei Monate später herausstellte, war der neue Abteilungsleiter ein Führungschaot mit dominanten Zügen, die von den Mitarbeitern nicht akzeptiert wurden.

Um sich mit dieser Projektionsform bei der Einschätzung und Beurteilung von Menschen und deren Eigenschaften nicht selbst ein Bein zu stellen, gibt es ein Gegenmittel als Illusionsbremse: Heben Sie die allerwichtigste Erwartungshaltung, die Sie an einen Menschen stellen, ins Bewusstsein. Legen Sie für ein Gespräch einige wichtige Punkte fest, an denen sich klar erkennen lässt, ob Ihre eigene und ganz persönliche Erwartung erfüllt werden könnte und was dagegen spricht. Damit werden Urteilsverzerrungen durch Projektion reduziert. Der Wunsch wird in der Einschätzung eines Menschen nicht mehr so leicht zum Vater des Gedankens.

Menschen sind keine objektiven Analysemaschinen. Zum Glück, da sie ansonsten völlig gefühllos wären. In Situationen mit einer hohen emotionalen Beteiligung sind die beschriebenen Fallen allerdings besonders gefährlich.

Im Leben kann es durchaus zu Begegnungen mit Menschen kommen, die das genaue Gegenteil einer Mutter Theresa sind: rücksichtslos und kaltschnäuzig. Man wünscht sich hinterher, nie ihre Bekanntschaft gemacht zu haben. Diese Menschen zeigen ihr unsympathisches und wahres Gesicht natürlich niemals offen. Vielmehr benutzten sie eine verbale Tarnkappe. Damit umgehen sie die warnenden Sensoren im Gehirn, und die Wahrnehmungsfallen führen zu einer fetten Beute für sie. Davon handelt der letzte Abschnitt dieses Kapitels.

14.5 Beziehungs- und Liebesbetrüger: Täuschen mit der verbalen Tarnkappe

In diesem Fallbeispiel geht es um einen Beziehungs- und Liebesbetrüger. Sein Ziel: eine 55-jährige, sehr vermögende Frau um einen Teil ihres Geldes zu erleichtern. In dieses Beispiel fließen die Erfahrungen von Fahndern ein, die gegen solche Betrüger ermitteln und die mit ihren Erkenntnissen auch Präventivarbeit in der Öffentlichkeit betreiben. Ich führte ein längeres Informationsgespräch mit einem von ihnen. Eine geschädigte Frau war bereit, mit mir darüber zu sprechen. Sie rief mich anonym an und sagte: „Ich erfuhr letzte Woche von der Stelle, bei der ich die Anzeige erstattete, dass Sie darüber schreiben wollen, wie Beziehungsbetrüger vorgehen. Wenn Sie damit nur Aufklärungsarbeit leisten möchten, bin ich mit einem Interview einverstanden." Ich führte es Ende Dezember 2014. Vor dem Abdruck wurde es von ihr mit den Worten „Das sind die wesentlichen Punkte" autorisiert.

Durch ihre Schilderungen konnte ich rekonstruieren, wie der Betrüger vorging. Sie erhoffte sich, durch die anonymisierte Veröffentlichung der raffinierten Vorgehensweise des Täters potenzielle Opfer warnen zu können. Um keinen Rückschluss auf ihre Person zu ermöglichen, wurden einige Details verändert. Sie sind für den geschilderten Ablauf jedoch unwichtig.

Wenn Menschen wissen, auf welche Knöpfe Liebesbetrüger mit ihren Worten drücken, um auf geplante Weise Vertrauen und Liebe „auszulösen", schützt sie das vor persönlichen Enttäuschungen – und vor dem Verlust von Geld. Die Erkenntnisse, die sich aus ihrem Beispiel ableiten lassen, sind für jeden Sprachprofiler ein Gewinn – nicht nur im Hinblick auf Liebesbetrug. Zeigen sie doch, wie auch ein vorsichtiger Mensch durch die Worte eines anderen überlistbar ist. Von Negativbeispielen lässt sich häufig ähnlich viel lernen wie von positiven Beispielen. Daher schildere ich Ihnen dieses Fallbeispiel ausführlich. So können Sie genau nachvollziehen, wie verbale Tarnkappen eingesetzt werden, die das Gehirnradar nicht erfasst und dem Bewusstseinsmonitor nicht gemeldet werden.

Die Vorgeschichte

Betrüger wissen aus ihren praktischen Erfahrungen, wie die warnenden Mechanismen im Gehirn eines Menschen lahmgelegt und insbesondere die Wahrnehmungsfalle des ersten Eindruckes für die eigenen Zwecke genutzt werden kann. Beziehungs- und Finanzbetrüger drücken mit ihren Worten auf denselben Knopf im Gehirn, der zunächst Vertrauen auslöst. Beide haben dabei keine verräterischen Euro- oder Dollarzeichen in den Augen. Die sieht man nur in den Augen jener, die auf Finanzbetrüger hereinfallen. Der Blick von Betrügern ist spähend, wie von einem Adler, der seine Beute ins Fadenkreuz seiner Augen zoomt und sie dann blitzschnell in die Krallen nimmt. Damit sie nicht ins Leere greifen und die „Beute“ entwischt, müssen sie zuvor genau beobachten, wie sich das ausgewählte Opfer im Gespräch verhält und wie es auf bestimmte Aussagen und Äußerungen reagiert.

Im nächsten Schritt drücken Betrüger auf einen zweiten Knopf im Gehirn der Opfer. Er unterscheidet sich bei den Liebes- und Finanzbetrügereien. Wer Kapitalanlagen mit erlogenen Versprechungen verkauft, drückt auf den „Gierknopf“, um seine Schrottpapiere loszubringen, die angeblich traumhafte Renditen garantieren. Das Gehirn wird so in eine Art Rauschzustand versetzt. Es arbeitet dann ähnlich wie mit zwei Prozent Alkoholgehalt im Blut. Beziehungsbetrüger drücken hingegen auf den „Liebesknopf“. Die Wirkung der ausgelösten Hormone im Gehirn durch die Sprache ist ähnlich wie beim Druck auf den Gierknopf. Meist ist sie sogar stärker, da eine intensive Liebe, zumindest bei psychisch gesunden Menschen, das stärkere Gefühl ist als eine unersättliche finanzielle Gier.

Zur Person des Betrügers in unserem Fallbeispiel: Er ist Mitte 40, schlank, dezent gekleidet und trägt eine modische Brille. Ein sympathischer Mann, der vom optischen Erscheinungsbild her gesehen zum Beispiel ein seriöser Anlageberater für vermögende Privatkunden sein könnte. Beruflich ist er gescheitert, wie sich später herausstellte. Er war unter anderem Sachbearbeiter in einer Versicherung. Das Wirtschaftsstudium brach er ab. Sein Geld verdient er durch Liebesbetrug. Wie oft ihm dieser bisher geglückt ist, lässt sich nicht ganz verlässlich sagen. Von seinen Opfern, die aus der vermögenden Gesellschaftsschicht stammen, ist es sicherlich manchen peinlich, sich bei einer Anzeige offenbaren zu müssen.

Unser Betrüger legt auf sein Aussehen natürlich besonderen Wert. Im Unterschied zu narzisstischen Schönlingen, die sich täglich eine Stunde vorm Spiegel bewundern, wirkt bei ihm alles natürlich: Die Frisur ist nicht ganz perfekt, sein Gesicht ist nicht künstlich gebräunt und seine Fingernägel tragen keinen farblosen Lack. Seine Opfer sollen ihn nicht für einen eitlen Geck halten, der selbst dann noch arrogant grinst, wenn er erkennungsdienstlich vom Polizeifotografen abgelichtet wird. Das wäre für sein „Geschäft“ hinderlich. Dieser Mann sendet keine verräterischen optischen Signale der Eitelkeit. Er weiß aus Erfahrung: Viele Menschen fallen auf die „Augenfalle“ des ersten Eindruckes herein. Dieser muss bei ihm dafür sprechen, dass er kein Gigolo oder Schürzenjäger ist, sondern ein natürlich gebliebener Mensch. Seine Manieren sind ausgezeichnet, und wie seine Herkunft zeigt, hat er sich diese aus „Berufsgründen“ antrainiert.

Achten Sie in dem geschilderten Fallbeispiel vor allem darauf, mit welchen Worten der Beziehungsbetrüger positive Gefühle bei seinem Opfer auslöst und es dann gezielt manipuliert. Der Vorgang ist dabei immer der gleiche: Zunächst werde Köderfragen gestellt. Damit erfährt der Betrüger, was für sein Opfer eine besondere Bedeutung im Leben hat – Kinder, Tiere, Reisen etc. – und welche persönlichen Vorlieben dieser Mensch besitzt. Er kundschaftet damit in betrügerischer Absicht aus, welches Programm im Kopf des Gegenübers gestartet werden muss, um ihn für sich zu gewinnen. Anschließend werden „Worttrojaner" eingesetzt. Damit bezeichne ich alle sprachlichen Äußerungen, die einen anderen Menschen in Betrugsabsicht emotional manipulieren. Der Betrogene hält sie aus seiner Sicht für nützlich und gut, während die Worttrojaner in Wahrheit eine völlig andere Funktion erfüllen: Nur der Sender kann davon einen Nutzen haben, sobald er mit seinen Worten das Opfer „infiziert", sprich für sich gewonnen hat.

Die Aufgabe des Betrügers in unserem Fallbeispiel ist schwierig, da er sich eine Frau ausgesucht hat, die sehr vorsichtig ist. Sie sollte in seiner Betrugskarriere wohl eine Art „Meisterstück" werden. Er muss besonders raffiniert vorgehen, wenn er bei ihr nicht abblitzen will. Aufgrund ihres Vermögens ist sie für ihn ein richtig „dicker Fisch".

Nun ein paar persönliche Details zum Opfer: Diese Frau ist knapp über 50 Jahre alt und sie hat eine sehr gute Ausbildung. Sie ist langjährig verheiratet und ihre Ehe ist kinderlos geblieben. Von ihrem Mann fühlt sie sich zunehmend unverstanden, aber sie war ihm bisher noch nie untreu. Ihre engere Umgebung weiß: Sie ist alles andere als naiv und das Letzte, was sie suchen würde, wäre ein sexuelles Abenteuer – eine Affäre.

Ein Schlaftrunk in der Hotelbar

Es ist Freitagabend in einem Fünfsternehotel. Das spätere Opfer will dort ein paar Tage Wellnessurlaub machen. Allein, um über einige Dinge nachdenken zu können. Nach dem Abendessen geht die sympathische und sportlich wirkende Frau in die Hotelbar, in der zu dieser Zeit noch einige wenige Gäste sind. Dort setzt sie sich an einen der freien Tische.

Mit einem Drink in der Hand wirft der Liebesbetrüger gelegentlich einen „zufälligen" Blick zu ihr hin. Wer sie ist, weiß er. Denn er überlässt nichts dem Zufall. Es könnte ja sein, dass er sich bei einer unbekannten Frau irrt und nicht viel von ihr zu holen ist. Auf Verdacht arbeitet er jedenfalls nicht.

Nachdem sie einen Cocktail bestellt hat, nimmt er den Blickkontakt zu ihr auf. Er lächelt sie an und sendet mit einem etwas verloren und melancholisch wirkenden Blick das Signal: „Ich suche nur ein unverbindliches Gespräch bei einem Drink." Sie lächelt dezent zurück und denkt: „Das ist kein Alpha-Männchen. Solche kenne ich genug aus meiner Umgebung. Er sieht sensibel aus und sucht vermutlich kein Abenteuer. Dafür wäre ich auch die falsche Frau."

Aus Erfahrung weiß dieser Mann: Bei manchen reiferen Frauen zieht die Masche mit dem melancholischen Blick. Was innerlich in ihm tatsächlich vorgeht, sieht nur, wer ihm genau in die Augen schaut, die berechnend spähen. Sein Instinkt, nicht sein Wissen sagt ihm: Diese Frauen fühlen eine Art Seelenverwandtschaft, wenn jemand sensibel wirkt. Dazu gehört auch jener Blick beim Erstkontakt und, als Verstärkung des Eindruckes, bei der Verabschiedung. Diese beiden Eindrücke bleiben im Gedächtnis besonders gut haften. In der Wahrnehmungspsychologie werden sie als „Primacy Effekt" und als „Recency Effekt" bezeichnet.

Der Betrüger weiß auch: Die Machomasche „Hallo schöne Frau, haben Sie heute Nacht schon etwas vor?" würde bei diesen Frauen niemals zum Erfolg führen. In ihrem Innersten sehnen sie sich nach einem Mann mit viel Gefühl – eben nach dem, was sie zu Hause mitunter vermissen. Aufgrund ihres Vermögens sind sie vorsichtig. Mit der Tür ins Haus zu fallen wird deshalb bei ihnen nicht funktionieren. „Step by step" heißt also die Devise. All das liegt im Instinkt erfolgreicher Liebesbetrüger.

Was das Opfer nicht weiß, was aber Sie aus diesem Kapitel wissen: Wird der Wunsch zum Vater des Gedankens, projizieren Menschen eine Sehnsucht in andere hinein, wenn es den Anschein hat, dass diese sie erfüllen könnten. Für unser Beispiel heißt das: Falls der Mann, der diese Frau gerade in der Hotelbar anlächelt, gefühlvoll auf sie wirkt, wird sie unbewusst denken, dass er in einer Beziehung gefühlvoll ist.

Der Betrugsprofi geht an ihren Tisch und sagt: „Darf ich mich kurz zu Ihnen setzen? Ich wollte Sie fragen, ob Sie mir vielleicht einen persönlichen Tipp für einen Ausflug in die nähere Umgebung geben können – falls Sie schon einige Tage hier sind." „Wenn es wirklich kurz bleibt", antwortet sie, „können Sie mir gerne ein wenig Gesellschaft leisten. Ich möchte heute früher zu Bett gehen." „Das verstehe ich", sagt er und lächelt dabei freundlich. „Ein Wellnesstag macht abends müde. Zumindest geht es mir immer so. Darf ich Ihnen einen Schlaftrunk mitbestellen? Ihr Glas ist fast leer. Was trinken Sie gerne?" „Einen Caballero. Campari mit grüner Banane und Eiswürfel." „Klingt richtig gut", antwortet er, „kenne ich zwar nicht, aber ich probiere immer gerne etwas Neues aus." Anschließend bestellt er zwei Caballero. Er nimmt einen Schluck, dann einen zweiten. „Schmeckt sehr gut", sagt er, „danke für den empfehlenswerten Tipp."

Solche unauffälligen „Ich-finde-gut-was-du-gut-findest-Signale" helfen, den Sympathiewert zu erhöhen. Wir Menschen mögen es, wenn andere ähnlich empfinden wie wir. Durch die Äußerung, er würde gerne etwas Neues ausprobieren, sendet er außerdem einen subtilen Reiz: „Ich bin für vieles offen – auch in erotischer Hinsicht." Die Bemerkung, der Drink würde ihm sehr gut schmecken, wirkt so auch glaubwürdiger. Hätte er nur gesagt: „Ich trinke gerne das Gleiche wie Sie", wäre das in der Annäherungsphase für diese Frau zu plump und als „Anmachmasche" wohl für sie durchschaubar gewesen.

Der Alchimist

Im weiteren Gesprächsverlauf tastet sich der Liebesbetrüger vorsichtig zu den Interessen der Frau vor. Direkte Fragen würden in dieser Phase der Begegnung ihr Misstrauen wecken. „Spielen Sie auch gerne Golf?“ wäre nicht sehr intelligent. Für die vermögende und sportlich wirkende Frau wird das selbstverständlich sein. Diese Frage würde anbiedernd wirken. Er muss subtiler vorgehen und Köderfragen verwenden, mit denen sich bestimmte persönliche Vorlieben des Opfers herausfinden lassen. Bei dieser Frau setzt er zwei solcher Köder ein. Vermutlich hatte er noch mehrere davon im Köcher. Einer der Köder stammt aus der Literatur und einer aus der Kunst, worauf ich in der folgenden Analyse aber nicht mehr eingehen werde. Wenn der Liebesbetrüger weiß, wofür sie sich auf diesen Gebieten interessiert, lässt sich daran anknüpfen und eine Wellenlänge und ein Gleichklang herstellen – ähnlich wie beim bestellten Drink. Damit wird der Köder gleichzeitig zum „Sympathieköder“. Alles Weitere ergibt sich im Gesprächsverlauf. Für ihn scheint es eine ausgemachte Sache zu sein, dass diese Frau Bücher liest und ein Kunstinteresse hat. Sie hat genügend Geld und vermutlich auch viel Zeit. Sein erster Köder ist der Roman von Paul Coelho „Der Alchimist“. Millionen Menschen haben ihn gelesen. Frauen schätzen seine Romane besonders. Warum nicht auch sie?

„Ich habe mir einen Coelho mitgenommen“, sagt der Liebesbetrüger. „Den Alchimisten. Ich lese ihn jetzt bereits zum dritten Mal.“ Als er sieht, wie sie schmunzelt, fragt er: „Amüsiert Sie meine Lektüre?“ Sie antwortet: „Ganz im Gegenteil. Ich mag Coelho sogar sehr.“ Volltreffer! Hätte sie dieser Autor nicht interessiert, würde er vermutlich nachgefragt haben: „Was lesen Sie denn gerne?“ Diese Frage hätte natürlich gewirkt und sie wäre nicht als ausforschend empfunden worden, da er zuvor Coelho ins Spiel brachte. Auf die Antwort hätte er sich erzählen lassen, was der Frau an ihrer Lektüre gefällt – und sie reden lassen. Die Picasso-Ausstellung hebt er sich für später auf. Jetzt steht Coelho im Mittelpunkt, da sie ihn gerne liest.

Zehn Minuten später. „Trinken wir noch einen Caballero? Der geht aber auf meine Rechnung“, meint sein Opfer. Sie unterhalten sich noch circa zwei Stunden. Die Frau erzählt, was ihr an den Romanen von Coelho so gut gefällt, welche Gedanken sie bei ihr auslösen und wie sie über den Autor denkt. Sie hat sogar ein signiertes Buch von dem brasilianischen Schriftsteller. Ihr Gegenüber hört vorwiegend zu. So erfährt er, wie sie denkt, und gewinnt einen näheren Einblick in ihre Gedanken- und Gefühlswelt. Interessiertes Zuhören macht Menschen außerdem sympathisch, da es wertschätzend wirkt.

Die Frau stellt nicht allzu viele Fragen an den Betrüger. Daher weiß sie am Ende des Abends wenig über ihn, während er viel über sie erfahren hat. Sie hätte ihn zum Beispiel fragen können, was er ansonsten noch gerne liest und welche Eindrücke das bei ihm hinterließ. Seine Antworten hätten sie vielleicht nachdenklich stimmen können. So aber gewann sie den Eindruck, einen netten Abend mit einem sympathischen und sehr gefühlvollen Mann verbracht zu haben.

Die Legende

An den nächsten drei Tagen treffen sich die beiden im Schwimmbad, essen gemeinsam am Abend und unternehmen Spaziergänge. Das Vertrauen der Frau in den Betrüger wächst. Sie denkt: „Das scheint ein Mensch zu sein, der mich und meine innere Welt versteht. Er hört sehr aufmerksam zu und redet nicht so viel wie die Männer aus meinem Freundeskreis. Er nimmt sich nicht so wichtig wie sie. Das empfinde ich als sehr angenehm."

Es ist keine große Weisheit, dass durch aufmerksames Zuhören mehr vom Gegenüber erfahrbar ist als durch Reden. Sprachprofiler nutzen dies gewinnbringend für ihre Zwecke. Liebes- und Beziehungsbetrüger ebenso, wenngleich in anderer Absicht. Sie zählen zu den besten Zuhörern und erfahren so, wie sie im Sinne der sozialen Erwünschtheit antworten müssen, um Sympathiepunkte zu ernten. Es darf niemals plump wirken, da dies nahezu jeder Mensch durchschauen würde.

Beziehungsbetrüger wissen: Die Sympathie zu einem Menschen lässt Opfer überhören, was sie hören könnten, falls die Betrüger sich einmal „verplappern". Denn sprachliche „Ausrutscher" passen nicht in das Bild vom Gegenüber, das im Gehirn bereits mit einem goldenen Rahmen einen Logenplatz hat. Durch konzentriertes Zuhören nehmen Liebesbetrüger auch besser wahr, was die Spiegelneuronen über die Gefühlslage des Gegenübers melden. So lässt sich leichter steuern, wie im weiteren Gespräch vorzugehen ist. Dem Liebesbetrüger spiegeln sie am zweiten Tag der Begegnung mit dem Opfer, dass ihm die Frau immer mehr vertraut. Darauf hatte er gelauert. Jetzt ist der richtige Zeitpunkt gekommen, um geschickt einige Details aus seiner Lebenssituation ins Gespräch zu bringen – natürlich erfundene. Bisher hat die Frau nicht gefragt, womit er sein Geld verdient und wie seine persönliche Situation ist; ob er beispielsweise eine Familie hat. Wie ein V-Mann, der sich als Spitzel in eine kriminelle Organisation einschleust, hat dieser Mann eine erzählbare Legende über sein Leben parat – die natürlich nicht wahr ist.

Während eines Spaziergangs an einem nahe gelegenen See erzählt der Betrüger seinem Opfer: „Ich fliege diesen Monat nach Brasilien. Es gibt dort einige Dinge zu regeln. Anschließend besuche ich Freunde im Nordosten des Landes. Ich werde ihnen einen Caballero mixen, den kennen sie sicherlich nicht. So wie viele Brasilianer trinken sie gerne einen Caipirinha."

„Stimmt", sagt die Frau, „die Brasilianer lieben den Caipi." Dann fragt sie: „Darf ich neugierig sein? Haben Sie beruflich in Brasilien zu tun? Ich war bereits zweimal dort. Ein wunderschönes Land. Vor allem die Amazonasregion hat es mir angetan. Falls Sie die Oper in Manaus noch nicht gesehen haben, bitte unbedingt ansehen. Angeblich hat sogar Caruso in ihr gesungen." Seine Antwort: „Ich kenne die Oper. Wirklich beeindruckend, wie sie damals mitten in den Dschungel hineingebaut wurde. Aber zu Ihrer Frage: Ich verkaufe dort mein Haus in Salvador. Es liegt an einem der schönsten Strände, wird von mir aber zu selten genutzt. Vor einigen Monaten wurde eingebrochen. Alles war verwüstet." Da sie schweigt, fährt er fort: „Ich bin nicht direkt beruflich unterwegs. Da ich ziemliches Glück an der Börse hatte, wurde ich mehr oder weniger Privatier. Meine Freunde schmeicheln mir zwar und sagen, es wäre mein guter Riecher gewesen. Aber ohne Glück wäre es sicherlich nicht so gut gelaufen für mich."

„Wie lange bleiben Sie in Brasilien?", fragt ihn die Frau, da sie Börsengeschäfte nicht interessieren. „Drei Wochen. Eine davon ist für meinen Sohn reserviert. Er lebt bei seiner Mutter in Sao Paulo. Wir sind seit drei Jahren geschieden. Ein anderer Mann hat sich zwischen uns gedrängt. Ich habe sie in Deutschland kennen gelernt. Sie ging mit diesem Mann zurück in ihre Heimat." Sie fragt ihn: „Haben Sie ihr verziehen?" „Ja, das habe ich in der Zwischenzeit. Auch wegen unseres Sohnes." „Das spricht sehr für Sie, als Mensch und als Mann", kommentiert sie diese Antwort.

Nach diesem Ausschnitt aus seiner Legende lächelt er die Frau freundlich an. Der Grund des Lächelns gilt wohl nicht nur ihr. Er wird froh sein, dass sie ihn nicht mit irgendwelchen Fragen in Verlegenheit brachte. Sie schenkt seinen Worten offenbar Glauben, da sie nicht näher nachfragt.

Die Legende überzeugt die Frau. Dieser sympathische Mann kann keine unlauteren Absichten haben. Das denkt sie nicht bewusst, aber sie nimmt es unbewusst an und projiziert Gefühle in ihn hinein, die ihre eigenen, aber nicht die seinen sind. Diese Wahrnehmungsfalle wurde bereits beschrieben und verläuft hier ganz nach Plan. Nun braucht es nicht mehr allzu viel und sie kann zuschnappen.

Hätte die Frau in dieser Phase der Begegnung ihre übliche Vorsicht beibehalten und hätte sie unauffällig investigative Fragen gestellt, hätten die Antworten ihr verraten können, ob ihr Gegenüber die Wahrheit sagt. Da sie in der Oper in Manaus war, weiß sie: Das Kopfsteinpflaster vor der Oper ist aus Kautschuk. Ein Material, das die Kautschukbarone reich gemacht hat und das in dieser Region gewonnen wird. Jedem Besucher fällt das auf, weil das Pflaster trittschallhemmend wirkt: Man hört die eigenen Schritte nicht. Ihre investigative Frage hätte zum Beispiel lauten können: „Erinnern Sie noch an die Bepflasterung vor der Oper? Mich hat sie fasziniert."

Nachdem der Liebesbetrüger unvorsichtigerweise gesagt hat, er wäre bereits dort gewesen – was wohl nur ein Teil seines Lügengebäudes war –, hätte seine Antwort ein erstes Zeichen sein können, dass er die Unwahrheit sagt. Auch wenn er Einzelheiten zu seiner Legende im Internet recherchierte – die hier aus Brasilien stammten –, so entgehen ihm vermutlich die feinen, aber verräterischen Details.

Verabredung mit Folgen

Der letzte Tag im Hotel. Beim Mittagessen fragt der Betrüger: „Sehen wir uns irgendwann wieder? Bevor ich nach Brasilien fliege, würde ich noch gerne einen Caballero mit Ihnen trinken, wo immer Sie wollen – falls Sie Zeit hätten. Dieser Cocktail wird mich stets an Sie und die schönen drei Tage erinnern, die ich mit Ihnen verbringen durfte. Ich kann dafür nur Danke sagen."

Sie zögert etwas, dann sagt sie: „Warum nicht, wenn es nur bei einem Drink bleibt. Ich bin verheiratet." „Das habe ich befürchtet", antwortet er, „eine Frau wie Sie kann nicht solo sein. Ich bleibe also weiterhin ein Suchender. So wie der Santiago im Alchimisten von Coelho träume ich weiter vom Schatz bei den Pyramiden. Gestern, bei unserem Spaziergang, hatte ich für einen Moment das Gefühl, der ersehnte Schatz geht direkt neben mir." Solche feinsinnigen Bemerkungen sind für eine empfindsame Frau wie sie, die dafür Antennen hat, ein Reifungsbeschleuniger: Ihr Vertrauen zum Liebesbetrüger bekommt die richtige Reife, sodass die Ernte für ihn bald bevorsteht. Als sie das hört, blitzt in ihrer Erinnerung kurz die Verabschiedung von ihrem Mann auf, der vor der Abreise ins Hotel zu ihr sagte: „Wenn du länger bleiben möchtest, kein Problem. Schicke mir einfach eine SMS." „Auch ich fand die letzten Tage sehr schön mit Ihnen", sagt sie dann zum Liebesbetrüger.

Die aufflackernde Erinnerung an die Worte des Ehemannes nährt eine Flamme in ihr, die bereits lodert. Kurz entschlossen fährt sie fort: „Wenn es bei Ihnen passt, könnten wir uns nächste Woche zum Abendessen treffen. Mittwoch, so gegen 18 Uhr. Ich suche uns ein Restaurant aus. Wenn Sie die spanische Küche mögen, wüsste ich auch schon eines. Ich würde mich freuen, wenn Sie Zeit hätten." „Sie können offenbar Gedanken lesen", antwortet er, „Paella mit Fisch gehört zu meinen Lieblingsgerichten. Dazu natürlich einen Rioja reserva."

Die beiden tauschen die Handynummern aus und verabschieden sich herzlich voneinander. Während sie in das Hoteltaxi steigt, das sie zum Bahnhof bringt, da sie mit dem Zug anreiste, steht er vor der Eingangstür. So wie vor vier Tagen soll sein Blick melancholisch wirken, als er ihr nachwinkt.

Die Falle schnappt zu

Einen Tag nach der Verabschiedung im Hotel schickt der Liebesbetrüger dem Opfer eine SMS: „Ich denke ständig an unsere Begegnung – an Sie. Bin ich verrückt? Coelho schreibt: ‚Der Krieger des Lichts fürchtet nicht, verrückt zu erscheinen.'

Das gibt mir den Mut, Ihnen diese SMS zu schreiben. Bis bald." Sie antwortet: „Bleiben Sie mutig. Ich freue mich auf Mittwoch."

Der Abend im spanischen Restaurant verläuft für den Betrüger dank seiner guten Vorarbeit wie von ihm erhofft. Die beiden kommen sich näher. Drei Stunden später befinden sie sich im gemeinsamen Hotelzimmer. Die intimen Details sind unwichtig. Ein Liebesbetrüger überzeugt mit Worten. Ansonsten läge er allein in seinem Bett zu Hause, da ihm die Frau nicht ihr volles Vertrauen geschenkt hätte. Das „Bett" räumt nur die letzten Vorsichtsreste im Kopf der Opfer von Liebesbetrügern aus dem Weg. Ähnlich wie die getürkten Referenzkunden bei einem Anlagebetrüger, die angeblich traumhafte Renditen mit irgendwelchen Anleihen erwirtschaftet haben. Auch er muss vorher nicht mit seinen Kunden „ins Bett hüpfen", damit ihm vertraut wird.

Als der Liebesbetrüger die Frau in den Arm nimmt, fällt ihr auf, dass er scheinbar bedrückt wirkt. „Ist etwas nicht in Ordnung mit dir?", fragt ihn die Frau, „vielleicht wegen meinem Mann?" Er senkt die Stimme und antwortet: „Nein, aber ich will dich damit nicht belasten." „Nun sag' schon, du Krieger des Lichts, was ist mit dir los?" Er steht auf und holt sich aus der Minibar einen Whiskey. „Möchtest du auch etwas trinken?" „Nimm mir bitte ein Glas Champagner mit. Dann will ich wissen, was in dir vorgeht. Oder vertraust du mir etwa nicht?"

Seine Geschichte in Kurzform, die er ihr erzählt: Er bekam eine Strafanzeige vom Finanzamt wegen Steuerhinterziehung. 2,3 Mio. € werden von ihm nachgefordert, inklusive der Strafzahlung. 1,8 Mio. € kann er sofort aufbringen. Sein Haus in Brasilien, das nicht existiert, bringt inklusive des großen Baugrundes in schönster Strandlage „sicher 600.000 Euro". Es wurde damals mit Schwarzgeld gekauft – „weil ich ein Idiot bin". Ebenso einige weitere Immobilien in Argentinien, die mindestens das Doppelte wert sind. Es wird einige Monate dauern, bis Käufer gefunden sind, denen sie nicht unter Wert verkauft werden müssen.

„Stopp, stopp, stopp", unterbricht die Frau den Liebesbetrüger, „ich habe dich verstanden. Bis wann brauchst du das Geld? Ich könnte es dir als Kredit zur Verfügung stellen." Er gibt sich überrascht: „Wieso du?" Sie: „Frag' jetzt nicht, das spielt keine Rolle." Er: „Wir kennen uns doch erst so kurz. Dieses Angebot kann ich einfach nicht annehmen." Sie: „Ich überweise dir das Geld nächste Woche. 500.000 Euro auf ein Jahr. Einverstanden?" Er umarmt sie und gibt ihr einen Kuss. „Danke. Mehr kann ich Moment nicht zur dir sagen."

Etwas später fragt er: „Setzt du den Rückzahlungsvertrag auf oder soll ich das tun? Du bekommst natürlich Zinsen." „Ich brauche keine Zinsen von dir", antwortet sie, „wegen des Vertrages: nichts Kompliziertes bitte. Ein paar Zeilen sind ausreichend für mich."

Am kommenden Montag läuft alles wie vereinbart. Er übergibt ihr den unterschriebenen Rückzahlungsvertrag, hebt zwei Tage später das Geld von seinem Konto ab und löst es anschließend auf. Die beiden sehen sich erst vor Gericht wieder. Das war zwei Jahre später. Ob der Sprachschwindler und Liebesbetrüger die 500.000 € irgendwo vergraben oder ausgegeben hatte, blieb ungeklärt.

Menschen können durch ihre Worte sehr zutreffend eingeschätzt werden. Oftmals erkennt man so erst ihren besonderen Wert, was ich in positiver Hinsicht meine.

Die „Tarnkappenträger" unter uns werden es allerdings schwer haben, wenn sie auf einen Sprachprofiler treffen, dessen Motto lautet: „Ich höre, wer du bist!" Sein Wahrnehmungsradar wird sie daher rechtzeitig auf dem Schirm erfassen – ohne dass den Täuschern und Blendern das auffällt. Der dritte Abschnitt dieses Buches hat Ihnen dazu das erforderliche Rüstzeug vermittelt.

Literatur

1. www.krimlex.de. Stichworte: Vernehmungspsychologie, Aussageanalyse
2. Aus Vertraulichkeitsgründen wurden in diesem Fallbeispiel einige Details verändert. Sie sind für die Illustration, wie die investigative Interviewmethode in der Praxis angewendet wird, jedoch unwesentlich
3. Bei über 40 Unternehmen in Österreich und in Deutschland wurde diese Methode 2013 bis 2014 bei der Mitarbeiterauswahl eingesetzt; insbesondere im Vertriebsbereich. Die Fehlbesetzungen mit neu eingestellten Mitarbeitern lagen durch den Einsatz der investigativen Interviewmethode deutlich unter dem langjährigen Durchschnitt

Empfohlene Literatur

4. Amon I (2011) Die Macht der Stimme. Redline, München
5. Bauer J (2006) Warum ich fühle, was du fühlst: Intuitive Kommunikation und das Geheimnis der Spiegelneurone. Heyne, München
6. Eckert H, Laver J (1994) Menschen und ihre Stimmen. Beltz, Weinheim
7. Hermanutz M, Litzke S, Kroll O (2011) Polizeiliche Vernehmung und Glaubhaftigkeit. Boorberg, Stuttgart
8. Navarro J (2013) Der kleine Lügendetektor. MVG, München

Resümee: Erste Worte, letzte Worte

Menschen sind soziale Lebewesen. Anders als Ziermotten, Wanderheuschrecken und Maulwürfe als bekennende Einzelgänger braucht der Mensch den Kontakt zu anderen Menschen. Das wichtigste Kontaktmittel ist seine Sprache. Sie kann als Werkzeug oder Waffe eingesetzt werden und sie kann sogar ein Wundermittel sein, wie dieses Buch Ihnen hoffentlich vermitteln konnte.

Die verbindende Funktion der Sprache zeigt sich bereits im ersten Jahr nach dem Geburtsschrei durch „Mama" und „Baba". Mit diesen ersten Worten zaubern Kleinkinder immer wieder Glückssterne in die Augen der Eltern.

Die sprachliche und körperliche Zuwendung – als Verbindungsmittel von Mensch zu Mensch – sind für uns in den ersten Entwicklungsjahren sogar überlebenswichtig. Das zeigt ein unmenschliches Experiment von Friedrich II. – den Stauferkönig – im 13. Jahrhundert. Er wollte wissen, ob die Menschen eine Ursprache haben. Seine Vermutung war, es wäre Latein. Um dies herauszufinden, ließ er Neugeborene zu Ammen geben. Sie durften die Babys nur ernähren, aber weder mit ihnen sprechen noch ihnen sonst irgendeine Zuwendung geben. Alle starben.

Ein beeindruckendes Beispiel für die verbindende Sprachfunktion ist die legendäre Wette von Karlheinz Böhm bei „Wetten, dass …?" Er wettete am 16. Mai 1981, dass nicht einmal jeder dritte Zuschauer eine D-Mark für notleidende Menschen in der Sahelzone spenden würde. Böhm gewann die Wette, doch trotzdem wurden 1,2 Mio. D-Mark gespendet. Noch im selben Jahr gründete er die Organisation „Menschen für Menschen". Seine Worte bauten in dieser Sendung eine bis heute stabile Brücke zu armen und kranken Menschen in Äthiopien.

Worte können sogar wie die Trompeten von Jericho wirken. Am 9. November 1989 kommentierte Günter Schabowski, Politbüromitglied der SED, auf einer Pressekonferenz das neue Reisegesetz der DDR so: „Nach meiner Meinung gilt das sofort, unverzüglich." Diese Worte führten zu einer Kettenreaktion mit einem sagenhaften Ergebnis: Die Berliner Mauer stürzte ein.

H. Eicher, *Die verblüffende Macht der Sprache*,
DOI 10.1007/978-3-658-08516-2

Mauern zwischen Menschen zu verhindern und entstandene abzureißen ist der schönste Zweck der Sprache – und ihr eigentlicher biologischer Sinn. Immer wenn Sie diese Funktion der Sprache nutzen, wird Sie Ihr Gehirn mit einem kleinen Dopamin-Schub belohnen. In Abwandlung eines Zitates des römischen Philosophen Seneca ließe sich das auch so sagen: Jeder *nützt sich selbst am meisten,* wenn sich seine Worte für andere als nützlich erweisen. Bei Worten, die Menschen entzweien, ist stets das Gegenteil der Fall.

MIX
Papier aus verantwortungsvollen Quellen
Paper from responsible sources
FSC® C105338

Printed by Books on Demand, Germany